KB244807

동아시아한국학의 형성
근대성과 식민성의 착종

인하대학교 한국학연구소

류준필(柳浚弼, Ryu, Jun-pil) 인하대학교 한국학연구소 HK교수
김종준(金鍾俊, Kim, Jong-jun) 인하대학교 한국학연구소 HK연구교수
윤상수(尹相洙, Yoon, Sang-soo) 인하대학교 한국학연구소 HK연구교수
김태년(金太年, Kim, Tae-Neon) 한국고전번역원 선임연구원, (전)인하대학교 한국학연구소 HK교수
김영진(金永晋, Kim, Young-jin) 동국대학교 불교학술원 HK연구교수, (전)인하대학교 한국학연구소 HK연구교수
이영미(李映美, Lee Yeong-Mi) 인하대학교 한국학연구소 HK연구원
우경섭(禹景燮, Woo, Kyung-Sup) 인하대학교 한국학연구소 HK교수
강해수(姜海守, Kang, Hae-soo) 일본 국제기독교대학 아시아문화연구소
김인수(金仁洙, Kim, In-soo) 서울대학교 사회학과 박사과정 수료
천　진(千　眞, Cheon Jin) 서울대학교 중어중문학과 강사
이영호(李榮昊, Lee, Young-ho) 인하대학교 인문학부 사학전공 교수
장세진(張世眞, Chang, Sei-jin) 한림대학교 한림과학원 HK교수, (전)인하대학교 한국학연구소 HK연구교수

동아시아한국학연구총서 13

동아시아한국학의 형성—근대성과 식민성의 착종

초판 인쇄 2013년 5월 1일 **초판 발행** 2013년 5월 10일
엮은이 인하대학교 한국학연구소 **펴낸이** 박성모 **펴낸곳** 소명출판 **출판등록** 제13-522호
주소 서울시 서초구 서초동 1621-18 란빌딩 1층
전화 02-585-7840 **팩스** 02-585-7848 **전자우편** somyong@korea.com **홈페이지** www.somyong.co.kr

값 33,000원　　　　　　　ⓒ 인하대학교 한국학연구소, 2013
ISBN 978-89-5626-873-6 93910
ISBN 978-89-5626-835-4 (세트)

이 책은 2007년 정부(교육과학기술부)의 재원으로 한국연구재단의 지원을 받아 수행된 연구임(KRF-2007-361-AM0013)

동아시아한국학연구총서 13

동아시아한국학의 형성

근대성과 식민성의 착종

The Formation of East Asian Koreanology

인하대학교 한국학연구소 편

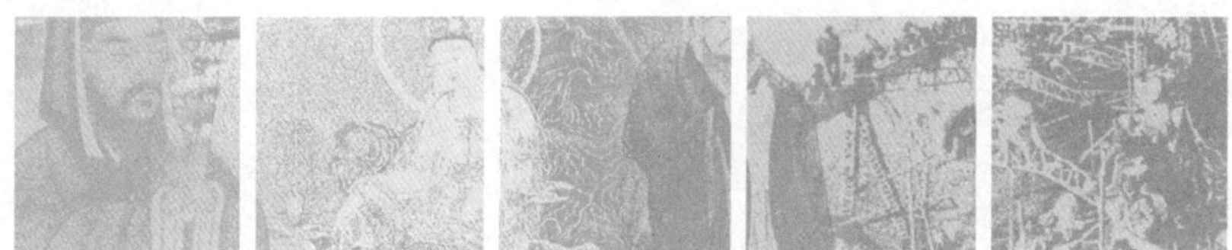

소명출판

　인하대학교 한국학연구소는 2007년부터 '동아시아 상생과 소통의 한국학'을 의제로 삼아 인문한국(HK) 사업을 수행하고 있다. 상생과 소통을 꾀하는 동아시아한국학이란, 우선 동아시아 각 지역과 국가의 연구자들이 자국의 고유한 환경 속에서 축적해 온 '한국학(들)'을 각기 독자적인 한국학으로 재인식하게 하고, 다음으로 그렇게 재인식된 복수의 한국학(들)이 서로 생산적으로 소통할 수 있는 방법을 구성해내는 한국학이다. 우리는 바로 이를 '동아시아한국학'이라는 고유명사로 명명하고 있다. 따라서 동아시아한국학은 하나의 중심으로 수렴된 한국학을 지양하고, 상이한 시선들이 교직해 화성(和聲)을 창출하는 복수의 한국학을 지향한다.

　이런 목표의식 하에 한국학연구소는 한국학이 지닌 서구주의와 민족주의적 편향성을 극복하기 위한 방법으로 근대전환기 각국에서 이뤄진 한국학(들)의 계보학적 재구성을 시도하고 있다. 주지하듯이 한국에서 자국학으로 발전해온 한국학은 물론이고, 구미에서 지역학으로 구조화된 한국학, 중국·러시아 등지에서 민족학의 일환으로 형성된 조선학과 고려학, 일본에서 동양학의 하위 범주로 형성된 한국학 등 이미 한국학은 단성적(單聲的)인 방식이 아니라 다성적(多聲的)인 방식으로 존재하고 있다. 우리는 그 계보를 탐색하고 이들을 서로 교통시키고자 한다. 다시 말해 본 연구소는 동아시아적 사유와 담론의 허브로서 동아시아한국학의 방법론을 정립하기 위해 학문적 모색을 거듭하고 있다.

더욱이 다시금 동아시아 각국의 특수한 사정들을 헤아리면서도 국경을 넘어서는 보편적 가치를 모색할 필요성이 절실해지는 이즈음, 상생과 소통을 위한 사유와 그 실천의 모색에 있어 그간의 학문적 성과를 가름하고 공유하는 것은 여러 모로 의미가 있으리라 여겨진다. 이에 우리는 복수의 한국학에 대한 계보학적 탐색, 상생과 소통을 위한 동아시아한국학의 방법론 정립, 연구 성과의 대중적 공유라는 세 가지 지향점을 중심으로 지속적으로 축적되고 있는 연구 성과를 세 방향으로 갈무리하고자 한다.

본 연구소에서는 상생과 소통을 위한 동아시아한국학 연구에 있어 연구자들에게 자료와 토대를 정리해 연구의 기초를 제공하고, 또한 현재 동아시아한국학 연구의 범위와 향방을 보여줄 뿐만 아니라 그 연구 성과들을 시민들과 공유하는 것까지 고려하는 방향으로 총서를 발행하고 있다. 모쪼록 이 총서가 동아시아에서 갈등의 피로를 해소하고 새로운 상생의 방법을 모색하는 데 일조할 수 있기를 기대한다.

인하대학교 한국학연구소

총설
동아시아한국학의 형성

류준필 · 김종준

기본 시각

'동아시아한국학'은 인하대학교 한국학연구소가 인문한국(HK) 사업을 추진하는 학술 활동을 지칭하고자 마련한 용어이다. 부연하자면, 그것은 '동아시아 상생과 소통의 한 방법'으로서 한국학의 학문적 위상과 의의를 설정하고 이에 부응하는 연구를 수행하는 학문적 노력 일반을 포괄한다. 곧 동아시아 각 지역의 연구자들이 자국학의 문제의식을 바탕으로 한국학을 연구하는 시선들에 대하여 독자적인 한국학으로 재인식하고, 그 복수(複數)의 한국학 시선들이 서로 생산적으로 소통하는 방법을 구성해내는 한국학이다. '한국학과 동아시아의 소통'이라는 한국학의 역할 증진에 기여하고자 인하대학교 한국학연구소는, 근 몇 년

간 근대전환기 이후 20세기까지 각국에서 이루어진 한국학의 계보학적 재구성을 지향해 왔다. 아래에 제시하는 네 가지 경향은 이전 시기 한국학의 기본 성격을 규정해온 요건들로서, 이에 대한 비판적 재구성을 통하여 동아시아한국학의 정립 방향을 확보하고자 하였다. 미리 말하거니와, 당연하게도 이 네 가지 측면은 문제설정의 편의상 범주적으로 구분하였을 뿐 실상에 있어서는 긴밀한 복합체로서 존재한다.

첫째, '자국학'으로서의 한국학이다. 식민지시기를 포함하여 근대 이후 한국(북한)이 추구해온 한국학은 다른 동아시아 여러 국가들과 마찬가지로 자기 인식으로서의 자국학이다. 자국학의 측면에서 상생과 소통의 한국학이란, 동아시아 자국학의 상호 영향과 비교 과정을 통해 그 학문적 재구조화를 이루는 과제를 뜻한다. 둘째, '식민학'으로서의 한국학이다. 식민학으로서의 한국학(혹은 조선학)은 주로 일본을 중심으로 진행되었다. 일본에서의 자국학(화한학) 성립은 동양학의 성립과 동시적으로 진행되었고, 이 과정에서 서구 동양학의 식민주의적 성격에 영향을 받았다. 나아가 한국의 식민지화 이후에는 식민정책학과 깊은 관련을 맺으며 한국학(조선학)을 형성해 왔다. 이것은 식민지기 이후에도 지속되어 왔고, 한국의 자국학 형성에도 적잖은 영향을 미쳤다. 셋째, '민족학'으로서의 한국학이다. '민족학'이란 국가와 민족의 불일치 상태에서 형성된 한국학을 뜻한다. 즉 민족 = 국가의 동일시로 귀결되지 않는 상태에서의 한국학이다. 중국과 같은 다민족국가의 일원으로 존재하는 (소수)민족의 한국(조선)학은 민족학으로서의 한국학이고, 일본의 재일한국(조선)인의 한국학 또한 그렇다. 더 나아가 남북한이 스스로를 분단국가로 인정하는 것을 바탕으로 할 때, 북한학 역시 남한의 한국학과는 구분되는 민족학이라 할 수 있다. 재외동포들의 한국학도 민족학의 범주에 포함시킬 수 있겠다. 넷째, '지역학'으로서의 한국학이다. 지역학은 기본적으로 비서구 지역에 대한 서구의 지식 체계에 입각해 구성된 동양학과 관련이 깊다. 비서구지역의 지배와 관리를 목적으로 해서 형성된 지역학(지역연구)의 전통은 지금까지도 지속되고 있다. 서구의 동양학이나 미국의 동아시아 지역학 혹은 지역연구도 마찬가지이다. 이러한 지역학적 시각에 형성되어 온 한국학 또한 상당한 비중과 영향력을 지니고 있다.

이들 네 가지 성격은 당연히 긴밀하게 연관되어 있다. 자국학으로서의 한국학에도 식민학·민족학·지역학의 계기가 포함되어 있었으며, 때로는 상호 대립하고 배제하기도 하였다. 그러므로 자국학·식민학·민족학·지역학으로서의 한국학은 명징하게 구분되는 실체들이라기보다는, '한국학과 동아시아의 소통'에 기여하기 위해 필수적으로 고려해야 하는 한국학의 역사적 구성 층위들이라 하겠다. 뿐만 아니라 이 네 가지 측면에 대한 적극적 고려는, 한국학의 세계화라는 증대되는 경향성 속에서 한국학이 다른 나라의 학문들과 긴밀하게 상호 소통할 수 있는 가능성을 그 출발에서부터 염두에 둔 것이다. 기실 그 네 가지 성격은 한국학뿐만 아니라 외국의 학문적 경향 속에서도 일반적으로 확인되는 측면이기 때문이다. 다만 '동아시아한국학'을 그 학문적 방법이자 지향처로 설정할 경우, 그 네 가지 측면과 연계되는 방식만은 비교적 독자성을 띄게 마련이다. 일본의 식민지 경험과 분단 현실 등과 같은 역사적 변동을 겪으면서 내적인 구조 변동은 물론이고 민족의 이산 등 외적 관련 또한 훨씬 다기화될 수밖에 없었음을 감안할 경우, 다음과 같은 분류가 상대적으로 유용한 방편적 준거로 활용될 수는 있다.

한국학	자국학 = 한국학	식민학 = 한국학	민족학 = 한국학	지역학 = 한국학
거점지역	한국(북한)	일본	중국러시아	구미

앞에서 보인 네 가지 측면 각각의 특성을 잘 분별하는 안목은 필수적이다. 무엇보다 이 넷의 경향은 복수의 한국학을 구성하는 핵심 요소들이면서 동시에 한국학의 생성 지역에 따라 무게중심을 달리한다. 따라서 자국학은 한국(북한), 식민학은 일본, 민족학은 중국·러시아, 지역학은 구미를 중심으로 접근하는 편이 방법론적으로 적절하다. 다만 이들 각각에 따라 그 네 가지 측면의 상대적 비중이 어떻게 달라지는지 또 왜 그렇게 되었는지 파악하는 것이 핵심적 과제가 될 것이다.

연구방법

이러한 문제의식을 구체화하는 연구 방향은 크게 두 가지로 구분해 볼 수 있다. 그 하나가, 특정한 한 가지 측면을 중심으로 다른 여러 가지 요인들이 어떻게 서로 얽혀듦으로써 그 나름의 맥락과 특성을 형성하게 되었는지 살피는 방식이다. 다른 하나는, 다양한 측면들을 지역적으로 구분하고 그것들이 어떻게 분화되어 갔고 또 그 과정 속에서 어떤 계보와 흐름이 만들어졌는지 비교하는 방식이다. 요컨대 하나 속에서 여럿을 해명하는 방법과 분화된 여럿들을 서로 비교하는 방법이 가능하다는 뜻이다. 전자가 시계열적 흐름에 무게중심을 둔다면 후자는 공간적 개별화에 상대적으로 더 주목하는 것에 다름이 아니다.

이 두 가지가 실질적으로 구분되기는 어렵다. 그럼에도 각각의 방법에 기대하거나 부수되는 효과는 다르다. 가령 자국학으로서의 한국학에 방법적 우선성을 부여한다면, 그것은 내적으로 한국학의 자국학적 성격이 규정되는 방식과 그 학문적 구성 요건들을 고려함으로써 궁극적으로는 한국학의 학문적 재구조화를 지향하는 것이다. 반면에 지역적으로 다양하게 형성되어 온 복수의 한국학들을 상호 비교하는 방법은 자연스레 특정한 성격이 강화된 한국학들의 자기반성을 도모하는 한편 상호 이해의 증진을 지향하는 것이 된다.

이에 따라 인하대학교 한국학연구소에서는 위의 두 가지 방향을 함께 고려하면서 연구 과제를 설정하였다. '동아시아한국학의 형성'을 하나의 영역, 그리고 '동아시아한국학의 분화와 계보'를 다른 하나의 영역으로 마련하였다. 이 책은 '동아시아한국학의 형성'을 다룬 성과들을 모아서 이루어진 결과물이고, '동아시아한국학의 분화와 계보'는 그것대로 독자적인 성과들로 구성된다. 이 둘의 구분은 앞서 언급한 기본시각에 따라 자연스럽게 도출된 것인바, 특히 '동아시아한국학의 형성'이라는 과제에 집중한 이 책은 자국학으로서의 한국학에 초점을 두되 그 외적 관련을 중심으로 관련 문제를 다루었다. 자국학으로서의 한국학이라고 하면 한국학의 식민성에 대한 근 50년에 걸친 비판적 해부를 통해 선행 연구가 만들어 놓은 두터운 전통이 자리하고 있기 때문에, 그 성취를 발판 삼아 새로운 방향을 모색하려는 의도에서였다. '동아시아한국학의 형성'을 '식민성'이라는 시각에서 집중도를 높이려 한 것도 그 때문이거니와, 뿐만 아니라 식민성 비판의 전통을 적극 이어받되 근대(성)와 관련된 그 이후의 논란도 끌어안으려 했다. 그래서 이 책의 제목에 '근대성과 식민성의 착종'이 포함되었던 것이다.

'동아시아한국학'이라는 명칭에서 드러나듯이, 이상과 같은 기본시각과 연구방향에 근거함으로써 한국학연구소의 연구 성과들은 기본적으로 '학술사 연구'와 유사한 성격을 띨 수밖에 없었다. 물론 학술사 연구는 그 독자적 의의에도 불구하고, 향후 동아시아한국학이라는 새로운 연구영역에 부합하는 구체적이고 개별적인 후속 성과들이 이어질 수 있도록 유도하는 기초 작업에 가깝기도 하다. 따라서 이런 작업은 그 나름의 독자성과 과도기성을 동시에 지니게 마련이다. 특히 그 과도기적 위상을 고려하자면 학술사적 논의 대상을 제한할 수밖에 없다. 학술사라고는 하였지만 기본적으로는 근대라는 한정을 받을 필요가 있다고 생각한 이유이기도 하고, 우리에게 익숙한 한국학 혹은 그 학문적 행위가 어디서 연원하는지 묻는 작업이 우선적이라고 판단한 때문이기도 하다. 근대 이전의 학술사가 없다거나 덜 중요하다는 뜻이 아니다. 현재의 학술 활동이 근대라는 시간적 제약 속에서 이루어진 역사의 연장선에 있는 것이라면, 학술사란 전근대의 역사라 하더라도 근대적 학술이 근대적으로 전유하는 방식을 문제삼는 것이 된다. 따라서 동아시아한국학이 연구 대상으로 한정한 근대 학술사란 궁극적으로는 동어 반복에 지나지 않는다.

동아시아한국학에서 '한국'은 적어도 두 가지 함의를 지닌다. 하나는, 지금 현재의 한국 학문이라는 위치이다. 즉 근대 학술사의 구도를 가늠하고 연구를 수행하는 '한국'이라는 주체가 처한 자리이다. 다른 하나는 대상으로서의 '한국'이다. 한국을 대상으로 하는 학술 즉 한국학이라고도 할 수 있다. 달리 말하면, 전자는 학술사 연구의 현재적 주체이고 후자는 그 대상이다. 그런데 한국을 대상으로 하는 학문으로서의 한국학은, 전자 즉 한국이라는 주체의 공간적 위치로 모두 수렴되지 않는다. 요컨대 한국학의 존재 형식이 자국학으로 한정되지 않는다는 말이다. 한국을 벗어난 자리에서 한국을 대상으로 수행되어 왔고 수행되고 있는 한국학이 존재했고 존재할 수 있기 때문이다. 따라서 한국학의 근대 학술사는 한국학의 복수성 혹은 복수의 한국학'들'을 전제할 수밖에 없다는 이 글 처음의 문제의식을 이어받는 자리에서 시작된다. 식민성의 문제 또한 마찬가지인데, 설령 한국의 자기 인식으로서의 한국학을 다룰 때조차 다양한 한국학'들'과의 관계를 어떤 식으로든지 내포하게 마련인 탓이다.[1]

　이런 태도를 취할 때 한국학과 '식민성'의 관련에 대한 연구의 시야는 좀더 넓고 다원화될 필요가 있다. '동아시아한국학'은, 한국학의 형성 배경과 그 역사적 맥락을 더 확대된 지평 속에서 길어 올리고자 하였다. 전근대적 전통의 근대적 전유 양상에 대한 연구를 통해 학술사적 맥락에서 자국학의 근대적 성격을 환기하는 사례 제시가 논의의 출발점으로서 필요하다. 전근대 동아시아 학문에 내재되어 있던 '보편주의'가 국민국가적 기획 속에서 재정립·재구조화 되는 양상을 확인하자는 취지이다. 여기엔 당연히 서구를 새로운 보편주의로 전제한 인식과 욕망들이 개입하고 있다. 이러한 '서구/비서구'의 지정학적 분할 의식 위에 '조선'·'중국'··'일본'·'베트남' 등 동아시아 지역 내부의 지정학적 분리 의식이 다시 겹쳐진다. 따라서 동아시아한국학의 형성 배경에다가 이러한 중첩적인 지정학적 분할·분리의 측면을 놓아두지 않기는 어려운 법이다. 이 책의 1부인 "중화 체제의 해체와 근대 이행─동아시아한국학의 등장 배경"이 사례연구들을 통해 드러내고자 한 지평은 이런 것이었다.

　이러한 지평 속에서 형성되기 시작한 자국학적 계기들과 지정학적 분리 인식이 작동하였고 그 속에서 식민성이 융합되었던 것이지만, 그러한 자국학적 분리 인식은 전근대 동아시아 학문의 역내 보편주의를 완전 해소한 것이 아니라 잠정적으로 봉합하는 수준에 지나지 않았다. 이 문제는 늘상 비서구로서의 동아시아라는 지정학적 표상 속의 보편

1　논리적으로는 한국 내부를 향해서도 동일한 시각이 요구된다. 즉 자국학으로서의 한국학 또한 상호 이질적인 '한국학'들의 충돌과 결합의 복합체로 파악할 수 있다. 연구주체(개인·집단이나 방법·시각을 포함하는)를 규정하는 요소(시간·공간·성별·계층(급)·민족 등)의 이질성으로 인해 연구 대상 또한 이질적 '대상'들의 구성체일 수 있기 때문이다. 물론 이러한 복합성은 한국 바깥의 한국학과 비교하면 훨씬 근친성이 높다는 점을 부정할 이유는 없지만, 실제로 한국학＝자국학 내부에는 '대상의 동일성'을 매개로 해서 한국 바깥의 한국학이 습합될 수 있고 그렇게 되어 왔다. 이 또한 한국학＝자국학 내부에 複數性을 구성한다고 볼 수 있다.

주의가 요청될 때면 하시라도 전화·재생될 수 있는 성질의 것이었다. 동아시아의 보편 종교와 사상으로서의 성격을 함께 구비한 유교·불교 등은 실제로 그런 의미로 출몰하곤 했다. 또한 동시에 동아시아 지역 내부의 상호 인식에는 학문적 연쇄 구조가 작동하고 있었고 이 연쇄 구조가 정치적 식민 구조와 맞물리면서 한국학 혹은 한국인식에 복잡한 식민성의 의미 연관을 파생시켰다. 이론적 연쇄에서도 확인 가능하고 학술 제도의 차원에서도 확인되는 바이다. 이 책의 2부 "한국학과 식민성─식민지 시기 한국학의 동아시아적 교차"에서는 동아시아 지역 내적 보편주의와 일국적 혹은 자국학적 인식 사이에 벌어진 균열과 모순을 다루고자 하였다. 동아시아한국학의 학술사적 시각에서 식민성이란 결국 지정학적 한계를 초과하는 인식적 보편과 상호 연쇄의 구조가 지정학적 한계 내적 자기 표상을 지배하거나 상호 충돌하는 지점에서 전형적으로 발현하였다고 판단된다. 한국학 내부로의 시선만으로는 쉽게 포착하기 어려운 문제설정이 아닐까 한다.

이렇듯 동아시아한국학이 탐색하는 한국학의 시야와 범위는 비교적 넓다. 물론 아직은 중심이 될 만한 사례연구들을 통해 그 전체적 면모의 구도를 그려가는 중이지만 적어도 한국학의 안과 밖이 그다지 자명한 경계와 구획으로 나누어 지지 않는다는 인식만큼은 분명하다. 이러한 시각에 설 때 그간 한국학에 작용한 주요한 문제틀 가운데서 이른바 '내재적 발전론'과 '트랜스 내셔널리즘'이라면 동아시아한국학의 정립 도정에서 피해가기 어려운 대상들이다. 이 책의 3부인 "동아시아한국학의 안과 밖─문제와 전망"은 바로 그와 같은 연유로 해서 마련된 것이다. 이러한 과정을 거치면서 진행된 이 책의 일련의 연구들은 근대성과 식민성이라는 익숙하지만 핵심적인 문제 영역을 동아시아한국학이라는 새로운 시각에 따라 접근해 보려한 성과들이다.

개별 논의

1부. 중화 체제의 해체와 근대 이행 – 동아시아한국학의 등장 배경

윤상수의 「학안(學案)의 사상론—명유학안의 양명학관(陽明學觀)」은 명대 유학사 연구에 가장 큰 영향을 미친 책인 황종희(黃宗羲)의 『명유학안(明儒學案)』을 분석한 글이다. 이 책에서는 왕수인(王守仁)의 학문이 정통으로 그려지고 있는데, 저자는 그것이 청초 강희(康熙) 연간에 과연 정설이었는가 하는 의문에서 출발하고 있다. 그러면서 오히려 황종희가 양명학을 이단으로 비판하는 사람들을 독자의 일부로 상정하면서, 그들의 견해를 반박하고 자신의 견해를 설득시키는 과정의 하나로 파악해야 한다고 본다. 즉 강희 연간의 양명학 비판의 풍조, 이에 대한 황종희의 인식과 대응이라는 구도를 가지고 양명학을 정통으로 주장하는 『명유학안』의 논의를 해석하고 있는 것이다.

저자는 결론적으로 황종희의 주자학 비판이 당대보다 오히려 근대 이후 널리 받아들여졌다고 주장한다. 주자학을 비판하면서 등장한 양명학에서 근대적 사유를 발견하려는 시도들과 맞물려 있다는 것이다. 이는 중화 체제의 해체와 근대 이행 과정에서 동아시아한국학의 등장 배경을 찾아내려는 본 저서의 문제의식과도 관련된다. 다음 김태년, 우경섭, 강해수의 글 등에서도 확인되듯이 근대 지식인들에게 전통 시대 유학을 어떻게 인식할 것인가의 문제는 매우 중요한 것이었고, 이는 한국과 중국, 일본 모두 마찬가지였다. 즉 근대 한국학의 자기 인식은 필연적으로 동아시아가 공유하고 있던 유학 전통의 재인식을 요구했다는 점에서 『명유학안』에 관한 고찰로 본 저서가 시작되는 이유도 드러난다.

　김태년의 「학안에서 철학사로―조선유학사 서술의 관점과 방식」은 식민지기 유교에 대한 연구가 매우 부족하다는 문제의식에서 출발하여, 전통적인 학안이 근대적 (유가)철학사의 한 분야로 변화하게 된 맥락을 탐구하고 있다. 다음 김영진도 유사한 지적을 하고 있는데, 전통 학문과 근대 학문이 확연히 구분되는 지점은 연구 대상과의 거리 확보다. 연구대상을 객관적으로 인식하고 분석할 수 있게 될 때 '유학'이 '유가철학'으로 변화할 수 있었던 것이다.

　저자는 '유가철학사'의 시작으로 장지연과 다카하시 도오루의 유학사 서술을 언급하고, '실학'의 탄생과 전개도 재음미하고 있으며, 이어서 현상윤과 이상은의 유교관을 통해 전통을 바라보는 시선의 차이를 비교하고 있다. 그러면서 '도통'에서 '학파'로, '도학'에서 '철학'으로의 변화가 분명 긍정적 측면이 있다고 본다. 하지만 한편으로 '철학'이라는 프로크루스테스의 침대에 유학을 눕힘으로써 유학 자체의 내재적 맥락이 해체되고 파편화되었다는 지적 또한 흥미롭다. '근대' '철학'의 시각으로 재단된 유학사를 다시 검토하고, 잘려나간 부분을 복원해야 한다는 주장은, 아마도 본 저서의 여타 저자들도 대부분 동의하리라 생각한다.

　김영진의 「한국 근대 불교학의 등장과 불교사 서술」은 근대 불교학의 성립을 전통 학술과의 연속과 단절 속에 살펴본 글이다. 앞의 유학사가 그러했던 것처럼 불교사 역시 동아시아 각국의 복합적 관계망 속에서 형성되었음에 유의할 필요가 있다. 저자는 나아가 유럽 근대 불교학이 일본을 거쳐 우리에게 전달되는 경로에 주목한다. 애초에 불교 전통을 갖지 못한 이들의 방법론 및 문헌학적 접근과 전통적 불교 연구의 역사를 가지고 있는 이들의 경우를 효과적으로 비교하고 있다.

　그 과정에서 전통적 방식에 머문 박한영, 전통과 근대적 방법론을 겸비한 권상로, 이능화, 좀 더 정교하게 근대 학술로 불교를 인식한 최남선 등을 대비시키고 있다. 결론은 서구의 근대 역사학이 방법론적 측면에서 분명히 도구로 쓰였지만, 불교가 역사와 현실로 존재하는 우리에게 그대로 받아들여질 수는 없었다는 것이다. 저자는 근대 방법론과 전통적 인식이라는 거시적 시각과 개별 학자들의 구체적 연구 성과들에 대한 세밀한 분석을 매우 적절하게 활용하고 있다. 현재의 제언을 넘어서 앞으로 보다 정교한 이론의 도출을 기대하게 만든다.

류준필의 「문(文)과 수사(修辭)의 대립과 결합―명치(明治) 시기의 수사학(修辭學)과 장태염(章太炎)의 문론(文論)」은 문(文)과 수사(修辭)의 상호 관련성을 통해 전근대적 학문의 근대적 변용 양상을 확인하고 그 과정에서 벌어진 대립과 논란을 살펴보고자 한 글이다. 특히 일본에서 수사(학)이 발흥하는 상황에 대해 중국 학술이 비판적으로 대응하는 흥미로운 장면을 드러내 보이고 있다. 표면적으로는 근대적 '문학'과 '수사학'의 등장에 연계되는 문제인 듯하지만 그 이면에는 서구 학문의 영향 속에 진행된 동아시아 지역 내부의 대립적 논쟁과 내적 차이가 존재하였음을 환기한다.

서구어의 번역어로서 '수사(학)'가 도입·형성되는 과정은 일본과 중국 두 나라의 대비를 통해 살펴본다. 수사학의 관점에서는 중국이 일본으로부터 깊은 영향을 받았음이 분명하지만, 장태염(章太炎)의 입론에 주목한다면 문(文)과 수사학의 대립 지점을 확인하게 된다. 이것은 결국 '수사(학)'에 내재된 양가적 역설의 구조 즉 수사(학)의 (불)가능성은 수사(修辭)와 비수사(非修辭)의 결합과 구분되지 않으며, 더 나아가 언어의 지시성과 형상성이라는 일반적 문제와 연계되는 것이었다.

이영미의 「유럽의 한국 인식―쿠랑의 한국사론과 동아시아」에서 다루고 있는 모리스 쿠랑은 19세기 말 조선 주재 프랑스 공사관의 서기관을 지낸 인물로 약 21개월간 조선에서 살면서 3,821종의 서지 목록을 제시한 『한국서지(韓國書誌)』를 작성한 것으로 유명하다. 그래서 일찍부터 서지학자 또는 문헌학자로 관심을 받아 왔다. 그런데 저자는 쿠랑이『한국서지』외에도 한국에 관한 다양한 글들을 남긴 사실은 오랫동안 주목받지 못했다고 지적한다. 그래서 먼저 쿠랑의 한국 관련 저술을 정리하고, 이어 신라, 고려, 조선 등에 대한 쿠랑의 성격 규정을 살펴보고 있다.

쿠랑이 남긴 총 21편의 한국 관련 저술에 대한 분석을 통해, 저자는 몇가지 새로운 특징들을 밝혀냈다. 첫째, 쿠랑은 과거 서양인들이 중국이나 일본의 문헌 자료를 통하여 한국의 역사를 파악하던 방식을 벗어났다는 점이다. 둘째, 그는 신라를 한반도 최초의 통일 국가로 인정하였다는 점에서는 특이하지만, 일반적으로 한국이 고대로부터 점차 쇠락해 갔다는 퇴행적 역사상을 가지고 있었다. 셋째, 그는 한국이 중국의 속국도 일본의 속국도 아닌 독립적 국가였음을 강조하였다. 서구의 한국학이 동아시아라는 지역성 속에서 어떠한 차별성을 가지고 배태되었는지 잘 보여주는 글이다.

2부. 한국학과 식민성 – 식민지 시기 한국학의 동아시아적 교차

우경섭의「왕도유학(王道儒學) － 1920~30년대 조선과 만주국」은 앞의 김태년과 마찬가지로 식민지기 유학사상에 관한 연구가 거의 없다는 문제의식에서 출발한다. '항일/친일' 혹은 '저항/협력'이라는 식민지 시기 고유의 틀로는 당시의 유학사상을 제대로 파악할 수 없다며, 식민지 조선과 만주국에서 제기된 '왕도'라는 구호를 통해 20세기 동아시아 유학사를 새롭게 서술할 수 있을 것이라는 기대감을 내보이고 있다. 즉 왕도를 주요 키워드로 잡고 있는데, 본래 왕도는 '덕'에 의한 정치를 의미한다.

1920년대 식민지 조선에서 왕도는 병합을 정당화하는 명분이 되기도 했는데, 특이한 것은 『효경』을 통해 '충효'라는 새로운 이데올로기를 창출해 개인도덕을 통치이념으로 전용하고자 했다는 점이다. 1930년대 만주국 역시 왕도주의를 건국이념으로 내세웠는데, 저자는 이것이 단순한 '프로퍼갠더'가 아니라 나름의 역할을 했다고 보고 있다. '민본주의'와 '행왕(行王)'을 통해 다민족 융합의 사상적 원리로 기능했다는 것이다. 물론 이같은 실상의 파악이 갖는 역사적 의미 부여는 아직 불충분하지만, 향후 연구가 기대된다. 저자는 마지막으로 왕도유학에서 황도유학으로의 전환에 대해 동아시아 보편의 가치로서 왕도는 사라지고 국가주의적 유학만이 남은 것이라고 표현하는데 황도유학에 대해서는 다음 강해수의 글이 자세하다.

강해수의 「'도의' 담론―'황도유학'과 식민지 조선」은 일본에서 '황도불교'라는 용어는 회자되었어도 '황도유학'이라는 용어는 사용되지 않았고 연구자들의 관심도 없었다는 점에 주목한다. 사실 황도유학은 1930년대 중반 이후 일본에서의 '일본유교' 담론이, 오히려 유교(학)가 사회적 교설로서 제도화된 식민지 조선 사회에 적용된 제국 담론이자 식민주의적 담론이라고 할 수 있다. 저자는 황도, 황도불교, 일본유교 등의 용법과 담론에 대해 여러 지식인들의 글들을 인용하여 분석하고 있다.

핵심은 식민지에서 황도유학으로 전화된 일본유교 자체가 가지고 있는 성질인데 '황도 및 국체에 순화된 유교'라는 점이다. 또한 황도유학이 이른바 '도의조선의 건설'이라는 구호와 맞물리게 되는 과정 또한 고찰 대상이다. 여기서 '조선 도의철학의 창시자'로서 환기된 것이 이퇴계이며, 이같은 표상은 해방 후 한국현대사에 이어지고 있다는 것이 저자의 판단이다. 나아가 지배적 권력 담론으로서의 황도유학과 그 '도의의 제국'의 사상적 영위가 아직까지도 초극되지 못하고 있다는 점에서 현재 한일 양국의 총체적 난국이 초래되었다고까지 진단하고 있다. 일본에서 활동하는 한국인 연구자의 고민을 여실히 보여주고 있으며, 식민지기 형성되어 해방 후 계승된 한국학이라는 표상을 붙잡고 있는 한국 연구자들에게도 시사하는 바가 매우 크다고 생각된다.

김영진의 「제국-식민지 이론연쇄와 전향－인정식(印貞植)의 경제론을 중심으로」은 식민지 시기 조선불교계가 일본 제국주의 이념에 동조하여 일본불교가 창안한 이른바 황도불교를 내면화하고 이론화하는 과정을 다루고 있다. 앞의 일본유교가 황도유학으로 전화되는 과정과 비교하여 읽어볼 주제이다. 저자는 근대 일본불교가 천황을 정점으로 한 일본이라는 국가의 수호를 불교의 수호로 간주했다고 본다. 이는 천황이나 국가를 종교화한 것이며, 반대로 불교를 세속화한 것이라고 할 수 있는데, 식민지 조선에도 유사한 논리가 수용되었다는 것이다.

저자가 특히 문제삼는 부분은 종교의 정치화다. '국가와 개인'의 문제를 다루면서 불교의 무아설에 입각하여 개인을 무화(無化)시키고 국가나 천황을 절대시한다거나, 중일전쟁과 태평양전쟁이 발발하자 전투에 임하는 병사에게 공(空)의 논리를 동원하여 삶과 죽음을 초탈한 자세를 요구한다거나 하는 것들이 그러한 사례이다. 이 글에서 직접 다루고 있지는 않지만 전통시대 때의 불교를 '호국불교'로 이해하고 강조하는 논법과 비교해보면 매우 흥미롭지 않을까 싶다.

김인수의 「제국-식민지 이론연쇄와 전향－인정식(印貞植)의 경제론을 중심으로」는 그간 인정식의 전향이 도덕적 비난의 대상(친일론)이 되거나 반대로 상황논리를 통해 옹호(전시변혁론)된 것은 문제라는 인식에서부터 출발한다. 지식인에게 필수불가결한 지식생산수단—이론과 방법론—의 차원에서 그의 전향을 검토하여, 제국－식민지 '이론연쇄'의 흔적을 추적해야 한다는 것이다.

이렇게 보았을 때, 인정식이 일본 강좌파 야마다 모리타로(山田盛太郎)의 이론을 전유하고 있었다거나 비트포겔(K. A. Wittfogel)－히라노 요시타로(平野義太郎) – 모리타니 가쓰미(森谷克己) – 인정식으로 이어지는 '이론연쇄' 속에서 아시아적 생산양식론을 채택하였다는 점 등이 드러난다. 결과적으로 인정식은 아시아적 생산양식론의 관점에서 중국을 분석하였고(정체사회론), 일본의 제국주의적 침략을 중국을 정체성에서 구제할 역사적 행위로 평가했으나, 동시에 모호한 근거로 조선을 아시아적 생산양식의 외부에 위치시켰다. 이는 이론적 차원에서의 비일관성, 즉 이론의 실패를 의미한다는 것이 저자의 주장이다. 식민지 지식인의 입장과 선택을 단순히 도덕적 관점이나 상황논리가 아니라 제국 – 식민지 이론연쇄라는 차원에서 접근하고 있다는 점에서 흥미로운 글이다.

천진의 「식민지 조선의 지나문학과(支那文學科)의 운명 – 경성제국대학의 지나문학과를 중심으로」 역시 김인수의 글과 마찬가지로 식민지 조선 지식인의 입장을 새롭게 조명하고 있다. 특히 경성제국대학의 지나문학과라는 구체적 대상을 앞에 두고, 제국의 지나학과 식민지 조선 지식인에게 지나라는 타자가 갖는 의미를 세밀하게 비교 분석하고 있다. 식민지 조선의 아카데미즘을 이해하기 위해서는 조선이라는 범주를 넘어 '동양', '지나'와 같은 동양과 관련된 근대 학지(學知)의 재편을 보다 적극적으로 문제삼을 필요가 있다는 것이다.

이 글의 저자가 보기에 1930년대 제국의 동양 학지는 제도의 안정성을 확장하는 시기이면서, 동시에 제도 안에 균열이 생겨나가는 시기이기도 했다. 그런데 같은 시기 식민지 조선의 사정은 더욱 복잡하였다. 경성제대 지나문학과의 조선인 지식인들은 한편으로 제국의 지식에 포섭되어 가면서, 다른 한편으로는 아카데미즘 밖의 조선의 저널 속에서 다양한 긴장을 만들어내며 때로는 불온함을 만들기도 했다. 이같은 포섭과 균열, 긴장의 키워드로 식민지 조선의 아카데미즘을 재구성해 봐야 한다는 지적은 매우 그럴 듯하다. 그러한 균열들이 해방 후 냉전 체제를 거치면서 은폐되어 갔다는 점에서도 더욱 그러하다.

이영호의 「'내재적 발전론' 역사인식의 궤적과 전망」은 1960~70년대 남북한 및 일본에서 진행된 한국역사 연구의 새로운 방법 또는 역사인식인 '내재적 발전론'에 대해 총체적으로 분석한 글이다. 현재 한국사학계의 중진학자이기도 한 저자는 내재적 발전론에 대해 제기되고 있는 여러 가지 비판들을 수용하면서도 무분별하게 휩쓸리지 않고 차분하게 대안을 모색하는 태도를 보이고 있다. 먼저 내재적 발전론의 개념에 대한 이해의 편차를 바로잡고, 대안담론을 명확히 하는 데에서 출발해야 한다는 것이 저자의 생각이다.

따라서 저자는 내재적 발전론 형성의 두 계열로 한국사의 (과학적) 체계화와 자본주의맹아론을 구분해 이해해야 한다고 제안한다. 남과 북, 일본에서 내재적 발전론의 전망은 달랐지만, 남북의 경우 국민국가 형성의 과제를 수행하는 방법론으로 기능하였다는 점은 공통된다. 1980년대 들어 비판적으로 계승되던 내재적 발전론은 1990년대 들어 사회주의권이 붕괴되고 포스트모더니즘이 수용되면서 원형 그대로 유지하기 어렵게 되었다. 그러나 저자는 포스트모더니즘이 내재적 발전론의 이후를 감당할 수 없다고 본다. 따라서 과거 내재적 발전론의 유효성을 인정한 위에서 21세기 사학사적 과제를 위해 국가·민족사의 무게를 줄이는 방향으로 나아가야 한다면서 '지역사'를 제안한다. 내재적 발전론 이후를 고민하는 한국사학자들의 공통된 문제의식이 잘 반영된 글이라고 할 수 있다.

장세진의 「트랜스내셔널리즘의 (불)가능성과 재일조선인이라는 예외상태 – 한국전쟁 관련 텍스트를 중심으로」는 한국전쟁에 연루되었던 일본 내 조선인들의 다양한 경험들을 관련 텍스트들을 통해 재구성한 글이다. 김달수와 고바야시 마사루와 같은 문학적 텍스트를 위시하여, 반전 무장 투쟁과 참전의 실제 양상들을 후대에 규명한 역사서들도 부분적으로 언급하고 있다. 앞서 내재적 발전론이 국민국가 형성 과제와 맞물려 있었다고 했는데, 반대로 재일조선인들은 담론의 수면 위로 좀처럼 떠오르지 못한 (동)아시아라는 지평을 강력하게 환기하는 존재들이라는 점에서 주목된다. 네이션 체제 성립과 관련해 그 프레임 밖으로 누락되거나 망각된 존재들인 것이다.

즉 국민국가의 경계 바깥에서 탄생된 '자이니치(在日)'라는 존재를 통해 참전 혹은 배반으로서의 네이션을 고찰할 수 있다. 이를 통해 저자는 구(舊) 제국의 잔여 및 전 지구적 냉전 서사와 뿌리깊이 얽히며 성립된, 현 동아시아 국민국가 패러다임의 근원을 사유할 수 있다고 주장하며, 나아가 초국가적 트랜스내셔널리즘의 가능성을 모색하고 있다. 현 단계에서 좀 급진적으로 보일 수 있는 문제제기로 여겨지지만, 동아시아 차원의 한국학이 나아갈 수 있는 다양한 가능성 중 하나를 보여준다는 점에서 흥미롭다. 더욱이 재일조선이라는 특정 존재를 분석 대상으로 하고 있다는 점에서, 논의의 구체성이 담긴 견해이다.

학안(學案)의 사상론[*]

명유학안의 양명학관(陽明學觀)

윤상수

1. 들어가는 말

지금까지의 明代儒學史 연구에 가장 큰 영향을 미친 책으로 黃宗羲 (1610~1695)의 『明儒學案』을 꼽는 데 이론의 여지는 없을 것이다.

일본의 明淸思想史 분야에서 대표적인 연구자 가운데 한 사람인 야마노이 유(山井湧)는 『명유학안』에 보이는 명대유학사관을 ① "王學을 明學의 중심으로 보는 것" ② "明初를 일반적으로 주자학의 세력 아래에 있었다고 보고 그 속에서 陳獻章을 선구로 하여 王守仁이 출현하였다고 파악하는 것" ③ "右派를 정통으로 하고 左派를 이른바 왕학의 末

---

[*] 이 글은 『동양철학』 37집(2012)에 수록된 내용을 수정·보완한 것이다.

流·橫流로서 이단시하는 것" 등으로 정리하고, 이들에 대해 각각 ①
"부동의 정론" ②"현재까지 통설이라고 말할 수 있는 견해" ③"종래의
가장 일반적인 견해"라고 평가하고 있다.[1]

이 가운데 특히 야마노이가 "부동의 정론"이라고 평가하는 "王學을
明學의 중심으로 보는" 관점은 명대유학사에 관한 종래의 연구에 기본
적인 틀을 제공하여 왔다고 말할 수 있다.[2]

하지만 왕수인의 학문을 명대 학문의 중심, 황종희의 생각에 따르면
명대 유학의 '정통'으로 보는『명유학안』의 관점이 이 책이 쓰여지고
있던 淸初에도 오늘날과 같이 '정론'으로 받아들여지고 있었다고는 생
각되지 않는다.

이토 다카유키(伊東貴之)는 "청 초기의 현저한 변화"로서 "명말에 이
르는 양명학 융성의 사조 속에서 일견 완전히 사라져 버리고 극복되었
던 것처럼 보였던 주자학이 일시적이기는 하지만 부흥하고 있는 현상
이 보인다"는 점을 들면서, "게다가 이러한 현상은 중앙과 재야를 불문
하고 광범위하게" 나타나고 있었다고 지적하고 있다.[3]

청초의 주자학 부흥의 사조 속에서 이단 비판, 즉 양명학 비판도 유
행하고 있었다. 이러한 풍조는 왕수인 그리고 유종주의 학문적 후계자
를 자임하고 있던 황종희에게도 밀려오고 있었다. 후술하겠지만 그는

1　山井湧,「明儒學案の四庫提要をめぐって」,『明淸思想史の研究』, 東京大學出版
　　會, 1980, 314쪽.
2　小島毅는 '명말청초기의 사회 변동과 관련하여 사상사를 논한 연구'로서 島田虔次,
　　溝口雄三, 奧崎裕司, 岩間一雄, 드베리(Wm. Theodore de Bary), 余英時의 논저를 들
　　고, 이들에 공통된 문제점으로 "그 대부분이 양명학을 중심에 둔 이야기를 전개하고
　　있다", 달리 말하면 "명대를 심학의 시대로 파악하고 있다"고 지적하면서, 이러한 원
　　인의 하나로 '황종희의『명유학안』'을 들고 있다(小島毅,「地域からの思想史」, 溝口
　　雄三 等編,『交錯するアジア』, 東京大學出版會, 1993 참고).
3　伊東貴之,『思想としての中國近世』(東京大學出版會, 2005年) 第四章「〈秩序〉化
　　の位相」, 95쪽.

당시 사람들로부터 '離經背訓'이라고 비판받고 있었으며, 청초의 대표적인 주자학자 가운데 한 사람이자 황종희와 격렬하게 비난을 주고받던 呂留良(1629~1683)은 양명학이 '陸沈', 즉 명조의 멸망에 책임이 있다고 비난하고 있었다.

요컨대 淸 康熙 연간 儒者로서 활발하게 활동하고 있던 황종희는 당시의 주자학 부흥, 양명학 비판의 풍조를 몸으로 체험하고 있었다. 강희 15년(1676), 67세에 완성된 『명유학안』은 바로 이러한 시대적, 학문적 상황 하에서 집필되었던 것이다.

이렇게 본다면, 왕수인의 학문을 정통으로 보는 『명유학안』의 명대 유학사관은 적어도 당시에는 오늘날과 같이 '부동의 정론'으로 받아들여지지는 않았을 것이다. 그것은 오히려 양명학을 이단으로 비판하는 사람들을 독자의 일부로 상정하면서, 그들의 견해를 반박하고 자신의 견해를 설득시켜야 하는 과제를 안고 있던, '하나의 주장'에 지나지 않았다고 보는 것이 타당할 것이다. 그렇다면 이러한 반박과 설득의 논리는 『명유학안』에서 어떻게 구체화되고 있는가. 이 글은 이러한 문제에서 출발하고 있다.

이를 위해 아래에서는 황종희가 유학자로서 활동하고 있던 청초의 맥락 속에서, 구체적으로 말하면 강희 연간의 양명학 비판의 풍조, 이에 대한 황종희의 인식과 대응이라고 하는 구도를 가지고 양명학을 정통으로 주장하는 『명유학안』의 논의를 읽어보고자 한다. 구체적으로 『명유학안』 권10의 「姚江學案」(67세)과 「明儒學案序」(84세)의 내용을 검토하도록 하겠다. 전자는 전문적으로 왕수인을 다루고 있는 부분이며, 후자는 이 책 전체의 서문일 뿐만 아니라 만년의 황종희의 사상을 대표하는 글이다. 그리고 이 두 편에 대한 검토에 들어가기에 앞서 「惲仲昇文集序」(59세)를 살펴보도록 하겠다. 이 글에는 황종희가 유학자로서 본격적으로 활동하기 시작하였을 때의 세상의 반응과 이에 대한 그의 인식이 잘 나타나 있기 때문이다.

이를 통해 양명학을 정통으로 보는『명유학안』의 명대유학사관이
어떠한 시대적 배경과 문제의식에서 나오고 있으며, 그 주장의 논리는
무엇인가에 관해, 황종희 자신의 논의를 통해 밝혀보도록 하겠다. 이
러한 고찰을 통해 종래의 명대유학사 연구에 기본적인 틀을 제공하여
왔던 황종희의 명대유학사관을 상대화하는 데, 그리고 청초의 학문적
상황을 밝히는 데 일조하기를 기대해 본다.

2.「惲仲昇文集序」

만년 황종희는 자신의 초상화를 바라보면서 지나온 인생을 회고하여
다음과 같이 말하고 있다. "처음에는 黨人으로 속박을 받고, 이어서 游
俠으로 지목되었으며, 마지막에는 儒林에 몸을 두었다. 그 사람됨은 대
개 세 번 변하여 지금에 이르렀다."[4] 이 당인 → 유협 → 유림 가운데 마
지막 이른바 '유림'의 시기는 대체로 청 강희 2년(1663) 54세 이후로 보는
것이 타당할 것이다.[5] 그의 아들 黃百家는 "癸卯(강희 2년) 이후 家大人께
서는 비로소 다시 錢塘江을 건너셨습니다"[6]라고 말하고 있다. 이 해부
터 이른바 '유협'의 시기, 달리 말하면 명조의 멸망으로부터 20년 가까운

4　黃炳垕,『黃宗羲年譜(原題, 黃梨洲先生年譜)』(中華書局, 1993年) 卷首, 自題畫像,
"初錮之爲黨人, 繼指之爲游俠, 終厠之於儒林. 其爲人也, 蓋三變而至今".

5　강희 2년은『明夷待訪錄』이 완성된 해이며, 이 책의 집필이 시작된 강희 1년은 南明
정권의 마지막 왕인 桂王이 청조에 의해 살해되어 명조 회복의 희망이 끊어진 해이
기도 하다.

6　黃百家,『學箕初稿』卷2, 上顧寧人先生書, "癸卯以後, 家大人始復渡錢塘".

(반청 활동을 포함한) 은둔 생활에 종지부를 찍고 저술과 출판, 강학 등을 통해 학자로서 활동한 이른바 '유림'의 시기가 시작되었던 것이다.

이때 그가 전당강을 건너 찾아간 사람은 語溪에 살고 있던 여유량이었다. 다음 해 다시 어계를 찾은 황종희는 이후 3년간 그곳을 중심으로 활동하게 된다.[7] 이곳에서의 활동에 대해 全祖望(1705~1755)은 "南雷 黃公은 石門(즉, 語溪)에서 講學하였다"고 말하고 있지만, 아마도 그는 일종의 서당을 열었던 것으로 보인다. 전조망은 이어서 그가 '束脩의 수입'을 가지고 강희 5년(1666), 여유량과의 불화에 발단이 되었던 淡生堂書 구입에 참여하였다고 말하고 있는 것이다.[8] 한편, 황종희는 강희 4년(1665) '續鈔堂'이라는 자신의 장서루를 세우는데, 여기에 들어간 자금도 語溪에서 번 수업료[束脩]에서 나왔을 가능성이 크다.[9]

그리고 여유량과의 불화도 하나의 원인이 되었으리라 생각되는데, 강희 6년(1667) 58세에 고향으로 돌아온 황종희는 본격적으로 강학 활동을 개시하였다. 스승 유종주의 사후 20여 년 동안 중단되었던 紹興의 證人書院을 부활시키고, 寧波의 講經會를 지도하기 시작한 것도 이 해부터이다. 그리고『子劉子·學言』등 유종주의 유서를 출판한 것도 이 즈음이다.[10] 요컨대 황종희는 강희 6년을 전후로 하여 강학, 출판 등을 통해 본격적으로 유종주의 학문을 세상에 알리는 일에 착수하였다. 이

7 　「天一閣藏書記」(『黃宗羲全集』(增訂版), 浙江古籍出版社, 2005, 第10冊, 118쪽. 이하『全集』을 인용할 경우 책 수과 쪽 수는 '10·118'과 같은 방식으로 표기), "甲辰(康熙3年)館語溪, 橋李高氏以書求售二千餘, 大略皆鈔本也, 余勸吳孟擧收之. 余在語溪三年, 閱之殆徧, 此書固他鄕寒故也."

8 　全祖望, 『鮚埼亭集』外編·卷17, 小山堂祁氏遺書記, "初, 南雷黃公講學於石門, 其時用晦父子俱北面執經, 已而以三千金求購淡生堂書, 南雷亦以束脩之入參焉".

9 　徐定宝 主編, 『黃宗羲年譜』(華東師範大學出版社, 1995), 康熙4年(1665), 注⑯ 170쪽 참조.

10 　吳光은『子劉子·學言』의 成書年代를 "康熙6年부터 7年 사이"로 본다.(「黃宗羲遺著考(一)」, 『全集』附錄, 1·438) 그러나 徐定宝主編『年譜』에 따르면, 上海圖書館에는 강희 5年刊本이 있다고 한다.(康熙5年, 注④, 174쪽)

는 또한 자신이 유종주의 학문적 후계자임을 내외에 천명하는 일이기도 하였다.

그가 「恽仲昇文集序」를 쓴 것은 바로 이즈음, 즉 강희 7년(1668), 59세의 일이다. 이 글에서 그는 다음과 같이 말하고 있다.

> 내가 子劉子에게서 배웠을 때는 舉業에 뜻을 두고 있어 얻은 바가 없었고, 단지 蕺山의 門人 가운데 한 사람일 뿐이었다. 천지가 뒤바뀌고 깊은 산에서 쓰러져 굶주리면서 藏書를 전부 꺼내 읽었다. 근 20년 동안의 가슴 속의 응어리가 풀리고, 비로소 지난 날 (선생님의 기대를) 저버린 것이 속죄할 수 없는 일이었음을 알게 되었다.[11]

유종주에게 직접 배웠던 明의 崇禎 연간, 이른바 '당인'의 시기에는 주된 관심이 '거업', 즉 과거 공부에 있었기 때문에 스승의 학문에 대해 제대로 이해한 바가 없었지만, 명조가 멸망하고 유종주가 자결한 뒤 20년 가까운 '유협'의 시기에 유서를 통해 스승의 학문을 공부하여 그 진가를 깨닫게 되었고, 그로 인해 비로소 '가슴 속의 응어리'가 풀어지게 되었다는 것이다.

명조 멸망 이후 거의 20년에 달하는 유협의 시기에 황종희는 커다란 '가슴 속의 응어리'를 품고 살았던 것으로 보인다. 그는 淸 順治 13년(1656), 47세에 지은 시에서 "八口의 旅人(가족)은 절반이 떠나려 하고, 十年의 亂世는 아직도 끝나지 않았네"[12]라고 하여 계속되는 가족의 죽음을 슬퍼하고 있다. 그 중에서도 가장 그를 슬프게 한 것이 아들 阿壽의

---

11 「恽仲昇文集序」(10 · 4−5), "余學于子劉子, 其時志在舉業, 不能有得, 聊備蕺山門人之一數耳. 天移地轉, 殭餓深山, 盡發藏書而讀之. 近二十年, 胸中窒礙解剝, 始知曩日之孤負爲不可贖也".

12 黃炳垕, 『黃宗羲年譜』, 順治13年(1656) · 47歲, "八口旅人將去半, 十年亂世尙無央".

죽음이었다. 아들의 죽음을 당하여 그는 다음과 같이 탄식하고 있다.

아이는 목소리가 洪鐘과 같고 눈동자는 漆黑과 같아 관상을 보면 일찍 죽을 리가 없다. (…중략…) 내[梨洲]는 말한다. 아아, 나는 알고 있다. 내가 혈혈단신으로 끝내 세상에 뜻을 펼 수 없음을. 천하에 나를 알아주는 이로 陸符(文虎)와 劉應期(瑞當) 두 사람이 있었으나, 문호는 황량한 산에서 죽었고 서당은 유례없는 곤궁 속에서 죽었다. (…중략…) 집 안에 寒暖과 웃음소리가 있으면 또한 마치 그것을 빼앗아 가는 자가 있는 듯하니, 내가 타고난 바가 기박하여 재앙을 불러들인 것이 분명하다. 하늘은 이미 여력을 남기지 않고 나를 곤궁하게 하였으니, 마침내 모두 그로 인해 화가 미친 것이다.[13]

자신이 하늘의 저주를 받았기 때문에 知己와 가족, 게다가 사랑하는 아들까지 운명에도 없는 죽음을 맞이하게 되었다는 탄식이다. 유협의 시기에 가슴 속에 품고 있던 응어리가 어떤 것이었는지 엿볼 수 있는 대목이다.

그리고 강희 2년, 이른바 유림의 시기가 시작될 즈음 아우 黃宗會가 세상을 떠난다. 그는 이 '학문을 좋아하는[好學]' 아우가 요절한 것은 '憤懣' 때문이라고 해석하고 있다. 여기에서도 이 시기 황종회 형제가 품고 있던 울분을 짐작할 수 있다.[14]

그러나 이러한 울분에 찬 나날 속에서도 황종희는 학문에서 손을 놓지 않았던 것으로 보인다. 특히 理學에 관해 그는 황종회의 「壙誌」에

---

[13] 「亡兒阿壽壙誌」(10・524), "兒聲若洪鐘, 目睛漆黑, 於相無夭法. (…중략…) 梨洲曰: "噫. 予知之矣. 予之子子而不可竟行於世也. 天下知予者二人, 陸符文虎, 劉應期瑞當. 文虎死於荒山, 瑞當死於非類之困折. (…중략…) 乃戶內之寒煖笑口, 又若有物奪之而去者, 則信乎予之賦分單薄, 招殃致凶. 天既不遺餘力以窮我, 而遂皆爲所延及乎"".

[14] 「前鄉進士澤望黃君壙誌」(10・303), "若澤望者, 以讀書而言, 亦可謂之好學也已, 又不幸以憤懣損其天年, 豈讀書種子眞欲絶於世乎. 癸卯(康熙2年)十二月十二日".

서 "濂洛(주돈이와 이정)부터 오늘날까지 儒者 백십 가에 대해 나와 澤望(황종희)은 모두 그 宗旨의 離合과 是非의 원인을 알 수 있었다"[15]고 말하고 있다. 이 문장은 강희 2년, 54세에 쓴 글인데, 이때 이미 宋明理學史에 관해 일가견을 이루고 있었다는 말이다. 이러한 이학사에 관한 연구는 물론 뒷날 『明儒學案』과 『宋元學案』을 집필하는 데 기초가 되었을 것이다.

그런데 위에서 언급하였던 것처럼 황종희는 유종주의 학문으로 인해 명조 멸망 이후 가슴속에 품어 왔던 응어리가 풀렸다고 말하고 있다. 스승의 학문은 울분으로 가득한 그의 인생을 구원해 주었던 것이다. 이러한 인생의 경험과 오랜 연구를 바탕으로 하여 그는 강희 6년, 58세 즈음부터 본격적으로 유종주의 학문을 세상에 알리는 일에 착수하였던 것이다.

「운중승문집서」에서는 그가 본격적으로 유종주의 학문을 알리기 시작했을 때 세상의 반응이 어떠했는지에 대해 다음과 같이 말하고 있다.

바야흐로 동문의 친구를 찾아 血脈(유종주 학문의 핵심)을 드러내고자 하였으나 세상을 돌아보니 남아있는 사람이 거의 없었다. 갑작스럽게 한 마디를 발언하자 經에서 벗어나고 訓에 위배된다[離經背訓]는 비난이 떠들썩하게 일어났다. 그러나 내 마음이 옳다고 하는 바는 朱子에게 따져보아도 합치되고, 수백 년 이래의 儒者에게 따져보아도 역시 합치되었다. 아아, 단지 이 세상의 庸妄한 자들에게만 합치되지 않을 뿐이다.[16]

---

15 「前鄕進士澤望黃君壙誌」(10·302), "自濂洛至今日, 儒者百十家, 余與澤望皆能知其宗旨離合是非之故".

16 「惲仲昇文集序」(10·5), "方欲求同門之友, 呈露血脈, 環顧宇下, 存者無幾. 突如而發一言, 離經背訓之譏, 蹄尾紛然. 然吾心之所是, 證之朱子而合也, 證之數百年來之儒者而亦合也. 嗟乎, 但不合于此世之庸妄者耳".

유종주의 문하에서 동문수학하였던 사람들은 명조가 멸망할 때 대부분 세상을 떠나고 말았다. 어쩔 수 없이 세상을 향하여 유종주의 학문, 넓게 말하면 理學에 관한 자신의 견해를 발언하였다. 그러자 그에게 돌아온 것은 '離經背訓', 經에서 벗어나고 訓에 위배된다는 비난이었다. 그런데 이처럼 황종희를 비난하는 '용망한 자들'이란 그의 말을 빌리면 '擧業之士'들이었다.

> 擧業이 성하여 聖學이 망하였다. 擧業之士 역시 그것이 성학이 아닌 줄은 알고 있다. 다만 벼슬길에 나아가려고 그에 몸을 의탁하였을 뿐이다. 그러나 세상의 용망한 자들은 마침내 그 기성의 학설[成說]을 가지고 고금의 학술을 재단하고, 한 마디라도 그와 합치되지 않은 것이 있으면 깜짝 놀라 쳐다보면서 '이것은 經에서 벗어나고, 이것은 訓에 위배된다'고 말한다. 그리하여 六經의 傳註, 역대의 치란, 인물의 좋고 나쁨에 모두 각각 일정한 설이 있게 되었다.[17]

'거업'은 원래 '聖學'(理學)과는 관계없는 벼슬을 위한 수단에 지나지 않았다. 그러나 '擧業之士', 과거 공부에 종사하는 사인 가운데 용망한 자들은 이러한 거업에서 배운 '기성의 학설'을 가지고 고금의 학술을 재단하고, 조금이라도 다른 점이 있으면 '경에서 벗어나고 훈에 위배된다'고 비난하고 있다. 그리하여 경학, 사학을 비롯한 학문 전반에 '일정한 학설'이 횡행하게 되었다는 것이다.

용망한 거업지사들이 믿어 의심치 않는 '기성의 학설'이란 물론 주희

---

17 「惲仲昇文集序」(10·4), "擧業盛而聖學亡. 擧業之士, 亦知其非聖學也, 第以仕宦之途寄跡焉爾. 而世之庸妄者, 遂執其成說, 以裁量古今之學術, 有一語不與之相合者, 愕眙而視曰："此離經也, 此背訓也.」於是≪六經≫之傳註, 歷代之治亂, 人物之臧否, 莫不各有一定之說"".

의 학설, 즉 주자학을 말한다.

> 그렇지만 그들이 假託하는 바는 朱子이다. (그렇다면) 어찌하여 주자의 책을 하나하나 읽지 아니하는가. 무릇 주자의 가르침은 사람들로 하여금 깊이 생각하여 스스로 터득[深思自得]하게 하려는 것이다. (…중략…) 수백 년 이래 儒者들은 각자 능한 바를 가지고 當世에 드러내었다. 어찌하여 주자에 가탁하는 자들은 주자가 생각하여 도달한 결과만을 취하여 일률적으로 (先儒의 학문을) 異學이라 지목하고 말살하려 하는가.[18]

무릇 주희의 가르침의 요점은 '深思自得', 깊이 생각하여 스스로 터득하는 데 있다. 先儒들의 학설이란 바로 이러한 주희의 가르침을 충실히 실천하여, 그 결과를 세상에 제시한 것에 다름 아니다. 그럼에도 불구하고 용망한 거업지사들은 선유의 학문을 싸잡아서 '異學', 이단의 학문이라고 규정하고 이를 말살하려 하고 있다. 이러한 자들 때문에 '聖學'(理學)이 망해버린 것이다.

이상이 황종희가 '擧業이 성하여 聖學이 망하였다'고 주장하는 이유이다. 그리고 주자학을 신봉하는 용망한 거업지사들이 異學으로 규정하고 말살하려 하였던 것은 다름 아닌 양명학, 그리고 황종희가 그 정통을 이었다고 주장하는 유종주의 학문이었다. 강희 초년, 오랜 은둔의 시기를 마무리하고 유학자로서 첫 걸음을 내디뎠을 때 황종희가 직면하였던 것은 이러한 거업지사들의 비판이었던 것이다.

하지만 양명학을 비판하는 청초의 사인들을 단지 과거 공부에나 몰두하고 있는 거업지사에 지나지 않는다고 치부할 수는 없을 것이다. 모두

---

18 「惲仲昇文集序」(10·4), "雖然, 其所假托者, 朱子也. 盍將朱子之書――讀之乎. 夫朱子之教, 欲人深思而自得之也. (…중략…) 數百年來, 儒者各以所長, 暴於當世. 奈何假托朱子者, 取其得朱子之商量撞着者, 概指之爲異學而抹殺之乎".

에서 언급하였듯이 당시에는 중앙과 재야를 불문하고 주자학 부흥, 양명학 비판의 풍조가 광범위하게 나타나고 있었다. 주자학의 입장에서 양명학을 이단이라고 비판하는 논의가 거업에 종사하는 대다수 사인들을 배경으로 하고 있다고 하더라도, 양명학을 비판하는 사람들을 일률적으로 '거업지사'라고 규정해 버리는 데에는 납득하기 어려운 점이 있다.

그러나 황종희가 '聖學'(理學)이 타락하게 된 원인을 '擧業'에 돌리고 있으며, 나아가 청초 주자학 진영의 양명학 비판을 '거업지사'의 그것으로 치부하고 있음은 주목할 만한 점이다. 게다가 황종희의 거업에 대한 비판은 단지 理學에 그치는 것이 아니었다. 그는 도처에서 '거업' 또는 '科擧之學'이 理學뿐만 아니라 經學, 史學, 文學 등 經史子集을 막론하고 학문 전반을 황폐화시켰으며, 師道와 人才의 타락, 심지어는 명조의 멸망에도 영향을 끼쳤다고 말하고 있다.[19] 擧業 때문에 聖學이 망했다는 주장은 이러한 당시의 학문 전반에 대한 반성, 시대적 문제에 대한 인식과 궤를 같이하고 있었던 것이다.

---

19 *經學・史學:「朱康流先坐墓誌銘」(10・358), "≪六經≫之道, 昭如日星; 科擧之學, 力能亡經";「補歷代史表序」(10・80) "自科擧之學盛而史學遂廢" / *古文(文學):「明文案序上」(10・18-9), "此無他, 三百年人士之精神, 專注於場屋之業, 割其餘以爲古文, 其不能盡如前代之盛者, 無足怪也" / *師道・人才:「廣師說」(10・666), "自科擧之學興而師道亡矣.";「陳夔獻墓誌銘」(10・452), "制科盛而人才絀";「蔣萬爲墓誌銘」(10・493), "今日科擧之法, 所以破壞天下之人才, 唯恐不力." / *救亡:「振寶張府君墓誌銘」(11・40), "嗟乎, 科擧之學如是, 又何怪其無救於亂亡乎".

3. 「姚江學案」

明代儒學史 혹은 明代理學史라고도 말할 수 있는『명유학안』은 황
종희가 본격적으로 유종주의 학문을 세상에 알리기 시작한 때로부터
약 10년 후, 즉 강희 15년(1676) 67세에 완성되었다.

책 전체의 구성에서 볼 때『명유학안』의 중심은 왕수인을 주인공으
로 하는「姚江學案」(권10), 王門 후학들을 다루고 있는 여러「王門學案」
(권11~30), 그리고 이 책의 마지막에 위치하는 유종주를 주인공으로 하
는「蕺山學案」(권62)이라고 말할 수 있다. 달리 말하면 이 책은 왕수인
→ 왕문 후학(특히, 江右王門) → 유종주를 명대 유학의 정통으로 파악하
는 유학사관에 근거하여 구성되었다고 말할 수 있다.[20] 그리고 이러한
관점은 앞에서 언급하였던 것처럼 종래의 명대사상사 연구에 기본적
인 틀을 제공하여 왔다.

그러나 오늘날에도 통용되고 있는 이러한 명대유학사관이『명유학
안』이 집필되고 있던 청초에도 유력한 견해였던 것은 아니었다. 양명
학을 禪이라고 비판하는 것은 일찍이 명대부터 존재하고 있었지만, 당
시에는 明淸交替라고 하는 시대적 상황과 맞물려 양명학에 대한 비판
이 도를 더하고 있었다. 평생 주자의 설을 독신하였다고 공언하면서
황종희와 날카롭게 대립하였던 여유량은[21] 양명학이 '陸沈', 즉 명조의
멸망에 책임이 있다고 비난하였으며,[22] 顧炎武(1613~1682) 역시 양명학

---

20 『명유학안』의 구성, 판본 간의 동이 등에 관해서는 前揭, 山井湧,「明儒學案の四庫
提要をめぐって」참고.

21 呂留良,『呂晚村文集』卷1, 答吳晴巖書, "某平生無他識, 自初讀書, 即篤信朱子之說; 至
於今, 老而病, 且將死矣, 終不敢有毫髮之疑, 眞所謂賓賓然守一先生之言者也".

22 呂留良,『呂晚村文集』卷1, 復高彙旃, "正嘉以來, 邪說橫流, 生心害政, 至於陸沈,
此生民禍亂之原, 非僅爭儒林之門戶也".

이 '神州의 陸沈'에 책임이 있다고 비판하고 있었다.[23] 그리고 황종희 역시 당시의 양명학 비판에서 예외가 아니었다. 위에서 살펴본 것처럼 그 역시 '거업지사'들로부터 '離經背訓' 또는 '異學'으로 비판받고 있었던 것이다.

이러한 상황 속에서 왕수인의 학문적 후계자를 자임하고 있던 황종희는 우선 당시의 비판으로부터 양명학을 옹호하고, 나아가 왕수인이 유학의 정통을 계승하고 있음을 밝히는 것을 『명유학안』의 과제로 설정하지 않을 수 없었을 것이다. 왕수인을 주인공으로 하는 「요강학안」에서 중점적으로 논하고 있는 것도 바로 이와 관련된 문제였다.

「요강학안」에서는 왕수인의 문제의식, 달리 말하면 주자학에 대한 왕수인의 불만을 다음과 같이 요약하고 있다.

> 선생은 宋儒의 후학들이 知識을 知로 간주하여, "사람의 마음이 가지고 있는 것은 明覺에 지나지 않으며, 理는 천지 만물이 공유하고 있는 것이다. 그러므로 반드시 천지 만물의 理를 모두 궁구한 뒤라야 내 마음의 명각이 그와 혼연일체가 된다"고 말하는 것을 안타까워하셨다. 말로는 內外가 없다고 하지만 실제로는 전부 외래의 見聞에 의지하여 그 靈明한 것을 메우고 있었던 것이다.[24]

여기에서 황종희는 천지 만물에 존재하는 理[天地萬物之理]와 내 마음

---

23 顧炎武, 『日知錄』 卷18, 李贄, "愚按, 自古以來, 小人之無忌憚而敢於叛聖人者, 莫甚於李贄. (…중략…) 然推其作俑之繇, 所以敢於詆毀聖賢而自標宗旨者, 皆出於陽明, 龍溪禪悟之學. 後之君子悲神州之陸沈, 憤五胡之竊據, 而不能不追求於王, 何也". 또한, 고염무의 양명학 비판에 관해서는 『亭林文集』 卷6, 下學指南序 참고.

24 『明儒學案』 卷10, 姚江學案·王守仁傳(7·201-2), "先生憫宋儒之後學者, 以知識爲知, 謂「人心之所有者不過明覺, 而理爲天地萬物之所公共, 故必窮盡天地萬物之理, 然後吾心之明覺與之渾合而無間」. 說是無內外, 其實全靠外來聞見以塡補其靈明者也".

의 明覺[吾心之明覺]이라는 두 개념을 중심으로 주자학과 양명학의 格物致知說에 대해 논하고 있다. 주희가 致知의 知를 '知識'으로 해석한 데 대해,[25] 왕수인이 '良知'로 해석한 것은 주지의 사실이지만, 황종희는 후술하는 바와 같이 불교와 告子 등에 대한 논의에서도 이 '명각'이라는 개념을 사용하고 있다. 그리고 역시 후술하듯 명각과 유사한 의미로 '知覺'이라는 개념도 사용하고 있다.

위의 글에서 황종희는 주자학의 격물궁리설에 대한 왕수인의 불만을 心과 萬物, 內와 外, 특히 明覺과 理를 가지고 설명하고 있다. 그에 따르면 주자학에서는 먼저 心−明覺−內, 萬物−理−外를 분리하고, 外에서 만물의 理를 궁구함으로써 心(內)의 明覺과 萬物의 理를 합일시키려고 하고 있다. 물론 주자학에서는 理는 인간을 포함하여 천지 만물이 공유하는 것이라고 말한다. 이 점에서 보면 內外가 없다고 할 수 있지만, 실제 窮理의 과정은 완전히 外에 치우쳐 있다. 이것이 바로 (황종희가 생각하는) 주자학에 대한 왕수인의 불만이었다.

한편, 왕수인의 '心學'은 결국 '釋氏의 本心之說'이 아닌가,[26] 라는 비판은 일찍부터 있어왔다. 이 문제에 대해서도 황종희는 明覺과 理를 사용하여 반론한다.

釋氏는 천지 만물의 리에 대해 일절 置之度外하여 더 이상 강구하지 않고 단지 이 명각만을 지키지만, 世儒는 이 명각에 의지하지 않고 천지 만물의 사이에서 理를 구한다. 하는 바는 완전히 다르지만 리를 천지 만물에 돌리고 명각을 내 마음에 돌리는 점에서는 동일하다.[27]

---

25 朱熹, 『大學章句』 經1章, 注, "致, 推極也. 知, 猶識也. 推極吾之知識, 欲其所知無不盡也".
26 『明儒學案』 卷10, 姚江學案・王守仁傳(7・202), "或者以釋氏本心之說, 頗近於心學".
27 『明儒學案』 卷10, 姚江學案・王守仁傳(7・202), "釋氏於天地萬物之理, 一切置之度外, 更不復講, 而止守此明覺; 世儒則不恃此明覺, 而求理於天地萬物之間. 所爲

불교에서 만물의 리를 도외시하고 마음의 명각만을 지키는 데 반해, 후세의 주자학자들은 '명각에 의지하지 않고', 달리 말하면 마음(의 明覺)이 아니라 만물에서 리를 구한다. 양자가 취하는 방법은 정반대이지만 '리를 천지 만물에 돌리고 명각을 내 마음에 돌리는 점', 즉 명각과 리를 별개의 것으로 분리한다는 점에서 양자의 입장은 동일하다. 이러한 점에서 보면 '外에서 理를 찾는[向外尋理]', 비유적으로 말해 자기 집에 있는 불을 놓아두고 '남의 집을 돌아다니며 불을 구걸하는[沿門乞火]' 주자학의 궁리는 마음과 리를 분리시킨다는 점에서 '눈을 감고 어둠을 응시하는[合眼見闇]' 불교의 방법과 본질적인 차이가 없다고 말할 수 있다.[28] 그렇다면 양명학이 아니라 주자학이야말로 불교와 유사한 것이 아닌가.

또한, 황종희는 동일한 논리를 가지고 주자학의 窮理說은 告子의 義外說과 동일하다고 비판한다.

> 고자의 義가 밖에 있다[義外]는 것이 어찌 義를 멸하고 돌아보지 않는 것이겠는가. 그 역시 사물의 사이에서 그 義를 구하여 합일하려는 것이니, 바로 世儒가 말하는 窮理와 같은 것이다.[29]

여기에서 보이는 고자의 의외설에 대한 해석은 매우 독특하다. 이에 관해서는 다음의 『孟子師說』의 논의가 참고가 된다.

> (고자는) "性은 버드나무[杞柳]와 같고, 義는 버드나무로 만든 술잔[桮棬]

絶異, 然其歸理於天地萬物, 歸明覺於吾心, 則一也".

28 『明儒學案』卷10, 姚江學案・王守仁傳(7・202), "向外尋理, 終是無源之水, 無根之木, 縱使合得, 本體上已費轉手, 故沿門乞火與合眼見闇, 相去不遠".

29 『明儒學案』卷10, 姚江學案・王守仁傳(7・202), "告子之外義, 豈滅義而不顧乎. 亦於事物之間求其義而合之, 正如世儒之所謂窮理也".

과 같다"(고 말한다.) 고자의 생각은 "사람이 태어나면서부터 가지고 있는 것은 오직 이 知覺뿐이고 理는 천지 만물에 있으므로, 배우는 자는 반드시 천지 만물의 리를 구하여 나의 지각과 하나가 되게 해야 하며, 그런 뒤에야 성인이 되는 공부[作聖之功]가 된다"고 하는 것이다. 그러므로 버드나무를 知覺에 비유하고, 술잔을 천지 만물의 리에 비유하였으며, "버드나무를 가지고 술잔을 만든다"고 하여 천지 만물의 리를 구하여 나의 지각과 융회함을 비유한 것이다.[30]

이는 『맹자』 고자상편의 제일장에 대한 해석이다. 여기에서 황종희는 '知覺'을 가지고 말하고 있지만, 이는 위에서 말하는 '明覺'과 같은 것으로 읽어도 무방하다. 그에 따르면, 고자는 사람이 선천적으로 가지고 있는 것은 지각뿐이고, 理(= 義)는 외부, 즉 천지 만물에 존재한다고 간주한다. 따라서 성인이 되기 위해서는 먼저 외부에 존재하는 리를 구하고 나서 그것을 지각과 합일시켜야 한다고 주장하였다는 것이다.[31] 이것이 황종희가 생각하는 고자 의외설의 내용, 달리 말하면 고자 나름의 '성인이 되기 위한 공부의 방법[作聖之功]'이었던 것이다.

그런데 이러한 고자의 의외설은 주희의 궁리설과 동일한 구조를 가지고 있다. 주자학에서도 일단 明覺(知覺)—心—內, 理—天地萬物—外를 분리하고 나서 窮理에 의해 양자의 합일을 추구하고 있는 것이다. 이러한 명각과 리의 분리가 바로 주자학에 대한 왕수인의 불만인 동시

30 　『孟子師說』卷6, 性猶杞柳章(1・132), "「性猶杞柳也, 義猶桮棬也」, 告子之意以爲「人生所有, 唯此知覺, 理則在於天地萬物, 學者必當求天地萬物之理, 使與我知覺爲一, 而後爲作聖之功.」故以杞柳喩知覺, 以桮棬喩天地萬物之理.「以杞柳爲桮棬」, 喩求天地萬物之理, 融會於我之知覺".

31 　『孟子師說』卷6, 食色性也章(1・134), "「食色, 性也」, 卽是以陰陽五行化生者爲性. 其所謂仁者, 亦不過煦煦之氣, 不參善不善於其間; 其所謂義, 方是天地萬物之理. 告子以心之所有不過知覺, 而天高地下, 萬物散殊, 不以吾之存亡爲有無, 故必求之於外".

에 주자학에 대한 황종희의 비판이었던 것이다.

황종희에 따르면, 이러한 주자학의 문제를 바로잡기 위해 왕수인이 제출한 것이 바로 '心卽理'였다. "선생은 성인의 학은 心學이며, 心은 곧 理라고 하였다."[32] 그는 이 '심즉리'에 대해서도 明覺과 天理를 가지고 설명한다.

그는 왕수인이 심즉리를 통해 말하고자 한 바는 "마음이 마음이 되는 소이는 명각에 있는 것이 아니라 천리에 있다"[33]는 점이라고 설명한다. 주자학의 문제가 명각을 마음에 귀속시키고 리를 천지 만물에 귀속시킴으로써 양자를 분리하는 점에 있다고 생각한 왕수인은 '심즉리'를 제출하여 천리야말로 '마음이 마음이 되는 소이', 즉 마음의 본질임을 강조하였다는 것이다.

그러나 왕수인이 말하는 '심즉리'가 마음에서 명각을 배제하는 것이 아님은 물론이다. '심즉리'란 달리 말하면 "양지가 곧 천리"이며, 이는 "天性(= 天理)과 明覺이 단지 하나일 뿐이다"[34]는 것을 의미한다. 마음이란 천리와 명각의 통일체이며, 이것이 바로 마음의 본질이라는 것이 왕수인이 말하는 '심즉리'의 핵심이라는 것이다.[35] 요컨대 황종희에 따르면, 왕수인의 '심즉리'란 천리와 명각을 분리하는 주자학의 문제를 해결하기 위해 제출되었던 것이다.

그리고 이 '心卽理'에서 '致良知'가 나오고, 致知의 知를 知識으로 풀이하는 주자학의 문제를 시정하기 위해 '知行合一'이 제시되었다고 하

32　『明儒學案』卷10, 姚江學案 · 王守仁傳(7 · 202), "先生以聖人之學, 心學也, 心卽理也".

33　『明儒學案』卷10, 姚江學案 · 王守仁傳(7 · 202), "先生點出心之所以爲心, 不在明覺而在天理".

34　「答萬充宗論格物書」(10 · 201), "夫自來儒者, 未有不以理歸之天地萬物, 以明覺歸之一己, 歧而二之, 由是不勝其支離之病. 陽明謂良知卽天理, 則天性明覺只是一事, 故爲有功於聖學".

35　王守仁, 『傳習錄』卷中, 答聶文蔚二(189條), "蓋良知只是一箇天理自然明覺發見處, 只是一箇眞誠惻怛, 便是他本體".

는 것이 황종희가 생각하는 왕수인의 '立言의 大旨'이다.[36]

황종희는 이상과 같이 왕수인의 사상을 설명하고 나서 다음과 같이 덧붙인다.

고자의 義外가 어찌 義를 멸하고 돌아보지 않는 것이겠는가. 그 역시 사물의 사이에서 그 義를 구하여 합치하려는 것이니, 바로 世儒의 이른바 窮理와 같은 것이다. 맹자가 어찌 하여 그것을 용서치 않고 四端을 반드시 마음에 귀속시켰겠는가. 아아, 겨와 쭉정이가 눈에 들어가고, 사방의 위치가 바뀐 뒤라야 선생을 의심할 수 있다.[37]

여기에서는 왕수인이 주자학의 窮理說을 비판하고 心卽理를 제기한 것을 맹자가 고자의 義外說을 비판하고 四端說을 제시한 일에 견주고 있다. 유학사에 대한 왕수인의 공헌을 맹자의 그것에 비견하고 있는 것이다. 그렇다면 왕수인의 학문을 異學이라고 의심하는 것은 언어도단이라고 하지 않을 수 없다.

유학사상에서 맹자에 필적하는 공을 세웠다는 점에서 보면, 왕수인을 명대 유학의 정통에 놓는 것은 당연한 일일 것이다.

姚江(왕수인)이 양지는 사람들에게 現在하고 있으므로 한번 돌이켜 보기만 하면 스스로 터득할 수 있다고 지적한 뒤로 사람들에게 성인이 되는

---

36 『明儒學案』卷10, 姚江學案·王守仁傳(7·202), "先生以聖人之學, 心學也, 心卽理也. 故於致知格物之訓, 不得不言「致吾心良知之天理於事事物物, 則事事物物皆得其理」. 夫以知識爲知, 則輕浮而不實, 故必以力行爲爲功夫 良知感應神速, 無有等待. 本心之明卽知, 不欺本心之明卽行也, 不得不言「知行合一」. 此其立言之大旨, 不出於是".

37 『明儒學案』卷10, 姚江學案·王守仁傳(7·202), "告子之外義, 豈滅義而不顧乎. 亦於事物之間求其義而合之, 正如世儒之所謂窮理也. 孟子胡以不許之, 而四端必歸之心哉. 嗟乎, 糠粃眯目, 四方易位, 而後先生可疑也".

길[作聖之路]이 있게 되었다. 그러므로 요강이 없었다면 고래의 학맥은 끊어졌을 것이다.[38]

왕수인이 '심즉리'를 제출하여 사람들에게 '作聖之路', 성인이 되는 길을 보여주었기 때문에 후세의 주자학자들로 인해 끊기려 하였던 '고래의 학맥'이 다시 이어지게 되었다는 것이다. 그렇다면 왕수인은 유학의 학맥을 부활시킨 사람이며, 명대 유학에서 '道統'의 계승자라고 하지 않을 수 없다.

이상이 왕수인을 禪 혹은 異端이라고 비판하고, 명조의 멸망에 대해 책임이 있다고 비판하는 사람들에 대한 황종희의 반박이자, 나아가 그를 도통의 계보에 위치시키려는 황종희의 주장이다. 이러한 주장이 양명학을 비판하는 청초의 논의를 강하게 의식하면서 나온 것임은 분명하다. 그는 양명학을 비판하고 있던 당시의 학자들을 향해 주자학이야말로 마음과 리를 분리시킨다는 점에서는 불교와 동일하며, 마음 밖의 사물에서 리를 구한다는 점에서는 고자와 동일하다고 반박하고 있는 것이다. 그리고 이러한 주자학의 문제를 해결하기 위해 등장한 것이 다름 아닌 양명학이었다고 강조하고 있는 것이다.

요컨대 「요강학안」에는 당시의 양명학 비판을 염두에 두면서, 주자학의 문제를 지적하고 이를 통해 양명학의 정당성을 주장하려는 의식이 강하게 작용하고 있었다. 양명학을 정통으로 보는 『명유학안』의 명대유학사관은 청초의 양명학 비판의 풍조를 비판하고 극복하려는 과정 속에서 형성되고 발전되었던 것이다.

---

38 『明儒學案』 卷10, 姚江學案・小序(7・197), "自姚江指點出「良知人人現在, 一反觀而自得」, 便人人有個作聖之路. 故無姚江, 則古來之學脈絶矣".

4. 「明儒學案序」

『명유학안』은 강희 15년(1676), 황종희 67세에 완성되었지만, 처음으로 책 전체가 간행된 것은 동 32년(1693), 84세의 일이다. 「명유학안서」는 이 전서의 간행을 계기로 같은 해에 두 편, 이른바 原序와 改本이 쓰여졌다. 그리고 황종희는 서문을 쓴 지 2년 뒤, 86세를 일기로 세상을 떠나므로 「학안서」는 그의 만년 사상을 대표하는 글이라고 할 수 있다.

다음은 「명유학안서」(改本)의 첫머리이다.

천지 사이에 가득한 것은 모두 마음이다. 사람은 천지 만물과 一體이므로 천지 만물의 理를 궁구하는 것은 곧 내 마음 속에 달려있다. 후세의 학자들은 前賢의 생각을 오해하여, 이 理가 천지 만물의 사이에 매달려 있고 내가 (理를) 쫓아가서 궁구하는 것이라고 생각하였으니, (告子의) 義外에 가깝지 아니한가.[39]

여기에서 보이는 '후세의 학자'에 대한 언급은 구체적으로 말하면 당시의 주자학자들의 궁리설에 대한 비판이다. 주자학을 신봉하는 후세의 학자들은 理가 우리들의 마음이 아니라 천지 만물에 존재한다고 생각하여, 마음이 아니라 만물에서 理를 탐구하고 있으므로, 그들의 窮理는 결국 告子의 '義外'와 동일하다는 것이다.

이 후세의 학자들에 대한 「학안서」의 비판은 위에서 살펴본 「요강학

---

[39] 「明儒學案序」(改本)(10・79), "盈天地[間]皆心也. 人與天地萬物爲一體, 故窮天地萬物之理, 卽在吾心之中. 後之學者, 錯會前賢之意, 以爲此理懸空於天地萬物之間, 吾從而窮之, 不幾於義外乎"([ ] 안은 中華書局點校本(2008年修訂本)에 의해 보충하였다).

 동아시아한국학의 형성, 근대성과 식민성의 착종

안」의 주자학에 대한 비판과 내용상 동일하다. 이 부분은 「요강학안」의 내용을 간명하게 요약한 것이라고 말할 수 있을 정도이다. 주자학 비판에 있어서 「요강학안」과 「학안서」는 일관되고 있었던 것이다.

한편, 다른 하나의 서문(原序)은 다음과 같은 말로 시작되고 있다.

> 천지에 가득한 것은 모두 마음이다. 변화는 예측할 수 없으니 萬殊가 되지 않을 수 없다.[40]

이는 황종희의 이른바 본체론과 인성론을 압축적으로 표현한 부분이라고 할 수 있다. 우선 이에 대해 살펴보도록 하자.

그가 "천지 (사이)에 가득한 것은 모두 마음"이라고 말할 때, 이 '마음'은 일단 '氣'로 읽어도 무방하다. "천지 사이에 가득한 것은 모두 氣"[41]인 것이다. 그런데 이 천지에 가득한 기는 잠시도 멈추지 않고 '變化', '流行'하고 있다. 하지만 변화 속에는 '不變'의 질서가 있으며, '流行' 가운데는 '主宰'가 있으니, '理'가 바로 그것이다. 물론 불변이나 주재도 궁극적으로는 기의 작용이지만, 변화나 유행과 구별하여 理라고 명명한 것이다.

이는 사람의 경우에도 마찬가지이다. "마음은 곧 기[心卽氣]"이며, 사람의 마음은 부단히 변화(예를 들면 喜怒哀樂, 已發과 未發 등등)하고 있지만, 그 속에도 역시 일정불변하는 마음(맹자의 말을 빌리면 '惻隱 · 羞惡 · 恭敬 · 是非之心')이 있다. 이 불변하는 마음 역시 '一氣의 유행'이지만, 변화하는 마음과 구별하여 '性'이라고 부르는 것이다.

이처럼 理 · 性 · 主宰는 각각 부단히 변화하는 氣 · 心(情) · 流行에

40　「明儒學案序」(原序)(7 · 3);(10 · 77), "盈天地皆心也. 變化不測, 不能不萬殊".

41　『明儒學案』卷62, 蕺山學案 · 劉宗周傳(8 · 90), "盈天地間皆氣也". 이는 유종주의 사상을 설명한 부분이지만, 스승을 계승한 황종희 자신의 견해로 보아도 무방하다.

서 불변의 측면을 가리켜 명명한 것에 불과하므로, 전자는 후자와 독립하여 존재하는 것이 아니다. "리는 볼 수 없으나 기에서 그것을 보며, 성은 볼 수 없으나 마음에서 그것을 보며", "주재는 유행의 밖에 있는 것이 아니라 바로 유행에 조리가 있는 것"이다. 요컨대 理氣, 性情, 主宰와 流行에는 모두 '理氣合一'의 원칙이 관철되고 있는 것이다.[42]

이러한 논의는 또한 '一本萬殊'로도 표현된다. 만물은 기의 유행에 의해 형성되는데, 이 과정에는 '過不及'이 없을 수 없으므로 '萬殊는 不齊'하다. 하지만 "이 萬有不齊 속에도 하나의 진정한 주재가 있으니" 이

---

[42] 이상의 서술에 관해서는 다음을 참조.

『明儒學案』卷2, 崇仁學案二・胡居仁傳(7・22), "蓋大化流行, 不舍晝夜, 無有止息. 此自其變者而觀之, 氣也; 消息盈虛, 春之後必夏, 秋之後必冬, 人不轉而爲物, 物不轉而爲人, 草不移而爲木, 木不移而爲草, 萬古如斯, 此自其不變者而觀之, 理也. 在人亦然. 其變者, 喜怒哀樂, 已發未發, 一動一靜循環無端者, 心也; 其不變者, 惻隱, 羞惡, 辭讓, 是非, 梏之反覆, 萌蘗發見者, 性也".

『明儒學案』卷3, 崇仁學案三・魏校傳(7・42), "人得之以爲心, 亦氣也. 氣若不能自主宰, 何以春而必夏, 必秋, 必冬哉. 草木之榮枯, 寒暑之運行, 地理之剛柔, 象緯之順逆, 人物之生化, 夫孰使之哉. 皆氣之自爲主宰也. 以其能主宰, 故名之曰理".

「與友人論學書」(10・152), "夫大化之流行, 只有一氣充周無間. 時而爲和謂之春, 和升而溫謂之夏, 溫降而凉謂之秋, 凉升而寒謂之冬, 寒降而復爲和, 循環無端, 所謂「生生之爲易」也. 聖人卽從升降之不失其序者, 名之爲理. 其在人而爲惻隱, 羞惡, 恭敬, 是非之心, 同此一氣之流行也. 聖人亦卽從此秩然而不變者, 名之爲性".

『孟子師說』卷2, 浩然章(1・60−61), "天地間只有一氣充周, 生人生物. 人禀是氣而生, 心卽氣之靈處, 所謂「知氣在上」也. 心體流行, 其流行而有條理者, 卽性也. 猶四時之氣, 和則爲春, 和盛而溫則爲夏, 溫衰而凉則爲秋, 凉盛而寒則爲冬, 寒衰則復爲春, 萬古如是, 若有界限於間, 流行而不失其序, 是卽理也. 理不可見, 見之於氣; 性不可見, 見之於心. 心卽氣也. (…중략…) 人身雖一氣之流行, 流行之中, 必有主宰. 主宰不在流行之外, 卽流行之有條理者. 自其變者而觀之謂之流行, 自其不變者而觀之謂之主宰. 養氣者使主宰常存, 則血氣化爲義理; 失其主宰, 則義理化爲血氣, 所差在毫釐之間".

『孟子師說』卷6, 公都子問性章(1・136), "先儒之言性情者, 大略性是體, 情是用; 性是靜, 情是動; 性是未發, 情是已發. (…중략…) 其實孟子之言, 明白顯易, 因惻隱, 羞惡, 恭敬, 是非之發而名之爲仁義禮智, 離情無以見性, 仁義禮智是後起之名, 故曰「仁義禮智根於心」. 若惻隱, 羞惡, 恭敬, 是非之先, 另有源頭爲仁義禮智, 則當云「心根於仁義禮智」矣. 是故情性二字, 分析不得, 此理氣合一之說也. 體則情性皆體, 用則情性皆用, 以至動靜, 已未發皆然".

것이 곧 '一本'인 것이다.[43]

이처럼 理·性·主宰·一本은 각각 끊임없이 변화하는 氣·心·流行·萬殊에서 그 불변의 측면을 가리켜서 명명한 것에 불과하지만, 여기에는 간과할 수 없는 중대한 의미가 있다. 불교와 다른 유교의 특징이 바로 여기에 있는 것이다. 유교에서는 변화에서 불변을, 유행에서 주재를 확인하고 나서 마음과 리를 합일시키려고 노력한다. 이른바 '工夫'가 그것이다.

한편, 불교에서도 변화와 유행을 중시한다. 이 점에서 보면 불교와 유교는 동일하다고 할 수 있다. 하지만 불교에서는 변화와 유행을 보는 데서 멈추고, 한 걸음 더 나아가 그 속에 존재하는 불변과 주재를 파악하려 하지 않는다. 이러한 입장에서 "지각과 운동을 性으로 여기며", "作用에서 性을 본다(作用見性]"(혹은, 작용이 성이다[作用是性])는 견해가 나오게 되는 것이며, 그들이 터득하였다고 주장하는 '不生不滅'이라는 것도 결국은 '至變'에 불과한 것이다. 요컨대 불교에서는 불변이 아니라 변화 그 자체를 본체로 여기기 때문에, 궁극적으로는 변화에 몸을 맡기게 되고, 이러한 태도는 극단적인 경우 인륜을 무시하고 제멋대로 행동하는 것[猖狂妄行]으로 표출되기도 하는 것이다.[44]

43　『孟子師說』卷3, 道性善章(1·77), "蓋一陰一陽之流行往來, 必有過有不及, 寧有可齊之理. 然全是一團生氣, 其生氣所聚, 自然福善禍淫, 一息如是, 終古如是, 不然則生理滅息矣. 此萬有不齊中, 一點眞主宰, 謂之「至善」, 故曰「繼之者善也」. 「繼」是繼續, 所謂「於穆不已」. 及到成之而爲性, 則萬有不齊, 人有人之性, 物有物之性, 草木有草木之性, 金石有金石之性, 一本而萬殊, 如野葛鴆鳥之毒惡, 亦不可不謂之性".

44　『明儒學案』卷2, 崇仁學案二·胡居仁傳(7·22−23), "儒者之道, 從至變之中以得其不變者, 而後心與理一. 釋氏但見流行之體變化不測, 故以知覺運動爲性, 作用見性, 其所得不生不滅者, 卽其至變者也. (…중략…) 釋氏旣以至變爲體, 自不得不隨流鼓盪, 其猖狂妄行, 亦自然之理也. 當其靜坐枯槁, 一切降伏, 原非爲存心養性也, 不過欲求見此流行之體耳".
　『明儒學案』卷34, 泰州學案三·羅汝芳傳(8·4), "夫儒釋之辨, 眞在毫釐. (…중략…) 以義論之, 此流行之體, 儒者悟得, 釋氏亦悟得. 然悟此之後, 復大有事, 始究竟得流行. 今觀流行之中, 何以不散漫無紀, 何以萬殊而一本, 主宰歷然. 釋氏更不

황종희는 이러한 불교 비판의 논리를 송대 이후의 유교사에서 대서 특필할 만한 명대 이학(그리고 그 자신)의 성취로 자부하고 있었다. 그는 명대의 文章과 事功은 이전의 시대에 미치지 못하지만 理學(= 講學)만 큼은 前代를 넘어서고 있다고 말하고 있는데, 이때 그가 전대를 넘어서는 명대 이학의 성과로 강조하고 있는 것이 바로 위에서 말하는 불교에 대한 비판과 극복의 논리였던 것이다.[45]

이상의 논의를 기반으로 하여 다시 「명유학안서」로 돌아가 보자. 황종희는 "천지 (사이)에 가득한 것은 모두 마음이다"(개본·원서), "변화는 예측할 수 없으니 萬殊가 되지 않을 수 없다"(원서)고 하여 천지 만물에 대한 자신의 근본적인 견해를 표명하고 나서, 자신의 工夫論 혹은 窮理論을 피력한다. "사람은 천지 만물과 一體이므로 천지 만물의 理를 궁구하는 것은 곧 내 마음 속에 달려 있다"(개본), 또는 "마음에는 本體가 없으니, 工夫하여 이르는 곳이 바로 그 본체이다. 理를 궁구한다는 것은 이 마음의 萬殊를 궁구하는 것이지, 만물의 萬殊를 궁구하는 것이 아니다."(원서)[46] 내 마음 속에서 리를 궁구하는 것, 혹은 이 마음의 만수를 궁구하는 것이란, 마음(心) 속에서 性을, 氣 속에서 理를, 流行 속에서 主宰를, 萬殊 속에서 一本을 파악하는 것을 의미한다.

그런데 궁리가 만물의 만수가 아니라 마음의 만수를 궁구하는 것이

深造, 則其流行者亦歸之野馬塵埃之聚散而已. 故吾謂釋氏是學焉而未至者也. 其所見固未嘗有差, 蓋離流行亦無所爲主宰耳".
45 「明儒學案發凡」(7·5), "嘗謂有明文章事功, 皆不及前代, 獨於理學, 前代之所不及也, 牛毛繭絲, 無不辨晰, 眞能發先儒之所未發. 程, 朱之闢釋氏, 其說雖繁, 總是只在跡上; 其彌近理而亂眞者, 終是指他不出. 明儒於毫釐之際, 使無遁影".
「明儒學案序」(改本)(10·79-80), "有明事功文章, 未必能越前代, 至於講學, 餘妄謂過之. (…중략…) 二氏之學, 程, 朱闢之, 未必廓如, 而明儒身入其中, 軒豁呈露, 豎家倒倉之法也".('豎家' 이하는 中華書局點校本(2008年修訂本)에는 "用巫家倒倉之法, 二氏之葛藤, 無乃爲焦芽乎"로 되어 있다)
46 「明儒學案序」(原序)(7·3);(10·77), "心無本體, 工夫*所至, 卽其本體. 故窮理者, 窮此心之萬殊, 非窮萬物之萬殊也".(* 10·77, '夫'作'力')

라는 점은 대단히 중요하다. 주자학의 궁리설이 고자의 의외설에 빠지는 원인도 결국은 여기에 있다. "여기에서 한번 잘못되면 萬殊는 一(즉, 一本)로 돌아갈 수 없는"[47] 것이다.

한편, 궁리가 마음의 만수를 궁구하는 것인 이상, "學術의 不同"은 당연히 인정해야 한다. 그것은 "道體의 무진함을 보여주는" 것에 다름 아닌 것이다. 그러므로 사람들의 학술을 평가하여 "이것은 옳고, 저것은 그르다"고 말하는 것은 잘못된 태도라고 하지 않을 수 없다.[48] 이러한 점에서 황종희는 당시 학자들의 태도를 다음과 같이 비판한다.

어찌하여 지금의 군자들은 반드시 한 길에서만 나오려고 하여 기성의 학설[成說]을 표절하여 고금을 평가하고, 조금이라도 다른 점이 있으면 곧바로 經에서 벗어나고 道에 위배된다[離經畔道]고 비난하는가. (이래서는) 시대의 풍조가 黃茅白葦에 귀착됨을 면하지 못할 뿐이다.[49]

이 부분은 앞에서 소개한 「운중승문집서」의 논의를 떠오르게 한다. '기성의 학설[成說]'과 다른 주장에 대해 '경에서 벗어나고 도에 위배된다[離經畔道]'고 비난하는 '지금의 군자들'의 태도는, 황종희에 대해 '경에서 벗어나고 훈에 위배된다[離經背訓]'고 비난하던 '거업지사'들의 그것과 흡사하다.

한편, 이 '離經畔道'라는 표현은 「학안서」와 거의 동일한 시기에 쓰인 「蔣萬爲墓誌銘」에도 보인다. 이 글에서 그는 '科擧의 法'을 맹신하는 사람들이 '한 선생의 말씀[一先生之言]', 즉 주희의 말이 아니면 무조건

47　「明儒學案序」(改本)(10·79), "此處一差, 則萬殊不能歸一".

48　「明儒學案序」(改本)(10·79), "學術之不同, 正以見道體之無盡, 卽如聖門, 師, 商之論交, 游, 夏之論教, 何曾歸一. 終不可謂此是而彼非也也".

49　「明儒學案序」(改本)(10·79), "奈何今之君子, 必欲出於一途, 勦其成說, 以衡量古今, 稍有異同, 卽詆之爲離經畔道, 時風衆勢, 不免爲黃茅白葦之歸耳".

‘離經畔道’라고 비난하고 있다고 말하고 있다.[50] 황종희의 사고 속에서 주자학과 다른 견해에 대해 ‘離經畔道’라고 비난하는 ‘지금의 군자들’이란 바로 ‘科擧의 法’을 맹신하는 사람들이며, 이들은 또한 「운중승문집서」에서 말하던 ‘擧業之士’와 연결되고 있었던 것은 아니었을까.

그렇다면 청초의 주자학자들이 ‘離經畔道’라고 비난하는 선유들의 학문이란 어떠한 것인가. 「학안서」에서는 이들에 대해 “여러 선생들은 몽롱한 정신을 가지고 남의 찌꺼기를 답습하려 하지 않았다. 深淺과 詳略의 차이는 있지만 요컨대 도에 관해 본 것이 없다고 말할 수는 없다”[51]고 평가하고 있다. 이 ‘여러 선생’에 대한 평가도 「운중승문집서」의 그것과 일치한다. 「문집서」에서는 선유의 학설을 주희의 가르침에 따라 ‘深思하여 自得’한 것으로 평가하고 있었던 것이다.

그리고 위에 보이는 ‘黃茅白葦’는 그가 당시의 문학에서 나타나는 모방과 표절의 풍조를 비판할 때 즐겨 사용하던 비유이다.[52] 청초의 문학이 한편에서는 王世貞과 李攀龍을, 다른 한편에서는 歐陽脩와 曾鞏, 그리고 歸有光의 문학을 모방하고 있었던 것과 마찬가지로, 청초의 이

50　「蔣萬爲墓誌銘」(10·493), “今日科擧之法, 所以破壞天下之人才, 唯恐不力. 經史, 才之藪澤也, 片言不得儳入, 限以一先生之言, 非是則爲離經畔道, 而古今之書, 無所用之”.
　　이 묘지명의 주인공인 蔣弘憲(萬爲는 字)은 강희 31년, 즉 1692년에 세상을 떠났다. 황종희가 세상을 떠난 것은 1695년이므로 이 글은 1692~95년 사이에 쓰인 것이다.
51　「明儒學案序」(改本)(10·80), “諸先生不肯以朦目董 精神冒人糟粕, 雖或淺深詳略之不同, 要不可謂無見於道者也.” 「明儒學案序」(原序)(7·4); (10·78)“羲爲≪明儒學案≫, 上下諸先生, 深淺各得, 醇疵互見, 要皆功力所至, 竭其心之萬殊者, 而後成家, 未嘗以懵懂精神冒人糟粕”.(10·78, ‘懵懂’作‘朦目董’)
52　「明文案序下」(10·21), “其後王, 李嗣興, 持論益甚, 招徠天下, 靡然而爲黃茅白葦之習”.
　　「鄭禹梅刻稿序」(10·67), “今日時文之士, 主*於先入, 改頭換面而爲古文, 競爲摹倣之學, 而震川一派, 遂爲黃茅白葦矣. 古文之道, 不又絶哉”.(*≪全集≫作「王」, 據≪南雷文定≫改)
　　‘黃茅白葦’는 본래 蘇軾이 王安石을 비판하면서 사용한 비유이다. 『蘇軾文集』卷49, 答張文潛縣丞書, “王氏欲以其學同天下. 地之美者, 同於生物, 不同於所生. 惟荒瘠斥鹵之地, 彌望皆黃茅白葦, 此則王氏之同之”.

학 또한 주자학이라고 하는 기성의 학설을 표절하고 그것을 모방하는 데 여념이 없다는 것이다. 이에서 그는 文學, 理學을 비롯한 시대의 학술이 결국 '황모백위', 달리 말하면 '모방의 학'(摹倣之學)으로 떨어지고 마는 것이 아닌가, 라고 탄식하고 있는 것이다.

요컨대, 「운중승문집서」에 보이는 청초의 양명학 비판 풍조에 대한 논의는 「명유학안서」에서도 반복되고 있는 것이다. 「문집서」는 황종희 59세의 글이며, 「학안서」는 「원서」와 「개본」 모두 84세에 쓰인 것이다. 이 기간 동안 황종희는 유학자로서 저술과 출판, 강학 등을 통해 활발한 활동을 펼치고 있었다. 하지만 그의 노력에도 불구하고 주자학 진영의, 그의 표현을 빌리면 '거업지사'들에 의한 양명학 비판의 풍조는 여전히 강고하게 남아있었던 것이다.

당시의 양명학 비판 풍조에 대한 언급은 「학안서」와 거의 같은 시기에 쓰인 『破邪論』에도 보인다.[53] 이 책에는 「罵先賢」이라는 편이 있는데 여기에서는 "晦翁(주희)을 주로 하여" "象山(육구연)과 陽明(왕수인)을 욕하는"[54] 것을 '邪說'로서 지목하고 있다. 황종희가 세상을 떠나기 직전까지도 양명학을 비난하는 풍조는 일부러 邪說로서 문제 삼을 필요가 있을 정도로 여전히 유행하고 있었던 것이다.

---

53 『破邪論』의 「題辭」에 의하면 이 책은 『明夷待訪錄』으로부터 '三十餘年' 뒤에 쓰여졌다고 한다. 『대방록』이 완성된 것이 강희 2년(1663)이므로 『파사론』은 동 32년(1693) 84세부터 세상을 떠나는 동 34년(1695) 86세 사이에 쓰인 것이라고 할 수 있다.

54 『破邪論』, 罵先賢(1·206), "雖然, 今之敢於罵象山, 陽明者, 以晦翁爲之主耳".

5. 나오는 말

지금까지 이 글에서는 청초의 학문적 상황에 대한 황종희의 인식과 그에 대한 대응이라는 점에 주목하면서 「운중승문집서」(59세), 「요강학안」(67세), 「명유학안서」(84세)를 검토하여 왔다.

황종희가 유학자로서 활동한 이른바 유림의 시기에 일관되게 문제시하였던 것은 주자학 진영의 양명학 비판의 풍조였다. 당시의 이러한 풍조에 대해 그는 한편으로는 양명학을 이단시하는 사람들을 과거 공부에서 배운 주자학적 지식을 맹신하는 거업지사에 불과하다고 평가절하하고, 다른 한편으로는 직접적으로 주자학을 비판하면서 양명학의 정당성을 옹호하기도 하였다. 양명학을 정통으로 보는 『명유학안』의 명대유학사관은 청초의 양명학 비판의 풍조를 반박하고 극복하려는 과정 속에서 형성되고 발전되었던 것이다.

그러나 황종희의 이러한 주장이 당시의 사람들을 납득시키고 있었다고는 생각되지 않는다. 「명유학안서」나 『파사론』처럼 세상을 떠나기 직전에 쓴 글에서도 양명학을 비난하는 사람들의 태도를 문제 삼지 않을 수 없었던 것을 보면, 그의 필생의 노력이 성공을 거두었다고 보기는 어려울 것이다.

황종희의 주장은 당시보다는 오히려 근대 이후 널리 받아들여졌다고 말할 수 있다. 이른바 서양의 충격 이후 주자학이 역사의 진보를 가로막은 중세적, 봉건적 사상으로 받아들여지게 되었을 때, 주자학을 비판하면서 등장한 양명학에서 근대적 사유를 발견하려는 시도들이 나타나게 되었다. 이러한 상황 하에서 주자학을 비판하면서 양명학의 정당성을 옹호한 『명유학안』의 견해는 새롭게 주목을 받기 시작하였다.

물론 이 책은 梁啓超(1873~1929)이래로 '중국 최초의 학술사'(『淸代學術

概論』六)로 평가될 만큼 높은 수준의 학문적 성취를 이룩하고 있지만, 서양의 충격 이후 동아시아 지식인들의 학문적 지향과 맞물리면서 명대유학사, 특히 양명학에 관한 근대적 연구의 출발점으로 기능하게 되었다. 이러한 과정을 거쳐 이 책에서 주장하고 있는 명대유학사관은 '부동의 정론' 혹은 '통설'로 정착되게 되었던 것이다.

학안에서 철학사로[*]

조선유학사 서술의 관점과 방식

김태년

1. '유교'라는 심상

유교는 아직도 알게 모르게 우리의 의식과 일상 속에서 적지 않은 힘을 발휘하고 있다. 비록 유교의 기반인 '가문'과 '마을' 공동체가 해체됨에 따라 유교의 정신과 의례도 점차 힘을 잃어가고 있지만, 아직도 우리 삶 속에는 유교식 사고방식과 행동양식이 많이 남아 있는 것이 현실이다. 우리는 개인으로, 시민으로, 국민으로, 어느 가문의 일원으로, 또 어느 마을의 아무개로 살아가며, 그렇게 근대와 유교가 혼효된 정

---

[*] 이 글은 『한국학연구』 23호(인하대학교 한국학연구소, 2010)에 실린 내용을 일부 수정한 것이다.

"

체성을 때로는 익숙하게, 또 때로는 거북하게 받아들인다. 이미 근대화된 삶을 살아가는 우리가 전근대의 산물인 유교와 동거하고 있는 셈이다.

그런데 사실 우리가 거부하든 찬양하든 간에 유교 전통이라고 인식하고 있는 것들은 대부분 조선 후기와 20세기 식민지시기를 거치면서 형성된 것들이다. 따라서 '유교'라는 단어와 함께 떠올리는 심상에는 조선시대의 주자학적 유교관과 식민지시기 형성된 유교관이 혼재되어 있다. 그러나 우리는 무엇이 어떻게 뒤섞인 것인지, 이질감의 정체가 무엇인지에 대해서는 아직 확연하게 설명하지 못한다. 우리는 우리와 동거하는 유교가 진정 무엇인지 모르고 있는 셈이다.

이 의문을 해소하려면 19세기 말에서 20세기 중반에 걸쳐 유교에 무슨 일이 일어났는지 알아보아야 하지만, 조선 후기 유교(주자학)에 대해서는 이미 많은 연구가 이루어진 데 비해 식민지시기 형성된 유교에 대해서는 최근 들어 연구가 본격화되고 있는 상황이다. 게다가 그 연구는 주로 개신유학,[1] 친일유학(황도유학)[2] 등에 대한 개략적인 소개, 당시 유림의 현황, 조직, 활동 등에 대한 실증적인 연구에 집중되고, 유교 관련 담론들의 구체적인 내용, 특히 근대와 제국을 거치며 형성된 일본의 유교가 전통의 주자학을 어떻게 평가하고 재해석하며 활용했는지에 대한 논의는 아직 활성화되지 않은 형편이다. 이는 아직 한국학계에서 전근대와 근대, 일본과 조선을 포괄하면서 연구를 진행하지 못하고 있는 실정에 기인한 것이기도 하다.

이 글의 주제, 유학사 서술의 관점과 방식의 변이 양상을 고찰하는

---

1   개신유학 연구 현황은 노관범의 「대한제국기 박은식과 장지연의 자강사상 연구」(서울대 박사논문, 2007)에 자세하다.
2   친일유학 연구 현황은 정욱재의 「한말·일제하 유림연구: 일제협력유림을 중심으로」(한국학중앙연구원 박사논문, 2008)에 자세하다.

것에 대해서도 포괄적인 논의는 아직 부족하다고 판단된다. 각론에 대한 연구들은 제법 풍성하게 이루어졌지만, 이들을 전체적으로 조망하는 논의는 미흡하다는 것이다. 따라서 이글에서는 학안(學案) 등 전근대시기 유학사 관련 자료들과 근대 이후 만들어진 '(유가)철학사'의 서술 관점과 방식을 비교하고 그 변이과정을 살펴봄으로써 '유학'과 '유가철학' 사이의 거리를 측정함과 동시에 양자 사이의 차이가 발생한 이유를 추적해보고자 한다.

이를 위해 전근대 유학사 관련 자료를 검토하고, 이것이 근대 이후 철학사로 전환되는 과정을 살펴보며, 그 과정에서 도입된 '주리(主理)'와 '주기(主氣)' 개념을 활용한 조선 유학사 해석과 '실학(實學)'을 통한 조선 후기 유학사 서술 등에 대해 그 득실을 논의한 후, 근대화와 더불어 이루어진 유교에 대한 평가에 대해 논의한다. 물론 방대한 주제이기 때문에 거친 소묘에 그치는 한계가 있겠지만, 유학이 근대를 통과하며 어떤 변용을 거쳤는지 살펴보는 데 이 작업이 일조할 수 있기를 기대한다.

2. 도통기(道統記)—전근대 시기 유학사 관련 서술

전근대 시기 유학사, 혹은 유교 학술사라 불릴만한 것들은 연원록(淵源錄), 유림전(儒林傳), 도학전(道學傳), 사우록(師友錄), 학안(學案) 등이 있는데, 그 중 대표적인 것은 사승관계, 생애, 저작목록, 저작선, 평가 등이 포함된 학안이라 할 수 있다. 중국에서는 일찍부터 『송원학안(宋元學案)』, 『명유학안(明儒學案)』, 『청유학안(淸儒學案)』 등이 만들어졌고, 한

국의 경우에는 하겸진이 1943년에 완성한 『동유학안(東儒學案)』이 대표적인 것으로 알려져 있다.[3]

연원록의 대표는 역시 주희(朱熹)의 『이락연원록(伊洛淵源錄)』(14권)이다.[4] 주희는 이 저작을 통해 주돈이(周敦頤), 정호(程顥), 정이(程頤), 장재(張載) 등과 그들과 교유한 학자, 그리고 제자들 모두 46명의 언행과 사적을 정리하고 그 사승·교유 관계를 밝혔다. 예컨대 권4의 「이천선생(伊川先生)」을 보면, 연보, 장역(張繹)·범역(范域)·맹후(孟厚)·윤돈(尹焞)의 제문, 호안국(胡安國)의 주장(奏狀), 그리고 유사(遺事) 21조가 실려 있어 정이의 생애와 교유·사승관계 등을 밝히는 데 역점을 두고 있다. 이 책은 이후 『송사(宋史)』 「도학전(道學傳)」의 근거가 되었다. 또한 명대(明代) 사역(謝鐸)의 『이락연원속록(伊洛淵源續錄)』(6권), 명대 송단의(宋端儀)가 찬술하고 설응기(薛應旂)가 중수(重修)한 『고정연원록(考亭淵源錄)』(24권) 등이 '연원록'이란 이름과 체례(體例)를 계승하였으며, 명말청초 황종희(黃宗羲)가 편찬한 『송원학안』, 『명유학안』 등에도 『이락연원록』이 간접적으로 많은 영향을 주었다고 평가받는다.[5]

도학전은 『송사』의 열전(권427~430)에 실린 것인데, 일반 유림과 구분하여 이른바 주돈이, 정호, 정이, 장재, 소옹 등의 북송 학자들과 주희와 그 문인들의 행적과 주요 학설을 소개하고 있다. 유림전에 실린 인물들은 주로 경학을 한 사람들인 데 반해,[6] 도학전에 실린 인물들은 주로 심성 수양에 치중한 사람들이어서 그들의 주요학설로는 주로 이

---

3   하겸진이 『동유학안』을 완성한 1943년은 물론 시기적으로 근대에 속하는 때이다. 그러나 본고에서는 그 책의 서술의도와 내용이 담고 있는 전근대성에 주목한다.

4   현재 통행되는 책은 주희가 발간한 定本이 아니다. 주희가 발간을 위해 수정하던 중에 원고가 유출되어 발간되었고, 이것이 현재 우리가 보는 『이락연원록』(元本)의 저본이 되었으며, 주희의 정본은 만년까지도 발간되지 못한 것으로 추정된다. 戴揚本, 「이락연원록 교점설명」, 『주자전서』 12(상해고적출판사), 910~911쪽.

5   위의 글, 909쪽.

6   청대에는 이러한 경향의 학자를 道學(宋學)과 대비하여 漢學이라 했다.

기심성론이 소개되었다.

학안은 역시 황종희의 『송원학안』과 『명유학안』이 대표적인데,[7] 량치차외梁啓超]가 "중국의 학술사는 이로부터 시작한다"고 평가할 만큼 송에서 명에 이르는 시기의 학술사상사 연구의 필독자료이다. 물론 앞서 언급한 『이락연원록』을 비롯하여, 명대 후기 주여등(周汝登)의 『성학종전(聖學宗傳)』, 황종희와 같은 시기에 활동했던 손기봉(孫奇逢)의 『리학종전(理學宗傳)』 등도 일종의 학술사적 성격을 갖는 책이었지만, 황종희의 두 학안에는 못 미치는 것으로 평가받는다.[8] 두 학안은 모두 학자들을 사승관계에 따라 분류하고, 각 문파와 학자의 특징을 설명하며, 각 학자의 생애와 주요 저술과 어록을 소개하고, 그에 대한 설명과 평가를 덧붙이는 체례로 구성되었다.

이러한 중국의 학술사 관련 저작들의 영향을 받아 조선에서도 유사한 저작들이 만들어졌다. 조선 중기 이후 당파와 학파가 성립되면서 각 학파는 자신의 도통(道統)을 정립하기 위해 연원록, 사우록 등을 편찬하는데, 이는 『이락연원록』 등 중국의 전통을 계승한 것이었다. 대표적인 것이 1682년에 편찬된 박세채의 『동유사우록(東儒師友錄)』으로,[9] 이는 신라의 설총과 최치원으로부터 김육 등 박세채 당대에 이르

---

7 황종희는 『명유학안』을 완성한 후, 『송유학안』과 『원유학안』을 편찬하려 했으나, 결국 완성하지 못하고, 사후 아들 黃百家와 제자들, 그리고 全祖望에 의해 『송원학안』이 완성된다.

8 陳金生, 「點校前言」, 『宋元學案』, 中華書局, 1986, 1쪽.

9 김육의 『海東名臣錄』, 이희조의 『海東儒先錄』, 조식·김굉필의 『사우록』 등도 있었지만, 이것은 한정된 기간의 몇몇 학자들의 師友를 중심으로 한 학문연원을 다룬 데 그친 것이 아니면, 이미 산실되어 전해지지 않는 것이거나, 혹은 명신록과 같이 일반 명신의 전기에 치중하여 엮어진 내용에 불과하다. 반면, 『동유사우록』은 통시대적으로 한국유학의 연원을 충실히 다룬 것으로 평가받는다(윤사순, 「『동유사우록』 해제」, 『동유사우록』(『한국교회사연구소 자료』 제6집, 불함문화사, 1977), 2쪽). 한편 순조 시기 황덕길이 편찬한 『道學源流纂言』(2책 7편)은 1~7편까지 伏羲에서부터 明代까지의 인물들을 다루고, 『續篇』에서 5편에 걸쳐 기자에서부터 이익에 이르는 220여 명의 인물들의 행적을 소개하고 있다. 중국과 한국의 인물들을 함께 다

는 780여명의 학자들을 사승관계에 따라 분류하고, 그들의 생애 관련 기사와 행적을 관련 자료에서 뽑아서 수록한 것이다. 인물과 학문에 대한 필자의 직접적인 평가는 없고, 다만 선정된 인물(성리학자 위주이다, 서인이 남인에 비해 많다 등)이나 인물에 대한 호칭(시호, 자, 호, 관직, 성명 등을 인물에 따라 다른 기준으로 사용함)을 통해 박세채의 평가를 가늠해볼 수 있을 뿐이다.[10] 가장 많은 지면을 할애한 이이(권31~32)의 경우를 예로 들어보면, "문성공율곡선생(文成公栗谷先生)"이라는 표제 아래, 소주(小註)로 그의 저작과 향사처를 밝힌 후, 본문에는 행장, 자운서원비명(송시열), 언행총록(言行總論, 김장생)과 이황·정구의 편지, 성혼의 제문과 만사, 송익필의 추모시, 연보·별집(어록) 등에서 뽑은 유사(遺事)를 수록했다. 주로 생애와 언행을 중심으로 편찬하다 보니, 오늘날 철학사에서 주로 다루는 이기심성론에 대한 내용은 매우 제한적으로 다루어졌다. 행장에는 그의 경세가로서의 행적과 인간적 풍모가 주로 실려 있고 학문적 성취는 비교적 적은 분량으로 소개되었으며, 후세에 학파의 분기를 유발했던 그의 사단칠정론(四端七情論)과 인심도심론(人心道心論)에 대한 내용은 유사에서 연보의 내용을 인용하며 비교적 짧게 언급될 뿐이다.[11] 이를 보면, 『동유사우록』은 성리학(도학)적 도통의식에 입각해 있되, 공업·학문·인격을 통틀어 인물을 평가하는 유학 고유의 전통을 따르고 있는 저작이라 할 수 있으며, 이는 황종희의 『학안』보다는 주희의 『연원록』에 더 가까운 것이라 판단된다.

루고 있다는 특징이 있지만, 편찬자의 평가도 없고, 각 인물별로 배당된 내용이 많지 않다는 한계가 있다.

10 윤사순, 「『동유사우록』해제」, 『동유사우록』(『한국교회사연구소 자료』 제6집, 불함문화사, 1977) 참조.

11 이이에 대한 전체 분량은 2권 80판 정도이지만, 이기심성론과 관련해서는 성혼과 주고받은 편지에 대한 내용 3판, 선조에게 바친 「인심도심설」 내용 요약 3판 총 6판이 전부이다.

한편 조선 후기 당파와 학파들이 사단칠정론, 인심도심론, 인성물성론(人性物性論), 미발심체론(未發心體論) 등의 이기심성론을 둘러싸고 각자의 정론(定論)을 확립시켜 나아감에 따라 『사칠변증(四七辨證)』(홍중인), 『사칠부설(四七附說)』(이식), 『사칠속편(四七續編)』(미상), 『사칠신편(四七新編)』(이익), 『동유성리설(東儒性理說)』(안정복), 「기호락이학시말(記湖洛二學始末)」(황윤석), 『호락문답(湖洛問答)』(미상), 『십이변(十二辨)』(미상), 『호락사실(湖洛事實)』(미상), 『천문사백록(泉門俟百錄)』(최석), 『호락원위(湖洛源委)』(미상), 『리학종요(理學綜要)』(이진상) 등의 일종의 문제 중심의 학설 모음집이 등장한다. 이는 단행본의 형태로 편찬되기도 하고, 규모가 작은 것은 잡저의 형태로 문집 속에 편입되어 있기도 한데, 해당 주제에 대해 논쟁의 경위를 설명하면서 논쟁 당사자들의 견해를 요약하거나 문집들 속에 산재한 그들의 논의를 모은 후 자신의 의견을 덧붙이는 형식으로 작성되었다. 이기심성론을 중심으로 도통(道統)을 구성하는 관념이 전제되어 있고, 일종의 철학논문, 혹은 논문집이라 할 수 있다.

도통의식과 인물, 그리고 이기심성논쟁을 한 체계 안에서 종합적으로 다룬 저작은 뜻밖에도 20세기에 접어들어서야 출간된다.[12] 앞서 언급한 황종희의 『학안』 체제를 본 따[13] 하겸진(1870~1946)이 1943년에 『동유학안』을 완성한 것이다. 『동유학안』(3책 23편)은 한국의 유학자 151명을 「나려이대한초제유학안(羅麗二代韓初諸儒學案)」에서부터 시작

---

[12] 19세기말 20세기 초에 접어들면 『華島淵源錄』(간재학파), 『溪山淵源錄』(연재학파) 등 각 학파별로 연원록이 작성되지만, 제자들의 간단한 인적사항을 적은 목록인 문인록 수준을 넘지 못했다.

[13] 황종희의 『학안』들이 조선에 언제 수입이 되었는지는 확실치 않다. 한국고전번역원의 한국고전종합DB(http://db.itkc.or.kr/)를 통해 검색해보면, 『청장관전서』(이덕무)·『연경재전집』(성해응)·『노주집』(오희상)·『매산집』(홍직필) 등에 '명유학안'이 등장한다. 이를 보면 『명유학안』은 18세기 서울을 중심으로 읽혔음을 짐작할 수 있다.

해서 「청은제유학안(清隱諸儒學案)」에 이르기까지의 학파로 분류하고, 각 학안 아래에는 먼저 그 학안의 특징을 설명하고 인물별로 생애와 저서를 소개하고 주요 작품의 전문, 혹은 절록을 실었다. 그러나 비록 각 학안마다 앞에 특징을 설명했다 하나 그 양이 적고,[14] 그것 이외에 각 인물별로 평가를 하지 않았기 때문에 체제 면에서 볼 때, 인물이 더 늘고 이기심성론 관련 내용이 보강되었다는 점 이외에는 『동유사우록』과 별반 다를 바가 없다. 다만 사승관계에 의한 학파 이외에 「리학연원제유학안(理學淵源諸儒學案)」(초기 사림파), 「경세제유학안(經世諸儒學案)」(유형원, 이익, 안정복, 정약용), 「수도제유학안(守道諸儒學案)」(사화 희생 인물, 修身으로 명망 높은 자), 「청은제유학안(清隱諸儒學案)」(출사하지 않고 은거하거나 절개로 명망 높은 자)을 설정한 것이 이색적이다. 특히 「경세제유학안」에서는 이른바 '실학자'로 일컬어지는 인물들을 배치했는데, 그는 여기에서 『반계수록』, 『목민심서』 등을 저술하여 유학의 한 특징인 경제(經濟)의 학문을 밝힌 학자들의 경세설을 모으고 그들의 경설을 아울러 소개했다면서, 그들의 경학은 송유(宋儒)의 설 밖에서 끌어와 발명한 것이 많아 청대 한학가와 같지만, 청대 한학가들이 송학을 넘어서고자 한 것과는 다르다고 설명한다.[15]

　이상의 저작들은 모두 서구 철학의 세례를 받지 않고 전근대 동아시아의 전통적인 유학사 기술 방식에 입각하여 쓰였다. 도통의식에 입각하여 모범이 될 만한 선배 학자들을 선별하고 그들의 행적과 사상을 기록하여 남김으로써 이를 본받고자 하는 목적으로 쓴 것이거나, 자기 학파에서 공유하는 견해를 옹호하고 타 학파를 비판하기 위해 만든 것

14　예컨대 이황을 다룬 도산학안의 경우, 이황이 정몽주, 김굉필, 정여창, 이언적, 조광조 등의 맥을 이어 조선 유학의 도를 집대성하였고, 그 문하가 성대하였다는 요지의 글이 간단히 있을 뿐이다. 하겸진(박상리 등 역주), 『경세·수도·청은의 유학자들』, 『증보 동유학안』 1(나남, 2008), 260쪽.

15　위의 글, 76쪽.

이다. 따라서 그들은 사상들 간의 논리적 인과관계(혹은 발전)보다 사승
관계(도통)에 더 주목했으며, 그 내용은 단지 이기심성론에 머물지 않
고 도학(道學)을 구성하는 여러 요소, 즉 인격과 공업, 그리고 학문을 두
루 포함하는 것이었다.

3. '유가철학사'의 시작—장지연과 다카하시 도오루의 유학사 서술

　한편 시기적으로는 『동유학안』보다 먼저 나왔지만, 그것보다 '도통
의식'에서 더 벗어나 있는 것이 바로 장지연의 『조선유교연원』이다.
『조선유교연원』은 1917년 4월 5일부터 같은 해 12월 11일까지 모두
125회에 걸쳐 『매일신보』에 연재되었던 것을 장지연 사후(1922년)에 3
권 1책의 단행본으로 간행한 것이다. 이 책에는 학적 연원에 따라 기자
(箕子)부터 박규수에 이르는 200명에 가까운 유학자의 행적이 수록되어
있는데, 중간 중간 사단칠정론이나 호락논쟁 같은 이기심성논쟁의 전
개를 소개하기도 했다.
　『조선유교연원』은 서론 격인 「유교자변(儒敎者辨)」과 「총론」을 제외
하고는 자신의 의견을 피력하는 부분이 적어 본격적인 학술사(사상사)
서적으로 보기는 어렵다. 그러나 비교적 당파나 학파에 치우치지 않고
인물을 선정하였으며, 특히 종래에는 잘 다루지 않던 정제두 등 양명
학자들과 윤휴, 박세당 등을 포함시켰고 관서·관북의 유학자들을 상
당수 소개했으며, 유형원, 정약용, 홍대용, 박지원, 이덕무를 묶어 경제
지학(經濟之學)을 겸한 학자로 분류했다는 특징을 가지고 있다.[16] 특히
정약용에 대해서는 고금의 명물도수와 백가의 기예에 통달하고 문장

과 경학에도 탁월한, 세상에 둘도 없는 인재요 고금에 보기 드문 큰 선비로 평가했으니,[17] 이는 대한제국시기부터 정약용을 높이 평가하면서 그의 개혁 정신을 본받으려 한 소신에 근거한 것이라 할 수 있다.[18] 또한 장지연은 조선 중엽 이후 사화와 붕당의 피해로 조선의 유교가 고사하였으며 자기 당대에는 부패하기에 이르렀다고 진단함으로써[19] 기존의 책들이 당대까지 도통의 이어짐을 강조하는 모습과는 다른 태도를 보이기도 했다. 이는 망국의 시대를 맞이하여 가지게 된 문제의식에 근거한 것이라 추정된다.

한편 그는 다카하시 도오루[高橋亨, 1878~1967]와의 논쟁에서는 성리학적 가치를 옹호하기도 했다. 다카하시 도오루는 유자(儒者)와 유학자를 분리하고 유학자(도학자)는 유교의 본령인 이용후생, 실용 중시 등의 실천성이 결여된 이들이라고 평가하며 이들이 주를 이룬 조선 유학을 비판했는데, 이에 대해 장지연은 송대 성리학은 유학의 도가 재천명된 것인데 이것을 조선의 유학자들이 계승했다고 도통의식을 드러내고, 실천을 무시하며 당쟁에만 몰두하는 것은 속유(俗儒)들의 행실이지 진유(眞儒)의 것이 아니라고 반박했다. 그 과정에서 그는 속유의 행실로 서애(西厓) 류성룡과 학봉(鶴峰) 김성일의 위차(位次)에 대한 논쟁, 우암(尤庵) 송시열과 동춘당(同春堂) 송준길의 우열에 대한 논쟁, 시파(時派)와 벽파(僻派)의 정치적 분열 등을 예로 들며 이는 제대로 학문을 하지 못한 결과라고 평가했다.[20] 이는 다카하시 도오루가 조선유학의 전통

---

16 최영성, 「장지연의 유교관과 『조선유교연원』」, 『조선유교연원』 1, 조수익 역, 솔, 1998 참조.
17 장지연, 조수익 역, 『조선유교연원』 2, 솔, 1998, 139쪽.
18 대한제국기 장지연의 정약용 평가에 대해서는 신용하의 「19세기말 장지연의 다산 정약용의 발굴」, 『한국학보』 29, 일지사, 2003 참조.
19 장지연, 조수익 역, 「총론」, 『조선유교연원』, 솔, 1998 참조.
20 홍원식, 「장지연과 다카하시 도오루의 '유자 · 유학자 불이 · 불일' 논쟁」, 『오늘의 동양사상』 13, 예문서원, 2005.9; 최재목 · 이효진, 「장지연과 高橋亨의 '지상논쟁'에

을 폄훼하는 데 맞서는 과정에서 나온 반응이며, 그 이면에는 조선의 유학적 전통 속에서 훈도 받은 그가 가진 유학관이 있었던 것으로 판단된다.[21]

이기심성론을 분석하여 학파를 구분하고 그것이 가지는 의미를 따지는 사상사 연구는 「이조 유학사에 있어서 주리파·주기파의 발달[李朝儒學史に於ける主理派主氣派の發達]」[22]로 대표되는 다카하시 도오루의 논문들에서 시작된다 할 수 있다.[23] 다카하시 도오루는 1902년 동경제국대학 한문과를 졸업하고, 이듬해 조선에 온 후 조선의 학술과 문화에 대한 연구에 몰두하면서 경성제국대학, 혜화전문학교, 명륜학원 등의 설립에 관여하거나 교수로 재직하면서 식민지 교육의 일선에 섰던 인물이다. 그의 조선유학 연구는 경성제국대학 교수로 있던 1926년에서 1939년 사이에 집중적으로 이루어졌고,[24] 그 정점이 위에 언급한 「이조 유학사에 있어서 주리파 주기파의 발달」(1929)이다. 그는 이 장편의 글에서 사단칠정론을 주리(主理)와 주기(主氣)의 틀로 분석하고, 이를 토대로 이후 조선유학을 주리의 영남학파(남인), 주기의 기호학파(서인), 절

대하여」, 『일본문화연구』 32, 동아시아일본학회, 2009.

21 장지연의 학문적 연원에 대해서는 노관범의 「대한제국기 박은식과 장지연의 자강사상 연구」(서울대 박사논문, 2007) 참조.

22 高橋亨, 「李朝儒學史に於ける主理派主氣派の發達」, 『朝鮮支那文化の硏究』, 京城帝國大學 法文學會, 1929.

23 「高橋亨先生著作年表」(編輯部, 『朝鮮學報』 14, 朝鮮學會, 1959)에 의거해서 대표적인 것들을 뽑아보면 다음과 같다. 「朝鮮儒學大觀」, 『朝鮮史講座特別講義』, 朝鮮史學會, 1927; 「李朝儒學史に於ける主理派主氣派の發達」, 『朝鮮支那文化の硏究』, 京城帝國大學 法文學會, 1929; 「最も忠實なる退溪祖述者 權淸臺の學說」, 『小田先生頌壽記念朝鮮論集』, 1934; 「朝鮮學者の土地平分說と共産說」, 『服部先生古稀記念論文集』, 富山房, 1936; 「王道儒敎より皇道儒敎へ」, 『朝鮮』 295, 朝鮮總督府, 1939.11; 「書評紹介 玄相允著 朝鮮儒學史」, 『朝鮮學報』 3, 1952.5; 「朝鮮の陽明學派」, 『朝鮮學報』 4, 朝鮮學會, 1953.3; 「丁茶山の大學經說」, 『天理大學學報』 18, 1955; 「書評紹介 薝園國學散藁」, 『朝鮮學報』 12, 1958.3.

24 그의 학술 이력에 대해서는 이승률의 「일제시기 '한국유학사상사' 저술사에 관한 일고찰」, 『동양철학연구』 37(동양철학연구회, 2004)에 자세하다.

충의 농암문파로 나누어 서술하였다.[25]

　그는 서술 과정에서 사승관계를 고려했으나 이를 전통적인 도통의식과 연결시키지 않고 단지 당파와 학파의 계보로 활용했으며, 당파와 학파의 특색으로 주리와 주기의 철학적 경향성을 제시했다. 또한 "배경 설명－논점 추출－원문 인용－해설－평가"로 이어지는 서술 방식을 채택했으며, 평가는 주희 등의 중국 학자들과 이황 등의 조선 학자들의 이론적 정합성을 따지고 그 모순을 분석하는 방식을 통해 이루어졌다. 이는 '성인'과 '선현'이 발견한 진리의 권위를 바탕으로 자신의 학설과 실천을 검증받으려는 태도를 취했던 '유학자'의 자세가 아니라, 자신을 중국과 조선의 도통으로부터 분리하고 조선유학을 하나의 텍스트로 대상화시켜 연구하는 근대 학자의 모습을 반영하는 것이었다고 평가할 수 있다.[26]

　한편 그의 이러한 작업은 근대 일본인 학자의 시각에서 형성된 유학관을 기반으로 이루어진 것이었다. 그는 정치적 실천과 유학이 분리되고 비교적 다양한 조류의 학문이 병존해온 에도 이래의 일본의 사상풍토[27]에서 자라 근대 이후 '철학'이라고 하는 학문을 맛 본 사람이다.[28]

25　1927년에 발표된 「朝鮮儒學大觀」, 『朝鮮史講座特別講義』(朝鮮史學會, 1927; 조남호 역, 『조선의 유학』, 소나무, 1999)에서는 이황·이이 이래의 유학을 주리와 주기가 아니라, 당색과 지역, 문파를 중심으로 갈래를 나누어 소개하고 있고, 김창협과 농암문파에 대해서는 언급이 없다.

26　이러한 태도는 그가 「이조 유학사에 있어서 주리파 주기파의 발달」에서 소개하고 있는 에도시대의 유학자들의 태도와도 구별되는 것이었다. 야마자키 안사이[山崎闇齋]·야후 고잔[藪孤山] 등 에도의 유학자들은 주희에서 이황을 거쳐 자신에게 이르는 도통을 배경으로 자신의 학문적 위치를 정했다. "孔子之道, 傳之乎曾子子思, 而傳乎孟子. 孟子歿後, 久失其傳, 至宋程朱二子, 深求始言得. 其學傳乎朝鮮李退溪, 退溪而傳之乎我國山崎闇齋. 闇齋而傳之乎先府君愼庵先生, 先生傳之乎吾. 吾今傳之乎汝, 汝其自重."(『조선의 유학』, 조남호 역, 소나무, 1999, 66쪽에서 재인용)

27　에도시대의 사상지형은 조선과 많이 달랐다. 에도시대의 유학자들은 정치의 최일선에 있지 않았고, 따라서 조선처럼 정치적 실천과 유학은 긴밀하게 연결되지 않았다. 또한 거의 주자학 독존에 가까웠던 조선과 달리 일본에는 불교, 신도, 양명학, 고

따라서 생활 세계 속에서 실제로 작동하는 유학은 그에게 낯선 것이었고, '철학적'으로 해석할 수 있는 유학이 그에게 익숙하고 유의미한 것이었으리라 추정된다. 이런 그에게 유학 중 학문으로서 철학적 성격을 가장 잘 드러내는 것은 주자학이며,[29] 그가 이해하는 주자학은 정치성이 탈각된 형이상학 체계였다. 그러므로 그에게 유학사란 주자학의 형이상학을 논리적으로 분석하여 설명하는 것이며, 그것이 어떻게 변모하는지 서술하는 것일 수밖에 없었다. 그는 이런 측면에서 사단칠정론에 주목했으며 이를 논리적으로 분석하는 데에 치중했다.[30]

그 분석의 종착점은 주리와 주기를 통한 조선유학사 개관이었다. 원래 '주리·주기'는 전통적으로 두 가지 맥락에서 사용되었다. 하나는 '본천(本天)'과 '본심(本心)'처럼 정학과 이단을 구분하는 데 쓰이는 용법으로 "유교=주리=정학, 불교·도교=주기=이단"의 맥락에서 사용되었

학, 국학 등의 다양한 사상이 주자학과 공존하고 있었다(와타나베 히로시, 박홍규 역, 『주자학과 근세일본사회』, 예문서원, 2007). 일본에서 유학이, 주자학이 정치의 일선으로 소환된 것은 메이지유신 이후였다.

28 메이지시기 일본의 서양학문 수입과 근대학문 형성 과정에 대해서는 다음의 논문을 참조. 松本三之介, 「新しい學問の形成と知識人」, 『學問と知識人』, 『日本近代思想大系』10, 岩波書店, 1988; 山室信一, 「日本學問の持續と轉回」, 위의 책.

29 그는 「조선유학대관」(『조선사강좌』, 조선사학회, 1927; 조남호 역, 『조선의 유학』, 소나무, 1999, 190쪽)에서 다음과 같이 말하고 있다. "유학을 상세하게 말하면 유교철학이라 할 수 있다. 유교를 일상적인 실천이나 도덕 또는 정치의 줄기로 보지 않고, 하나의 철학 체계로 보는 것이다. 즉 우주 문제, 심성 문제를 해석하여 도덕 및 정치에 원리를 두는 본체학·목적학으로서 그 가치를 인정하고자 하는 것이다. 따라서 유학을 배우는 자는 단순히 훈고 기송이나 시문을 연습하는 데 만족할 수 없다. 따라서 사고를 통하고 이성에 비추어 자신의 사상과 신앙의 안정을 얻는 데 이르러야 한다." "유학이 하나의 철학 체계를 성립하여 삼교 정립의 장관을 드러낸 것은 송대 유학이 건립된 이후이다."(위의 책, 191쪽)

30 이러한 그의 태도는 당시 일본 철학계의 동향과 관련이 있을 것으로 추정된다. 일본이 프로이센 모델을 채택하는 상황에서 동경대 철학과를 졸업하고 베를린에서 독일철학을 공부한 이노우에 데츠지로가 귀국 후 동경제국대학 철학과 교수가 되어 일본철학계의 지도자로 군림하며 '철학함'의 실천성을 거세하고 원서의 자구해석 중심의 훈고학으로 축소시켜버렸다는 지적(石塚正英·柴田隆行 監修, 『哲學·思想飜譯語事典』, 論創社, 2003, 210쪽. '철학' 항목)은 이와 관련하여 주목할 만하다.

다. 한원진이 "리를 주로 하는 것은 정학이고 기를 주로 하는 것은 이단이니, 정학과 이단을 가리는 것은 단지 리와 기에 달려있을 따름입니다"[31]라고 한 것이 전형적인 예이다. 또 하나는 '리간(離看)'과 '합간(合看)', '횡설(橫說)'과 '수설(竪說)', '취리상간(就理上看)'과 '취기상간(就氣上看)'처럼 이기심성론에서 자신의 논리를 설명하는 도구로 사용하는 것으로, 예컨대 사단(四端)과 칠정(七情)을 각각 주리와 주기로 구분하여 설명하는 용법이다. 이황이 "무릇 '리가 발함에 기가 따른다.'는 것은 리를 주로 하여 말할 수 있는 것[主理而言]일 뿐, '기 밖의 리'를 말하는 것이 아니니, 사단이 바로 이것입니다. '기가 발함에 리가 탄다.'는 것은 기를 주로 하여 말할 수 있는 것[主氣而言]일 뿐, '리 밖의 기'를 말하는 것이 아니니, 칠정이 바로 이것입니다."[32]라 한 것이 대표적인 예이다. 요컨대 전통적인 용법에는 조선의 유학자들을 주리파와 주기파로 구분할 근거가 없다. 전통적 용법에 따르면 '주기'는 현대 남한에서 '빨갱이'처럼 상대방에게 사상적 낙인을 찍을 때 사용되는 말이거나 "기를 중심으로 논의해보자"는 정도의 말인데, 그것으로 학파를 나눌 수는 없기 때문이다.

다카하시 도오루는 이 두 가지 전통적인 용례와 다른 방식으로 '주리'와 '주기'를 사용한다. 주리파는 "리를 중요시하는 학파", 주기파는 "기를 중요시하는 학파"라는 의미로 사용하는데, 예컨대 나흠순 · 기대승 · 이이 · 한원진 · 임성주 등을 모두 기를 중시하는 학자로 묶고 있다. 그런데, 지금껏 많은 비판이 이루어진 것처럼,[33] 이러한 그의 분류

---

31 『南塘集』 권6, 34쪽, 「經筵說下」, "主於理者爲正學, 主於氣者爲異端, 正學異端之辨, 只在於理與氣而已矣".
32 『退溪集』, 권16, 36쪽, 「答奇明彦論四端七情第二書」, "大抵有理發而氣隨之者, 則可主理而言耳, 非謂理外於氣, 四端是也. 有氣發而理乘之者, 則可主氣而言耳, 非謂氣外於理, 七情是也".
33 다카하시 도오루의 유학사 서술, 특히 주리 · 주기로 설명하는 방식에 대해서는 많은

방식은 여러 가지 측면에서 조선 유학사를 온전히 이해하는 것을 방해한다. 우선 당장 위의 예에서 볼 수 있듯이 사승관계나 학문적 문제의식으로 볼 때 낙학파의 학맥 속에 있는, 다카하시의 설명대로라면 농암학파에 가까운 임성주가 반대편인 호학파의 맹장인 한원진과 함께 묶이는 등 사승관계와 학파의 문제의식을 왜곡하는 결과를 초래하였고, 유학자들이 모두 정학의 상징으로 삼던 '주리'라는 용어를 퇴계학파가 독점하고, 이단의 증표였던 '주기'가 율곡학파에게 돌아가게 되었다.[34] 물론 그는 정학·이단의 의미를 배제하고 가치중립적인 표현으로 주리파와 주기파를 사용하고 있다. 그러나 논쟁의 당사자들이 서로 비판하는 말인 '주기'를 굳이 한쪽 당사자를 지칭하는 용어로 사용하여 오해를 불러일으킬 필요는 없지 않겠는가.

한편 그는 조선유학에서 그 '학문적(철학적 이론) 수준'이 볼만한 것은 주자학밖에 없는데, 그것은 주희의 이론체계와 별반 다름이 없는 것이며, 게다가 주자학 이외의 다른 이론체계와 만나서 변모하는 양상을 보이지도 않았다고 주장했다.[35] 그리고 그가 보기에 조선의 유학사상

비판이 이루어졌다. 대표적인 것은 다음과 같다. 이동희, 「조선조 주자학사에 있어서의 주리·주기 용어 사용의 문제점에 대하여」, 『동양철학연구』 12(동양철학연구회, 1991); 이형성, 「다카하시 도오루의 조선 유학사 연구의 영향과 그 극복」, 『한국사상사학』 14(한국사상사학회, 2000); 박성순, 「高橋亨의 조선유학사 연구와 그 반응에 대한 검토」, 『한국사학사학보』 6(한국사학사학회, 2002.9); 이종우, 「한국유학사 분류방법으로서의 주리·주기 개념에 관한 비판적 연구 : 이진상학파와 전우학파의 논쟁에 관련하여」, 『동양철학연구』 36(동양철학연구회, 2004); 최영진, 「조선조 유학사상사의 분류 방식과 문제점 : '주리', '주기'의 문제를 중심으로」, 『조선조 유학사상사의 양상』(성균관대 출판부, 2005); 김기주, 「다카하시 도오루의 조선 유학관에 대한 비판과 대안적 논의」, 『오늘의 동양사상』 13(예문서원, 2005.9); 최영성, 「다카하시 도오루의 한국 유학관 비판」, 『오늘의 동양사상』 13(예문서원, 2005.9)

34 '주리'와 '주기'로 퇴계학파와 율곡학파를 구분하던 현상윤도 율곡학파가 기를 리보다 중시한 것이 아닌데, 퇴계학파가 율곡학파를 주기파라 지칭하였다고 지적하였다. 『조선유학사』(이형성 교주, 『기당현상윤전집』 2, 나남, 2008), 167쪽·223쪽.

35 "조선 유학의 학술사는 매우 간단하고 단조롭다. 고려 때부터 천편일률적으로 주자학 천지에서 골몰하는 학자의 학설도 결국 주희의 진의에 합치하는가 그렇지 않은가

계는 중국으로부터 받아들인 주희의 이론체계만을 고수하는 '종속적(비독립성)'이고 '정체된 것'이었고, '학문'은 '진보'하지 않고 무의미한 주제로 정치적인 공방만 벌이는 상황이었다.[36]

그런데 만약 전통적인 조선 유학자가 다카하시 도오루의 이러한 평가를 들었다면 황당하게 느꼈을 것이다. 그들에게 주자학은 단지 이론체계일 뿐 아니라 천리(진리)를 구현하는 실천의 길이었으며, 따라서 이기심성론, 혹은 그에 대한 논쟁은 중요하긴 하지만 유학의 일부였을 뿐이다. 또한 그 논쟁은 다양한 견해차를 드러내기 위해 벌인 것이 아니라, 정학의 올바른 이론 체계에 합일하고자 진행한 것이었고, 따라서 종국적으로는 서로의 다름을 인정하는 것이 아니라 하나의 결론으로 '귀일(歸一)'하기를 희망했다. 그들에게 정학, 혹은 성학(聖學)이 중국의 것이냐 아니냐는 중요한 것이 아니었고, 천리는 '발전'하는 것이 아니었다. 그들의 학문관에 따르면, 여러 이론체계가 공존하며 서로 만나 다양한 변주를 연출하는 상황은 "정학이 어두워져서 이단이 횡행하는 말세"일 뿐이었다. 학자들이 정치에서 소외되어 학문과 정치적 실천이 통일되지 못하며 주자학 이외에 여러 조류들이 쟁명하던 전근대 일본의 상황을, 조선의 유학자들은 오히려 정학이 아직 수립되지 못한 '미개(未開)'한 학문 풍토로 여기지 않았을까?

한편 다카하시 도오루의 이러한 조선유학사에 대한 관점은 현상윤, 박종홍, 이병도, 배종호, 윤사순 등 근대 학문을 섭취한 한국의 학자들

를 논의하는 데 지나지 않았다. (…중략…) 그러나 640년을 통틀어 주자학이 한 번 도래한 뒤 조선은 끝내 다른 학파의 흥기를 보지 못했다. 그 선택이 옳았는가 여부는 차치하고라도, 조선이 어떻게 유학의 여러 학파 가운데 가장 온건 중정한 주자학이라는 단일 사상으로 만족했는지 궁금하다. 조선인은 여기에서도 그 국민성의 특색을 유력하게 보여준다고 말하지 않을 수 없다." 「朝鮮儒學大觀」, 『朝鮮史講座』, 朝鮮史學會, 1927; 조남호 역, 『조선의 유학』(소나무, 1999), 232~233쪽.

36 최영성, 「다카하시 도오루의 한국 유학관 비판」, 『오늘의 동양사상』 13(예문서원, 2005.9), 158~159쪽.

에 의해 한편 부정되고 한편 계승되었다.[37] 우선 한국의 학자들은 다카하시 도오루의 조선유학사관을 식민사관으로 규정하고 이를 극복하려 시도했다. 그들은 성리학 이론의 치밀화나 실학의 발생을 근거로 조선 유학 정체성론을 비판하였고, 사단칠정론과 호락논쟁 등 중국 유학사에서 잘 논의되지 않은 주제에 대한 이론적 심화를 조선 유학의 특징으로 설명함으로써 조선 유학이 중국 유학에 종속되었다는 주장을 반박하였으며, 양명학의 도입이나 실학사상의 전개 등을 조선 유학의 다양성의 증거로 삼았다. 요컨대 '한국'의 사상으로서 조선유학이 가지는 독창성과 발전성을 증명하려 했던 것이다.

그와 동시에 한국의 학자들은 조선 유학의 사상적 전통을 근대 학문 체계 안에서 논의할 수 있게 하기 위해 조선 유학의 철학적 학문성을 제고하려는 노력도 경주하였다. 우선 그들은 조선의 유학은 당쟁으로 일관했다는 다카하시 도오루의 주장에 대하여 학문적 토론과 학파의 형성은 정치적 현실 속에서 이루어진 당쟁과는 차원을 달리하는 것이라고 대응하며 정치와 학문을 구분하였다.[38] 그러나 다른 한편으로는 각 학파의 주요한 학문적 내용으로 사단칠정론 등의 이기심성론을 들고, 이의 철학적 특성을 설명하는 틀로 주리·주기 대립구도를 사용하

---

37 한국 학자들이 다카하시 도오루에 대해 보인 반응에 대해서는 이형성의 「다카하시 도오루의 조선 유학사 연구의 영향과 그 극복」, 『한국사상사학』 14(한국사상사학회, 2000)과 박성순의 「高橋亨의 조선유학사 연구와 그 반응에 대한 검토」, 『한국사학사학보』 6(한국사학사학회, 2002)에 자세하다. 이하의 내용은 위에서 언급한 한국 학자들의 유학사(혹은 철학사) 관련 저술을 검토한 후 공통점을 뽑아 서술한 것으로 별도로 출전을 밝히지 않는다.

38 이는 1920년대 안확이 문명사관의 입장에서 우리나라 자치제 발달의 역사를 살피고 조선시대 당쟁문제에 관한 부정적 인식을 비판하면서, "근대정치는 당파로 인하여 발달을 이루고, 오히려 당파가 진보치 못하고 두절함으로 말미암아 정치가 쇠하였다"고 적극적으로 당쟁을 평가한 것과는 달리, 수세적인 입장에서 당쟁(정치)과 학문적 논쟁을 구분한 것이라 할 수 있다. 안확에 대해서는 「한국근대역사학과 조선후기사 연구」(근대사연구회, 『한국 중세사회 해체기의 제문제 상』, 한울, 1987), 35쪽 참조.

는 등의 다카하시 도오루의 유학사 서술 방식은 계속 사용하였다. 그 결과 조선 유학을 철학과 사상사의 대상으로 삼을 수는 있었지만, 유학의 실천적 경향을 잘 드러내는 수양론·예론·정치사상 등에 대해서는 소략하게 다루고 형이상학적 성격이 강한 이기심성론 위주의 연구에 집중하는 경향이 강해졌고,[39] 전근대 유학의 특징이었던 학파와 당파, 학문과 정치, 이론과 실천의 통일이 경시되었다.[40]

39　현상윤은『조선유학사』에서 17세기 예학과 예송, 17~18세기 경제학파에 대해서도 다루고 있지만, 서론에서 밝히고 있듯이, 원래 유학에는 "정치도 있고 경제도 있으며, 법률도 있고 철학도 있으며, 윤리 도덕도 있고 문학도 예학도 있다."면서 "조선 유학에서도 어느 시기에는 그 현실적 방면을 힘쓰며 발휘시킨 때도 있고, 또 어떤 시기에는 그 문학적 방면을 발휘한 때도 있으며, 어떤 사람은 정치, 또 어떤 사람은 문학, 또 어떤 사람은 리학 또는 예학을 연구하며 발휘하였"지만, 그러나 "조선 유학의 주류와 중축은 철학적인 방면인 정주학에 있었"다고 하며, 정주학의 이기심성론을 유학사 서술의 중심에 두었다.

40　평요유란(馮友蘭)은『중국철학사』(商務印書館, 1947; 박성규 역, 까치글방, 1999)의 서론에서 "중국철학사 강론에서 주요작업의 하나가 중국역사상의 각종 학문 가운데 서양의 소위 철학이라는 것으로 이름할 수 있는 것을 골라 서술하는 일"이며, 철학은 우주론(본체론, 생성론), 인간론(심리학, 윤리학과 정치·사회철학), 인식론(인식의 성격을 탐구하는 협의의 인식론, 인식의 규범을 탐구하는 논리학)으로 구성된다고 전제했다. 그리고 철학의 방법은 논리적이고 과학적이어야 하며 철학자는 이론을 수립하려고 할 때 반드시 논증으로써 그 성립을 증명해야 한다고 경계를 분명히 했다. 그는 이러한 철학의 규정에 비추어 볼 때 중국의 玄學, 道學, 義理之學 등이 이에 해당하며, 구체적으로는 天道를 연구한 부분은 서양철학 중의 우주론과 대체로 같고, 性命을 연구한 부분은 인간론과 대체로 같으며, 선진 제자백가의 묵가·명가 등의 논리학이나 송명대의 爲學之方 등은 방법론에 해당한다(물론 방법론의 내용은 달랐다고 밝힌다.)고 주장했다. 서양 철학의 기준에 맞추어 '중국철학사'를 쓰겠다고 한 그의 이러한 견해에 비추어 보더라도 이기론과 심성론(그것도 이기론으로 해석된 심성론)에 치중된 조선유학(유가철학)사 연구는 너무 편중된 감이 있다. 평요우란이 말한 방법론으로서 위학지방을 다룬 수양론, 정치·사회 철학, 그리고 그것의 토대가 되는 경학과 예학에 대한 연구는 '유학'만이 아니라 '유가철학'의 영역에도 포함되는 것이기 때문이다.

4. 정체론과 타율성론을 넘어 – '실학'의 탄생과 전개

조선 후기에 주로 등장한 유학사 관련 서술에는 현재 우리가 '실학자'로 언급하는 인물들이 빠져 있다. 이는 물론 그 학자들이 시대적으로 뒤에 등장했거나 당대 주류로 활동하지 않았거나 또는 주로 이기심성론을 중심으로 서술되던 도통[41]에 포함될만한 업적을 남기지 않았다는 데 기인한다. 이들에 대해 간략하게라도 소개하는 것은 하겸진의 『동유학안』과 장지연의 『조선유교연원』이다.

하겸진은 『동유학안』에 「경세제유학안」편을 두어 유형원, 이익, 안정복, 정약용을 소개하고 있는데, 앞머리에 "우리나라 유자들은 오로지 심성·명리의 장구와 강해에만 힘을 쓰고 경세의 큰 법에 대해서는 듣지 못했다. (…중략…) 이에 학문하는 사대부는 경유(經儒)가 될 것은 생각하지만 통유(通儒)가 될 것을 원치 않으니 한탄스러움을 이루 말할 수 없다. 중고(中古)에 반계·성호·순암·다산 등 여러 현인들이 비로소 경제(經濟)의 학문을 창도하였으니, 예컨대 반계의 『반계수록』과 다산의 『목민심서』·『흠흠신서』 등의 여러 서책이 이것이다. (…중략…) 그 나머지 경설을 개괄하면, 또한 송유(宋儒)가 말한 것 이외에 널리 채집하고 끌어와 발명한 것이 많아서 중국의 한학가(漢學家)와 같지만 한학가가 송유를 뛰어 넘고자 힘쓰는 것과는 같지 않다"[42]고 밝히고 있

---

41 조선 후기 도통론, 특히 율곡학파의 도통 서술에 대해서는 김태년의 「남당 한원진의 '정학' 형성에 대한 연구」(고려대 박사논문, 2006) 참조.

42 『증보 동유학안 6』(나남, 2008), 583쪽. "我東儒者, 專力爲心性名理章句講解, 而於經世之大法, 則無有問焉. (…중략…) 於是學士大夫, 思爲經儒, 而不願爲通儒, 可勝嘆哉! 中古有磻溪·星湖·順菴·茶山數賢, 始倡爲經濟之學, 如磻溪之隨錄, 茶山之牧民欽欽諸書, 是也. 然而是皆別自爲書, 難以盡錄, 今姑錄其散文若干篇. 以槩其餘若其經說, 則又多於宋儒所言之外博採廣援以發之者, 是與中州漢學家同, 而非如漢學家之務欲突過宋儒也. 斯亦足以廣一世人之知識而不可闕者, 故並錄之."

다. 그러나 비록 '경세제유학안'이라 했지만 경세설보다는 오히려 역설(易說) 등의 경설(經說)이나 사단칠정설 등이 더 많이 수록되었고, 이른바 '북학파(이용후생학파)' 등은 소개되지 않았다. 위의 언급에서 사상사적 특징을 잡아내자면, '경세제유'들은 조선에서 보기 드물게 경세론을 펼친 사람들이고, 그들의 경학(유형원은 제외)은 청대 고증학과 비슷한 경향을 보인다(그것도 제한적으로)는 정도이다. 장지연도 앞에서 언급한 대로 유형원, 정약용, 홍대용, 박지원, 이덕무를 묶어 경제지학을 겸한 학자로 분류하고 소개했는데, 하겸진이 누락시킨 홍대용 등을 포함시킨 것이 특색이다.

다카하시 도오루는 「퇴계에 대한 가장 충실한 조술자, 권상일의 학설(最も忠實なる退溪祖述者 權淸臺の學說)」[43]과 「조선학자의 토지평분설과 공산설(朝鮮學者の土地平分說と共産說)」[44]에서 이익과 정약용에 대해 소개하였는데, 전자에서는 그들의 사단칠정설을, 후자에서는 그들의 토지제도론을 논하였다. 특히 유형원·이익·정약용의 토지제도론을 논의하며 조선의 경세론 전통을 소개하고 있는 후자의 논문에서 다카하시 도오루는 그들(남인학자)이 중앙권력에서 소외되었기 때문에 "학자로서 일반적 연구, 즉 성리학과 경학 외에, 뜻을 경국제민에 기울"였다며, 이것이 "이백 년 동안 뜻을 얻은 노론의 학자 등에는 경제를 연구하고, 시무를 끝까지 다하는 귀중한 저술을 남긴 자가 거의 없는 반면 이른바 초야의 목숨을 걸고 폐단을 강력히 논하여, 조리에 맞고 경청할 수 있는 사람들이 나온 근거"라고 주장했다. 또한 그는 이들 '경제학파'의 맥을 이이·류성룡, 그리고 조준·정도전에서부터 발원하는 것으로 보면서, 그들이 주장한 토지공유, 토지평분, 한전(限田) 등의 사상적

43　『小田先生頌壽記念朝鮮論集』, 1934; 조남호 역, 『조선의 유학』, 소나무, 1999.
44　『服部先生古稀記念論文集』, 富山房, 1936; 위의 책.

기원을 멀리는 한대(漢代) 왕망(王莽), 송대(宋代) 장재(張載)·주희(朱熹) 등에서 찾고 있다. 이 연구에서도 그는 북학파와 고증학파(실사구시파)는 다루어지지 않았고,[45] 정약용 등의 토지제도론을 동아시아 유학의 전통 속에서 파악하며 조선 학자들의 독창성을 약화시켰으며, 한편으로는 경세론이 주로 권력 소외층에서 나왔다고 강조함으로써 조선 집권층의 무능력함을 간접적으로 시사했다.

한편 현상윤은『조선유학사』에서 이들 '실학자'에 대해「경제학파의 출현과 풍동(風動)」이라는 장(제12장)을 따로 마련하여 '경제학파의 대두와 그 원인(1절)' '경제학파의 학풍(2절)' '경제학파의 세력과 그 대표자(3절)'로 절을 나누어 비교적 상세히 서술하였는데, 여기에는 김육, 유형원, 이익, 안정복, 신경준, 정약용, 박지원, 홍대용, 이덕무, 박제가, 위백규, 김정희 등 총 12인이 포함되어 있다.[46] 그는 경제학파의 운동이 "백성의 실생활과 유리되어 있"고 "공맹의 교훈을 망각하"고 있는 당시의 성리학 풍토를 "광구(匡救)하기 위해 출현"하였다고 주장하면서 그 운동을 "공리공론을 주로 하는 리학(理學)"에 대한 "반동"으로 규정하고, 이 '경제학파'를 일명 '실학파'라고도 부른다고 소개하였다. 그리고 그는 이 학파의 학풍은 "실로 한유(漢儒)의 그것을 본뜬 것"이며, 그 특색으로 ① 이용후생의 도(道)와 경국제민의 학문에 힘씀, ② 조선의 실정 연구임(內省的 自主的 연구), ③ 북학론의 주장임(외부 선진문물 도입), ④ 고증학의 연구임을 꼽았다. 이를 보면 현상윤에 이르면 우선 '실학'이라는 명칭이 나오고, 이것이 성리학에 대한 안티테제였음을 명확히 하고 있으며, 그 성격으로 이용후생(利用厚生), 실사구시(實事求是), 조선 연구 등이 꼽혀 후대 연구자들이 실학에서 근대과학, 민족주의의 프로토 타입을

---

45 이는 논문의 주제가 토지제도에 한정되었다는 점 이외에도 당대에 조선학 운동 등을 통해 정약용 등이 부각되어 널리 알려졌던 상황에도 기인하는 것으로 추정된다.
46 『조선유학사』, 이형성 교주, 『기당현상윤전집』2(나남, 2008), 537~611쪽.

찾으려 하는 단서들이 대략적으로나마 모두 등장하고 있음을 알 수 있다. 이렇듯 '실학'과 '실학자'는 식민지시기를 경과하면서 유학사 서술에 전면적으로 등장했는데, 그간 어떤 사정이 있었던 것일까?

개혁을 위한 실천적인 동기에서 '실학자'들에 처음으로 주목했던 것은 19세기의 일이었지만,[47] 이들에 대해 본격적으로 학문적 연구를 시작한 것은 1930년대부터였다. 정약용 서거 100주년을 준비하면서 정인보·안재홍·문일평 등은 정약용의 학문을 정리했는데,[48] 이를 계기로 '조선학운동'이 전개되면서 '실학'에 대한 관심이 고조되었던 것이다.[49] '조선학운동'은 비타협적 민족주의자들이 일제의 동화정책에 맞서 민족의 주체성을 지키고자 전개한 운동으로, 조선의 사상·문화 속에서 조선 '고유'의 특색을 찾아내어 조선 문화의 독자성을 견지하려 했던 것으로 평가받는다. 1936년 정약용 서거 100주년을 기념하여 각 신문·잡지에서 다투어 특집·강연회를 마련했는데, 정인보 등은 이에 적극 참여하여 조선 후기의 신학풍을 '실학'이라고 명명하면서 이를 조선학의 출발로 보고, 거기에서 조선사상·문화의 고유성과 독자성을 찾으려 하였다는 것이다.[50] 한편 이 당시 백남운과 최익한 등의 사

---

[47] 1862년 기정진은 정약용의 사상에 의하여 時弊를 제거하지 않으면 안 된다고 하였고, 1864년에는 이휘병이 유형원의 개혁안을 실시할 것을 제의하였으며, 1870~1880년대에는 김옥균 등 개화당의 관심을 끌었고, 1883년 무렵 고종은 정약용의 『여유당집』을 모두 베껴서 옆에 두고 항상 정사에 참고하면서 정약용과 같은 인물과 시대를 같이하지 못함을 개탄하기도 하였다고 한다. 정창렬, 「실학」, 『한국학연구입문』(지식산업사, 1981), 287쪽.

[48] 당시 실학 관계 논문·기사는 거의 대부분 정약용에 대한 것들이었다. 이는 조선학운동이 정약용 기념사업으로 인해 촉발되었던 사정에 기인한 것으로 보인다. 1930년대 실학관계 논문·기사 목록은 김현영의 「'실학' 연구의 반성과 전망」(근대사연구회, 『한국중세사회 해체기의 제문제 상』, 한울, 1987), 314쪽과 박홍식의 「일제강점기 신문을 통해 본 실학 연구동향」, 『동북아문화연구』 14(동북아시아문화학회, 2008) 참조.

[49] 이하 조선학운동과 관련된 서술은 「한국 근대역사학과 조선 후기사 연구」, 근대사연구회, 『한국 중세사회 해체기의 제문제 상』(한울, 1987), 34쪽의 내용에 근거하여 작성된 것이다.

회주의자들도 실학 연구에 참여했는데, 그들은 한국사의 발전과정을 사적유물론에 근거해 합법칙적인 것으로 파악하려는 입장에서 조선 후기 사상에서 근대적인 요소를 찾으려 한 것으로, 위의 민족주의자들 과는 의도가 달랐다.[51]

사실 이들에 앞서 실학을 언급한 이는 최남선이었다. 그는 동아일보에 1930년 1월 14일부터 3월 15일까지 52회에 걸쳐 「조선역사강화」를 연재했는데, 그 25회분 '문화의 진흥(33장)'에서 '학풍이 변함(97)', '조정의 편찬사업(98)', '북학론(99)'의 절을 통해 영정조 연간의 학풍에 대해 서술하면서 실학의 전개를 소개한 것이다.[52] 그는 "文學이 支那로 인하여 생긴 뒤로 학문이라 하면 支那의 文學·經術을 의미하여, 李朝에 들어와서도 오래도록 이 流弊를 벗지 못하더니, 兩難 이후에 自我라는 思想이 鮮明해지면서 朝鮮의 本質을 알고 實際를 밝히려 하는 경향이 날로 깊어서 英·正 兩朝에 이르러는 드디어 學風이 一變하였다"라며 "朝鮮의 實地를 연구"하는 "實證 實用의 學"을 창도한 유형원과 "實用的 內省的" 태도로 조선을 연구한 이익, 안정복, 신경준, 유득공, 한치윤, 이

---

50 한영우는 「'실학' 연구의 어제와 오늘」(한림대학교 한국학연구소 편, 『다시, 실학이 란 무엇인가』, 푸른역사, 2007)에서 '실학'이라는 용어를 쓰게 된 배경과 정약용에 대 한 관심에 일본학계의 영향이 있었다고 주장한다. 그는 에도시대의 古學派가 實學 派로 불렸다는 사실, 고학파는 주자학을 비판·극복한 근대정치사상의 선구이다라 는 마루야마 마사오(丸山眞男)의 견해(『일본정치사상사연구』, 김석근 역, 통나무, 1998)를 소개하는 한편, 아사미 린타로(淺見倫太郎)가 1922년에 『조선법제사고』에 서 정약용을 실학자로 부르면서 표창한 사실을 지적했다. 이를 보면, 영향 수수관계 는 정확히 알 수 없지만, '고학'을 염두에 둔 '실학'이라는 개념의 탄생, "주자학을 극 복한 실학(고학)" "전근대(근세)에 싹튼 근대적 경향" 등 실학의 성격이 만들어지는 과정에서 한국과 일본학계의 동조현상은 엿볼 수 있다.
51 백남운은 '조선학'이라는 말 자체에 대해서는 조선특수사정론에 반대하는 입장에서 거부감을 표하였으며, 이청원에 이르러서는 이러한 관념적인 조선학운동의 분위기 에 대하여 신랄한 비판을 전개하였다. 김현영, 「'실학' 연구의 반성과 전망」, 근대사 연구회, 『한국중세사회 해체기의 제문제 상』(한울, 1987), 317쪽 참조.
52 『동아일보』, 1930.2.8(3406호), 4면.

중환, 이긍익, 정항령 등을 소개하고, "이 實學의 風이 流進하여 正祖의 末에 정약용이 나서, 博學精識으로써 『經世遺表』『我邦疆域考』『風俗考』『醫學要鑑』 등 『與猶堂全集』 백 수십 권을 저술함에 미쳐 그 最高潮를 보였다"고 하였다. 그는 이어서 『국조보감(國朝寶鑑)』『대전통편(大典通編』『문헌비고(文獻備考)』 등 조선의 '성전(成典)'과 '고실(故實)'에 관한 영정조대의 편찬사업에 대해 소개한 후, "자기에 대한 엄숙한 省察이 進行함에 따라서 조선의 缺陷과 및 그 矯救의 策을 생각하는 風이 일어나니, 그중에 두드러진 것은 조선을 救하려 하면 먼저 경제적으로 손을 대야 할 것이요, 그리함에는 外國人의 實際 生活上 長處를 배우고, 특히 그 진보한 交通 貿易의 실제를 본뜨자 하던 一派니, 우선 北으로 支那에서부터 배우자 한 점으로 이네의 주장을 北學論이라 부른다"고 하여 박지원, 홍대용, 이덕무, 박제가 등의 '북학파'에 대해 논하였다. 이를 보면 최남선은 실증, 실용의 기풍을 바탕으로 한 '실학'이라는 용어를 사용하고, '실학자'들을 두 흐름으로 분류하였으며, 이들을 "自我", 즉 주체성의 발견과 실제적인 학풍을 지닌 '조선학'의 선구로 평가했음을 알 수 있다. 이는 단지 '실학자'들을 '경제지학'이라는 이름으로 묶어 소개하는 데 그친 장지연에 비해 진전된 것이라 할 수 있다.

최남선이 구성한 이 틀은 조선학운동을 앞장서서 이끌었던 정인보에 의해 구체적인 연구로 계승되는데, 정인보는 성호학파와 소론학맥을 소개하고 유형원·이익·정약용을 경세학의 흐름으로 정리하는 한편, 『조선고서해제』를 통해 김정호·홍대용·이중환·이익 등 실학자로 분류되는 학자들의 저작을 소개했고, 안재홍과 함께 『여유당전서』를 교열·간행했다.[53]

---

53 이하 1930년대 실학연구에 대한 서술은 김현영의 「'실학' 연구의 반성과 전망」, 근대사연구회,『한국 중세사회 해체기의 제문제 상』(한울, 1987), 318~319쪽의 내용을 기반으로 작성된 것이다.

실학자를 발굴하고, 그들의 생애와 저서를 소개하며, 그들을 이런 저런 학파로 분류하는 데에서 더 나아가 '실학파', 특히 정약용의 학문에서 근대성을 발견하려는 시도는 안재홍과 최익한에 의해 이루어졌다. 안재홍은 정약용의 사상을 "근대 국민주의의 선구" "근대 자유주의의 개조"로 평가하고 「원목(原牧)」을 루소의 『민약론』이나 『인간불평등기원론』과 비교했으며, 최익한은 정약용의 사상을 루소의 자유주의, 또는 벤담의 공리주의, 케네의 자연법에 입각한 정체개념과 중농사상에 비교하는 한편, 정약용의 사상은 "종래 계급의 반성적 요구"를 반영한 것이지 "신흥계급의 대표"로서의 사상체계는 아니라고 한계를 지적하기도 했다.

한편 후지츠카 치카시[藤塚鄰], 야마구치 마사유키[山口正之], 스에마츠 야츠카즈[末松保和], 다카하시 도오루 등 일본인 학자들도 '실학자'들에 대해 연구를 진행했는데, 이들 논리의 공통된 특징으로는 실학 발생의 원인을 조선사회 자체 내에서 구하지 않고 외부로부터의 충격 내지 영향에서 찾고 있는 점이 꼽히고 있다.[54] 실학 발생의 요인을 청조(淸朝)의 문화 내지는 청에 전래되어 있던 서구문화 즉 서학과 서양의 과학기술에서 구하고 있었다는 것이다. 예컨대 후지츠카 치카시는 연행사신을 통해 도입된 청조의 실사구시 학풍에 자극받아 실학이 발생하였고 완원(阮元)에게 계발된 김정희가 이를 집대성하였다고 주장하였고,[55] 야마구치 마사유키는 청학(淸學)과 함께 도입된 서학이 조선의 학술에 혁신의 기운을 불러일으키는 역할을 수행했다고 하였다.[56] 이러한 그들의 연구는 이후 한국의 학자들에 의해 조선 역사의 정체성(停滯性)과

---

54 이하 일본인 학자들에 대한 서술은 정창렬의 「실학」, 『한국학연구입문』(지식산업사, 1981), 289쪽의 내용을 기반으로 작성된 것이다.

55 藤塚鄰, 「李朝の學人と乾隆文化」, 『朝鮮支那文化研究』, 1929.

56 山口正之, 「近世朝鮮における西學思想の東漸と其發展」, 『小田先生頌壽記念朝鮮論集』, 1934.

조선 사상의 타율성을 강조하는 논리로 비판받았다.

이상에서 볼 수 있듯이 현상윤이 해방 이후『조선유학사』를 저술하기 이전에 이미 '실학'이라는 용어가 사용되고 있었고, '실학자'로 분류되는 인물들 중 일부에 대한 연구가 진행되고 있었으며, 그들의 사상에서 근대적 경향을 찾는 평가가 내려진 상황이었다. 그리고 이는 일본 학자들의 정체성론과 타율성론을 반박하는 한편, 조선의 주체적 근대화의 맹아를 탐색함으로써 일본 제국주의와 조선 사회의 봉건성을 극복하고 근대 국민국가를 수립하려는 열망이 담긴 학술 운동에 의해 이루어진 것이었다. 시대적 요청이 달라진 데 따라 그에 대한 학자의 응답이 달라진 것, 그것이 조선시대 유학사 관련 서술에서 소외되었던, 혹은 다른 식으로 평가받던 인물과 사상이 식민지시기를 거치며 '실학자'와 '실학'이라는 범주로 묶여 유학사에 등장한 연유이다.

근대 국민국가를 형성하라는 시대적 요구는 해방 이후에도 여전히 현재진행형이었고, 그에 따라 '실학'에 대한 연구도 계승·심화되었다. 북한에서는 백남운·최익한 등의 유산을 이어받았다. 북한의 연구자들은 유물론적(주체적) 관점에서 실학을 어떻게 평가할 것인가 하는 문제에 집중하여, "17세기 이후 조선봉건국가가 정치, 경제, 군사적 지반이 뒤흔들리면서 그 중앙집권적 기능이 약화되고 사회적 계급적 모순이 증대되여 걷잡을 수 없게 된 사회상을 반영한 필연적 산물"[57]로서 "그 어떤 로동계급의 혁명사상도 아니며 또한 봉건주의 사상도 아닌, 우리 나라에서 자본주의적 관계가 형성되여가던 초기 부패한 반동적 봉건통치배들을 비판하고 자본주의 길로 나갈 것을 지향한 진보적인 철학사상조류"[58] "17세기 중엽부터 하나의 사상조류로 형성되기 시작

---

[57]　정성철,『실학파의 정치사상과 사회정치적 견해』, 평양 : 사회과학출판사, 1974.
[58]　최봉익,『조선철학사개요 : 주체사상에 의한『조선철학사』(1962)의 지양』(평양 : 사회과학출판사, 1986; 서울 : 한마당, 1989), 234쪽.

하여 19세기 중엽까지 지속된 우리나라의 애국적이며 진보적인 사회사상조류"[59] 등의 결론을 내기에 이른다. 이러한 북한에서의 연구 또한 정체론적 시각을 극복하고 '과학적'인 해석을 하기 위한 노력이었다는 점에서 그 의의를 찾을 수 있다.

남한에서는 천관우, 한우근, 김용덕, 이우성, 전해종, 이가원 등에 의하여 1950년대에 실학연구가 본격화되기 시작하였다. 그들은 실학의 개념, 성격 및 역사적 위치 등에 대하여 논쟁하며 연구를 전개시켰다. 1960년대에 들어와서는 조선 후기 사회경제의 내재적 발전(자본주의맹아론 등)에 대한 사회경제사적인 연구에 힘입어 조선 후기 사상사 발전의 한 양상으로서 실학에 내재된 근대적 경향을 찾으려는 연구들이 진행되었다. 이들은 식민지 시기에 제기된 타율성(종속성)론과 정체성론을 정면에서 비판했고, 아울러 1930년대의 민족사학을 자각적으로 계승하였다고 평가받는다.[60] 1970년대 이후로는 위와 같은 문제의식을 공유하며 실학자 개개인에 대한 개별연구와 주제별 연구가 심화되어 갔다.

한편 1960년대부터 박종홍,[61] 이을호[62] 등에 의해 진행되어 오던 실학의 철학적 성격을 규명하는 작업이 1970년대에 들어서 천관우,[63] 윤사순,[64] 박충석[65] 등에 의해 본격화했는데, 그 대표적인 인물로 윤사순을 꼽을 수 있다. 그는 "아무개의 사상은 서양 근대의 아무개의 사상과 유사하다." 등의 비교에서 더 나아가 실학의 이기론적 특색을 밝혀, 성

---

59 정성철, 『조선철학사 : 이조편』(평양 : 과학백과사전출판사, 1987; 서울 : 좋은책, 1988), 238쪽.
60 정창렬, 「실학」, 『한국학연구입문』(지식산업사, 1981), 292쪽.
61 박종홍, 「최한기의 경험주의」, 『아세아연구』 20, 1965.
62 이을호, 『다산경학사상연구』, 을유문화사, 1966.
63 천관우, 「한국실학사상사」, 『한국문화사대계』 6, 고려대학교 민족문화연구소, 1970.
64 윤사순, 「실학사상의 철학적 성격」, 『아세아연구』 56, 1976.
65 박충석, 「조선조 후기에 있어서의 정치사상의 전개 : 특히 근대 실학파의 사유방법을 중심으로」 1~6, 『현상과 인식』 2-1~3-3.

리학의 이기론과 구별하려는 노력을 했다. "실학은 성리학의 이기론에서 보이는 공리공론에 반대하였기 때문에 경세론은 발달했어도 이기론은 없었다"라는 기존의 입장에 의문을 제기하며 실학 나름대로의 형이상학적 특색을 밝혀보려 한 것이다. 그는 실학의 이기론적 특색에 대해, 성리학과 실학의 "이기론적 차이의 가장 대표적인 것은 주리 주기적 차이라 할 수 있다."며 성리학파의 이기설의 특징을 주리의 경향으로, 실학파의 이기설의 특징을 주기의 경향으로 각각 배치하고, 이러한 주리·주기 구별의 기준은 "리를 실재시 하느냐 하지 않느냐에 달려있다"고 했다.[66] 이러한 그의 노력은 주로 경세론을 중심으로 역사학계에서 진행해온 실학 연구에 대한 '철학계'의 응답이자 실학을 "철저하지는 않지만 경험론적 사고에 기초한 근대철학의 특징을 갖춘 것"으로 정초함으로써 철학사의 영역에 편입하려는 시도라 할 수 있는데, 그는 이 과정에서 실학의 철학적 성격 구명의 자료로 이기심성론을 분석했고, 그 분석의 도구로 주리와 주기의 틀을 활용했다.

이처럼 식민지시기의 '반제반봉건'이라는 시대적 요청 속에서 하나의 현실변혁의 무기로서 시작되었던 실학연구는, 해방 이후 식민사관의 극복과 '조국 근대화'(북한에서는 사회주의 조국 건설)라는 또 다른 시대적 요청에 답하기 위해 계속되었으며 심화되었다. 그 과정에서 어느 정도 도통론의 한계를 극복하고 '시대정신' 혹은 '문제의식'에 따라 유학사를 구성하는 것이 가능해졌고, 전근대 시기 유학사에서 소외되었던 인물과 사상(경세론)이 편입됨으로써 조선유학사가 풍부해졌다는 성과를 거두었다. 그러나 주로 '봉건적 성리학'의 극복으로 '근대적 경향을 가진 실학'을 논의함에 따라 몇 가지 문제를 낳기도 했다.

---

66 윤사순은 리의 실재시 여부에 따라 성리학의 주기론, 즉 이이 등의 이기론과 실학파의 주기적 경향은 구별된다고 주장했다. 「근대(조선말) 유학에 관한 연구」, 『동양학』 12, 단국대학교 동양학연구소, 1982.

이에 따라 1990년대 이후, 기존의 실학 연구에 대해 ① 실학에 과연 근대적 경향, 혹은 근대 지향 의식이 있는가, ② 실학과 성리학은 단절적인가, ③ 과연 학파로서 '실학파'가 실재했는가 등의 문제가 제기되고 있다.[67] 이러한 문제 제기는 '실학'으로 구성한 서사가 당대 유학사상의 역사적 실체를 제대로 반영한 것인가에 대한 회의라 할 수 있다.[68] 그러나 '실학'을 걷어내고 어떻게 조선 후기 사상사를 설명할 것인가에 대한 청사진은 아직 제출되지 않은 형편이다. 이러한 상황은 '실학'을 제기한 연구자들이 반제와 반봉건, 근대화라는 시대정신에 입각한 인식틀을 구성한 데 비해, 실학에 대해 문제를 제기한 이들은 기존의 실학 서사가 역사적 사실에 부합하지 못하는 측면들을 산발적으로 제시할 뿐 아직 새로운 시대의 요구와 인식틀에 기반한 대안을 제시하지 못하고 있는 데 기인한 것이 아닌가 생각한다.

---

67 실학에 대한 최근의 문제 제기에 대해서는 이봉규의 「21세기 실학 연구의 문법」, 『한국실학사상연구』 1(혜안, 2006)에 자세하다.

68 또한 이러한 문제 이외에 조선 후기 유학에 대한 연구가 실학으로 집중됨에 따라, 해당 시기 성리학 연구의 상대적 부진, 성리학의 경세론 연구 부진 등의 부작용도 수반되고 있는 실정이다. 물론 1970년대 후반부터 인물성동이론에 대한 연구가 시작되었고, 1990년대 이후에는 이것이 호락논쟁 전반에 걸친 연구로 확장되었으며, 19세기 위정척사파의 의리론과 이기심성론에 대한 연구도 최근에 많이 이루어졌지만, 조선 후기 성리학에 대한 연구, 특히 근기남인과 위정척사파를 제외한 나머지 지방 유림, 서울·경기 관료 그룹과 '경화세족'의 사상에 대한 연구는 상대적으로 부진한 형편이며, 실학의 경세론은 부각되었지만, 그것이 극복하려 했다는 성리학의 경세론의 실체에 대해서는 아직 제대로 밝혀지지 않은 상황이다.

5. 전통을 바라보는 두 가지 시선—현상윤과 이상은의 유교관

유학사 서술의 밑바탕에는 당연히 유교, 혹은 조선 유교에 대한 필9자의 관점과 평가가 전제되어 있다. 앞서 언급한 다카하시 도오루의 조선 유교에 대한 시선이 그의 조선유학사 서술의 이면에 자리 잡고 있듯이, 현상윤 등의 한국 학자들의 조선유학사 저술에도 그들의 조선유교관이 전제되어 있다. 근대 이후 한국 학자들의 조선유교관을 전형적으로 보여주는 것은 현상윤의 글인데, 이는 『조선유학사』 서론 2절의 「조선 유학의 조선사상사에 끼친 영향」에 잘 드러나 있는, 이른바 '조선유학 공죄론(功罪論)'이다.

현상윤은 우선 "조선 민족은 유학으로 인하여 그 사상이 변하여지고, 그 민족적 성격이 바뀌었으며, 그 정치와 문화와 산업에 큰 변동을 받았다"고 하여 조선에 미친 유학사상의 영향이 막대함을 전제하고, 유학의 공헌과 해독에 대해 논한다. 그는 유교의 공으로 ① 군자학의 면려, ② 인륜도덕의 숭상, ③ 청렴절의의 존중을 들었고, 죄로는 ① 모화사상, ② 당쟁, ③ 가족주의의 폐해, ④ 계급사상, ⑤ 문약, ⑥ 산업능력의 저하, ⑦ 상명(尙名)주의, ⑧ 복고사상을 제시했다. 유교는 개인의 윤리도덕의식을 고취시키는 장점이 있는 반면, 국가·사회적으로는 여러 가지 면에서 부정적으로 작용한다는 것이다.

일단 유교사상은 내부적으로 계급을 고착화시키고 정치적인 분열을 야기하며 무용(武勇)을 경시하여 문약에 빠지고 상공계급을 천시하여 상공업이 발전할 기회를 차단하는 등 국가가 융성하지 못하고 쇠퇴하게 하는 부작용이 있다. 또한 유교사상은 국민들로 하여금 국가보다 가문을 중요시 여기는 풍조가 만연하게 하고 실질보다는 허명을 숭상하는 습관을 가지게 하며 복고사상에 빠져 미래를 향한 진취적 기상을

가지지 못하게 하기도 한다. 그래서 이렇게 허약하게 된 국가와 국민
은 대외적으로는 대국을 섬기는 모화사상에 빠져 독립사상마저 가지
지 못하게 된다.

이러한 진단의 이면에는 유교 때문에 나라가 망했다는 의식이 깔려
있는 것으로 보인다. 물론 현상윤은 『조선유학사』를 끝맺으며 "그러나
오호라! 유교의 말폐는 과연 유학 자체의 잘못이냐, 또는 조선사람의
잘못이냐!"고 하여 마치 국세를 쇠퇴하게 하여 급기야 멸망에 이르게
한 책임이 유교 사상 그 자체가 아니라 그것을 운용한 사람의 잘못에
있는 것처럼 이야기하고 있기는 하다. 그러나 그 문장의 바로 앞에서
문벌과 계급의 차별로 인재를 제대로 등용하지 못하고 당쟁으로 분열
하여 국론을 통일시키지 못하였으며 무관 천시로 국방력을 약화시키
고 상공업을 발달시키지 못해 국가와 국민을 빈궁하게 만든 것이 조선
패망의 원인이라 한 것을 보면, 결국 유교에게로 그 책임을 돌리고 있
는 것이라 할 수 있다. 위와 같은 잘못을 저지른 '조선 사람'을 그렇게
만든 건 바로 '조선 민족'에 막대한 영향을 끼친 유교이기 때문이다.

이렇게 상공업 발달, 계급 타파, 무력 강화, 실질(실리) 숭상, 국론 통
일 강조, 개인·가문에 대한 국가의 우위 주장, 독립의식 고취 등 유교
를 극복하고 지향해야 할 것으로 현상윤이 주장하는 것들은 제국주의
의 침탈을 겪은 동아시아 여러 국가의 근대 지식인들이 모두 강조하는
것들이다. 그들은 국가와 민족의 생존을 위해, 근대 국민국가의 건설
을 위해 국민이 일치단결하여 국가를 부강하게 만들기를 원했고, 이를
위해 극복해야 할 것은 여러 가지 봉건적 잔재라고 생각했다. 비록 나
중에는 1930년대 조선학운동의 영향을 받아 유교의 개혁과 유학사상
의 창조적 계승에 관심을 가지게 되었다고는 하지만,[69] 젊은 시절 대성

---

[69] 고영진은 현상윤의 생애를 크게 세 시기로 나누어 정리했는데, ① 유교적 집안의 가

학교와 와세다대학에서 사회진화론에 입각한 실력양성론과 자본주의 근대화론을 접하고 이를 신념화했던 현상윤으로서는 위와 같은 생각을 하는 것이 자연스러운 일이었다.[70] 결국 『조선유학사』를 집필할 당시에도 사회진화론과 유학사상이 그의 사상 속에 공존했다는 평가를 받는[71] 현상윤은 유학사상 중에서 약육강식과 우승열패의 세계에서 살아남을 수 있는 힘을 기르는 데 장애가 되는 것은 부정하고 근대 사회에서 부족하다고 판단되는 도덕윤리적 부분을 보완하는 데 도움이 되는 것은 계승하려 한 셈이다.

자국의 사상전통을 연구하고 사상사를 기술할 때, 비판할 부분보다 계승할 부분을 더 깊이 연구하고 그것을 더 강조하여 서술하는 것은 일반적인 현상일 것이다. 특히 뒤늦게 국민국가를 건설하며 국가 정체성을 만들어 나아가는 과정에서는 이런 추세가 더 강해질 것이다. 근대 이후 유학(유가철학) 연구에서 경세론의 분야가 홀시되었던 이유가 조선 유학에 대한 이러한 시각에 기인한 것이 아닐까?

한편 현상윤의 근대주의적 유교관과 달리, 내재적 맥락에서 유교를 평가하려 했던 학자는 이상은이다. 그는 당시로서는 드물게 중국에서 유학을 했고 탕쥔이[唐君毅], 쉬푸관[徐復觀], 모우중싼[牟宗三] 등 중국의 현대 신유가 학자들과 교류하며 문제의식을 공유했던 인물로,[72] 중국

____

풍 속에서 유인석의 제자였던 현진암에게 한학교육을 받으며 비타협적 민족의식을 고취시켰던 시기, ② 사립학교에 들어가 신학문을 배우고 이어 일본 유학을 통하여 대표적인 실력양성론자로 성장하였던 시기, ③ 요양 후 1930년대 '조선학운동'의 영향을 받아 유교의 개혁과 유학사상의 창조적 계승에 관심을 가지게 되었던 시기가 그것이다. 「한글로 쓴 최초의 한국유학통사 : 조선유학사」, 『역사와 현실』 14(한국역사연구회, 1994).

70 젊은 시절 현상윤이 자본주의 근대문명에 대해 어떤 인식을 가지고 있었는지에 대해서는 최선웅의 「1910~20년대 현상윤의 자본주의 근대문명론과 개조」, 『역사문제연구』 21(역사문제연구소, 2009) 참조.

71 고영진, 「한글로 쓴 최초의 한국유학통사 : 조선유학사」, 『역사와 현실』 14(한국역사연구회, 1994), 253쪽.

철학을 바탕으로 한국 유학의 현대적 의의를 모색한 1세대 현대 신유
가로 평가받으며,[73] 중국 유학 당시 국고정리운동(國故整理運動)의 영향
을 받아 유학 전통을 정리하고 이를 현대화하는 데 평생을 바친 것으로
알려져 있다.[74]

이상은은 유교의 공과를 평가하면서 기독교 계통의 서양인 학자들
과 식민지시기 일부 일본인 학자들 등 외국인의 눈을 통해 본 기준을 그
대로 받아들이는 경향을 지적했다.[75] 또한 유교를 평가하면서 대개 그
논조가 유교의 폐단(죄)을 거론하는 데 치중했고 공죄 양면을 함께 논하
는 경우는 드물었다면서, 공과 죄 양면을 모두 다룬 것으로 현상윤의
『조선유학사』를 들고 그에 대한 재평가를 시도했다. 그는 현상윤이 유
교의 공과 죄로 지적한 것들을 조목조목 따졌는데, 현상윤이 유교의 공
으로 든 것들에 대해서는 현대적으로 계승할 이유와 방법을 논의했고,
죄로 지적한 것들에 대해서는 유교의 내재적 맥락에서 변호했다.

예컨대 '인륜도덕의 숭상'의 경우에는 "확실히 과거사회에 있어서 오
륜의 사상은 국민도덕의 향상에 큰 공헌을 하였"지만, "민주주의 자유

---

72 그는 어린 시절부터 漢學을 배웠고, 1921년 중국으로 유학을 떠나 베이징에 있는 安
    徽中學과 톈진의 南開中學을 거쳐 1927년 베이징대학교 철학과에 입학하여 량치차
    오 · 후스[胡適] · 궈모뤄[郭沫若] 등에게 배웠고, 1931년 졸업과 함께 귀국하여, 경성
    주재 중국총영사관에서 漢文秘書를 지내고(1933~1945), 1934년 이후 보성전문학교
    와 고려대학교 철학과에서 강사와 교수로 재직했다.
73 김병채, 「서평 : 이상은선생전집(예문서원, 1998), 유가철학의 시대적 사명은 어디
    에 있는가?」, 『철학』 59, 한국철학회, 1999; 최영성, 「한국의 현대 신유가, 경로 이상
    은」, 『오늘의 동양사상』 21, 예문동양사상연구원, 2010.
74 "나의 중국 유학이 보람이 있으려면 내가 중국에서 배운 것을 본국에 돌아가서 활용
    할 수 있어야 한다. 그것을 활용할 수 있는 길은 오직 우리가 받아들여 우리의 것으
    로 발전시킨 동양사상과 우리의 고유한 동양사상과를 들춰내어 그것을 현대적 입
    장에서 체계화하고 이론화하여 우리 자신을 올바르게 재평가 재인식하는 일이다.
    나도 돌아가면 우리의 국고정리를 일으키리라." 이상은, 「학문의 길」, 『한국일보』,
    1973.1.19, 5면.
75 이상은, 「한국에 있어서의 유교의 공죄론 : 현상윤선생의 '유교공죄론'에 대한 재평
    가」, 『아세아연구』 24, 고려대학교 아세아문제연구소, 1966.12.

주의의 정치체제로 개편한 금후의 사회에"서는 다른 건 그대로 유효하더라도 "군(君)에 대한 충"은 필요하지 않으므로 "군의 개념을 국가나 정부로 고치고, 충의 개념을 개인권력자에 대한 충이 아니라 민의의 기관인 의회에서 국민의 동의로 제정한 법에 대한 충과 관리의 자기직책에 대한 충으로 고치면 될 것이"라고 비판적 계승의 방법을 제시하는 한편, "과거의 오륜도덕은 위에서 아래로 강요한 것처럼 되어 이것을 봉건도덕이라고 비난하였는데 그것은 유교의 본래 정신이 아니다. 유교의 본래 정신은 도덕이란 쌍무적인 것으로 피차 다 같이 지는 의무요 일방적인 강요란 처음부터 도덕이라 할 수 없다는 것이다"라며 유교의 봉건성에 대해 해명을 시도했다. 또한 '청렴절의의 존중'에서는 "오늘날 같이 공리주의적(功利主義的)인 사회에서는 특히 이를 강조하여 날로 무너져가는 도의정신을 만회하지 않으면 안 된다."면서 "왜 우리의 이러한 고유한 전통정신이 이렇게 쇠퇴하여졌는가를 생각할 때 일제 40년의 식민정책과 교육을 다시금 원망하지 않을 수 없다."며 일제의 공리주의를 비판하기도 했다.

또한 '모화사상'의 경우에는 유교의 사상자체에 민족국가의 관념이 없었다고 전제한 후, 모화는 보편 문화에 대한 애호의 차원에서 이해해야 하며, 이는 외교정책상 불가피하게 취한 사대주의와는 구별해야 한다고 설명했다. 그리고 사대(事大)도 과거 봉건체제하에서 일종의 외교상 명분뿐이었고 내정은 자주적으로 이루어졌다고 하여 전근대 조공질서에 대한 일제의 근대주의적 시각에 대해 교정을 꾀하였다. '가족주의의 폐해'에 대해서는 가족주의는 유학사상의 본질과 관계되는 문제로, 너무 번쇄한 효의 규정 등은 개선할 여지가 있지만 그 정신은 살려야 한다고 주장하는 한편, 공(公)을 우선시하는 유학 전통이 있기 때문에 가족중시와 사적 이익 추구가 직접 연결되지는 않으며, 향후 민족국가 단계를 넘어 미래의 대동세계나 세계국가 같은 것이 실현된다면 그때는 소단위의 지방자치적인 생활이 가능해질 것이며, 그런 시대에 향촌자치의 기본단위는 역시 혈연중심인 가족이 될 것이기 때문에, 설혹 당장 지금 문제가 되더라도 나중에는 필요한 덕목이 될 수도 있다고 예상하기도 했다.

'문약'의 경우에는 "우리가 망국의 설움을 겪었기 때문에 일본이 군국주의로 무력을 갖출 때 우리도 같이 무력준비를 했더라면 하는 생각이 저절로 나서 문약의 폐를 현선생은 특히 강조하여 이것을 유교와 관련시켜 설명했던 것이나 오늘날에 이르러 보면 군국주의로 일어났던 일본은 바로 그 군국주의 때문에 망하고 말았으니 문약의 폐나 무강의 폐나 지나치면 나라를 망치기는 일반이라는 것을 우리는 알 수 있다"고 유교의 문치(文治)를 옹호했고, '산업능력의 저하'에 대해서는 유교의 왕도정치 이념은 "국가의 경제정책에 있어서 적극적인 산업개발이나 기타 흥리(興利) 사업으로 국부를 증강하려는 것이 목적이 아니라 백성의 적당한 정도의 생활을 보장하여 서로 자기 분수를 지키어 생업에 종사하게 하려는 것"이라고 전제하고 이익을 추구하는 시스템에서는 "반드시 부자와 빈자 승자와 패자가 생기어 사회의 불평등(불의) 현상이 발생"하며 그렇기 때문에 유교에서는 자연히 상공업을 장려하는 방법을 사용하지 않는다고 설명했다. "유교가 산업능력을 저하시켰다고 한다면 그것은 유교의 정치이념과 인생이상이 서방근대와 다른 까닭이요 경쟁이 아니라 안정 평화를 희구하는 동방문화의 연원에서 유래된 결과이다"라는 것이다.

위의 몇 가지 사례에서 보듯이 이상은은 우선 유교 고유의 본질에 기인한 문제와[76] 그것이 운용되는 과정에서 발생하는 문제, 그리고 꼭 유교가 아니더라도 발생할 수 있는 일반적인 문제(인류 공통의 通弊)를

---

[76] 이상은은 산업능력의 저하만을 유교본질에 기인하여 발생한 문제로 상정했다.

나누고, 그에 맞추어 합당한 평가를 해야 한다는 기준 하에 유교를 평가하고 있다. 이러한 그의 평가 방식은 유학의 내재적 맥락을 중시하고 '근대'를 대상화하는 전략을 취하는 것처럼 보이며, 이는 그가 당대의 모든 지식인들처럼 전통과 근대화의 문제를 고민했으되 근대 우위의 시각으로 전통을 일방적으로 재단하려 하지 않았음을 알 수 있게 해주는 부분이다.

6. 조선유학사 서술의 새로운 길을 찾아서

지금까지 우리는 각종 『연원록』, 『사우록』, 『학안』 등 전근대 유학사 관련 자료, 그리고 식민지시기와 해방 직후에 만들어진, 장지연, 다카하시 도오루, 현상윤 등의 유학사에서 드러나는 관점과 서술방식에 대해 검토했다. 특히 그 과정에서 도입된 '주리'와 '주기' 개념을 활용한 조선 유학사 해석과 '실학'을 통한 조선 후기 유학사 서술 등에 대해 그 득실을 논의한 후, 근대화와 더불어 이루어진 유교에 대한 평가 중 대표적인 두 사례, 현상윤과 이상은의 평가를 살펴보았다.

도통관념에 입각한 '학안'류의 전근대 유학사 서술에서 '주리 · 주기'와 '실학'을 도구로 삼아 서술한 '유가철학사'로 변천하는 과정은 '도통'에서 '학파'로, '도학'에서 '철학'으로, '복고'에서 '주체적 발전'으로의 전환이었다 할 수 있다. 그에 따라 '시대정신' 혹은 '문제의식'에 따라 유학사를 구성하는 것이 가능해졌고, 전근대 시기 유학사에서 소외되었던 인물과 사상이 편입됨으로써 조선유학사가 풍부해졌다는 성과를 거두었다. 무엇보다 유학을 대상화하여 바라볼 수 있게 되었다는 것이 가장 큰 변화일 것이다.

그러나 그 과정에서 '철학'이라는 프로크루스테스의 침대에 유학을 눕힘으로써 유학 자체의 내재적 맥락이 해체되고 파편화되는 경향이 있었다는 점도 부정할 수 없다. 물론 당대를 그대로 복원하는 것은 가능한 일이 아니고, 또한 후대의 시선으로 당대를 해석하는 것이 역사이며, 그렇기 때문에 지금 여기에 있는 우리에게 역사가 의미 있는 것이지만, 가능한 한 역사적 실체에 가깝게 다가가려는 노력이 수반되어야 그 해석이 힘을 가지게 되는 것도 사실이다. 그러므로 이 시점에서 우리는 '근대' '철학'의 시각으로 재단된 유학사를 다시 검토하고, 잘려나간 부분을 복원하고 늘려진 부분을 줄이는 작업을 시작해야 한다. 그래야 새로운 해석도 가능하기 때문이다.

이를 위해서는 주체적 근대화의 좌절에서 기인한 서구 근대에 대한 콤플렉스, '발전'하는 우리 '민족'의 사상에 대한 강박에서 벗어나는 것, 즉 '정체'와 '발전'의 대립 대신 '지속'과 '변화'의 시각을 확보하는 것, '독립(獨立)'한 주체성의 관념을 넘어 교직(交織)하는 연기(緣起)의 그물을 포착하는 것이 필요하다고 생각한다. 그리고 이는 다시 사실에 나아가 유학의 내재적 맥락을 살펴보는 태도, 일국사를 넘어서 동아시아적 관점에서 유학사상을 조망하는 시각에 의해 실현이 가능할 것이다. 여기에서 더 나아가 유교의 '비근대성(非近代性)'에 주목하고 비근대적 유교의 맥락을 살펴봄으로써 서구적 근대 자체에 대한 근본적인 반성의 계기로 삼는 데에서 조선 유학 연구의 동력을 찾는다면, 새로운 관점과 방식으로 서술된 조선유학사의 탄생을 기대할 수 있지 않을까?

한국 근대 불교학의 등장과 불교사 서술[*]

김영진

1. 머리말

역사와 역사학이 다르듯 불교와 불교학은 다르다. 한국에서 불교는 천6백년 역사를 자랑하지만 불교학은 기껏 100년을 헤아린다. 현재 통용되는 '불교학'은 근대의 산물이기 때문이다. 물론 전근대시기에도 불교 연구가 진행됐지만 근대적 불교학과는 크게 다르다. 근대 불교학의 기원은 근대의 많은 것들이 그렇듯 유럽에 있다. 하지만 기원으로 모든 것이 결정되지 않듯 근대 불교학 모두가 유럽에서 연원했다고 말하

---

[*] 이 글은 『한국학연구』 23집(인하대학교 한국학연구소, 2010)에 실린 것을 수정·보완한 것이다.

는 것은 조금은 과장이다. 그렇지만 근대 불교학의 형성을 살피려면 연속보다는 단절에 주목해야 한다.

근대시기 불교학 정초자들은 전통 학술의 영향 속에 있었다. 그들의 불교학 가운데 특정한 부분은 전통 학술과 겹치기도 한다. 동아시아에서 그 겹침의 정도는 국가마다 조금씩 다르다. 한국의 경우는 조선이라는 유교 이념의 사회가 근대로 전환했다는 점에 주목해야 한다. 기본적으로 조선 학술은 유학독존이었다. 불교연구자가 학술 무대로 오른 적이 없고, 훈련 받은 학술가가 불교연구에 투신한 적도 별로 없다. 불교나 불교연구는 종교의 영역에 갇혔고, 결코 학술의 영역으로 진입할 수 없었다. 불교는 자신의 역할을 종교적 영역으로 한정함으로써 목숨을 보전할 수 있었다. 근대 불교학으로 전환할 만한 전통적인 불교 지식인들이 많지 않았다.

중국의 경우, 청조 황실이 티벳불교를 신앙했다는 점에서 한족 출신 유교 지식인들이 불교를 전면적으로 거부할 수 없었다.[1] 뿐만 아니라 청대 고증학자 가운데 불교에 심취했거나 직접 불교연구에 뛰어든 사람도 여럿 있었다. 금문 경학자이자 적극적 경세가로 유명한 위원(魏源)과 공자진(龔自珍)도 각각 정토교와 천태종을 신앙했고, 청말 최고의 고증학자 유월(俞樾)도 불교를 신앙하고 연구했다. 이런 분위기에서 근대시기 캉유웨이(康有爲)나 량치차오(梁啓超), 장타이옌(章太炎) 등 청대 학술의 전통을 고스란히 계승한 학술가도 거리낌 없이 불교를 수용했고, 나아가 불교연구를 진행했다. 중국은 한국에 비해 전통학술이 근대 불교학 형성에 개입할 여지가 좀더 많았다.[2]

---

1   청대 유학자들은 형식적으로는 불교를 거부한 듯 했지만 실질적으로는 그것을 문제 삼지 않았다. 당시는 분명하게 반불교의 기치를 내건 송학 전통이 많이 약화됐고, 주자학이 완벽하게 헤게모니를 장악하지 못한 상황이었다. '유교와 불교의 대립'은 사상사에서 주제가 되지 못했다.

2   중국근대 전통학술이 근대불교학형성에 미친 영향을 거론할 때 가장 주목해야 할

한국에서 근대시기 불교 연구에 종사한 인물은 몇 가지로 유형화할 수 있다. 박한영(1870~1948) 같은 전통적인 강백(講伯)이 있는가 하면 권상로(1879~1965)같이 전통에 속했지만 근대적 불교연구와 어느 정도 결합한 경우도 있다. 이능화(1869~1943)도 유사하게 대단한 전통지식을 가지고 있었지만 근대지식에 대해서도 남다른 이해를 갖고 있었다.[3] 최남선(1890~1957)은 이들보다 좀더 정교하게 근대 학술을 익혔다. 그는 한국 불교뿐만 아니라 세계 불교학 동향에 대해 상당한 정보를 갖고 있었다. 1920년대 이후에는 일본이나 유럽 등지에서 전문적으로 불교학을 훈련한 학자들이 등장한다.[4] 허영호, 김법린, 백성욱, 김경주, 조명기, 김동화 등이다. 이들은 유럽과 일본에서 진행된 근대 학술의 성과를 적극적으로 수용했을 뿐만 아니라 동시대적인 문제의식을 공유했다. 비록 수입의 형식을 띠지만 빠르게 세계불교학을 소개했고 그것과 함께 하고자했다.

본고에서는 근대시기 한국에서 전통적인 불교연구와 구별되는 불교 연구 방법론의 등장을 주로 다룬다. 특히 문헌학과 역사적 연구에 주목한다. 유럽에서 근대 불교학은 보편학의 일부로 시작했다.[5] 그것

점은 청대 고증학의 역할이다. 이와 관련해서는 김영진, 「민국시기 불교사 연구에 보이는 청대 고증학 전통과 서구사상의 영향」, 『불교학연구』 제17호(2007.8)를 참조할 수 있다. 천인커(陳寅恪), 탕용퉁(湯用彤), 천위안(陳垣) 등 불교사 연구자들이 청대고증학 전통을 어떻게 활용했는지 다루었다.

3 최근 이능화의 『조선불교통사』가 역주본 형태로 동국대학교에서 『역주 조선불교통사』(동국대 출판부, 2010)가 발간됐다. 한국 근대불교 연구의 기념비적 작업이라 할 수 있겠다. 이것을 계기로 더욱 활발한 근대불교학연구가 진행되리라 본다. 본 연구에서는 시기적 한계로 이 역주본을 이용한 이능화의 불교학에 대한 접근을 시도하지는 못했다.

4 이와 관련해서 이봉춘은 「한국 불교지성의 연구활동과 근대불교학의 정립」, 『근대 동아시아의 불교』(동국대 출판부, 2008)에서 불교학자가 아니라 '불교지성'이라는 보다 포괄적인 개념으로 근대시기 불교연구에 참여한 인물들을 유형화하여 그들의 성향과 연구 성과를 분석했다.

5 유럽에서 근대 불교학이 출현한 배경에 대해서는 이민용, 「불교학 연구의 문화배경

은 문헌학이라는 일종의 과학을 동원했다. 일본의 근대 불교학도 이런 경향을 계승했지만 구체적 신앙으로서 불교가 현존했기에 불교에 대한 종교적 과장을 덜어내기 위해서 역사적 연구를 동원하기도 했다. 문헌학은 역사연구와 겹친다. 역사적 연구는 불교가 가진 신화를 해체하고 객관을 추동하기도 했지만 민족이라는 다른 신화를 구성하기도 했다. 불교를 역사적 산물로 간주함으로써 불변의 진리체로서 불교를 버렸고, 불교를 조선의 역사로 가져옴으로써 거기에 다시 문화적 실체로서 지위를 부여했다. 이렇게 역사적 연구 혹은 불교사서술은 이중의 역할을 했다.

2. 불교학 방법론의 유입과 문헌학의 시도

동아시아에서 근대 불교학은 기본적으로 외래의 것이다. 가장 먼저 유럽 근대 불교학을 학습한 동아시아 국가는 일본이다. '유럽의 수입'이라는 기획 아래 다양한 영역에서 일본은 유학생을 파견했고, 귀국한 그들이 일본 근대에 엄청난 역할을 한 것은 잘 알려져 있다. 유럽과 달리 동아시아 국가는 전통적인 불교연구가 존재했다. 외래한 방법론은

에 대한 성찰」, 『종교연구』19(한국종교학회, 2000)을 참조할 수 있고, 독일의 불교학 전통에 대한 소개로는 안성두, 「독일의 불교학 연구경향」, 『오늘의 동양사상』 제8호(예문동양사상연구원, 2003.3)을 참조할 수 있다. 특히 제1장 '독일에서 불교학 내지 인도학이 태동하게 된 정신사적 맥락에서 19세기 초 계몽주의에 대한 반발로 등장한 낭만주의 영향 아래서 인도학과 불교학에 관심을 기울였지만, 불교학 연구는 낭만주의가 그토록 극복하려한 실증주의나 합리주의적 방식을 선택했음을 지적한다.(323~324쪽 정리)

기존의 방법론과 마찰했다. 아비달마불교 연구로 유명한 일본 불교학자 사쿠라베 하지메(櫻部建)가 흔히 일본 최초의 근대적 불교학자로 불리는 난조 분유(南條文雄, 1849~1927)를 평가하면서 전통적 불교연구와 근대 불교학을 다음과 같이 구분한다.

메이지 이후 불교연구를 하나같이 근대불교학이라고 부른 것은 아니다. 에도시대까지 행한 불교학에 비해서 자료나 방법론 혹은 그 의도에서 명확히 구별할 수 있는 새로운 유형의 불교연구를 특별히 그렇게 부른 것이다.[6]

사쿠라베는 비교적 명확하게 전통적인 불교연구와 근대 불교학을 구분했다. 자료의 차이, 방법론의 차이, 의도의 차이 셋이다. 한국 근대 불교학 방법론도 일본처럼 기본적으로 외부로부터 유입된 것이다.[7] 이능화나 권상로 등의 불교학 연구에서 전통적인 지식이 작동했지만 적어도 방법론 면에서는 전통적인 것의 근대유입을 말하기 힘들었다.[8] 근대 불교학 방법론은 주로 일본을 통해서 수입됐고, 적지만 중국이나 유럽

---

6 櫻部建, 「解說」, 南條文雄, 『懷舊錄 : サンスクリット事始め』 부록(東京 : 平凡社, 1979), 327쪽. 사쿠라베는 "난조 분유 박사를 일본 근대불교학의 비조로 부르는 데 어떤 사람도 반대하지 않을 것이다"라고 말한다. 그는 서구 근대의 산스크리트나 팔리어 불전연구를 최초로 습득하고 일본을 포함한 동아시아에 이식했다는 점에서는 분명 그가 최초의 근대적 불교학자이다. 하지만 역사연구나 비교연구 등 다양한 방식의 근대적 불교학이 존재했다는 사실을 감안하면 그렇게 간단한 문제는 아니다. 이런 논의는 한국근대불교학에도 적용할 수 있다. 서구문헌학의 정착을 근대불교학의 태동이라고 할지, 아니면 역사적 연구나 비교연구의 시도를 근대불교학의 태동이라고 할지 의견이 분분할 수 있다.
7 한국 근대불교학 방법론에 관한 연구로는 심재관, 『탈식민시대 우리의 불교학』(책세상, 2001); 조성택, 「근대불교학과 한국 근대불교」, 『민족문화연구』 제45호(고려대 민족문화연구원, 2006) 등이 있다.
8 불교 지식인들은 1907년부터 수차례 일본시찰을 통해서 일본불교의 근대성이나 세계성을 확인했다. 이능화나 권상로 등 대표적인 불교학자가 속했고, 그 영향은 이후 그들의 불교연구에도 직간접적으로 영향을 미쳤을 것이다. 이봉춘, 앞의 글, 26~28쪽 참조.

을 통한 경우도 있다. 당시 일본 불교학은 세계적 수준으로 서서히 접근했다. 허영호나 김태흡, 김법린 등 유학 경험을 가진 학자는 물론이고 박한영이나 권상로 등 불교 강원에서 공부한 불교학자들도 거리낌 없이 근대적 방법론을 소개했다.[9] 1910년대부터 30년대까지 불교계 잡지에서는 이런 방법론과 그 구체적 시도를 소개했다. 1912년 권상로는 『조선불교월보』에 일본 불교학자 무라카미 센쇼(村上專精, 1851~1928)의 『불교통일론』 일부를 번역해서 소개한다.[10] 권상로는 불교연구방법론에 대한 고민을 공유하고자 했다.

> 예부터 불교를 강의하고 배우는 사람의 풍습은 학문이라 하면 단지 서책의 문자상 관계로만 궁구함으로 불교의 진의를 발견하지 못할 뿐만 아니라 오히려 이 때문에 불교의 진리를 가린 경우가 없지 않았다. 문자에 구속된 폐해가 심하다 하겠다. (…중략…) 그 진위를 따지고 시비를 판단하자면 반드시 먼저 연구의 종류를 분류하여 그 범위를 정하지 않으면 안 된다. 하지만 분류할 만한 게 너무 많아서 끝이 없지만 대략 다음과 같이 분류하여 연구의 필요를 얻을까 한다. 1. 주석적 연구, 2. 달의적 연구, 3. 비평적 연구, 4. 역사적 연구, 5. 비교적 연구.(「『불교통일론』 제1편 '대강론약석'」, 『조선불교월보』 5, 1912.6)[11]

9　관련 연구성과 가운데 조명제, 「근대불교의 지향과 굴절」(『불교학연구』 제13호)은 허영호같은 범어사 출신 승려들이 불교 근대화 및 근대불교학 정립을 위해서 벌인 활동을 고찰했다.

10　『불교통일론』은 『조선불교월보』 4-10・13-17・19호까지 13회에 걸쳐 연재됐다. 무라카미 센쇼는 당시 일본 불교가 여러 종파로 나뉘고 서로 갈등을 반복한 상황에서 '불교통일론'을 제시했다. 불교를 하나로 통일하고자 하는 경향이나, 불교학을 하나의 체계로 파악하려는 경향은 일본 근대불교가 보인 하나의 특징이라고 할 수도 있다. 논자가 『불교통일론』을 인용하는 것은 일본불교 근대불교를 이해하기 위해서가 아니라 그것이 권상로에 의해서 번역되어 한국 불교잡지에 소개됨으로써 한국불교의 맥락으로 진입했기 때문이다. 그래서 굳이 일본판 『불교통일론』이 아니라 한국어 번역문을 인용한다.

무라카미는 조동종 승려로서 순수하게 일본 국내에서만 공부했고, 도쿄 제국대학에서 인도철학을 강의한 인물이다. 그는 다섯 가지 불교학 방법론을 제시했는데 전부가 근대적인 방법론은 아니다.[12] 이중 앞선 둘은 전통적인 방법론에 가깝다.[13] 기본적으로 자의(字意) 해석이나 의미 확대 수준에서 멈춘다. 나머지 세 가지가 근대적인 방법론이라고 할 법하다. 먼저 이런 방법론이 '불교'라는 신앙 대상에 대한 연구라는 점을 명심해야 한다. 세 번째부터는 불교에 대한 주관적 믿음을 어느 정도 탈각하고서야 가능한 방법론이다. 비평적 연구는 연구자가 텍스트의 권위에서 벗어나 그것을 객관화하는 태도다. 승려가 불경을 볼 때, 유학자가 유가경서를 볼 때, 텍스트에 보이는 충성심은 대단하다.

무라카미는 자신의 통일적 연구를 위해서는 논리적 안목이 필요하다고 역설하면서 기존 불교연구를 평가한다. "과거 불교인이 불교를 연구한 것을 보면 그들 대부분 논리 위주[論理主義]가 아니라 '문장인용 위주[引文主義]'였다. 경전의 문구를 여러 개 진열하는 데 그치는 것을 관습처럼 여겼다. 이런 과거의 관습은 지금엔 진부하니 오늘날 사람들이 배울 바가 아니다." 이것은 적절한 지적이다. 중국철학사가 펑유란(馮

---

¹¹ 불교잡지 인용은 민족사 편, 『한국근현대불교자료전집』(민족사, 1996)을 이용했고, 이후 잡지명·호수·간행연월만 밝힌다. 인용문은 필자가 현대 한국어에 맞게 일부 고쳤다.

¹² 근대한국에 소개된 무라카미 센쇼의 글은 대단히 제한적이다. 여기서 필자가 인용한 것은 근대불교잡지에 게재된 글이며, 한국근대 불교학형성이라는 맥락에서 그의 글을 분석한다. 그 자신이 전통적인 불교연구에 대해 반성하면서 서구적 방법론을 수용했지만, 결코 서구적 방법론이 완전하다고 생각하지는 않았다. 오히려 불교적 연구법의 가능성을 모색하고자 했다. 관련된 국내 연구로는 조승미, 「일본의 근대불교학 형성과 대승 비불설 문제」, 『불교연구』 30(한국불교연구원, 2009) 참조.

¹³ 주석적 연구는 經疏나 論疏같이 자의해석에 치중하는 경우고, 達意的 연구는 문장의 意味를 심화·통달하는 경우다. 주희가 『사서집주』에서 『논어』나 『맹자』 같은 춘추전국시대 텍스트를 남송대 자신의 사유로 전유한 것과 같이 의미의 확장이나 변화를 시도한 경우다. 물론 원효의 『大乘起信論疏』나 법장의 『大乘起信論義記』 같이 고전적 주석서는 주석적 연구와 달의적 연구가 상당 부분 겹친다.

友蘭, 1895~1990)은 1930년 처음 간행한 『중국철학사』에서 "서술식 철학사와 선록식 철학사"를 구분했다. 황종희의 『송원학안』이나 『명유학안』은 전형적인 선록식 철학사라고 말한다.[14] 자료의 나열과 저자의 견해가 극히 드물게 개입된 것이다. 서구 철학사는 저자가 자신의 견해나 주장을 가지고 계통적으로 서술하는 것이다.[15]

무라카미는 "문장을 인용하는 따위의 성교량(聖教量)에 의지하지 말고 마땅히 논리적 현량(現量, 직접지)이나 비량(比量, 추리지)을 응용해야 한다"고 강조한다. 불교인식론에서 '세 가지 인식 방법'[三量]을 말하는데 '성교량'은 브라만교가 베다의 권위를 인정하듯 불교인이 경전의 권위를 인정하여, 그것을 판단 근거로 삼는 행위다. 무라카미는 이런 태도를 거부하라고 말한다. 다시 말하면 무라카미는 텍스트의 권위를 무비판적으로 수용하고 찬양 일색인 논의에 대해 반성한다. 텍스트에 대한 새로운 입장이 등장한 셈이다.[16] 의심 아니면 판단 보류가 등장한 셈이다. 무라카미가 제시한 다섯 방법론 가운데 뒤의 셋은 모두 이것과 관련된다.

전통적인 불교 연구법에 대한 반성과 근대적 불교학 방법론의 모색은 근대불교인에게는 일종의 과제라고 할 수 있다. 무라카미가 제시한 저 방법론도 실은 그만의 생각이라기보다는 서구 근대를 어느 정도 경

14　馮友蘭, 박성규 역, 『中國哲學史』 上(까치, 2005), 22쪽.

15　펑유란은 『중국철학사』에서 선록식 방법과 서술식 방법을 겸용하겠다고 밝힌다. 위의 책, 23쪽.

16　비평적 안목은 텍스트가 가진 권위를 먼저 거부한다. 오히려 일단 불완전한 텍스트로 간주하고 접근한다는 점에서 결코 성교량 같은 것은 인정하지 않는다. 이것은 '의심의 등장'이라고 할 수 있다. 중국근대 저명한 학술가이자 계몽사상가이기도 한 후스(胡適)는 "믿어서 틀리느니 차라리 의심해서 틀리겠다"고 선언했다. 그는 의심하는 회의정신이야말로 학술정신의 요체임을 천명했다. 그의 영향을 받아 구제강(顧頡剛) 등 의고파(疑古派)의 대표인 고사변학파가 등장한다. 터무니없이 고대로 끌어올린 중국고대사에 대한 의심에 찬 연구를 시작했다.

험한 이후 발생한 일반적인 생각이라고 할 수 있다. 새롭게 감각한 방법론은 크게 문헌의 비평적 연구와 역사적 연구, 그리고 비교 연구이다.[17] 서구에서 근대 불교학이 태동할 때 주로 사용한 방법론이기도 하다. 유럽인 문헌학자들은 인도나 네팔, 중앙아시아 등지에서 수집하거나 발굴한 고대 자료를 치밀하게 비판 교정했고, 각 텍스트의 역사적 선후관계를 따졌다. 역사적 연구가 불교의 발생이나 전개 등 불교사의 사실(史實)을 밝히거나 또는 경전의 성립을 밝히는 데 중요한 역할을 했다.[18] 이렇게 보면 역사적 연구는 문헌에 대한 역사적 연구와 그야말로 불교사에 대한 연구로 나뉠 수 있다.[19]

1910년대 한국에서도 근대 불교학 방법론에 대한 논의가 시작됐지만 곧바로 근대적인 문헌학연구가 불교학 방법론으로 동원되지는 못했다. 유럽의 문헌학 전통에 기반한 불교 문헌학은 고도의 훈련이 필요하다.

---

17 근대불교학 방법론을 말할 때 당연히 '비교연구'를 언급해야 한다. 한국근대 불교학 형성을 살필 때, 문헌학적 방법론이나 역사적 방법론은 비교적 뚜렷하지만 '비교철학적 연구법' 혹은 '비교 종교학적 연구법'은 주목하지 않는다. 근대시기 불교철학의 형성이라는 측면에서는 오히려 비교연구법에 주목해야 한다. 서구철학이나 서구종교학 등의 이론이 불교와 비교되고, 혼합되어 '철학'이라는 근대학술이 탄생하기에 이른다. 이것도 뚜렷하게 근대 불교학의 일부다. 본고에서는 비교연구에 관해서는 논의하지 않는다. 다른 자리를 빌려서 보다 완정한 형태로 다뤄보고자 한다.

18 문헌학을 중심으로 서구 불교학 형성을 다룬 성과는 J. W. De Jong, *A Brief History of Buddhist Studies in Europe and America*, Tokyo : Kōsei Publishing Co., 1997. 이 책은 1973년 드 용이 일본 도쿄 대학을 방문했을 때 행한 강연 내용을 중심으로 구성됐고 이후 몇 편의 글을 더해 출판됐다. 국내 연구로는 심재룡, 「서구에서 불교연구 200년 약사」, 『동아문화』 18집 (서울대학교 동아연구소, 1981)가 있고, 드용의 글을 편역한, 강종원 역, 『현대불교학 연구사』(동국대 출판부, 2004)가 있다. 근대 이후 구미와 일본의 불교학연구에 관한 최근의 연구성과로 李四龍, 『歐美佛教學術史』(北京 : 北京大學出版社, 2009)가 있다. 베이징 대학 철학과 교수인 리스룽은 드 용 이후 불교학사를 방대한 자료를 통해서 정리했고, 한국불교연구를 비롯한 동아시아불교연구에 대한 서구의 연구사도 검토했다.

19 이 글에서 역사적 연구 혹은 역사적 접근이라는 표현은 두 경우를 함께 지칭한다. 문헌에 대한 역사적 연구는 제2장에서 주로 다루었고, 불교사에 대한 역사적 연구는 3장과 4장이 해당한다.

이제 막 근대 불교학이 수입된 마당에 이런 시도는 거의 불가능해 보였다. 여기서 말하는 문헌학은 다양한 언어로 된 판본을 비교하면서 비판 교정본과 번역을 시도하는 것이다. 기본적으로 산스크리트나 팔리어로 된 원전 독해가 가능해야 했다. 이런 이유 때문에 한국 근대에 불교문헌학이 처음부터 불가능해 보였다. 각각 일본과 유럽에서 유학한 허영호와 김법린에 의해서 1920년대 이후에야 처음 시도됐다.

프랑스에서 유학한 김법린(1899~1964)은 1928년 「구미학계와 불전연구」(『불교』49, 1928.7)에서 다음과 같이 말한다. "불교 조선의 학계는 장차 어떠한 태도와 어떠한 노력으로 저 세계학술 사조에 임하려 하는가? 아아 모든 문화의 기본이 되는 학술의 적막과 학술의 패멸이 어떤 적막과 패멸보다 현재의 우리로 하여금 부끄럽게 하고 아프게 하는 것임을 현명한 독자는 잘 알 줄 믿는다." 그는 불교학연구의 세계성에 조선불교가 동참해야함을 호소한다. 김법린은 근대불교학의 가치를 긍정하고, 그것의 보편성을 충분히 인정한다. 단지 유럽문명에 대한 추수가 아니라 희랍문명에서 발원한 근대유럽의 학술과 인도와 중국에서 발원한 동방문명의 조화와 제3문명의 출현을 기대했다. 김법린은 1932년 『불교』지에 발표한 「불란서의 불교학」에서 서구불교학의 특색을 다음과 같이 정리한다.[20]

① 연구 영역이 광범하다는 것이다. 팔리어, 산스크리트, 한문, 티벳어

---

[20] 김법린은 불교계에서는 백성욱과 더불어 최초 유럽 유학생(승)으로 꼽힌다. 그는 백성욱과 달리 유럽 불교학 방법론을 적극적으로 수용했고, 그런 방법론을 동원하여 불교연구를 시도했다. 불교학형성과 관련해서 심재관, 「선택과 배제 : 한국불교학 속의 서양불교학의 위상」, 『불교학형성과 오리엔탈리즘』(한국종교문화연구소 2005년 상반기 심포지엄 자료집, 2005.6); 김상현, 「김법린과 한국 근대불교」, 『한국불교학』 53집(한국불교학회, 2009) 등이 있다. 백성욱(1897~1981)의 불교관과 그의 주저 「불교순전철학」에 관련해서는 김영진, 「근대 한국불교의 형이상학 수용과 진여연기론의 역할」, 『불교학연구』 21호(불교학연구회, 2008)를 참조할 수 있다.

자료는 물론이고 서역 고어로 된 여러 문헌을 망라하여 그 異同을 대교하고 그 관련을 검토하는 것을 우리는 위 여러 항에서 보았다. ② 연구 방법에서 언어학적 고증에서 출발하는 것이다. 먼저 원전의 교정출판 및 번역에 막대한 힘을 쏟는다. 무릇 고대사상의 연구에 그것을 기록한 문헌에 대한 엄밀한 고증, 즉 정확한 텍스트의 수립이 연구의 기초임에 구미불교학의 이러한 경향은 당연한 태도라 할 것이다. ③ 다시 연구 방법에서 역사적 비판으로 진행하는 것이다. 전기, 기행, 고적 등의 사료연구로써 문헌의 성립연대의 추정, 따라서 사상의 시대적 지리적 배경을 파악하는 데에 긴밀히 착안한다. ④ 연구 결론에서 자유스러운 것이다. 넓은 시야에 날카롭게 관찰할 때 대상이 도그매[宗義]적 전통, 신화적 전설의 치장에 쌓일 수 없다. 비판은 자각의 기초이다.

— 김법린, 「불란서의 불교학」, 『불교』 100, 1932.10

김법린은 문헌학을 중심으로 한 유럽의 근대 불교학을 정확하게 파악했고, 그것을 한국에 이식하고 싶었다.[21] 앞서 허영호(1900~?)는 1929년 『불교』지(64 · 65 · 66 · 71)에 세친의 저작 『유식삼십송』에 대한 안혜의 산스크리트본 주석서를 「요별삼십송의 석」이라는 제목으로 번역해서 연재했다. 그는 번역에 앞서 일본 불교학자 다카쿠스 준지로(高楠順

---

21 심재관은 "근대적 불교연구 방법이란 불교를 객관적으로 연구하기 위한 문헌 비평이나 그 교리의 근원적 의미를 탐색하기 위한 세심하고 정밀한 언어학적 접근을 말한다"고 확정했다.(심재관, 앞의 책, 78쪽) 특히 교육제도의 근대화라는 차원에서 1964년 동국대학교 인도철학과 설치를 하나의 기점으로 삼고자 한다. 불교문헌학은 이 학과를 통해서 실험 중에 있기에 한국불교학의 근대는 아직도 진행 중이라고 말한다.(심재관, 앞의 글, 78쪽) 하지만 이런 견해는 비서구지역의 근대불교학에 일괄적으로 적용할 수는 없을 것 같다. 역사적 연구나 비교 연구를 통해서 전통적인 불교연구와는 전혀 다른 성과를 낸 경우에 그것을 과연 무어라 규정하겠나. 예를 들면 불교사 연구처럼 문헌학에서 비켜나지만 근대적 방법론이 충실히 동원된 경우도 있다.

次郎, 1866~1945)와 오기하라 운라이(荻原雲來, 1869~1937)가 1927년 3월과 10월 각각 발표한 번역을 참고하여 한글로 번역했음을 밝힌다. 허영호는 당시 일본에서 유학하고 있었고, 산스크리트 능력이 없음을 한탄하기도 했다. 이듬해인 1930년 허영호는 산스크리트본 『반야심경』의 번역을 시도한다. 「'프랏냐-파-라미타-·마음'ㄱ경」(『불교』74, 1930.8)이라는 제목으로 한역본과 대조를 통해서 상당히 정교한 번역을 시도한다.

허영호의 이런 연구는 김법린이 제시한 서구불교학의 ①과 ②에 근접한 것이다. 또한 ③에 해당하는 연구로는 「금강반야경에 대해서」(『불교』84·85, 1931.7), 「금강경의 성립에 대하여」(『불교』89, 1931.11), 「반야부경지나전역고」(『불교』92·94, 1932.2, 1932.4), 「대소품반야경의 성립론」(『불교』96·97·99, 1932.5) 등이 있다.[22] 아울러 산스크리트와 팔리어 발음과 한글 표기법에 대한 연구로 「범파양어의 발음법에서 본 조선어 발음법에 관한 일고찰」(『불교』80~84·85, 1931.2~7)이 있다. 서구 문헌학에 대한 적극적 수용과 산스크리트와 팔리어 학습에 대한 의지를 고스란히 보여준다.

김법린은 1932년 불교 문헌학의 시도로서 「유식이십론의 연구」를 『불교』지(96·97·98·99, 1932)에 네 차례에 걸쳐 연재했다. 『유식이십론(唯識二十論)』은 인도 대승불교 유식학 논사인 세친의 저작이다. 『성유식론』의 본송인 『유식삼십론(唯識三十論)』이 '식전변'을 이야기했다면 『유식이십론』은 '유식무경'의 유식학 원리를 천명했다고 할 수 있다. 『유식삼십론』은 산스크리트본, 한역본, 티벳역본이 남아 있다. 김법린은 「유식이십론의 연구」를 제1부 '범한논문대조(梵漢論文對照)'와

---

22 허영호의 학술 활동에 대해서는 조명제의 앞의 글, 'Ⅳ.근대불교의 모색과 굴절 : 허영호'를 참조할 것.

제2부 '연구'로 구성하고 1부에서는 산스크리트본과 그 한글역[梵文朝譯], 그리고 진제와 현장의 한역(漢譯) 본을 나란히 실었다.[23]

여러 개의 언어, 여러 개의 판본을 대조하여 비판교정본을 완성하는 것이 불교문헌학의 일차 목표라는 점을 상기한다면 김법린의 의도를 간파할 수 있다. 「유식이십론의 연구」 제2부 '연구'는 『유십이십론』의 해제에 해당한다. 논의 성립과 기존 번역본에 대한 평가, 그리고 서구와 일본에서 진행된 산스크리트본 발견과 비판교정본 출간 등 관련 연구사까지 검토한다. 김법린은 여기서 불교학 방법론에 대한 반성을 시도한다.

> 종래 우리의 불교연구는 한역장경에만 국한되었으며 이 한역 가운데도 한 경이나 논에 여러 가지 번역이 있더라도 전통적인 기호나 선택에 따라서 한 가지 역본에만 주목했다. 그러므로 『유식이십론』 연구도 현장의 번역본에만 국한되었고 그 주석, 즉 자은 규기의 『유식론술기』를 『유식이십론』 해설에 관한 유일한 권위로 삼았다. **그러나 불교와 같이 오래전에 출현했고 넓은 지역에 전파된 고대 사상을 현대 학도로서 연구하고자 할 때는 무엇보다 먼저 이 전통적인 연구 태도와 방법을 전회해야 할 것이다.**(강조는 인용자) 시야를 훨씬 넓혀 각종 번역본의 대조는 물론이고 직접 원전을 조사하여 번쇄한 말류 주석의 넝쿨에 쌓여 있는 사상의 원래의 의미를 정확히 파악해야 할 것이다.(김법린, 「유식이십론의 연구」4, 『불교』99, 1932.9)

김법린의 이런 언급은 전통적인 불교 연구에 대한 전면적인 반성이

---

23 김법린은 『유식이십론』 한역본이 세 가지가 있지만 보리유지 역으로 알려진 『유식론』 1권(일명 『破色心論』)은 역자나 번역 년대, 그리고 번역 내용에 대해 풀리지 않은 문제가 많기 때문에 대조에서 뺐다고 말한다. 그야말론 문헌비평의 정신을 보여준다.

다. 그는 방법론에서 전회를 요구한다. 이것은 전통과 근대의 싸움이
아니라 좀더 효과적인 방법론에 대한 추구라고 해야 옳다. 여기서 김
법린이 제시한 서구 불교학 방법론 가운데 ④번을 생각해 볼 필요가 있
다. 한 경론을 공부할 때 여러 가지 번역본이 있음에도 특정한 번역본
이나 주석본만 보는 것은 종파나 문파의 권위에 예속되었거나 하나의
전통을 반성 없이 수용했기 때문이다. 그것이 일종의 도그마로 작동하
여 불교연구에 제한을 가한다. 특정한 종문(宗門)에 속한 자의 불교연
구는 이미 결론을 갖고 공부를 시작한 경우라고 할 수 있다. 김법린은
근대불교학의 방법론 가운데 하나가 여기서 해방되는 것이라고 지적
한다. 바로 '자유 연구'의 취지에 부합하는 것이다.

3. 역사적 연구의 의미와 그 적용

　무라카미 센쇼가 지적했듯 불교의 역사적 연구는 전통적인 불교연
구와 분명하게 구분된다. 모든 불교 경전이 붓다 1인의 것이라거나, 붓
다 당대의 것이라는 전통적인 이해에서 벗어나 거기에 시간을 부여한
행위는 종교적으로는 어쩌면 대단히 불경스런 행위였는지도 모른다.
붓다의 말씀이 변화하고 발전한 것이라면 절대자로서 붓다의 권위가
의심받기에 충분하다. 비불교도인 유럽 불교학자에게 이것은 문제가
되지 않지만 불교인으로서 더구나 승려로서 동아시아 불교연구자에게
는 꽤나 충격적인 지점이었다. 하지만 근대시기 불교연구 자체가 근대
적인 합리성 혹은 보편성 속에 자리해야만 하는 상황에서 뜻밖에도 이
런 방식은 쉽게 수용됐다. 역사적 접근은 주관이 아니라 객관이라는

명예를 획득할 수 있었다.

　무라카미는 1894년 불교사학 잡지인『불교사림(佛敎史林)』을 발간했다.[24] 나중에 이 잡지 편집에 참여한 사카이노 코요(境野黃洋, 1871~1933)는 일찍이 이노우에 옌료(井上圓了, 1858~1919)의 철학관을 졸업했다. 그는 무라카미를 만난 이후 불교사 연구에 뛰어들었는데 그의 불교사 연구는 중국이나 한국에 큰 영향을 끼쳤다. 그가 1907년 간행한『지나불교사강(支那佛敎史綱)』은 1923년 무창불학원 교수 스이루(史一如, 1876~1925)에 의해 번역됐고, 다시 1925년 장웨이차오(蔣維喬, 1873~1958)에 의해 정식 출판됐다. 이 책은 중국최초의 중국불교사가 되었다. 무라카미는 1901년에는『불교통일론』제1편「대강론」을 출판했다. 여기서 그는 '대승비불설'을 제시했다. 대승불교 국가인 일본에서 이런 주장을 했다는 점은 퍽 인상적이고, 승려였던 그는 이후 파문 당한다.

　역사는 과학이 아니지만 역사학은 과학일 수 있다. 단지 사실을 정교하게 추구하기 때문이다. 불교사 연구도 마찬가지로 불교에 대한 종교적 과장이나 종교적 기대를 제거한다. 신앙적 차원의 연구에서 벗어나는 방법으로 문헌연구 못지않게 역사적 연구는 효과적이다. 하지만 여기서 그치지 않는다. 역사연구는 신화를 걷어내는 방법이기도 하지만 새로운 신화를 구성하는 방법이기도 하다. 한국근대에서도 불교사 연구는 이런 두 가지 점에서 진행됐다. 하나는 전통적인 관념을 부수었다는 점에서 반전통으로 보이고, 또 하나는 조선민족의 불교를 구성했다는 점에서 전통처럼 보인다. 하지만 그것은 모두 근대의 무엇이었다. 먼저 첫 번째 방식을 보자. 불교인이 제행무상을 진리처럼 되뇌지

24　무라카미 센쇼, "불교사학에 관심을 가진 것은 도쿄 제국대학 강사시절 국사학 강사였던 미카미 산지(三上參次, 1865~1939)에게 일본 내 보관된 史料 가운데 3분의 2이상이 불교자료라는 이야기를 듣고서 일본은 불교국이고 불교사를 제외하고는 일본역사는 성립할 수 없다고 생각했다".『불교통일론』제5편,『실천론』「自傳」, 芹川博通,『近代化の佛敎思想』(東京 : 大東出版社, 1989), 154~155쪽 참조.

만 불교 자체에 그것을 들이민 적은 없었다. 근대시기 불교연구자는
이런 불경을 저질렀다.

> 불교는 지금까지 3천년이라는 긴 세월을 거쳤는데 그런 긴 세월을 지나
> 면서 국가나 사람의 변화에 따라서 그 사상이 다르고 그 풍속이 다른 상황
> 에서 진행된 것이다. 그렇다면 그 사이에 어느 정도 변동이 없을 수 없을
> 것이다. (…중략…) 이와 같이 드물게 장구한 세월 계속함에 따라 유난한
> 대변동이 있는 불교를 연구하고자 할 때 특별히 필요한 것은 부분적 연구
> 법 네 번째인 역사적 연구이다.(『조선불교월보』6, 1912.7)

무라카미는 불교가 변동했다는 점을 분명히 인정한다. 불교에 대한
바른 연구를 위해서는 바로 이 변화를 감각하고 연구해야 함을 말한다.
바로 불교에 대한 역사적 연구이기도 하고, 불교의 역사에 대한 연구
이기도 하다. 최초 불교잡지라고 할 수 있는 『조선불교월보』 창간호
(1912.2)에서도 '교사(敎史)'란을 마련하여 인도사를 소개한다. 실제로는
인도불교사 혹은 인도불교사상사라고 할 수 있다. 역사의 변천에 따른
불교 내부의 교리 발전과 전개를 대단히 명료하고 핵심적으로 기술한
다. 다음호에도 같은 '교사'란에 지나사(중국사)를 소개하는데 중국불교
사상사의 핵심을 요약했다. 이후 조선과 일본의 불교사를 정리하고,
다시 신라·고구려·백제 삼국사와 고려사를 정리한다.

1919년 정황진(鄭晄震)은 「불교사학연구」(『조선불교총보』 14, 1919.2)에
서 근대적 방식으로 한국불교사 연구를 시도한다. 그는 먼저 전통적인
불교사 연구와 근대적 불교사 연구의 차이를 지적한다. 전통적 불교사
학은 불교인이 불교나 자기 소속 종파에 대한 호교론적 입장에서 기술
하기 일쑤였다. 전통적인 의미에서 불교학사학자는 신앙에 구속되었
다고 할 수 있다. 정황진은 여기서 학문의 자유를 말한다. 그것은 연구

대상이나 연구결과에 대해 자유스럽다는 말이다. "고래불교사학가의
연구 태도는 남북 양방의 어느 불교국 불교사학가를 막론하여 언제라
도 종교적 착색을 띠고 전설이나 신비적 경향에서 벗어나지 못했다"고
평가하고 '서구의 자유연구 학풍'을 수입하여 새로운 학풍을 건설해야
한다고 주장한다. 10여 년 뒤 김법린은 좀 더 분명하게 역사적 연구가
전통적 불교학과 근대적 불교학을 나누는 기준이 됨을 말한다.

> 종래 불교연구는 이 역사적 비판의 태도를 몰각하였다. 지나 불교학의
> 특수 정세에 의지하여 건축된 교판론(敎判論)에 사로잡혀 긴 역사와 넓은
> 지역을 통하여 발달된 다양 다기한 사상체계를 '일대시교(一代時敎)'란 고
> 정된 범주 밑에서 평행적으로만 고찰하였다. 따라서 **각 사상체계의 시공성
> 이 가지고 있는 모순과 당착을 그 시공적 제약과 분리 시켜 고정적으로 통일
> 하고 조화시키고자 했다.**(강조는 인용자) 그 결과 각 사상체계의 원래 의미
> 를 분석하여 사상의 상호 관련과 사상 전개의 의의를 밝혀야 할 교리연구
> 가 번쇄한 공담이나 견강부회하는 주석에만 그치고 말았다. (김법린, 「유
> 식이십론의 연구」, 4, 『불교』 99, 1932.9)

김법린은 전통불교학에 대해 전면적인 반성을 시도한다. 그는 불교
교리에 시공이 개입했음을 인정하라고 역설한다. 전통적 불교연구에
도 '교판론'처럼 불교교리를 체계적으로 설명하는 방식이 존재한다. 하
지만 그것은 어디까지나 대상에 대한 긍정이 전제돼야 한다. 왜냐하면
모두 붓다의 '일대시교'이기 때문이다. 그것은 모든 불설(佛說)이 붓다의
45년간 설법이며, 동일한 시공에서 작동한 것임을 말한다. 이런 사고는
물론 종교적 언설에 권위를 부여하기 위한 장치다. 여기에는 다양한 시
대와 다양한 지역이라는 조건을 탈각되고 만다. 김법린은 불교의 전개
에 바로 시공이라는 조건[因緣]을 돌려줘야 한다고 말한 셈이다. 그곳에

서 발생한 모순과 다툼, 그리고 한계를 고스란히 인정하고 연구해야만 비로소 올바른 불교연구가 가능하다는 말이다. 이런 것은 굳이 근대적인 불교학방법론이라기 보다는 보다 적절한 불교 연구법이라고 해야 한다. 이런 의미에서 근대시기 불교사 연구방법론에 변화가 보인다.

새롭게 등장한 자유로운 역사 연구라고 하면 종래 불교 사학가의 연구는 단지 서적에만 의지하였지만 지금 사학에서 재료를 수집하는 범위가 광범하여 서적은 오히려 2차 사료로 수집하고 가장 중요한 재료는 그 시대의 유물과 그 시대의 사회경제의 상태와 그 시대의 내외 역사, 지리, 미술과 그 시대의 일반사회의 사조의 취향과 그 시대의 사상의 변천과 그 시대의 종교 신앙의 얕고 깊음 등 실지 상태를 세밀히 관찰하고 다시 이런 상태를 다른 다수 사회일반 사실에 비교하여 이에 엄격히 비평하고 적절한 판단을 내려야 그 역사상 사실의 참된 의의를 명백하게 한다. (정황진, 「불교사학연구 : 해동유가정종초조경흥국사」, 『조선불교총보』 14, 1919.2)

예를 들면 『삼국유사』를 열심히 읽는다고 해서 한국불교사를 깊이 이해하는 게 아니다. 『삼국유사』도 제대로 파악하기 힘들다. 역사적 연구 입장에서는 그렇다. 사쿠라베 하지메가 전통적 불교연구와 근대 불교학의 차이로 지적한 "자료의 차이, 방법의 차이"를 상기할 만하다. 인도불교나 서역불교가 아니기에 산스크리트나 팔리어, 티벳어 자료를 동원하지는 않지만 문헌자료뿐만 아니라 다양한 방식으로 역사적 사실에 접근한다는 점은 분명한 변화라고 할 수 있다. 이것은 그야말로 실증적 연구라고 할 수 있다. 이런 방식은 근대시기 불교사 서술에 그대로 적용된다. 일본은 물론이고 중국의 경우도 불교사 등 역사학 연구에 일대 변화가 일어났다. 문헌자료뿐만 아니라 출토유물 등을 자료로 이용하기 시작했다.

　　중국의 저명한 역사학자이자 불교사 연구가인 천인커(陳寅恪, 1890~
1960)는 1930년대 칭화 대학에 함께 근무하다 자살한 왕궈웨이(王國維,
1877~1927)의 유서(遺書)를 출판하면서 그의 학술과 연구 방법론을 다음
셋으로 개괄한다. 첫째, 출토유물과 문헌기록을 서로 비교해서 해석하
고 증명했다. 둘째, 이민족의 고서와 중국의 고서를 상호 보충하여 바
로 잡았다. 셋째, 외래 관념과 고유 재료를 서로 참조하여 증명했다.[25]
왕궈웨이는 유명한 갑골문 연구가이다. 출토유물인 갑골문을 중국 고
대사 연구의 소중한 자료로 사용했다.

　　한국에서는 다양한 언어로 된 문헌을 다룰만한 연구자는 드물었지
만 자료의 이용이라는 측면에서는 전통적인 연구와 커다란 차이를 보
였다. 이능화는 「『조선불교통사』에 취하여」(『조선불교월보』, 1917.9)에서
『조선불교통사』를 출간과 관련된 일을 소개하면서 대단히 다양한 방
식으로 자료를 수집했음을 밝힌다. "전국 각지에서 경성을 방문하는
승려들과 꾸준히 교제하며 삼가 자문을 구하여 고승의 비문이나 행장
이라든지 사원의 사지라든지 선교의 종파라든지 산문의 관속이라든지
가리지 않고 관련된 사적(事蹟)이라 하면 언설로 청취하고 문자로도 접
수하였다." 전통 교육을 받은 이능화였고, 『조선불교통사』를 순한문으
로 저술했지만 근대화된 태도를 견지하면서 불교사 연구에 임했다. 그
의 연구는 자료나 방법 면에서 기존 불교연구와 분명한 차이를 보였다.
이능화의 이런 방법론을 보면 요즘 민속학이나 인류학 연구에서 행하
는 방법론을 떠올리게 한다.

25　　陳寅恪, 「王靜安先生遺書序」, 『金明館叢稿二編』(北京 : 三聯書店, 2001), 247쪽 참조.

4. 조선불교의 감각과 조선불교사 서술

불교에 대한 역사적 연구가 전통적인 불교관을 부수는 역할을 했다. 아울러 근대적 학술로서 불교학을 견인하는 작용을 했음은 사실이다. 그런데 근대시기 불교사서술은 뜻밖에도 전통 옹호의 방법으로 응용된다. 여기서 전통은 단순히 조선시대불교나 그것의 연장으로서 당시 불교가 아니다. 이른바 조선(한국)불교의 찬란한 유산을 가리킨다. 물론 이 찬란함은 상당 부분 근대시기 조성된 것이다. '경전성립사'나 교리사(사상사)를 통해서 불교의 종교적 권위를 많이 약화시킨 반면 조선불교사를 통해서 민족불교 혹은 민족을 확보하고자 했다.[26] 비록 실증적 연구를 진행하더라도 조선불교 혹은 민족불교라는 분명한 의도를 가지고 있었다. 크게 보면 '민족사학'과 불교연구의 결합이다.

근대시기 간행된 한국불교사 연구로는 권상로의 『조선불교약사』(1917), 이능화의 『조선불교통사』상중·하 2책(1918), 다카하시 토루(高橋亨, 1877~1966)의 『이조불교(李朝佛敎)』(1929),[27] 누카리야 카이텐(忽滑谷快天, 1867~1934)의 『조선선교사(朝鮮禪敎史)』(1930) 등이 있다.[28] 권상로의

26　이런 것과 반대로 일본인 불교사가 가운데 한국불교의 특수성을 인정하지 않고, 한국불교를 중국불교의 아류 정도로 취급한 경우도 있다. 민족주의적 성향의 학자들은 이런 견해에 대한 반발로 '조선불교'의 특수성을 찾으려고 노력했다. 한국불교를 '통불교' 혹은 '결론적 불교' 등으로 규정하는 것도 이런 맥락에서 도출됐다. 하지만 그런 지사적인 노력에도 불구하고 그들의 주장이나 견해가 모두 타당한 것은 아니다.

27　다카하시 토루의 불교관에 대한 국내 연구로는 조남호, 「다카하시 토오루의 조선불교연구」, 『한국사상과 문화』(제20집)가 있다. 그의 『이조불교』에 대한 간단한 스케치에 가깝고 본격적인 연구라고 하기에는 분석이 부족하다.

28　근현대 한국불교사 연구 현황에 대해서는 이봉춘, 「한국불교사 연구의 현황과 과제」, 불교문화연구원 편, 『한국의 불교학 연구, 그 회고와 전망』(동국대 출판부, 1994)을 참조할 수 있다. '근대불교학의 수용과 한국불교사연구'와 관련한 최근 연구로는 김용태, 「근대불교학의 수용과 불교전통의 재인식」, 『아시아 근대불교의 다양성과 정체성

『조선불교약사』는 편년체 서술로 '불교사'라기보다는 조선불교연보에
가깝다. 연대별로 불교관련 사건을 기록했다. 그는 서문에서 "불교가 있
는 인도나 중국, 일본은 모두 불교사가 있는데 오직 조선만 없다. 내가 이
를 안타까워했다"고 말한다. 왜 안타까웠을까. 그는 분명 민족 단위로 불
교를 상상했다. 그에게는 불교사가 없다는 이야기는 조선불교 나아가
조선민족이 없다는 말로 들린다.

　권상로는 『조선불교약사』 부록인 「제종종요(諸宗宗要)」에서 한국불
교의 종파를 다룬다. 권상로는 이 분야에 지속적으로 관심을 가졌고,
1928년 『불교』지 54호부터 「조선에서 자립한 종파」라는 제목의 글을
이듬해까지 연재한다. 한국 불교 종파의 기원을 탐색한 글이라고 할
수 있다.[29] 이능화는 1917년 『조선불교통사』 출간을 앞두고 조선불교
사 저술의 취지를 밝혔다. 그는 재미있는 비유를 사용하는데 양반이
양반이 되고, 상놈이 상놈이 된 이유는 바로 자신의 역사를 기억하느
냐 여부에 달렸다고 말한다. 조선불교는 자신의 찬란한 역사를 몰라서
천하게 됐다는 지적이다.

　　조선불교가 천5백년 이래로 계통적 역사가 전혀 없었음은 저들이 자신
　　의 계보를 몰라서 상놈이 되는 것과 같아서 한심하지 않은가.
　　　　　　　　─이능화, 「『조선불교통사』에 취하여」, 『조선불교총보』 6, 1917.9

　이능화는 조선불교인에게 하나의 자긍심을 선물하고자 한다. 그는
불교인이 "우리도 꽤 그럴싸한 족보가 있다"고 항변할 수 있게 정보를
제공하겠다고 말한다. 이능화의 불교사 서술은 조선불교도에게 행한

(Ⅱ)」, 동국대학교 불교문화연구원 중간발표회, 2010.6.4 발표자료집, 45~58쪽.
29　이재헌, 「권상로 불교학의 근대적 성격」, 『불교학연구』 제4호(2002.6), 52쪽 참조.

'기억의 교정'이라고 할 법하다. 아니면 새로운 기억의 부여라고 할 수도 있다. '계통적 역사'는 단편적인 사실 나열이 아니라 뼈대를 가진 몸체를 가리킨다. 유가에서 도통을 이야기하듯 불교에서도 법맥 혹은 학맥을 이야기한다. 이것은 한 선문(禪門)이나 종파에서 종풍이나 이론의 상승을 말한다. 대부분 인물의 사자상승이다. 이능화가 말하는 계통적 역사는 보다 큰 규모에서 일어나는 한국불교의 계승을 말한다.

이와 비슷한 맥락에서 최남선은 불교도에게 "역사적 자각을 가지라"고 촉구한다. 그는 조선민족과 불교의 관계를 중시한다. 최남선은 조선불교에서 조선민족을 보고 싶어 한다. 그는 「조선불교의 대관으로부터 『조선불교통사』에 미쳐」에서 조선사를 공부하는 자신이 조선불교에 대해 이러쿵저러쿵 하는 것은 무시되고 잊힌 조선불교를 불러내고 나아가 조선민족을 일깨우고자 해서라고 말한다. 주목할 만한 사실은 바로 학술을 통해서 민족을 불러낸다는 발상이다. 그런데 그가 예를 든 사람은 원효나 이황이 아니다. 바로 서구 근대학술의 대표자 격인 사람들이다.

조선불교의 영광이 여지없이 매몰되고 조선불교도의 치욕이 갈수록 증가함을 절감케 하려 할 따름이다. 그것의 최대 원인은 무엇일까. 서적의 사라지고 事實의 소실 때문이다. 종합하면 역사에 대해 무지해서가 아니겠는가. 아! 조선불교는 바야흐로 막스 뮐러(Max Müller, 1823~1900)가 필요하고, 올덴베르그(Hermann Oldenburg, 1854~1920)가 필요하며, 스타인(Aurel Stein, 1862~1943)이 필요하며, 빌(Samuel Beal, 1825~1889)이 필요하지 않는가. 아니다. 조선인 자신 가운데서 막스 뮐러가 나오고, 올덴베르그가 나오고, 스타인이 나오고 빌이 나와서 자력으로 조선불교를 조사연구하고 대외에 선양하지 못할 것인가.

— 최남선, 「조선불교의 대관으로부터 『조선불교통사』에 미쳐」,

최남선은 불교사 연구의 새로운 '의도'를 분명히 밝힌다. 학술이나 문화의 부재는 결국 민족역사의 부재로 이어진다. 학술과 문화의 부재는 결국 역사의 무지를 초래하고, 나아가 민족이 치욕을 당하는 상황에까지 이른다는 지적이다. 한 가지 놀라운 사실은 최남선이 언급한 서구 학자들은 고대불교를 연구하는 당시 최고의 고문헌학자이자 고고학자라는 사실이다. 최남선은 1920년대 일본과 유럽에서 유학한 승려학생들이 귀국하기 전에 벌써 이런 다양한 정보를 획득했다. 뿐만 아니라 저런 학자들의 역할을 단지 학문에 국한시키지 않고 영광스런 역사를 복원하여 한국불교 혹은 한국민족을 일깨우는 데까지 확장시켰다. 좀 과장해서 말하면 '학술로써 민족을 세운다'는 기치를 내걸었다고 할 수 있다. 바로 이런 게 '국학'의 의미와 통한다고 하겠다. 중국불교의 일부가 아닌 조선불교 자체의 정체성 찾기는 일찌감치 시도됐다.

수백년이래로 우리 해동 총림에서 큰 병통이 하나 생겼다. 이는 어떤 종파든지 중국에서 전래한 종파만 정종(正宗)으로 인정하고 우리 해동에서 창립한 종파는 다 산종(散宗)이라 명칭을 달아서 항상 전자만 숭배하고 추앙하니 이 어찌 터무니없는 잘못이 아니겠는가. (…중략…) 나는 의상의 화엄종보다는 오히려 원효의 분황종을 해동 정종으로 삼아 더 존숭하며 태고의 선종보다는 보조의 조계종을 해동의 정종으로 삼아서 더 존숭하며 순경 도증의 유가종보다는 경흥의 유가종을 해동 정종으로 삼아 더 존숭하노라.

—정황진, 「조선불교사학연구」, 『조선불교총보』 15, 1919.4

---

30 최남선은 서구 학자들을 발음으로만 표기했다. 영문명은 인용자가 표시했고, 이 가운데 '빌'은 최남선은 '쩨일'로 표기했는데 중국학연구자이자 불교문헌학자인 사무엘 빌이 아닌가 생각된다.

정황진은 앞서 불교사에 대해서 실증적인 연구를 통해서 객관성을 획득하고자 했다. 하지만 스스로 조선불교라는 기치를 내건다. 그가 지적한 대로 중국에서 전래된 종파나 이론만을 숭상하고 한국에서 자생한 종파나 이론은 폄하하는 경향이 있었다. 정황진은 그것을 비판한다. 재밌게도 이런 경향은 중국에서도 마찬가지였다. 인도에서 찬술된 불전만을 정전(正典)으로 여기고 중국에서 찬술된 것은 위경이나 위서로 간주하여 권위를 부여하길 꺼렸다. 난징에 금릉각경처를 설립하여 근대불교를 이끈 양원후이(楊文會)같은 인물도 일찍이 영국을 방문했을 때『대승기신론』의 산스크리트본 존재 여부를 확인하려 했을 정도다.[31] 동아시아에서 불교는 외래한 것이고, 불국(佛國)은 머나먼 인도이다. 근대이전 이 지역에서 불교의 기원은 늘 외부에 있고, 권위 또한 외부에서 도래했다.

근대불교학은 불교연구의 원전화(原典化)를 강화한 반면에 동아시아 불교도가 인도불교 자체나 인도불교 저작이 어차피 역사적 변동 위에 있고, 결국 역사적 산물임을 알게 했다. 인도라는 역사와 지리, 문화 등이 인도불교를 구성했고, 중국이나 한국에서는 또 다른 방식으로 지역불교를 구성했음을 확인했다. 비록 여전히 인도불교라는 기원의 가치는 있지만 상대적으로 폄하된 자국의 불교에 대해서 정당한 평가가 가능했다. 이런 상황에서 불교연구는 근대 민족국가건설이라는 큰 조류를 만났다고 볼 수 있다. 과학이나 객관 아니면 보편성을 말하는 근대학술이 다소 엉뚱하게 용도변경된 것은 어쩌면 자연스런 일처럼 보인다.

정황진은 마치 최남선이 요청한 조선불교를 연구하고 선양할 학자처럼 보인다. 그는 불교사 연구의 분명한 의도를 밝힌다. 실증적 연구라는 객관성 추구는 오간 데 없고 민족불교가 갑자기 들어선다. 한국불교의

---

31   南條文雄, 「楊文會氏を憶う」, 陳繼東, 『淸末佛敎の硏究』, 178쪽 참조.

독자성을 불교사 연구를 통해서 밝혀내겠다는 다분히 민족주의적 발상
은 여러 사람이 시도했다. 이런 주관은 '사관'이라는 이름으로 쉽게 역
사연구에 개입한다. 뿐만 아니라 불교연구에도 결국 가치가 개입되는
경우가 허다했다. 근대시기 전통학문을 고수한 사람이 아니라 근대학
술을 적극적으로 수용한 인물들의 활동에서도 너무도 쉽게 맞닥뜨리는
주관성. 그들의 학술이 새롭지만 새롭지 않은 이유가 여기에 있다.

　일본의 사상사가인 스에키 후미이코(末木文美士)는 『명치사상가론』
제4장 「강단 불교학의 성립 : 무라카미 센쇼」에서 "무라카미에게서 그
의 주장은 대단히 새롭게 보이지만 결국 그것의 근저의 가치관은 기성
불교의 틀을 벗어날 수 없었다"고 말한다. 하지만 이런 경향은 단지 그
에 한정되지 않는다. 무라카미가 유학경험이 없다거나 서구 언어에 익
숙하지 않아 객관적이고 근대적인 학문 방법론을 섭렵하지 못했기 때
문이 아니다. 유럽에서 대단히 고도의 훈련을 받은 사람들도 이런 경
향을 동일했다. 오히려 학술계의 분위기가, 나아가 사회 분위기가 그
것을 원했기 때문이다. 스에키는 이렇게 말한다.

　　일종일파로 편향되는 것을 피하면서 불교계 전체의 융성을 도모하고, 그
　　것을 국가의 이익과 조정해가는 것. 그것은 도쿄 제국대학을 정점으로 하
　　는 아카데미즘에서 불교연구를 지원한 동기로서 무라카미 이후에도 지속
　　된 것이다.[32]

근대일본의 아카데미즘을 상징한다고 할 수 있는 도쿄 제국대학에
서도 단순하게 근대학문의 질서정연한 수입이나 자국화가 아니었음은
분명히 알 수 있다. 한국의 경우 불교도들은 조선불교의 정체성과 조

32　末木文美士, 『明治思想家論』(東京 : トランスビュー, 2004), 99~100쪽.

선민족의 정체성을 일치시키고 싶었다. 그것이 고유한 것이 아니기에, 아니면 불가지한 것이기에 끊임없이 그것을 명명하는 방식일 수밖에 없었다. 앞서 인용문에 보았듯 최남선은 '조선민족'을 찾기 위해서 조선불교의 역할을 계속 강조했다. '조선민족은 원래 어떠했다'는 방식으로 기원을 창조하고 싶었다. 이런 태도는 한국뿐만 아니라 일본도 마찬가지였다. 비슷한 의도를 가지고 발굴을 시도했기에 찾아낸 것이 꽤 유사하기도 했다. 일본 도요(東洋)대학을 졸업한 김경주(1896~?)는 한국불교의 특징을 다음과 같이 말한다.

> 조선 불교는 문화가 교차하는 지역에 처함이 서역과 동일하여 원효대사 등의 출현으로 **각 종파를 통합하는 불교〔統一的佛敎〕, 즉 결론적 불교로 완성되었다 하여도 과언이 아니다.** (…중략…) 불교의 철학적 연구는 아직도 연기론, 업, 윤회, 법 등에 대하여 연구할 여지가 많이 남았다. 부분적 연구를 달성한 후 활보적으로 불교 전반을 통하는 종교적 가치를 선명히 하는 동시에 **대소승불교를 관통하는 철학적 조직 불교학을 대성해야 할 것이다.**
> ─ 김경주, 「현하세계의 불교대세와 불타일생의 연대고찰」, 『불교』 77, 1930.11

김경주는 조선불교를 통합적 불교이자 결론적 불교라고 특징 지웠다. 그런데 다시 현재 불교연구의 방향은 모든 불교를 관통하는 철학적 조직적 불교학이라고 말한다. 김경주는 일종의 불교통합을 말하는데, 이것은 미래에 대한 염원이다. 어쩌면 시대적 요구라고 할 수 있는데 바로 이것을 원효의 불교, 나아가 조선의 불교로 확정한 것이다. 미래를 과거에서 찾은 격이고, 그 과거가 의도된 발굴의 결과처럼 보인다. 1930년 최남선은 유명한 글 「조선불교」를 『불교』지에 발표했다.[33]

---

[33] 이 글은 최남선이 태평양불교도대회에서 발표한 원고를 정리한 것이다. 이 글과 관

최남선은 정황진과 유사하게 "효공(원효)의 해동종이야말로 불교사상에 있는 화엄종의 진정한 창립이요 동시에 불교철학의 완성이라고 할 것"이라고 말한다. 그는 이글에서 그토록 유명한 '통불교' 논의를 제기한다. 먼저 원효를 통불교의 건설자로 규정한다.

> 조선이 불교에 가지는 진정한 자랑과 독특한 지위는 따로 조선적 독창성에 있을 것이다. 곧 불교의 진정한 생명을 투철하게 발휘하여, 불교의 구제적 기능을 충분히 발휘하여 이론과 실행이 원만히 융화한 '조선불교'의 독특한 건립을 성취하였다. **인도 및 서역의 서론적 불교, 지나의 각론적 불교에 대하여 조선의 최후 결론적 불교를 건립하였다.** (…중략…) **성인 원효[曉聖]의 불교가 불교적 구제의 실현인 일면에 다시 통불교 · 전불교 · 종합불교 · 통일불교의 실현인 사실을 간과해서는 안 된다.** (강조는 인용자) 분화가 발전의 필요한 과정이라 할지라도 이때까지 불교는 너무나 어지러운 파별이 있었고, 너무도 편협한 대립이었다.
>
> ─ 최남선, 「조선불교」, 『불교』74호, 1930.8

김경주도 한국불교의 특징으로 통일적 불교를 이야기했다. 하지만 그것은 꼭 한국만의 특징으로 단정하지는 않았다. 이런 특징은 지리적으로 문화교차점에 위치하기 때문이라고 했는데, 그런 점에서 서역과 다르지 않다고 말했다. 그는 "인도불교를 원시 불교라 하면 지나, 조선, 일본 등의 불교는 파생적 불교"라고 말한다.(『불교』79) 이에 반해 최남선은 인도와 서역, 지나, 한국의 불교를 각각 분리한다. 그는 원효를 예

련해서는 김광식, 「최남선의 『조선불교』와 범태평양불교도대회」, 『백련불교논집』 11(2001.12); 류시현, 「일제하 최남선의 불교인식과 '조선불교'의 탐구」, 『아세아연구』 통권 14호(아세아문제연구소, 2006)를 참조할 수 있다. 김광식의 논문에서는 3절 「최남선의 『조선불교』 개요」에서 『조선불교』를 개략적으로 설명했다.

로 들었는데 논의 방식은 앞서 인용한 김경주와 별로 다르지 않다. 그
것은 현재의 질문으로 과거를 불러낸 것에 지나지 않는다. 최남선은
원효시대에 불교가 대단히 어지럽게 파편화되어 있고, 심각하게 대립
했다고 말하는데 역사적으로는 결코 그렇지 않다. 신라불교계 규모나
당시 분위기에서 대립과 갈등이 심화하기는 힘들었다.

　최남선은 원효 활동기 신라불교를 왜곡했거나 아니면 일부를 심하게
과장한 것이다. 과연 종파나 문벌간 대립은 어디에 존재하고 있었을까.
이 때 무라카미 센쇼의『불교통일론』을 상기해볼만하다. 불교의 종파
간 대립과 혼란은 실제 조선불교도는 감각하지 못한 것이다. 과연 조선
시대 불교계 내에서 종문 사이에 어느 정도 분열이 있었을까. 문제 자체
를 빌려왔다고 할 수 있다.[34] 이와 관련해서 요르겐슨(John Jorgenson)은
불교연구의 민족주의적 경향이 실은 일본불교의 학풍에 연원을 두고 있
는 것으로 판단한다. 그는「한국불교의 역사쓰기 : 미래를 위한 과거의
교훈」[35]에서 근대 일본불교의 불교 통일론을 소개했고, 그것이 식민지

---

[34] 한국불교의 성격을 통불교나 회통불교라는 주장에 대한 비판적 논문으로 심재룡,「한
　　국불교 연구의 한 반성 : 한국불교는 회통적인가?」,『동양의 지혜와 선』(세계사,
　　2005)이 있다. 해방 이후 불교사학자들이 최남선의 통불교 논의를 반성 없이 변주했
　　음을 지적하고 그것의 기만성을 비판했다. 하지만 최남선의 통불교 논의가 도대체
　　어디서 출현하는지에 대해선 언급하지 않았다. 길희성의「한국불교사와 개혁운동」,
　　『동아연구』제11(서강대학교 동아연구소, 1987)에서는 일본의 카마쿠라 신불교운동
　　과 한국의 나말려초 신불교운동을 비교해서 살피면서 한국불교의 다양성과 창의성
　　이 결핍되고 제약당한 점을 지적한다. 그는 통불교를 한국의 독창적인 불교라 부르
　　는 것은 거부한다. 아울러 길희성은「열암 철학에서의 한국 불교사상 연구」,『철학연
　　구』제33(철학연구회, 1993)에서 박종홍도 여전히 '통불교 논의'를 수용한 것에 대해
　　다소 옹호하는 입장에서 비평한다. 하지만 길희성이 통불교 논의를 긍정한 것은 아
　　닌데 이에 대해 몇 가지 문제점을 지적했다.

[35] John Jorgenson, "Korean Buddhist Historiography : Lesson from the Past for the Future"
　　(「한국불교의 역사쓰기 : 미래를 위한 과거의 교훈」),『불교연구』14(한국불교연구
　　원, 1997), 제3장 '일본불교의 역사쓰기'와 제4장 '한국불교의 역사쓰기' 참조; 심재
　　룡,「한국불교의 오늘과 내일 : 한국불교학의 연구현황을 중심으로」,『철학사상』제
　　11호(서울대학교 철학사상연구소, 2000), 14쪽 참조.

조선에서는 엉뚱하게 이런 일본불교의 경향을 답습한 사람은 "민족주의 사학의 기수라고 할 수 있는 최남선"이라고 말한다.

5. 맺음말

　근대시기 불교학의 형성은 분명 근대학문의 수입을 통해서 시작했다. 하지만 그것이 전부는 아니었다. 불교연구자들은 여건에 따라 방법론을 취사선택했고, 연구자의 의도가 방법론에까지 개입했다. 서구 근대불교학은 문헌학에서 출발했고, 그것의 연장으로 역사적 방법론이 도입됐다. 초기불교의 모습을 복원하거나 경전의 다양한 성립 연대를 고증하는 데 역사학은 분명한 도구였다. 하지만 저들은 불교를 '역사'로 갖지 않고 오로지 외부의 대상으로만 파악했다. 하지만 한국이나 중국, 일본은 달랐다. 불교는 엄연한 역사로서 또렷한 현실로서 존재했다. 이 지역에서는 불교연구는 전혀 다른 의미로 작동할 수 있었다.
　근대시기 불교학 방법론의 하나로서 불교사 연구와 불교사 서술은 종교적 권위에 매달린 전통적인 불교연구에 대한 반성이자 비판이었다. 하지만 근대라는 특수한 상황에서는 단순히 근대학술의 이식에서 문제는 끝나지 않았다. 불교사 연구는 민족이라는 커다란 기치를 내걸고 새로운 전통을 구축하는 역할을 하기도 했다. 과학적 연구라는 근대학술의 심장을 이식한 듯 했지만 연구자의 의도는 오히려 이념이나 주관과 쉽게 뒤섞였다. 조선불교 혹은 민족불교의 찬란함을 발굴하려는 기획을 가진 지식의 고고학이었다고 할 수 있다. 이런 과정에서 최남선의『조선불교』에서 보이듯 불교연구는 국학차원으로 상승하기도 한다.

문(文)과 수사(修辭)의 대립과 결합[*]

명치(明治) 시기의 수사학(修辭學)과 장태염(章太炎)의 문론(文論)

류준필

1. 번역어로서의 '修辭(學)'와 '文' 관념의 충돌

이미 상식이라 췌언에 불과하겠지만, 동아시아 한자문화권에서 '文'과 '修辭'라는 용어는 서양과의 문화적 교섭 과정을 통해 특정 서양 용어의 번역어로 정착되었다. '文' · '修辭'와 긴밀하게 연계되어 있는 '문학 · 수사학 · 문법(= 어법)' 등은 모두 근대의 산물일 수밖에 없다. 요컨대 'Literature · Rhetoric · Grammar'의 번역어라는 것이다. 이를 통해 서양과 非서양이 매개되는 것이고, 비서양의 서양화가 수행되는 것으

***

[*]   이 글은 『아세아연구』 146집(고려대학교 아세아문제연구소, 2011)에 실린 것을 수정 · 보완한 것이다.

로 파악된다.[1] 이러한 역사적 상대화의 효과는 문화적 제도의 역사성과 관습성을 비판하는 근거로 작용한다. '기원'과 '탄생'의 함의는 그렇게 해서 형성되었다. 하지만 '문학・수사학・문법' 등을 '文(學)・修辭(學)・文(法)'으로 표기하면 사정이 조금 더 복잡해진다. 여기엔 근대적 개념으로 재편되기 이전의 맥락들이 개입되기 때문이다.

'문학・수사학・문법(= 어법)'의 근대적 기원을 탐사하고 향후 전개 과정의 근대성을 해명한다고 해서, 'Literature・Rhetoric・Grammar' 등과 같은 번역어를 동반하기 이전의 '文(學)・修辭(學)'이 어떠한 기원론과 계보학적 구도 속에 놓이는지 저절로 해명되는 것은 아니다. 기실, 번역어 '문학・수사학・문법'의 근대적 기원이 복잡한 구도를 내포한 것과 마찬가지로 '文(學)・修辭(學)' 또한 다양한 층위의 기원과 계보를 구성해내기 때문이다. '문학・수사학・문법(= 어법)'이라는 번역어가 등장하는 근대적 기원의 맥락 속에는, '번역된 근대'에 대응하여 근대 이전의 '文・修辭' 개념이 동시적으로 자기 나름의 기원과 계보를 마련하는 경향이 공존한다.[2]

---

1   일본의 '문학' 개념에 대해서는, 柳田 泉, 『明治初期の文學思想・上』, 33~42, 130~141쪽; 李征, 「中國・日本の近代における'文學'という飜譯語の成立」, 『比較文學』 40권, 1998; 鈴木貞美, 김채수 역, 『일본의 문학 개념』, 보고사, 2001, 179~230쪽 참조. 아울러, '修辭' 개념에 대해서는 후술하겠지만, 그 대체적인 정보는 速水博司, 『近代日本修辭學史』, 有朋堂, 1989 참조. 修辭와 文法(語法)의 관련성에 대한 간명한 서술은, 林少陽, 『「修辭」という思想』, 白澤社, 2009, 45~53쪽 참조.

2   오늘날 근대적 개념(어) = 번역(어)의 정치성을 통해 그 기원을 확인하고 '근대(성)'의 구성 과정을 해명하고자 하는 노력이 이어지고 있지만, 역으로 그 '기원'과 '탄생' 시점에는 '前근대'에 대한 기원론이 동시적으로 작용하였다고 보아야 한다. 그 실상과 단초를 확인하는 작업이 쉽지는 않겠지만, 가령 '文(學)・修辭(學)'가 번역어로 선택되는 지점에는 번역어로 정립되기 이전의 '文(學)・修辭(學)'에 대한 기원론이 등장했을 것이기 때문이다. 그러한 방향의 '기원'과 '탄생' 담론은 근대적 (번역)개념으로서의 '문학・수사학'과 맞서는 성향이었을 것이다. 근대적 개념으로 수렴 혹은 환원되지 않는 '文(學)・修辭(學)'의 "본래적 개념"의 구축 작업일 수밖에 없을 것이기 때문이다.

修辭(學)가 번역어로 정착하고 그에 따른 앎의 체계가 구성되는 과정에서 중국의 전통 文 관념과 충돌한, 짧지만 인상적인 장면이 있었다. 전통적인 文 관념이라고는 했지만 엄밀히 말하자면 그 文論 또한 1900년대의 산물이라는 점을 감안하면, 전통 文論을 근대적으로 전유하는 과정에서 파생된 장면이라고 할 수 있다. 그 주인공은 章太炎이었다. 1906년 당시 일본에 망명중이던 章太炎은 한 편의 文論을 『國粹學報』에 게재한다. 이 시기를 전후하여 章太炎은 중국학의 재구성에 매진하는 중이었고, 文에 대한 새로운 인식의 정립은 그 핵심적인 과제 가운데 하나였다. 다음이 그 해당 대목이다.

> **일본 武島씨의 『修辭學』에는** 다음과 같이 적혀 있다. "무릇 체제를 갖춘 것은 모두 문장이라 칭할 수 있지만, 문장이라 불린다고 해서 모든 것이 반드시 체제를 갖춘 것은 아니다. 무미건조한 담론이나 건조한 기사라도 스스로 하나의 문체를 이루기는 하나, 사실상 문자의 나열과 기호의 집합일 뿐이지 체제를 갖춘 문장이라 말할 수는 없다." **이 견해는 옳지 않다.**
>
> **日本 武島氏 『修辭學』**云 : '凡備體製者, 皆得稱文章. 然凡稱文章者, 不必皆備體製. 無味之談論, 乾枯之記事, 非不自成一體, 其實文字之臚列, 記號之集合耳, 未可云備體製之文章也.' **此說不然.**[3]

자세한 분석은 후술하겠지만, 위 인용문은 여러 가지 문제적인 측면들을 내포하고 있다. 먼저 주목할 것은 밑줄 친 "武島씨의 『修辭學』"에 대한 비판적 언급이 있다는 사실이다. 章太炎이 인용한 武島란 武島又次郎을 가리키고 『수사학』은 武島의 수사학 관련 저술인 『수사학』(1898)을 지칭한다. 武島又次郎은 島村瀧太郎(抱月)의 『新美辭學』(1902)나 五十嵐力의

---

3   章太炎, 「文學論略」, 『國粹學報』 23期, 1906의 '文編', 4장 앞~뒤.

『(新)文章講話』(1905, 1909)와 더불어 일본의 수사학·문장(작)법의 체계를 수립하는 데에 큰 기여를 한 인물이다.[4] 따라서 위 인용문은 중국의 전통 文論을 재구성하려는 章太炎의 작업이 일본의 '수사학' 형성과 적잖은 관련이 있음을 암시한다. 보다 구체적으로는 "體製"라는 용어의 해석이 그 관건이 되고 있지만, 이 대목은 '文'과 '修辭'가 서로 부딪치는 상황을 보여주는 매우 드문 장면의 하나라는 점에서 주목할 필요가 있다.

바로 이런 이유로 해서 章太炎의 언급에 담긴 함의와 그 맥락이 단순하지 않다고 판단된다. 章太炎의 文論은 번역어로서의 수사학과 그 학적 체계화에 맞서 文의 개념적 기원을 재구성하고 이를 통해 文의 학적 체계화를 추구하는 작업의 소산이었다. 당연히 서양의 '문학'이나 '수사학'에 대한 방어적 전략인 것은 분명하지만 그렇다고 단순한 수구적 퇴행에 그친 것은 아니었다. 章太炎의 文論 또한 일본에서 수사학이 형성되는 과정과 유사한 맥락을 공유하고 있기 때문이다. 조건은 달랐지만, 표기문자·언문일치·표준어 등 근대적 어문 규범을 창출하는 문제는 중국에서도 마찬가지의 과제였다.[5] 일본의 수사학이 그러한 시대적 과제와 깊은 관련 속에서 형성되었듯이 章太炎의 文論 또

4　일본 수사학 관련 저술의 전반적 흐름에 대해서는 速水博司, 『近代日本修辭學史』, 有朋堂, 1989 참조. 『新美辭學』 및 한국에의 영향에 대해서는, 이재선, 「개화기의 수사론」, 『한국근대문학연구』, 서강대학교 인문과학연구소, 1967, 16~17쪽; 정병호, 『실용주의 문화 사조와 일본 근대 문예론의 탄생』, 보고사, 2003, 85~91쪽; 배수찬, 「근대 초기 서양 수사학의 도입 과정 연구」, 『정신문화연구』 30-4, 2007, 208~215쪽; 임상석, 「국한문체 작문법과 계몽기의 문화의식」, 『한국언어문화』 33집, 2007, 85~88쪽; 김재영, 「이광수 초기 문학론의 구조와 와세다 미사학」, 『한국문학연구』 35, 2008, 391~398쪽 등 참조.

5　일본의 사정과 그 추이에 대해서는, 森岡健二 편저, 『改訂 近代語の成立(文體編)』, 明治書院, 1991, 3~113쪽; 小森陽一, 정선태 역, 『일본어의 근대』, 소명출판, 2003, 135~169쪽; 이연숙, 고영진·임경화 역, 『국어라는 사상』, 소명출판, 51~102쪽 참조. 중국의 경우 문자 문제에 대해서는 大原信一, 『近代中國のことばと文字』, 東方書店, 1994, 189~274쪽 및 홍인표, 『중국어의 언어 정책』, 고려원, 1994, 42~90쪽. 언문일치 등 글쓰기 문제와 관련해서는, 大原信一, 앞의 책, 9~61쪽. 보통화 등 표준어 관련논란의 추이는 위의 책, 275~284쪽 참조.

한 그러했다. 따라서 위 인용문은 '文論'과 '修辭學'을, 동일한 시대적 조건 속에서 정반대의 시선을 통해 구성된 결과물로 이해할 수 있는 가능성을 보여준다.

역시 당연한 말이겠으나 여기엔 또 복잡한 사정이 개입한다. 동아시아 일원, 더 나아가 비서구사회 일반으로 확장해도 일본은 근대화의 모범국이었다. 한자어에 기반한 근대적 개념(어) 형성 또한 일본이 주도하였다. '文學·修辭學·文法' 등도 마찬가지였다. 동아시아 한자문화권으로 한정해서 보자면, '文·修辭' 등의 전통적 관념은 일본에서 형성된 근대적 개념화에 대응하는 방식으로 존립하였다. '文學·修辭學·文法' 등과 같은 근대적 개념을 일본이 선도하고, 동시에 그 개념의 문화적 제도화에도 일본이 앞장섰다. '文·修辭'에 대한 풍부한 학술적·역사적 축적을 이루어온 중국이라 할지라도 일본에서 진행된 작업을 매개해서만 관련 개념의 근대적 맥락을 구성할 수 있었다. 그런 점에서 '文(學)·修辭(學)'이 근대적 개념 = 번역어로서 정립되는 과정과 거기에 대한 대응은 기본적으로 일본이 구축한 자장 속에서 이루어졌다.

이러한 맥락에서 먼저 번역어로서 '修辭(學)'가 도입·형성되는 과정과 그 속에 내포된 문제성을 다루어 보고자 한다. 특히 일본과 중국의 수사학 형성에 대표적 역할을 한 성과를 중심으로 그 개략적 상황을 살펴보면서, '修辭(學)'에 내재된 양가적 역설의 구조, 즉 수사(학)의 (불)가능성은 修辭와 非修辭의 결합과 구분되지 않는 실상을 보임으로써 언어의 지시성과 형상성이라는 문제를 환기할 것이다. 이어서, 章太炎의 文論을 중심으로 修辭學과의 대립 지점을 확인하고 나아가 文과 修辭의 상호 결합가능성을 살펴보기로 한다.

2. 修辭學의 형성과 전파 – 일본과 중국

일본의 경우 서양의 '레토릭'이 전래된 시기는 16세기 말엽으로 확인
되지만, 본격적인 수용은 역시 19세기 이후의 일이다. 19세기 일본에
서 '레토릭'의 번역어로 사용된 예들은 다음과 같다. '議論學·論
理'(1814), '論理術'(1862), '文論學'(1870), '文辭學'(1870), '善論術·口
才'(1873), '華文學'(1877), '善論之理'(1878), '修辭學'(1882), '講說法'(1888),
'修文法·辯論'(1891), '演術法'(1892)[6] 등. 여기서 쉽게 볼 수 있듯이, 레
토릭의 번역어로서 수사학이 선택되기까지는 적잖은 과도기를 거쳐야
만 했다. 비단 이 시기뿐만 아니라 이후로도 오랫동안 '美辭(學)'와 '文
章(學)' 등이 수사학의 경합 대상이었다. 여러 가지 이유가 있겠지만, 단
적으로 『易經』(繫辭傳)에 담긴 '修辭立其誠'이라는 구절이 주는 압력과
관습적 환기력이 '수사학'이라는 용어의 전면화에 장애로 작용했을 듯
하다.

西周의 『百學連環』을 보면 '레토릭'의 번역어로 '文辭學'이 쓰이는데,
거기서 레토릭을 포함하는 전체적인 구도를 엿볼 수 있다. 西周는 『백
학연환』의 제1편에서 "보통학" 즉 common science로 '歷史History', '地
理學Geography', '數學Mathematics'과 더불어 '文章學'을 들고 있다. 이
문장학에 해당하는 영어는 'Literature'이다. 문장학은 다시 '語典
Grammar', '문자(形象字·音字)', '語源學Philology', '詩學Poetry'에다가 '文
辭學' 즉 Rhetoric을 보탠 것이라 하였다.[7] 西周는, '文辭學 = Rhetoric'을
다시 oral(口上)과 written(書)으로 나누고서 서양에서는 말과 글이 일치

하므로 말하는 언어는 모두 글의 규칙에 적합하다고 하였다. 이로부터 '言語와 文書의 일치'가 이루어지지 않고 있는 일본의 현실을 비판적으로 대비하였다.[8]

西周에게서 흥미로운 바는 Rhetoric이 글로 씌어진(혹은 언어로 표현된) 모든 것을 의미하는 문장학 = Literature라는 틀 속에서 인식된다는 점이다. 크게 보자면, '語'와 '文'이라는 두 글자를 중심으로 구성되는 체계의 일부라는 뜻이다. 아직 '문학 = Literature'라는 번역적 관계가 뚜렷이 드러나기 이전의 상황이지만, 근대적 의미의 '문학' 개념이 정립된다면 다른 여타의 용어들 또한 영향을 받게 되는 상호 연관 속에 있는 것은 분명해 보인다.

이상을 통해 짐작되는 바는, 첫째, Rhetoric이라는 서양어가 언문일치적 상황을 환기하는 역할을 하기 쉽다는 사실이다. 그로 인해 구두 언어로 기능하지 않는 한문이라는 고전 문언문의 관습 속에 있는 '修辭'라는 용어가 번역어로 채택되는 데에는 적잖은 장애가 존재하였으리라 짐작된다. 둘째로, 이의 연장선에서 Rhetoric이 웅변이나 연설과 결부되므로 운문보다는 다소 장황한 산문을 주된 대상으로 한다는 사실이다. 西周에게 '문사학'은 '시학'과 구분되는 것이었을 뿐만 아니라, 수사학이 문장학 혹은 문장작법과 동일시되곤 하는 경향의 단서도 암시하고 있다.

표1은 西周 이래로 간행된 일본의 수사학 관련 서적 가운데 비교적 주목받은 사례들이다. 이를 통해서, 일본에서 '수사학'이 어떻게 정착되어 갔는지 어느 정도 확인할 수 있다.

용어의 측면에서는 "美辭"와 "修辭"가 서로 견주다가 결국 수사학의 활용이 보편화되었음을 짐작할 수 있겠다. 아울러 '수사학'이라는 표제

---

8   速水博司, 앞의 책, 30~31쪽.

저자	간행연도	제목	내용
尾崎行雄	1877	公會演說法	연설
菊地大麓	1879	修辭及華文	작문·웅변
黑巖大	1882	雄辯美辭法	연설·수사
高田早苗	1889	美辭學	담론비평
中島幹事	1891	(敎育適用)文章組立法	독서·작문
坪內逍遙	1891	美辭學	문장론(비평)
服部元彦	1891	修辭學	작문
富山房(編纂)	1892	文章組織法	작문
大和田建樹	1893	修辭學	작문
武島又次郎	1898	修辭學	표현
佐佐政一	1901	修辭法	작문
島村瀧太郎	1902	新美辭學	비평(미학)
五十嵐力	1905	文章講話	작문
加藤咄堂	1907	(演說文章)應用修辭學	연설·작문

혹은 용어가 실질적으로 함의하는 바는 '작문(법)'과 관련이 깊다는 점
도 엿볼 수 있다. 이후로부터 오늘날까지 이르는 동안 '수사학'의 위상
이 낮아지는 한편으로, 五十嵐力의 유명한 『(新)文章講話』[9]라는 저술
의 이름처럼 '문장작법'이나 '작문'이라는 다소 실용적인 작문법의 일
부분으로 축소되어 왔다고 할 수 있다. 여기엔 근대 국가 체제의 형성
초기에 진행된 근대적 교육 제도의 정착이라는 여건이 적잖은 영향을
미쳤을 것이다. 따라서 '수사학'이 다시 문제적 용어로 부각되고 있다
면, 그것은 이러한 구도 속에서 수사학의 영역과 의의가 축소되거나
모호하게 이해되어온 상황과 조건을 재검토할 필요가 있다는 문제제
기에 가까울 것이다.

9　五十嵐力의 『文章講話』는 1909년에 『新文章講話』로 개정·간행되는데, 후자의 의
　　의가 더 큰 것으로 평가받는다.

일본에서 '수사학'의 대두란 한편으로 언문일치에의 염원이라는 어문 현실에 대한 자기 인식을 근거로 삼아, 자국어의 실질적 재현을 실현하는 과정의 산물이었다. 단적으로 '자국어로 글쓰기'를 의미하는 작문과 동일시되어 갔다. 실제적으로는 수사학의 역할이란 문장의 단위를 넘어서는 영역을 다루는 것이었지만, 그 경계에 있는 문장sentence의 요소와 구조가 무엇인지 해명하는 작업 즉 문법론과도 관련이 깊을 수밖에 없다. 기실 이것들은 모두 언문일치론의 산물이기도 하였다. 상대적으로 중국에서 '수사학'의 정립이 더디게 느껴지는 것도 이런 맥락에서 이해할 만하다. 적어도 백화문운동이 전면화된 이후에야 수사학 혹은 작문의 지평이 뚜렷이 드러나기 때문이다. 이 과정 속에서 일본의 수사학 관련 성과들은 중국의 수사학에게는 결정적인 참조틀로 작용하였다.

1905년 출간된 湯振常의 『修詞學教科書』[10]는 중국 근대 최초의 수사학 관련 서적이라고 한다. 당시 중학교 4학년생을 위한 국문교과서로 구상된 이 책은, 자기 나라의 '국어'를 올바르게 사용하는 법을 알지 못해서는 국민이라고 할 수 없다는 시각에서 "本國之普通文作法" 교육을 지향하고 있다. 『修詞學教科書』는 '총론' · '체제' · '구상'의 세 부분으로 나뉘어져 있고, '체제'는 다시 '文之構成'과 '轉義及辭樣'으로 또 '구상'은 네 가지 문체에 대해 논의하고 있다.[11] 이러한 내용은 일본인 武島又次郎의 저서 『修辭學』을 거의 똑같이 모방한 것이다.

『修詞學教科書』와 같은 해에 출간된 龍伯純의 『文字發凡』은 모두 4권 2책으로 이루어졌는데, 그 중 3~4권의 제2책이 『修辭學』이다. 그 서문에서 '서양에는 문법을 다루는 단독 저서가 있어, 교육에 편리하다'("西國文法, 著有專書")고 하면서 어문 교육용 교과서로 이 책을 저술하였음

---

10   湯振常, 『修詞學教科書』, 開明書店, 1905.
11   宗廷虎 · 李金苓, 『中國修辭學通史 · 近現代卷』, 吉林教育出版社, 1998, 142~151쪽.

을 밝히고 있다. 제1책의 내용인 "正字學"과 "詞性學"을 익히고 나서 배우는 교과서이므로, 문자 → 어휘 → 문장 순으로 구성되었음을 알 수 있다. 이미 일본에서 간행된 島村瀧太郎의 『新美辭學』과 武島又次郎의 『修辭學』 내용을 적극적으로 끌어들였다.[12]

　　來裕恂의 『漢文典』(商務印書館, 1906)은 '字法·句法·章法·篇法' 등의 용어에서 확인되듯이 전통적인 문장 작법의 구도를 취하고 있다. 특히 일본인 학자들의 '漢文典' 혹은 '支那文典' 등이 중국 어문의 특성을 잘 이해하지 못하였다는 입장에서 서술되어 더 그러한 방향을 지향한 듯하다. 來裕恂 스스로가 "典者, 法也"라고 분명히 밝혔듯이 표제는 일종의 문법서를 나타내나 실제로는 수사학(법)에 합당한 내용을 다루고 있다. 그러한 사정은 劉金第의 『文法會通』(上海中國圖書公司, 1909)에서도 마찬가지로 보인다. 저자 자신은 馬建忠의 문법서 『馬氏文通』(1898)을 계승한다고 밝혔지만, 전형적인 문법서인 『馬氏文通』에 대한 劉金第의 인식이란 결국 '문법'과 '수사학(법)'의 혼동이었다. 즉 『馬氏文通』의 단점은 "積句成篇之法則"을 다루지 못했다는 데 있다면서, 자신이 그것을 보완하겠다고 하였다.[13]

　　훗날 『修辭學發凡』의 저자 陳望道가 위의 저작들이 등장한 시기에 대해 "修辭文法混淆時期"[14]라고 명명한 것은 이런 이유에서였다. 이로부터 보건대, 적어도 이 단계에서는 文法과 修辭(학)의 경계가 그리 명확하게 인식되지 못했음을 알 수 있다. 그렇지만 '積句成篇'은 문장의 단위를 넘어서서 수많은 문장들이 모여 구성하는 층위라 할 수 있으므로, 문법적 단위가 명확하게 인식되는 것이 전제되어야 수사학의 정립이 안정적일 수 있게 된다. 따라서 근대적 수사학의 발흥이란 문법(학)

12　宗廷虎·李金苓, 위의 책, 152~153쪽.
13　위의 책, 177~190쪽 참조. 인용은 178쪽 및 186쪽.
14　陳望道, 『修辭學發凡』, 上海世紀出版集團, 2006(원래 간행연도는 1932), 270~272쪽.

의 정립 과정과 깊은 관련을 이룰 수밖에 없다. 아울러 문법(학)이 수사(학)와 서로 섞여있는 시기란 결국 문언문적 전통에 기반한 문장론과 작문법이 수사학적 인식에 여전히 깊은 영향을 끼치는 상황이라는 말이기도 하다.

위의 개략적 사실을 통해서 확인 가능한 바는, 근대 초기 중국의 수사학 형성에 島村瀧太郎의 『新美辭學』과 武島又次郎의 『修辭學』 등이 깊은 영향을 미쳤다는 점이다. 후술하겠지만, 중국 수사학을 정립했다고 평가받는 陳望道의 『修辭學發凡』까지도 그 직접적인 영향 아래 있었음을 환기한다면 그 의의는 더 지대해 보인다. 뿐만 아니라 한국의 경우에서도 유사한 사례를 찾아볼 수 있다. 가령 최재학의 『實地應用作文法』에서도 武島又次郎와 島村瀧太郎의 직접적 원용이 드러난다.[15] 그렇지만 그 원용은 체계적이었다기보다는 편의적이어서 구조적 연관성이 취약했다. 陳望道와 일본 수사학과의 관련에 대해서는 후술하기로 하고, 여기서는 최재학의 사례를 통해 논의를 진행하기로 하겠다.

『實地應用作文法』은 크게 보아 '總論·正例·例文'의 세 부분으로 구성되어 있는데, 그 전체 체계와 관련된 내용은 正例이다. 정례는 다시 '構思·語彩·文法·體製'로 이루어져 있다. 여기서 '構思·體製'가 武島又次郎의 『修辭學』에서 연유한 바이다. 반면에 '語彩'라는 용어는 島村瀧太郎의 『新美辭學』에서 유래한 것이다. 오늘날 수사법이라 불리는 용법들을 설명한 '文法'은 '譬喩法·化成法·布置法·表出法·其他'로 이루어져 있는데, 앞의 넷은 語彩에 대비되는 '想彩'의 일부 내용을 분류하는 용어이다.[16] 따라서 각기 다른 체계로 이루어진 두 저술을

---

15 이재선, 앞의 책, 16~17쪽; 정우봉, 「근대 계몽기 작문교재에 대한 연구」, 『한문교육연구』 28, 2007, 168~172쪽; 남궁원, 「개화기 글쓰기 교재 『實地應用作文法』과 『文章指南』 연구」, 『한문고전연구』 12집, 2006, 196~206쪽; 임상석, 앞의 글, 85~88쪽 등에서 이미 언급한 바 있다.

16 島村瀧太郎, 『新美辭學』, 東京專門學校出版部, 1902, 317~465쪽에 걸쳐 서술되어 있다.

동시적으로 수용함에 따라 일관성을 갖추기는 어렵고 적잖은 착종이 보인다는 것이 『實地應用作文法』에 대한 적당한 평가겠다.

그렇지만 얼마나 제대로 이해하고 수용했는지 여부가 일차적 관심은 아니다. 그보다는 島村瀧太郎와 武島又次郎은 일본의 수사학 형성에서 각기 다른 경로를 대표한다는 사실에 더 주목할 필요가 있다. 앞에서 제시한 수사학 관련 저술 목록을 참조할 때, 高田早苗의 『美辭學』, 坪內逍遙의 『美辭論考』, 島村瀧太郎의 『新美辭學』, 五十嵐力의 『新文章講話』등은 이른바 '早稻田' 계통에서 나온 저술들이다. 이와는 다른 쪽에 佐佐政一의 『修辭法』과 더불어 武島又次郎의 『修辭學』이 자리한다. 후자는 帝國大學 출신들로서 주로 서양 수사학 저술을 번역·소개하는 방식으로 수사학 관련 서적을 간행하였다. 坪內逍遙와 그 제자들인 早稻田 계통 인물들의 작업과는 달리 서양 수사학 저술의 체계를 거의 차용하였다. 그 단적인 예가 武島又次郎 『修辭學』의 "體製"와 "構想"이라는 편제이다.[17] 그 목차를 보이면 〈표 2〉와 같다.

〈표 2〉

總論	修辭學이란, 修辭學의 範圍
제1편 體製	제1장 體製 一般
	제2장 文의 構成
	제3장 轉義 및 辭樣
제2편 構想	제1장 構想 一般
	제2장 記事文
	제3장 敍事文
	제4장 解釋文
	제5장 議論文
附錄	

---

17   武島又次郎, 『修辭學』, 博文館, 1898의 '목차' 참조.

이 구성은 John F. Genung의 수사학 관련 구성을 그대로 답습한 것이다. Genung의 용어로 바꾸자면, 체제 = Style이고 구상 = Invention이다. 이어서 구상의 네 가지 문체 분류도 Genung의 저서에서 확인된다. 순서대로 적어보면 "Description", "Narration", "Expositon", "Argumentation"이다.[18] 그리고 체제편의 제1장 '체제 일반'에서 "체제의 美質"을 논하면서, 문장은 세 가지 방식—'이성·감정·기호에 호소하는 방식'으로 독자를 자극하는데 그 각각을 "明晰·勢力·優麗"라고 지칭한 것은, A.S. Hill이 말한 'Clearness·Force·Ease'에 해당한다.[19] 轉義는 우리에게 익숙한 수사법을 뜻하고 辭樣은 순서의 변화를 의미한다. 轉義는 문장 단위 내부에 해당하고 辭樣은 문장들 사이의 관계에 해당한다. 이러한 내용들 또한 이들 저서에서 확인된다.

武島又次郞의 『修辭學』은 수사학을 사상과 감정을 언어를 통해 가장 효과적으로 표현다는 방법을 가르치는 학문으로 규정한다. 이러한 수사학은 논리학과 文典이라는 학문과 깊은 관련을 이루면서도 또한 구분된다. 文典에서는 문장의 正格·破格 여부가 중요하다면 수사학은 문장의 巧·拙을 우선시하며, 논리학이 사상의 正格·破格 여부를 따진다면 수사학은 그 '善良·醜惡'을 주목한다고 설명한다. 문장의 구성에는 크게 '表彰'(표현)과 '사상'이라는 두 가지 영역이 작용하는데, 이에 따라 수사학은 사상·감정의 표창과 관련된 체제의 영역과 사상·감정의 성질과 관련된 구상의 영역으로 나누어진다고 설정한다.[20] '체제-구상'의 구도는 이렇게 해서 마련된 것이다. 이러한 수사학적 인식에서는 수사학의 목적을 "適合"(adaptation)에서 찾는다. "適合이라는 것

18   John F. Genung, *Practicl Elements of Rhetoric*, Ginn&Company Publishers, 1892의 'Contents' 부분 참조.
19   武島又次郞, 앞의 책, 9~28쪽; A.S. Hill, *The Foundation of Rhetoric*, American Book Company, pp.212~269.
20   武島又次郞, 『修辭學』, 1~5쪽.

이 실로 수사학의 主眼이다"[21]라는 말로 정식화된다. 달리 말하자면 언어(표현)과 대상(사상) 사이의 가장 적절한 조응—커뮤니케이션 과정의 실용적 가치를 추구하는 것이라 하겠다.

반면에 이른바 早稻田系에 속하는 島村瀧太郞의 『新美辭學』은 그 출발점에서부터 차이가 있다. 아래의 도표에서 잘 드러나듯이 여기서는 수사학을 예술론과 동일시한다. 島村은 문장을 하나의 미술(= 예술)로 본다. 예술이 소재와 기교로 나누어지므로, 수사론은 문장이라는 예술의 기교 방면을 연구하는 것이 된다. 이로부터 다음과 같은 도식이 가능해진다.[22]

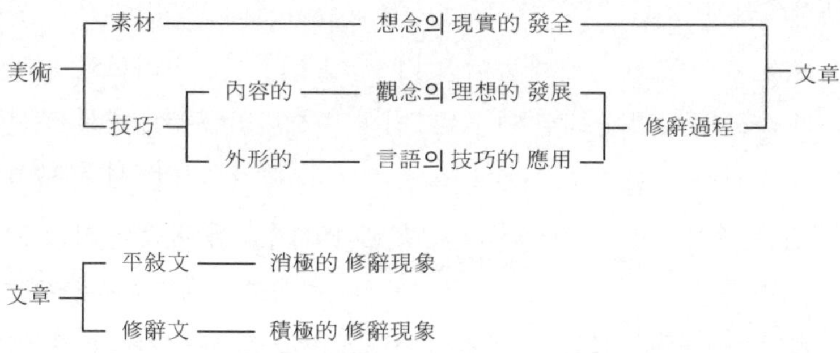

앞의 도식을 통해 문장이라는 예술이 성립하는 과정은 사상의 기교적 발전과 언어의 적용이라는 두 방면의 결합임을 확인할 수 있다. 그런데 그 과정에는 다양한 단계와 정도 차이가 존재하기 마련이므로, 그 차이를 크게 "소극적"과 "적극적"으로 구분한다. 앞에 해당하는 문장이 "平敍文"이고 뒤에 해당하는 문장이 "修飾文"이다. 이러한 도식을 좀 더 구체화하면 다음처럼 표시할 수 있다.[23]

---

21   武島又次郞, 『修辭學』, 1쪽.
22   島村瀧太郞, 『新美辭學』, 204쪽.

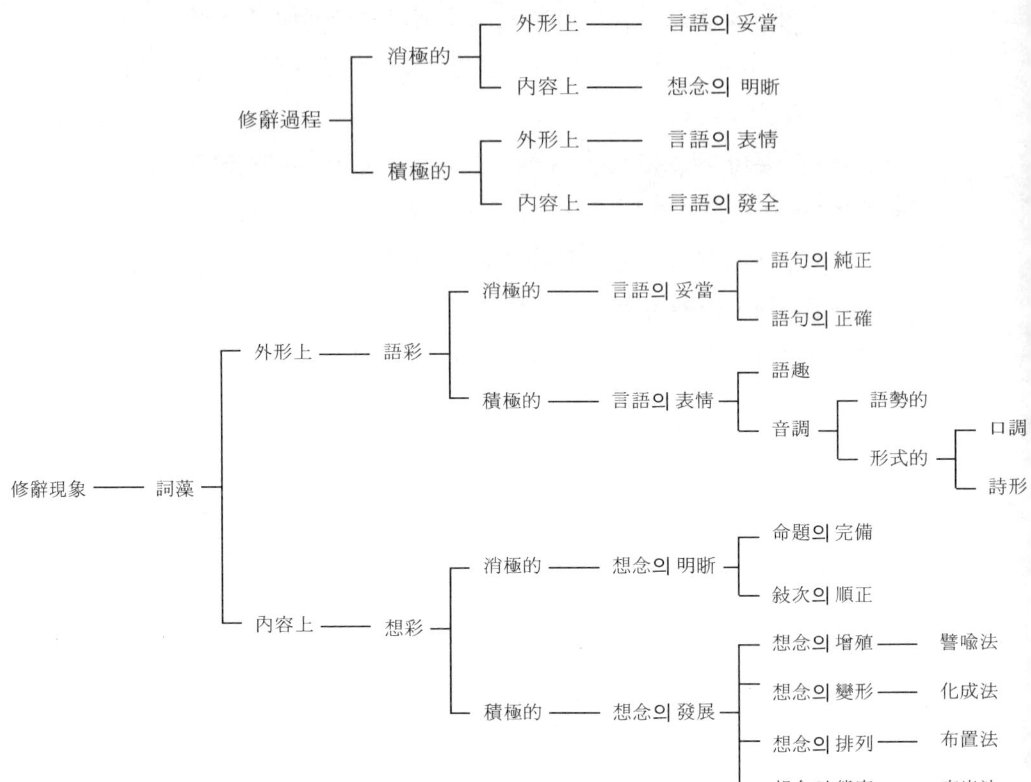

이러한 체계로 수사론을 전개하는 島村瀧太郎의 『新美辭學』이 武島又次郎의 『修辭學』류와 구분되는 가장 뚜렷한 차이는 문장론 자체가 예술론의 입장에서 도출된다는 점이다. 단적으로 사상과 체제의 일치 혹은 표현과 사상의 합치라는 武島 식의 지향이 아니라, 언어의 내부에서 수행되는 修辭過程과 修辭的 現象을 통하여 실현되는 '外形—內容＝語彩—想彩'의 통합으로서의 詞藻가 『新美辭學』의 핵심이다. '소

---

23   島村瀧太郎, 『新美辭學』, 208~209쪽.

극적’ ‘적극적’이라는 구분에서 잘 드러나듯이, 이에 따라 결과적으로 문장으로 표현되는 것 일반이 수사학의 대상이 된다. 달리 말해 언어(문장) = 수사인 것이다.

島村瀧太郎의 수사학 체계는 중국 수사학을 정립했다고 평가받는 陳望道에게서도 동일하게 반복된다. 陳望道는, 修辭의 개념을 협의와 광의로 구분한다. 협의의 修辭는 ‘修 = 修飾’와 ‘辭 = 文辭’로 풀이되므로 ‘文辭의 修飾’를 뜻하고, 광의의 修辭는 ‘修 = 調整・適用’과 ‘辭 = 語辭’로 풀이하여 ‘語辭의 調整・適用’을 뜻한다고 설명한다. ‘辭 = 文辭’의 협의적 방식은 문언문 숭배의 편견으로서, 古典語도 그 출현 당시에는 구두어였으므로 修辭도 원래는 구두어로부터 발전한 것이라고 비판한다. ‘修 = 修飾’의 시각도 편견의 소산인바, 修辭란 본디 “達意傳情”의 수단이므로 어사를 조정・적용하여 ‘達意・傳情’을 추구하는 노력이 修辭의 참뜻이 된다는 것이다. 이로부터 소극적 수법과 적극적 수법의 구분이 생겨난다. 즉 ‘消極的–積極的’은 ‘題旨–情境’, ‘理解–情感’라는 관계항을 동반한다. 물론 그 둘은 정도의 차이가 있을 뿐 완전한 절연은 아니라는 단서를 달고 하는 말이다.[24]

陳望道의 『修辭學發凡』으로 대표되는 이러한 근대적 수사학의 정립은 기실 세 가지 측면에서 진행된 어문 현실의 변화에 그 근거를 두고 있다. 첫째는 문법 조직이 더욱 정밀해졌다는 사실이다. ‘他・她・它’, ‘的・得・地’, ‘那・哪’의 분화 등을 통해 문법 조직의 정밀화를 확인할 수 있다. 둘째, 어휘의 구성이 다음절화로 나아간다는 사실이다. 현재 새로운 어휘들이 차츰 증가하고 있는데, 이러한 현상은 특히 백화문에서 두루 확인되는 바이다. 셋째, 어문의 합일화가 실현되고 있다는 사실이다. 이것은 5・4 전후의 ‘문학혁명’에 힘입어 문언문을 대

---

24   陳望道, 『修辭學發凡』, 1~3 및 8~11쪽.

신해 백화문이 전면화된 결과이다. 이로부터 '어문합일' 혹은 '언문일치'라는 정상적 관계가 가능해졌다는 것이다. 이 세 가지 추세는 중국 어문 변천의 대세이기도 하다.[25]

　요컨대 이러한 사정을 감안할 때, 수사학의 정립이란 결국 백화문운동으로 대표되는 근대적 어문 개혁과 분리되기 어렵다는 점을 확인하게 된다. 1935년에 陳望道는 修辭가 반쪽짜리 용어이고 그 참뜻을 이해하기 위해서는 그 앞에 "就意"가 생략된 것임을 알아야 한다고 했다. "就意"란 "자연과 사회에 대한 인식에 근거한다"는 뜻이다. 그러므로 修辭의 본뜻은 "就意修辭"인바, 자연과 사회에 대한 인식에 근거하여 수사한다는 것을 뜻한다.[26] 이 말은 意 혹은 인식의 우선성을 강조하는 것이다. 여기엔 '意 = 인식과 어문 표현의 일치'라는 가치에 대한 확신이 개재되어 있다. 바로 백화문운동의 이념적 근거와 동일한 바로서, "就意修辭"는 중국 어문 변천의 세 가지 대세와 궤를 같이 한다고 하겠다.

　솔직히 이쯤되면 수사학의 대상이란 어문으로 표현된 모든 것을 포함한다고 해도 과언이 아니다. "就意修辭"에서 보이듯이, 수사학이란 인식과 형상의 복합체일 수밖에 없다. 『修辭學發凡』의 체계를 보면, '소극수사'는 '意義明確' · '倫次通順' · '詞句平均' · '按排穩密'으로 되어 있고 '적극수사'는 다양한 수사법을 아우르는 5가지의 영역을 담고 있으며 끝으로 '文體'를 다루고 있다. 통상적인 수사학적 장치를 주로 설명하는 '적극수사'에 대한 서술이 전체의 6~70%에 해당하지만, 문장작법이라고 해도 될 '소극수사'나 '문체'까지도 수사학의 영역 내부에 포함된다. 陳望道 스스로도 수사학의 탐구는 중국 어문이 구현되는 모든 가능성을 이해할 것을 요청한다고 하였다.[27]

25　陳望道, 『修辭學發凡』, 34~35쪽.

26　陳望道, 「關於修辭」, 『中學生』 제56기, 1935(『陳望道修辭論集』所收), 215~216쪽.

27　陳望道, 『修辭學發凡』, 35쪽. "需要通曉這種漢語言文字的一切可能性"

陳望道의 '소극적·적극적 수사' 논의는 앞서 언급한 龍伯純의『文字發凡·修辭學』에서 이미 제시된 체계이다. 이것은 일본 島村瀧太郎의『新美辭學』에서 마련된 구도를 그대로 차용한 것이다. 陳望道의『修辭學發凡』은 "修辭的兩大分野"(3편)로 시작해서 "소극수사"(4편)와 "적극수사"(5~9편)의 서술을 거쳐 "修辭現象의 변화와 통일"(10편)과 "문체"(11편)으로 매듭지어진다. 따라서, 진망도의『修辭學發凡』으로 상징되는 중국에서의 수사학 건립도 그 기본 성격과 방향에 있어서 일본의 사정과 동질적이라 할 수 있다. 이것을 단순히 모방과 영향의 문제로 여기고 말 일은 아니다. 언문일치에의 염원과 '국어'와 '백화문'의 글쓰기 규범을 정립하는 과제가 그 공통의 지반이기 때문이다.

明治 시기 일본 수사학 저술의 결정판으로 평가받는『新文章講話』에서 五十嵐力이 남긴 언급 즉 '고금의 修辭에는 큰 차이가 있는데, 과거에는 그 영역이 아주 넓었으나 지금은 협소해졌다. 변설·문장만이 아니라, 논리·심리·교육·도덕·정치·법률을 포괄했다'는 것을 근거로, 쥬네트가 말한 '줄어든 수사학'과 연결시키는 것[28]은 적절해 보이지 않는다. '수사학―문채―은유'란 아리스토텔레스가 언급한 수사학의 5가지 영역 가운데 elocutio[style, figure] = 표현술로 축소되었다는 뜻이다.[29] 하지만 島村瀧太郎에서 陳望道로 이어지는 수사학에서 '소극적 수사'란 표현술을 넘어서는 것이다. 이른바 '논거발견술'과 '논거배열술'은 물론이거니와, 언문일치론적 구도 속에는 간접적이나마 '기억술'과 '연기술'이 투영되어 있다. '수사학―문채―은유'라기보다, '想彩'와 '語彩'에서 드러나듯 문채는 표현술에 그치지 않는다. 修辭現象 =

28　林少陽, 앞의 책, 38~39쪽.
29　쥬네트,「줄어드는 수사학」, 김현 편,『수사학』, 문학과지성사, 117쪽. 아리스토텔레스의 수사학 논의에 대한 상세한 설명은, 박성창,『수사학』, 문학과지성사, 2000, 34~121쪽.

詞藻라고 하였지만, 수사법에 한정되는 文彩figure가 아니라 거의 모든 것으로 확장된 文彩figure에 가깝다고 보는 편이 온당하다.

여기엔 어떤 역설이 개재되어 있다. '語彩'만이 아니라 '想'에게도 '彩'를 부여하고, 修飾文만이 아니라 平敍文까지도 修辭과정에 포함시켜야 하는 이면에는, 想[내용 = 현실]의 재현으로서의 語[언어]라는 염원 혹은 강박이 작용하고 있다. 언어와 현실의 동일시 혹은 기호와 지시대상의 일치 가능성이 전제되어 있는 탓이다. 이에 따라 흥미롭게도 수사학은 '修辭(= 修飾)'+'非修辭'가 함께 참여하여 구성하는 체계를 이루게 된다. 修辭를 소극적 수사와 적극적 수사로 나누고, 문장을 평서문과 수식문으로 나눈 데서 단적으로 확인된다. '語의 彩'만 문채로 인정하고 수식문만 수사로 인정한다면, 언문일치 혹은 그 연장으로서의 지시대상과의 합치는 부정된다. 이것이 싫다면 彩 자체를 버리면 되지만, 그렇게 하면 수사학의 포기도 동시에 발생한다. 그러므로 언어가 대상을 지시하고 재현할 수 있으려면, 자기 스스로를 재현할 수는 없다는 점을 인정하는 것이 필요하다. 달리 말해 지시성과 재현 가능성을 스스로 부정하는 측면을 내포하고 있어야 한다. 수사학은 非수사의 힘으로 그 체계를 지탱하는 것이나 다름없다.

그런 점에서 1935년에 陳望道가 '언어학-문학(비평)-수사학'의 관계에 대해 물음을 제기한 것은 자연스런 귀결이다. 陳望道는 전통적인 관점에서는 이 세 분야가 서로 구분되지 않았지만 지금은 구별될 수 있고 되어야 한다는 입장을 피력한다. 언어학은 언어현상과 사회관계에 대해 탐구하고, 수사학은 사상과 표현의 관계를 탐구하는 분야로서 그 층위가 일반성에 가깝다면, 문학(비평)은 그 둘 사이에 존재하는 특수적 활동이라고 본다. 언어학과 수사학의 원리는 문학비평의 원리가 되고, 문학비평은 그 두 원리의 특수한 적용이 된다는 것이다.[30] 사실상 陳望道의 논법이 보여주는 것은, 언어학(기호학)과 문학비평(시학)의 상대적 안정성이고 이와 대비되는 수사학의 불안정성이다. 언어학과 수사학의 영역과 대상은 '언어 일반'에 해당하고 문학은 언어의 특수한 활용 영역으로 한정된다는 데서 출발한 논리이겠는데, 언어학의 일반성과 문학(비평)의 특수성이 명확한 것과는 달리 수사학은 '사상-표현'의 일반성과 '수사'의 특수성 사이에 처한 모호한 존재라는 뜻에 가깝다.

수사학의 이러한 위상은 언어학과 문학이 그 나름의 안정성과 적극성을 바탕으로 위세를 발휘하면 할수록 수사학의 입지가 불명료해진다는 것을 의미한다. 수사학·문장학·작문 등의 친연성을 고려하면 더욱 분명해진다. 이것은 수사법의 영역은 문학(시학)이 주로 담당하고 작문은 언어학(국어학)이 주로 담당해온 저간의 사정에 투영되어 있다. 20세기에 언어학과 문학(비평)의 활약상이 두드러졌다면, 이는 수사학의 언어학화 혹은 시학화가 지배적이었다는 말이기도 하다. 반면에 오늘날처럼 만약 수사학의 의의가 다시금 부각되는 상황이라면, 그만큼 언어학과 문학의 안정적 위상에 동요가 생겨났다는 뜻이 된다.

3. 章太炎의 文論 체계와 修辭學에의 대응

章太炎의 文論 체계가 본격적으로 구상되던 당시, 그 용어의 용법을 규정해온 전통적 맥락에서 文과 긴밀한 관계가 있는 修辭(學) 개념의 재정립은 이렇게 진행되고 있었다. 이와 관련된 논의를 진행하기 위

---

30 陳望道, 「語言學關和修辭學對于文學批評的關係」, 『文學百題』, 1935(『陳望道修辭論集』所收), 220쪽.

해, 章太炎과 더불어 일본을 매개로 한 '번역(어)'의 맥락 속에서, 전통
적 문 개념의 기원과 계보를 구성하는 작업을 진행한 劉師培가 1905년
에 발표한 「論文雜記」라는 글의 한 대목에서 시작하겠다. 아래 인용문
은 文의 개념적 함의를 그 용례에 따라 구분하면서, 文과 修辭의 상호
관련성을 설명하는 내용을 담고 있다.

> 中國三代之時, 以文物爲文, 以華靡爲文, 以禮樂法制, 威儀文辭, 亦莫不稱
> 爲文章. 推之以典籍爲文, 以文字爲文, 以言辭爲文. 其以文爲文章之文者,
> 則始於孔子作文言. 蓋文訓爲飾, 乃英華發外, 秩然有章之爲也. 故道之發現
> 於外者爲文, 事之條理秩然者爲文, 而言詞之有緣飾者, 亦莫不稱之爲文.[31]

위에서 보이듯이, 劉師培는 文의 의미를 네 가지 경우로 구분하여
설명한다. 첫째, 文物 = 文은 『易·賁卦』와 『易·明夷卦』에 등장하는
"文明"이라는 말에 근거한 것이다. 둘째, 華靡 = 文은 華靡-儉朴 혹은
文-質의 대비로 설명되는 것이다. 셋째는, 禮樂·法制 = 文(章)이나 威
儀·文辭 = 文(章) 등의 용례를 통해 제시되고 있다. 넷째는, '典籍 =
文'·'文字 = 文'·'言辭 = 文'의 의미로 사용되는 경우들을 가리킨다.[32]
이러한 설명에 이어 '文章之文'이라는 뜻으로 文의 개념을 처음 본격
화한 것이 공자가 지었다는 『易·文言傳』이라고 한다. 이때의 文이란
곧 修飾의 飾이라는 말과 같다. 그러므로 후세에 이러한 文의 함의를
文字와 동일시하는 것은 커다란 잘못이라는 한다. 文 = (緣)飾이라는
개념을 앞서 든 네 가지 사례 속에서 보자면, 둘째의 경우인 華靡 = 文
과 비교적 가깝게 느껴진다. 그렇지만 직접적인 동일시는 주저되는바,

---

31 劉師培, 「論文雜記」, 『國粹學報』 제4기, 1905, '文篇'의 5장앞~뒤.
32 자세한 문헌적 용례는 위의 글에서 劉師培 자신이 제시하고 있다.

華靡-儉朴 혹은 文-質과 같은 명확한 대조 관계 속에서만 해석될 가능성이 있기 때문이다. 그럴 경우 아무래도 華靡로서의 文이란 부정적 함의를 지니게 된다.

물론 文 = (緣)飾이라는 규정은 특히 劉師培에게서 두드러지는 것이기는 하지만, 그 근거 또한 두루 인정할 만하다. 무엇보다 『說文解字』의 '彡'部로 분류된 修자의 字義를 "飾"이라고 서술한 탓이다. '修 = 飾'이라면 '修辭'라는 용어의 출전이 되는 『易·繫辭』의 유명한 구절, "修辭立其誠"의 修가 수식의 뜻이 된다.[33] 전근대 전통 문론의 문맥에서 文과 修辭는 文 = 飾 = 修이라는 개념적 유사성으로 인해 긴밀하게 연계되어 왔다.[34] 굳이 이 사례가 아니더라도, 특히 文-質 개념의 상호 인접성이 관습으로 굳어지면서 修辭立其誠의 誠(= 진실) 또한 거의 연쇄적 용어로 활용되어 왔다. 어느 쪽이든 文과 修辭의 개념적 인접성은 분명하였다고 하겠다.

文과 修辭의 개념적 인접성과 근친성으로 인해, 文의 기원과 계보의 재구성 작업에는 19세기말~20세기 초에 걸쳐 일본에서 형성되었던 '수사학' 담론이 적잖은 영향을 끼쳤다. 그 단적인 사례가 章太炎(章炳麟, 1869~1936)에게서 확인된다. 이 시기 文과 修辭 문제와 관련하여, 특히 주목할 만한 장태염의 글은 4편이다.

　① 「文學說例」, 『新民叢報』 제5·9·15호, 1902

---

[33] 修·辭·修辭 등의 문헌적 용례는 楊樹達, 『中國修辭學』, 科學出版社, 1952, 1~2쪽; 정우봉, 「한국 수사학에 있어 修辭 담론과 그 맥락」, 『민족문화연구』 45호, 2006, 112~122쪽; 염정삼, 「文 개념을 통해 본 중국적 수사의 특성」, 『수사학』 제11집, 2009, 179~193쪽 등 참조.

[34] 전통 文論 혹은 文 관념의 측면이 아니더라도, 修辭(學)는 주로 修飾과 동일시되었다. 서양 수사학 체계를 중국에 도입하여 그 본격적 체계화를 이룩한 陳望道의 유명한 저서 『修辭學發凡』, 1~3면에서도 확인된다.

② 「正明褝義」, 『訄書』(重訂本) 1904[35]

③ 「文學論略」, 『國粹學報』21~23期, 1906

④ 「文學總略」, 『國故論衡』, 1910[36]

　①은 1902년 1월에 이전의 원고를 다시 增删하여 원고를 두 차례 수정한 다음, 양계초가 주편하고 있는 『신민총보』에 3차에 걸쳐 발표한 글이다. 이 ①을 다시 수정하여 간행한 것이 ②이다. 『訄書』는 원래 1899년에 원고를 완성하여 1900년에 간행한 장태염의 저술이었다. 그 이후 다시 부단히 개정 작업을 진행하여 1904년에 중정본을 출판하는데, 거기서 「訂文」에 부록으로 첨부되었고, 제목 또한 「정명잡의」로 달라졌다. ③은 3년간의 투옥 생활에서 벗어난 직후에 劉師培가 중심이 되어 간행하던 『國粹學報』에 투고한 글이고, 이 ③을 다시 수정하고 제목을 고쳐 간행한 글이 ④이다.[37]

　특히 ③의 한 대목에는 일본에서 간행된 수사학 관련 저술을 직접적으로 거론하면서 그 논의의 부당성을 비판하고 있다. 文의 기원·계보를 구성하는 장태염의 文論과 근대적 수사학이 정면으로 대면하는 대목이 흥미롭다.

　일본 武島씨의 『수사학』에는 다음과 같이 적혀 있다. "무릇 체제를 갖춘 것은 모두 문장이라 칭할 수 있지만, 문장이라 불린다고 해서 모든 것이 반드시 체제를 갖춘 것은 아니다. 무미건조한 담론이나 건조한 기사라도 스스로 하나의 문체를 이루기는 하나, 사실상 문자의 나열과 기호의 집합일

35　이하 인용은, 徐復, 『訄書詳注』, 상해고적출판사, 2000에 의거한다.
36　이하 인용은 『國故論衡疏證』, 중화서국, 2008에 의거한다.
37　이 글과 관련된 장태염의 전기적 사실들에 대해서는, 姚奠中·董國炎, 『章太炎學術年譜』, 山西古籍出版社, 1996를 참조.

뿐이지 체제를 갖춘 문장이라 말할 수는 없다."

이 견해는 옳지 않다. 도화에는 도화의 체제가 있어 준망에 능하고 명암을 잘 살피는 이가 아니면 해낼 수 없다. 표보엔 표보의 체제가 있어 체계를 알고 강목에 밝은 자가 아니면 해낼 수 없다. 부록엔 부록의 체제가 있어 품성을 알고 버리고 취할 것을 잘 살피는 자가 아니면 해낼 수 없다. 산초의 체제는 부호를 알고 장수에 정통한 사람이 아니면 해낼 수 없다.

日本 武島氏『修辭學』云 : '凡備體製者, 皆得稱文章. 然凡稱文章者, 不必皆備體製. 無味之談論, 乾枯之記事, 非不自成一體, 其實文字之臚列, 記號之集合耳, 未可云備體製之文章也.'

此說不然. 圖畵有圖畵之體製, 非善準望審明暗者, 勿能爲. 表譜有表譜之體製, 非知統糸明綱目者, 勿能爲. 簿錄有簿錄之體製, 非識品性審去取者, 勿能爲. 算草有算草之體製, 非知符號通章數者, 勿能爲. [38]

모두에서 인용하며 잠시 언급했듯이, "武島氏의 『修辭學』"이란 武島又次郞의 저서 『修辭學』을 가리킨다. 장태염이 인용하여 거론한 대목은 '體製'의 개념을 서술하는 대목에서의 설명이다.[39] 『修辭學』의 전체 체계는 體製와 構想으로 이루어져 있는데, 체제란 '문자를 매개로 한 감정·사상을 표현하는 방식'으로 즉 style을 말한다. 장태염이 반발한 핵심 구절은 "凡備體製者, 皆得稱文章"으로 보인다. 그 아래에서 보이듯이 장태염의 반대 논거는 '圖畵·表譜·簿錄·算草' 등이다. 이것은 장태염의 독특한 文의 분류 체계에서 연유한 것이다. 장태염은 文을 句讀의 有無에 따라 크게 나눈 다음, 無句讀之文에 '圖畵·表譜·簿錄·算草'이 포함되는 것으로 설정하였다. 따라서, 체제를 구비했다고

---

38 章太炎, 「文學論略」, 『國粹學報』 23期, 1906의 '文編', 4장 앞~뒤.
39 武島又次郞, 『修辭學』, 博文館, 1898, 7쪽.

해서 모두 문장이라고 할 수는 없는 것이 된다. 장태염에 따르면 文에 는 소위 문장과 문장이 아닌 것이 함께 포함되기 때문이다. 장태염이 보기에 武島又次郎이 『修辭學』에서 설명하는 '修辭(學)'란 중국 八股文 의 작법과 유사하다. 중국 전통 文의 함의를 제대로 이해하기 위해서 는 그 기원에서부터 파악할 수 있어야 하는데, 일본의 文論과 作文에 대한 이해는 기껏해야 당송의 문장을 기준으로 한다고 비판하였다.

장태염의 無句讀之文·有句讀之文의 구별은 ③의 수정인 ④에서도 그대로 지속되고 있다. 그 관건적 이유는 문자와 언어의 구별해야 한 다는 입장에서 연유하였다.

① 文字初興, **本以代言爲職**, 乃其功用有勝於言者. **蓋言語之用僅可成線**, 喩**如**空中鳥跡, 甫見而形已逝. 故一事一義得相聯貫者, 言語司之. 及夫萬類 坌集, 棼不可理, 言語之用, 有所不周, 於是委之文字. 文字之用, 可以成面, 故表譜圖畫之術興焉. 凡排比鋪張, 不可口說者, 文字司之. 及夫立體建形, 向背同現, 文字之用, 又有不周, 於是委之儀象. 儀象之用, 可以成體, 故鑄銅 雕木之術興焉, 凡望高測深不可圖表者, 儀象司之. 然則文字本以代言, 其用 則有獨至, 凡無句讀文, 皆文字所專屬也. **文之代言者, 必有興會神味, 文之 不代言者, 則不必有興會神味, 不代言者, 文字所擅場〔揚?〕也. 故論文學者, 不得以感情爲主.**[40]

② 文字初興, **本以代聲氣**, 乃其功用有勝於言者. **言語僅成線耳**, 喩**若**空中 鳥迹, 甫見而形已逝. 故一事一義得相聯貫者, 言語司之. 及夫萬類坌集, 棼 不可理, 言語之用, 有所不周, 於是委之文字. 文字之用, 足以成面, 故表譜圖 畫之術興焉. 凡排比鋪張, 不可口說者, 文字司之. 及夫立體建形, 向背同現, 文字之用, 又有不周, 於是委之儀象. 儀象之用, 足以成體, 故鑄銅雕木之術興

40　章太炎, 「文學論略」, 『國粹學報』 22期의 '文編', 2장 앞~뒤.

焉, 凡望高測深不可圖表者, 儀象司之. 然則文字本以代言, 其用則有獨至, 凡無句讀文, 皆文字所專屬也, **以是爲主. 故論文學者, 不得以興會神旨爲上.**[41]

①과 ② 사이에 큰 출입은 없다. 다만 ①의 끝 부분인 "文之代言者" 이하의 서술은 적잖은 차이가 있다. 文이 言을 대신하는 측면에서는 반드시 "興會神味"가 있어야 한다는 내용인데, 이것은 자칫 모든 言에 興會神味가 있다는 뜻으로 오해될 여지가 있어 보인다. ②와 같은 수정이 그렇게 해서 이루어진 듯하다. 그 외의 수정은 간단한 표현의 변화로 보이는데, 다만 "本以代言爲職" → "本以代聲氣"에 대해서는 약간의 보충이 필요하다. 위의 인용문에 이어 ①에서는 없던 내용이 ②에서는 추가로 서술되는데, 이른바 '文氣(론)'와 '文德(론)'의 설명이다. 曹조의 『典論』에서 연유하는 문기론과 왕충의 『논형』에서 시작되는 문덕론의 계보를 간략하게 제시하는 내용이 첨가됨으로써, 앞서 "言" → "聲氣"로 표현이 달라진 것으로 보인다.

문기론과 문덕론은 작가의 기상과 덕성을 중시하는 문론인데, 장태염은 이를 부차적인 문제로 비평하고, 무엇보다 "知文辭始於表譜簿錄, 則修辭立誠其首也"라고 강조하였다. 여기서 보이듯이 장태염의 文 개념은 '修辭(立誠)'과 긴밀하게 연관될 수 있다는 점을 확인하게 된다. 단적으로 '修辭立誠'은 文辭가 表譜·簿錄 등 소위 '無句讀之文'에서 연원한다는 사실을 인식할 때 가능해진다. 이 논의는 '學說과 文辭'를 구분하여 각기 "(開人之)思想"-"(動人之)感情"[42] 혹은 "(啓)人思"-"(增)人感"[43]으로 규정하는 입장에 대한 반론이었다.

①이 포함된 글에서 장태염이 학설과 문사의 구분법을 반대 논거로

41　章太炎, 『國故論衡』, 269쪽.
42　章太炎, 「文學論略」, 『國粹學報』 21期의 '文編', 6장 앞.
43　章太炎, 『國故論衡』, 262쪽.

제시한 것은 "서적에 붙여지는 명칭은 그 쓰이는 竹과 木에 의거해서 생겨났다"(古者書籍得名, 由其所用之竹木而起, 此可見語言文學功用各殊, 是文學之所以稱文學也.)는 사실이었다. ②에서는 "余以書籍得名, 實馮傳竹木而起, 以此見言語文字, 功能不齊"라고 하여 거의 동일한 취지가 반복되는데, 다만 "문학"이 "문자"로 수정되었을 뿐이다. 장태염의 주장은 간명하다. 서적에 붙여지는 이름 혹은 그 분류적 명칭은 그 문자가 새겨진 형질의 특성에 의거한다는 것이다. 가령 '經 = 常', '傳 = 轉', '論 = 倫'의 의미로 흔히들 풀이해 왔지만, 經이란 실을 이어 묶었다는 데서 연유한 이름이고, 傳이란 專의 假借인데 六寸 길이의 簿 즉 손바닥 크기의 목판에 해당한다. 그 길이가 經과 달랐기 때문에 傳이라 한 것이다. 아울러 論은 대나무를 이어 간책을 만들어 그 순서대로 엮었으므로 侖이라고 한 데서 비롯되었다. 이로 보자면 서적의 명칭은 다 그 형질에 의거해서 마련된 것이 된다. 따라서, 이 논의의 귀결은 자연스럽게 문자와 언어를 구별하는 것의 정당성이다.("凡此皆從其質爲名, 所以別文字于語言也.")

문자와 언어의 (상상적) 일치 가능성을 부정하고 그 구별을 거듭 강조하는 과정에서, 장태염 문론의 함의가 좀더 분명해 진다. 無句讀文과 有句讀文이라는 독특한 구분을 통해 '圖畵·表譜·簿錄·算草' 등의 존재를 부각함으로써, 문자 표현 가운데 언어로 환원되지 않는 영역이 있음을 반복한다. 언어와 문자는 통약가능한 부분이 분명 있기는 하지만 전체적으로는 비대칭적 관계를 이룬다는 것이다. 인용문 ①에서 제시되었듯이, '言語—文字—儀象'의 관계는 '선—면—체'의 비유로도 전환할 수 있다. '表譜·圖畵之術'은 문자의 기능과 결합하여 등장하는 것이다. 아울러 '排比·鋪張'과 같은 수사적 수법도 그 형상의 시각성으로 파악되어 "입으로는 말할 수 없어 문자가 그 구실을 맡게 된"(不可口說者, 文字司之)된 것으로 본다.

이제 「문학논략」과 「문학총략」의 첫 대목에서 장태염이 제시하는

문학의 개념, 즉

> 어째서 '문학'이라고 하는가. 文字가 대나무나 비단에 새겨졌기에 그것
> 을 일러 文이라 하고, 그 법식을 논하는 것을 일러 문학이라 한다.
> 何以謂之文學? 以有文字, 著於竹帛, 故謂之文, 論其法式, 謂之文學.

라는 진술을 다시금 들여다 볼 필요가 있다. 文이 文인 이유는 文字가
대나무나 비단 같은 매체의 물질성과 결합하였음을 뜻하기 때문이고,
그러므로 그러한 文이 존재하고 드러나는 다양한 양태를 논하는 것이
文學이 된다. 이러한 개념의 文學은 Literature의 번역어로서 정립되는
문학과는 거리가 멀다. 그 내력은 전근대 전통 文 관념의 재구성 작업
을 통해 마련되는 것이기 때문이다. 자세하게 설명하지는 않았지만 장
태염의 문론에는 청대 樸學에 기반하여 구성된, 文의 개념적 기원에
대한 광대한 탐색이 동원되고 있다.

'학설-문사'의 대립 구도는 그 당시 크게 유행하던 이른바 '知-情' 담
론의 산물이다. 이와의 관련에 한정할 경우, 결국 장태염 문론의 핵심
적 특징은 문자 자체의 혹은 문자와 결합된 물질적 매체성에서 찾을 수
있다. '圖畵·表譜·簿錄·算草'와 같은 無句讀文의 설정이야말로 언
어와 문자의 동일시를 막는 관건적 영역이겠는데, 이 無句讀文이 언어
적 층위에서의 분절에 의지하지 않고서도 의미의 생성이 가능한 것은,
문자(혹은 기호)가 그것의 실현을 가능하게 물질적 매체와 결합하였기
때문이다. '經·傳·論' 같은 서적 명칭의 기원도 역시 문자를 담는 竹
簡·木牘이라는 매체의 형질에 있다는 설명도 같은 맥락에서 나왔다.
따라서 언어와 문자의 상상적 일치가 불가능한 것은 문자 자체의 혹은
문자와 결합한 매체의 물질성이라고 할 수 있겠다.

武島의 '체제'에 대해서 장태염이 반박한 사정도 비슷한 측면에서 이

해할 수 있다. 武島의 『수사학』이란 서방의 수사학적 체계와 논리를
적극적으로 수용함으로써, 언문일치 운동을 통해 근대적 어문규범을
정립하는 과정의 산물이었다. 중국과 일본의 사정을 직접적으로 견주
기는 어렵지만 武島의 『수사학』이 지향하는 기본 방향과 장태염의 문
론은 그 방향을 달리 하는 것이었다. 중국적 맥락에서 武島의 『수사
학』이란, 기껏해야 宋 이후의 문(장)론으로 소급될 수 있는 정도로밖에
인정되지 못했다.

장태염은 文을 '有句讀文/無句讀文'으로 대별한 다음에, 有句讀文을
다시 '有韻文/無韻文'으로 나누었고, 無韻文을 '學說·歷史·公牘·典
章·雜文·小說'의 여섯 하위 항목으로 구분하였다. 여기서 주목해야
할 사실은 각 항목별 관계이다. 예컨대 學說의 諸子는 실로 다양하지
만 그 다양한 숫자보다도 "역사·공독·전장·소설"과 학설의 諸子가
관련이 있고 雜文과는 관련이 없다. 또 학설의 疏證은 '역사·공독·전
장·잡문·소설' 모두에 관여할 수 있다. 장태염이 제시한 결론은 典章
의 書志와 學說의 疏證은 有句讀文·無句讀文의 구별 없이 모든 부문
에 관여한다는 점이다. 이를테면 書志와 疏證은 無句讀文의 表·譜·
圖·畵가 마련되는 데에 필요한 성격이라는 의미로 이해된다.[44]

장태염이 이처럼 書志와 疏證을 강조하는 것은 文의 본래적 성격인
實質을 부각하려는 의도에서 나온 것임은 당연하다. 그러나, 또한 동
시에 書志와 疏證이 모든 文의 영역에 다 관여하는 자질이라는 진술에
내포된 다른 의미에도 주목해야 한다. 학술과 文辭를 구분하려는 당시
의 시도에 대응해서 장태염은 "雜文과 小說"은 다른 영역에 관여하는
성격이 아닌데도, 그것만을 기준으로 모든 文의 성격을 규정하려 한다

44　장태염의 文論 체계에 대한 전반적 설명은 류준필, 「章炳麟의 「文學論略」에 나타
　　난 文 觀念의 性格과 意味」, 『중국현대문학』19호, 2000, 69~76쪽 참조.

고 비판하였다. 그렇다면 文의 전체 질서나 체계(자신이 분류한 것처럼)를 알고 그 항목별·영역별 관계를 인식해야 올바르다는 뜻이 된다. 이를 통해 볼 때, 章太炎이 제시한 文의 분류 체계와 전체 구도를 알기 위해서 필요한 자질이 바로 書志와 疏證이라고 해도 무방하다. 따라서 장태염에게 書志와 疏證은 文의 실질성을 증명하는 근거이자 文의 체계를 이해하는 관건인 것이다.

文論 체계가 정립되자, 이제는 글쓰기 자체가 문제가 된다. 이에 대해 章太炎은 雅俗과 工拙이라는 틀을 제시한다. "工拙이란 文才에 연관된 것이라면 雅俗은 軌則에 달려 있는 문제"[45]이다. 장태염 스스로 자신은"먼저 訓詁를 구하여 字句를 분석한 연후에 글을 지었으며 먼저 체재를 변별하여 그 기준으로 삼을 것을 정한 연후에야 말을 했다."[46]고 하였다. 그렇다면, '어떻게 쓸 것인가' 혹은 '글을 쓴다는 것은 무엇인가'라는 문제에 대해, 장태염은 무엇보다 文의 체재와 軌則을 아는 것이 우선이라고 답한 것이다. 그럼 그 궤칙과 체재를 안다는 것은 무엇인가? 그것은 文의 전체 질서와 체계를 안다는 것이고, 그것을 위해서는 書志와 疏證이 핵심이라는 말이다. 결국 장태염이 내세우는 바는, 무슨 글을 어떻게 쓰든지 규범이 앞서 존재한다는 점이다.

이렇게 보자면, 문자의 매체성을 부각함으로써 언어와 문자의 동일시 혹은 통합성을 부정하려는 장태염에게 文의 체계란 이미 규범적 궤칙을 내포한 채 주어진 성질의 것이라 할 수 있다. 궁극적으로 장태염의 문론이란 文을 통한 '중국(학)'의 재정립인지도 모른다. 결과적으로 장태염 문론에 내포된 문자의 매체성은 '백화-문언'의 이항대립적 인식에 기반하여 펼쳐진 언문일치론에 맞서는 과정의 산물이다. 이로부

45　"工拙者繫乎才調, 雅俗者存乎軌則"
46　"吾則不然, 先求訓詁, 句分字析, 而後敢造詞也."

터 문자의 독자성 혹은 문자문화의 자립성을 지켜내려고 했던 듯하다. 하지만 그러한 작업으로서의 장태염 문론이란 중국의 전통적 '문'을 근대적 압력으로부터 유지하는 근거가 될 수는 있어도, 근대적 문학-수사학적 개념이 구성해 내는 장 속에 개입하여 실질적으로 작용하기는 어려워 보인다.

그럼에도 불구하고, 장태염의 문론은 백화문 운동으로 상징되는 언문일치의 염원이 구성하는 '재현'의 이념에 맞서는 경로를 보여준다. 그것은 '어언-문언'의 일치 가능성에 이질적인 재현 체제를 도입함으로써 그러한 일치에의 강박을 해소하는 방식이었다. 구두언어 혹은 언어의 우위성과 선차성에 기반하여 언어적 기호와 지시대상의 재현 가능성을 추구하는 흐름에 대항하기 위하여, 非언어적 재현 체계와의 관련 속에서 (구두)언어의 위상을 조정하였다. 앞서의 인용문에서 보이듯이, '言語—文字—儀象'과 '선—면—체'의 유비적 관계 설정이 그 단적인 표현이다.

그렇다고 해서 장태염의 문론이 재현 체계 일반을 부정하는 것은 결코 아니다. '선—면—체' 또한 재현 방식의 구분일 따름이다. 그러므로 기호에 대한 '지시대상'의 선차성과 우선성을 해체한다기보다, 文의 자기언급적 형상성을 제약하는 방법을 추구한 것이다. 결과적으로 장태염의 문론은 文의 형상성에 대한 저항을 통해 구성되는 문론이다. '文-質'의 구도에서라면 質을 중심으로 文의 문식성과 형상성을 통어하려는 것이다. '文-質'의 용어를 쓴다면, 결국 文의 불가피성을 인정하지만 그 또한 質의 우선성과 선차성을 전제로 해서일 뿐이다. 이러한 인식은 장태염 학술의 근저에 자리한 '小學' 즉 언어문자학적 입장과 긴밀하게 연계된 것이기도 하다.

앞서 거론한 장태염의 텍스트 「正明襃義」에는 이른바 '六書'에 대한 논의가 개진되고 있다. 거기서 '상형 · 지사 · 회의 · 형성'은 그 본래의 뜻을 가진 글자이지만, 의사소통 과정에서 활용되면서 "叚借"(= 假借)의 사례가 많아졌다고 한다.[47] 장태염이 말하는 叚借는 곧 引申(= 引伸)이다. 引伸으로서의 假借란 하나의 글자가 가지고 있는 본래의 뜻으로부터 파생된 다른 뜻까지도 지시하게 되는 것을 말한다. 장태염은 『文始』라는 저술을 통해 『설문해자』의 獨體字 및 半독체자 510개를 각각 '初文', '準初文'이라 칭하고 초문에서 파생되어 나온 글자들을 찾아내어 그 계보를 구성하는 작업을 하였다. 요컨대 원본과 파생본의 관계를 추적하는 작업과 유사한 성격이라 할 수 있다. 이러한 小學의 구도에서 문자의 파생을 뜻하는 "孳乳"의 현상을 주목하였는데, 假借 = 引伸이라는 독특한 시각 또한 문자와 의미의 상호 관계를 따지는 작업과 관련이 깊다.

장태염은 引伸 작용의 불가피성을 인정한다. 무수한 사물에다가 다 이름을 붙일 수도 없거니와, 본래 형체가 없는 대상에 대해서는 假借를 통한 表象이 부득이하다고 한다. 바로 이 대목에서 장태염이 일본의 종교학자 姉崎正治의 "표상주의는 하나의 病質"이라는 언급을 인용한다. 그러므로 '가차 = 인신 = 표상'은 그 자체로 病과 같은 것이라고 본다. 물론 문자가 차츰 증식하다 보면 假借의 방식을 들어 표상되는 지시대상이 독자적인 문자[正文]로 정착하게 된다. 그렇게 해서 가차 = 인신은 끝난다.

하나의 문자가 본뜻과는 다른 의미를 지시하는 것은 그 불가피성을 인정하더라도 의미의 범람과 잉여이므로 긍정할 수는 없다. 그런데도 과거의 시문은 새로운 글자가 만들어졌음에도 가차 = 인신의 문자를 그대로 활용하여, "대신해서 표상하는[代表] 것을 공교롭다[工]고 여기고 인신하지 않는 글자[質言]를 졸박[拙]하다"고 하는 경우가 적지 않다고

비판한다. 이것은 "病質"을 가지고 "美疾"이라 하는 것이기 때문이다. 이런 폐습이 이어지면 文辭가 공교로워질수록 그 병증은 더 심해질 수밖에 없다. 장태염의 문론은 결국 質의 우선성을 전제로 하는 文質論이다. 文이 質로부터 멀어질수록 表象이 많아지고 병증은 깊어진다.[48]

이런 입장에서 장태염이 「문학논략」에서 비판한 武島又次郎 『修辭學』에 담긴 내용에 대해 비판에 나선다. 武島는 『修辭學』의 '文의 구성'이라는 항목에서 문자사용법의 좋음과 나쁨을 나누고, '현재어·국민어·저명어'가 전자에 해당한다고 설명하였다. 이 셋에 대비되어 "이미 사라져서 국어 중에 없는 언어"인 '폐기어(死語)', 국어의 순수성을 파괴하고 이해하기에 어려운 '외래어', 그리고 '신조어'가 제시된다. 이에 앞서 비어·방언의 사용도 공중 독자의 이해에 장애가 되므로 부정적이라는 설명도 하였다. 물론 武島는 외래어와 신조어의 경우 때로 사용이 불가피하다는 점을 인정하는데, 다만 폐기어에 대해서는 여지를 남기지 않고 있다.[49]

장태염은 폐기어가 신조어로 다시금 활용되는 사례가 적지 않고, 서양의 신조어도 고대 그리스어에서 빌어오기도 한다고 반박한다. 아울러 폐기어가 문자로 표현되면 이해하기 어려운 경우라도 그것을 구어적 상황에서 사용되면 전혀 다른 효과를 낳을 수 있다고 한다. 특히 방언과 관련해서 그러한데, 방언에는 과거의 언어 용법이 그대로 남아 있어, 일부 식자층이 이해하지 못하는 말도 지역의 촌로나 아동은 쉽게 알아듣는 경우가 허다하기 때문이다.[50]

요컨대 장태염이 주장하는 바의 핵심은 사어와 방언의 의의를 부각하는 데 있다. 武島의 『수사학』은 결국 '국민어로서의 현재어'를 강조

48 　『訄書詳注』, 393~398쪽.
49 　武島又次郎, 『修辭學』, 30~35쪽.
50 　『訄書詳注』, 440~445쪽.

한 것이겠는데, 이 또한 '국민'의 형성이라는 근대 국민국가적 과제와 연계되는 언문일치론 혹은 어문규범론을 그 배경으로 한다. 앞서 장태염 文論이 이질적 재현 체계의 혼효를 통해 언어 중심적 재현론에 대응한 것이라 했듯이, 폐기어와 방언의 강조는 재현의 현재성(혹은 현전성)에 대한 교란이라고 볼 수도 있다. 국민어는 곧 현재어라는 도식은 현재의 배타적 우위를 강조하는 논리이고, '폐기어-현재어-신조어'란 결국 과거-현재-미래라는 시간성을 유비한 것이다. 여기서 폐기어 그리고 방언을 강조하는 취지는 '과거' 즉 기원에의 기억을 환기하려는 것이다. 폐기어가 그렇고 과거 언어의 흔적을 담고 있는 방언이 그렇듯이, 현재가 현재로 봉합되지 못하도록 하는 것이다.

이러한 인식은 문질론적 구도에서 質의 선차성을 전제로 하고, 本義와 假借(引伸)義의 구별속에서 本義의 우선성을 부각했던 방식과 궤를 같이 한다. 반복하지만, 장태염이 재현 자체를 부정하지는 않았다. 문자와 비언어적 매체와의 결합을 통해 어문의 순전한 일치는 불가능함을 확인하거나, 파생과 잉여를 낳은 과거적 기원과 모체를 환기함으로써 현재적 시간성의 일방적 우위를 제어하는 방식에도 기원과 재현은 여전히 유효하다. 다만, 물질적 매체의 이질성이나 시간적(사어)·공간적(방언) 기준의 이질성을 도입하는 방식으로 맞선 것은 분명하다.

4. 文과 修辭의 결합 가능성—劉師培의 文論와 坪內逍遙의 美辭論

장태염과 계보를 달리 하는 또 다른 기원론이 그 시대에 존재하였다. 그것을 주도한 사람은 劉師培였다. 『國粹學報』1호에 발표된 글 가

운데 劉師培의 「文章源始」가 있다. 이 글은 중국에서 文 관념이 형성
되고 변화하는 과정을 전체적으로 조망한 내용을 담고 있는데, 그 기
본 입장은 阮元의 「文言說」을 따르고 있다.[51] 거기서 劉師培는 文이란
말 속에 있기도 하고 글 속에 있기도 하다고 보기 때문이다. 그렇다면,
유사배가 말하는 文이란 글로 적은 것을 뜻한다는 장태염의 문 개념과
는 달리 언어 내부의 자질이나 속성을 의미하는 것이 된다. 이것을 유
사배는 "飾"이라 하였다.[52]

　章太炎이 실질을 근거로 文字로 적은 것이 文이라고 했다면, 劉師培
는 修飾을 근거로 文의 의미를 이해한 것이다. 물론 그 수식이란 韻語
와 偶語를 의미한다. 이를 통해 劉師培의 文論이 언어체의 형식적 층
위를 훨씬 부각한 양상임을 확인할 수 있다. 劉師培의 文論이 결과적
으로 언어체 내적인 특질이나 더 나아가 彣彰-華美의 발현에 중심을
둔 것이라 이해하는 것은 꽤 타당해 보인다. 무엇보다 말과 글(언어와 문
자) 모두에 적용될 수 있는 文論이라는 점에서 그 의의를 인정할 수 있
을 듯하다. 劉師培의 文 관념과는 달리 章太炎의 文論에서는 말과 글
(언어와 문자)의 관계를 적극적으로 사고할 수 있는 여지가 박약하기 때
문이다. 章太炎은 문자가 말과 공유하지 않는 부분을 강조함으로써,
말과 문자의 불연속성을 부각시켜 버렸다.

　앞서 언급하였듯이 劉師培는 阮元의 「文言說」을 계승하는 한편 수
정도 가하면서, 그 논리를 儷詞·韻語로 한정하고 彣彰이라는 개념으
로 귀결시켰다. 그렇지만, 阮元의 「文言說」에는 劉師培의 논리만으로
는 포착되지 않는 문제성이 포함되어 있다. 단적으로, "㉮ 반드시 말

51　이하 유사배의 文論에 대한 설명적 서술은 류준필, 앞의 글, 79~84쪽을 참조하였다.
52　"文字雖興, 勒書簡筆, 有漆書刀削之勞, 抄胥匪易, 傳播有艱. 故學術授受, 仍憑口耳
　　之傳聞. 又慮其艱於記憶也, 必雜於偶語韻文, 以便記誦, 而語言之中有文矣. 卽以
　　語言著書冊, 而書冊之中亦有文."

(詞)은 적게 하고 그 음을 음률에 맞추어 말에 꾸밈을 가함으로써 사람들이 기억·암송하기 쉽게 하여 ⓝ 내용을 더하거나 고침이 없게 하고자 한 것이다. ⓓ 또한 사투리나 속어가 그 사이에 뒤섞이지 않게 하여 ⓡ 의미를 전달하고 행해짐이 멀리 이를 수 있도록 한 것이다. ⓜ 이것이 孔子께서『易』에「文言傳」이라는 편을 지은 까닭이다."[53]는 진술을 통해, 阮元은 ⓐ와 ⓓ라는『易·文言傳』의 언어체적 특성은 각각 ⓝ와 ⓡ라는 의도와 깊은 상관성이 있다고 하였다. 실상 阮元의 진술에서 핵심은 ⓜ이다. 요컨대 阮元의「文言說」은 孔子가 지었다는『易·文言傳』을 논의 대상으로 삼은 글이다. 이러한 구도에서 文의 의미를 파악할 때, 그때의 공자라는 형상은 '文'을 짓는 文人으로 부각된다.

阮元-劉師培의 문론은 '修辭立誠'의 또 다른 차원을 보여준다. 誠 = 진실이란 文으로 표현되는 것과 文이 표현하는 것 사이의 괴리 없음을 부정하지 않으면서도, 또 다른 차원의 誠 = 진실을 문제 삼는다. 이것은 '참됨'을 말하였는가 즉 무엇을 말하는가가 아니라, 그 '무엇'이 소통의 과정 속에서 손상 없이 전달되도록 한다는 의미에서의 誠 = 진실이다. 달리 말해 타자에게 다가가겠다는 의지로서의 誠이다. 하지만 이것은 타자 또한 나와 동일한 誠 = 진실에 근거할 것이라는 기대가 객관적으로 보장되지 않는다는 전제 위에서 수행되는 誠 = 진실이다. 그러므로 내용의 誠과 전달의 誠은 동질적이지 않다. 다만, 전달의 誠이 실현될 때 그것은 다시 내용의 誠을 생성하는 효과를 낳는다.

阮元-劉師培의 문론에서 이 괴리를 봉합하는 것은 孔子라는 존재이고,『역경』으로 상징되는 경전의 진리성이다. 이 맥락에서라면, 커뮤니케이션 과정 속에서 전달하고자 하는 내용은 '이미-주어진-진리 =

---

[53] "是必寡其詞, 協其音, 以文其言, 使人易於記誦, 無能增改, 且無方言俗語雜於其間, 始能達意, 始能行遠. 此孔子於『易』所以著「文言」之篇也."

誠'이고, 그 인격화가 공자라 할 수 있다. 경전의 진리가 선재하므로 『역경』과 공자의 관계는 표면적으로는 위계적이지만, 이 둘 사이에 불연속은 없다. 이로 인해 공자의 '文言' 즉 교화 또한 정당화된다. 문제는 『역경』과 같은 경전의 진리가 보장해주는 권위가 없을 경우이다. 그러할 때도 공자가 가능한가 하는 물음은 피하기 어렵다.

阮元-劉師培의 문론에서 文 = 修飾이라는 의미는 文의 지시성만이 아니라 자기언급적-자기지시적 형상성이다. 이 형상성은 전달의 誠이 내용의 誠과 통합을 이루었을 때 빚어지는 것이고, 그 이름이 文이다. 韻과 偶는 지시대상이 없고, 언어 내부에서 언어들끼리의 공명을 가능하게 하는 물질성과 같다. 그렇기에 대상에 대한 형상이 아니라 대상 없는—정확히는 지시성을 소거한 채 자기 자신을 대상으로 하는 형상화이다.[54] 달리 말해 참된 文이란 '의미-지시성'과 '非의미-재귀적 형상성'이 교차하는 자리에서 피어난다고 할 수도 있겠다.

바로 이 지점에서 文論(劉師培)과 修辭가 또 다른 방식으로 조우할 수 있는 가능성을 떠올릴 수 있다. 이미 앞에서 일본(島村瀧太郎의 『新美辭學』)과 중국(陳望道의 『修辭學發凡』)의 대표적인 사례들의 연계를 통해, 수사학 체계의 내적 역설을 암시하였다. 그것은 언어[국어]의 지시적 투명성과 형상적 수식성[彩]이 상호 간에 작용하는 구조를 보여준다. 이때

---

54 여기서 章太炎 문론에서 환기되는 문자의 매체성을 다시 거론할 필요가 있어 보인다. 劉師培의 문론을 되새기자면, 언어와 문자의 일치 혹은 언문일치 자체가 文의 文다움을 보증하지는 않는다. 언어와 문자를 넘어서는 어디에 文 = 飾으로서의 '修辭'가 있다는 뜻은 아닐 것이다. 여기서 章太炎이 암시하는 '문자의 매체성'과 유사배의 '文 = 飾으로서의 修辭'를 함께 고려해 볼 경우, 이 둘은 생산적인 의미에서 상호 작용이 가능해 보이는 문론으로 이해된다. 즉 만약 유사배의 문론에서 말하는 '文 = 飾'이 장태염의 '문자의 매체성'과 동질적인 것으로 파악한다면, 그로부터 문자의 매체성에 내재된 규범적 폐쇄성(章太炎)을 열고서 기존의 文 체계로 환원·수렴되지 않도록 하는 언어적 작용(劉師培)이란, 언어 내부를 향하는 자기귀환적 작용을 통해 언어의 매체성(매체적 물질성)을 실현하는 것이라 할 수도 있겠다.

의 형상적 수식성이란 지시대상을 형상화한다는 의미에서의 형상성일 뿐만이 아니라, 재현 매체[= 언어]의 자기언급적(재귀적) 자기 지시성까지도 내포한다고 할 수 있다. 근대적 언문일치에의 염원이란 언어의 투명한 지시적 재현을 그 근거로 하는 것이었다. 이들 사례가 보여준 수사학 체계의 역설이란, 이 지시성에 자기지시적 투명성[= 자기언급적 형상성]이 포함된다는 데서 연유한다. 다른 한편으로 형상성 또한 자기언급적 지시성을 내포한 것이 된다.

일본의 경우 이러한 수사학의 연원은 坪內逍遙 등에게서 확인된다. 早稻田계의 '美辭學' 정립에 기초를 맡았던 인물이기 때문이다. 坪內逍遙에 다가가기에 앞서, 島村瀧太郎의『新美辭學』에서 '소극적 어채'에 어구의 純正과 精確을 든 다음에 '적극적 어채'를 서술하는 대목에 먼저 주의할 필요가 있다. 島村瀧太郎에 따르면 적극적 어채는 언어의 역사 즉 그 관습적 용례로 인해 생겨난 色澤인 "語趣"와 언어의 소리가 지니고 있는 음악적 정취인 "音調"로 나누어진다. 이 音調는 다시 "語勢的 음조"와 "形式的 음조"로 구분되고, 이어서 "형식적 음조"는 일반적 형식음인 "口調"와 특수적 형식음인 "율격"으로 다시 구별된다. 특히 '형식적 음조' 속에서 이른바 詩歌 형식과 관련된 음악적 측면들이 대부분 다루어지고 있다.[55] 이처럼 적극적 語彩는 단순히 언어의 지시성으로 환원되기 힘든 情趣에 주목한 것이고, 어쳐나 음조—특히 음조가 빚어내는 언어의 자기 지시적 형상성(음성적 혹은 음악적 형식)을 환기한다. 이것은 劉師培 문론이 강조하는 韻과 偶의 형식성과 연계될 수 있어 보인다.

이러한 가능성은 기실 이미 坪內逍遙의『美辭論考』에 나타나 있다.「文の源」에서는 인간의 知情意의 결과인 思가 언어로 드러난 것을 기

---

55   島村瀧太郎,『新美辭學』, 256~311쪽.

록한 것 일체를 일컬어 文이라 이름하고 章이라고 한다고 서술한다. 이어 「文の殊と通」에서 "一時一處에만 유효한 문장 또는 특정 개인·단체에게만 특별한 의미를 갖는" 제한적인 殊文과 일반적인 通文을 나누고는 "通文을 文學的文章이라 하고, 그것을 美辭論의 본령으로 한다"고 천명한다. 이어 「文の形」에서는 "문장에 律語와 散文의 구별이 있"음을 환기한다.[56] 여기서 보건대, '通文 = 문학적 문장'이라는 규정은, 島村瀧太郎의 『新美辭學』에서 '문장 = 평서문+수식문', '수사 현상 = 소극적+적극적'이라고 제시한 방식으로 계승된 것임을 알 수 있다. 아울러 律語와 散文의 구별은, 島村瀧太郎에게는 적극적 어채의 '어취와 음조'로 이어진다고 판단하게 된다. 그렇다면 坪內逍遙는 왜 이러한 인식을 품게 되었는지가 관건이 되는 질문일 수밖에 없겠다. 여기에 대해서는 두 가지 측면을 고려할 만하다.

첫째, 島村瀧太郎에 의해 정식화된 '예술=소재+기교=문장'의 연원이라 할 수 있는 坪內逍遙의 '通文=문학적 문장'라는 인식은 결국 '文章=修辭=形象(性)'에 다름 아니다. 단적으로 通文의 의미는 제한적이지 않은 효용의 일반성이라 할 수 있다. 이러한 인식을 가능하게 한 이유는 아무래도 坪內逍遙 당시의 어문 현실에서 찾아야 할 듯하다. 요컨대 그 당시는 아직 근대적 글쓰기 혹은 어문 규범이 분명하게 정착되지 않은 상태였고, '일본어로 글쓰기' 자체가 정립되지 못하였다. 이러한 조건에서 문장이란 아직 창출되지 않은 미정형의 어떤 것이라 할 수 있다. 따라서 문장은 그 자체로 형상적 창조물일 수 있었던 것으로 보인다. 이런 관점에서 보자면 '문자 문제+언문일치+표준어' 등의 복합체로서 등장하는 어문 규범이 확립되기 이전 상태에서 일본어 글쓰기란 그 자체로 형상성을 상징하는 것으로 인식될 수 있다.

56　坪內逍遙, 『美辭論考』(『逍遙選集』 제11권, 1927 수록), 9~29쪽.

둘째, 번역이라는 인식틀의 작용을 검토할 필요가 있다. 이 문제는 다음과 같은 坪內逍遙의 진술을 통해 접근할 수 있다.

> 유럽어[歐文]를 전혀 모르는 사람에게, 밀과 스펜서의 논문, 셸리와 바이런의 노래 둘 모두를 우리 속어로 직역해 보이려할 때, 전자의 理는 이해할 수 있어도 후자의 美는 이해할 수가 없다. 好尚의 차이가 크기 때문이다. 그렇지만 情의 美를 이해할 수 없는 것은 또 다른 까닭이 있다. 情의 文이 理의 文보다 詞에 의존하는 바가 많기 때문이다. (…중략…) 하물며 情文의 美는 想과 더불어 詞·語調 두 가지를 번역하지 않으면 이것을 전달하는 것은 불가능하다. 이런 까닭에 智의 文은 번역할 수 있으나 情의 文은 번역하기 어렵다.[57]

위의 인용문에서 분명하게 드러나듯이 情의 文 즉 문학 작품(정확히는 시)을 번역하는 것은 거의 불가능하다. 그 번역은 想뿐만 아니라 詞·語調도 전달될 수 있도록 번역해야 하기 때문이다. 이러한 태도는 島村瀧太郎이 설명한 '적극적 어채'의 '어취와 음조'를 환기한다. 坪內逍遙는 영문학자이자 셰익스피어 등의 번역자이기도 하였다. 번역될 수 없는 것으로서의 詞·語調란 결국 언어의 재귀적 자기 언급성이나 자기 지시성을 함의한다고 볼 수 있다.

坪內逍遙의 경우 이러한 두 가지 측면으로부터, 문장 = 문채 = 형상 figure이라는 인식과 더불어 문장 내부에 존재하는 자기 지시적 형상성을 동시에 감안하게 되었다고 판단된다. 이것이 이른바 早稻田系 수사학의 독특성을 규정짓는 시발점으로 보인다. 그렇지만 이러한 인식은 문학의 장르 의식이 뚜렷해지면서 동시에 점차 쇠퇴할 수밖에 없는 운

---

57   坪內逍遙, 「飜譯すべき外國文學」, 『文學その折折』, 春陽堂, 1896, 29~30쪽.

명이다. 坪內逍遙류의 수사학적 인식이란 언어 자체를 형상＝문채-figure로 보면서 재귀적-자기언급적 형상성을 동시에 품는 역설적 구조를 띠고 있다. 전자가 형상이라면 후자는 非형상이고, 후자가 형상이면 전자가 非형상이어야 하기 때문이다.

阮元을 계승한 劉師培의 文論이 韻・偶를 강조할 때 韻・偶의 文飾性에 의해 통어되는 지시적 의미체의 전체 구조에 초점을 두듯이, 坪內逍遙의 美辭論도 詞・語調와 같은 언어의 자기지시적 형식성을 내포한 通文＝문학적 문장이라는 전체 구조를 염두에 두고 있다. 다만 劉師培에게서 修詞란 전달의 진실성＝誠에 근거한 것인 반면에, 坪內逍遙에게서는 번역 불가능으로서의 詞・語調로 인해 촉발되는 것이라는 차이가 있다. 그렇지만 劉師培 문론이 강조하는 韻・偶야말로 坪內逍遙가 말하는 번역 불가능의 이유이자 대상이기도 하다는 점에서 보자면, 그 입지를 같이 하고 있는 것이 된다. 즉 劉師培처럼 文의 작자를 기준으로 하면 '번역될 수 없도록 함'이 되고 坪內逍遙처럼 독자-번역자를 기준으로 하면 '번역할 수 없음'이 된다.

여기서부터 적잖은 문제가 파생될 수밖에 없거니와, 말은 글로 번역될 수 없고 운문은 산문으로 번역될 수 없으며 나아가 외국어는 외국어로 번역될 수 없다는 문제 등이 그런 종류에 해당된다. 결국 劉師培와 坪內逍遙에게서 공통되는 바는, 文＝修辭(＝美辭)란 전달・번역의 과정 속에 전달・번역될 수 없는 것이 내포되어 있다는 자각의 산물이라는 사실이다. 文・修辭의 문제성은 바로 여기에 있다.

유럽의 한국 인식[*]

쿠랑의 한국사론과 동아시아

이영미

1. 머리말

모리스 쿠랑(Maurice Courant, 1865~1935)은 조-불 관계 초창기에 조선 주재 프랑스 공사관의 서기관을 지낸 인물로, 1890년 5월 23일부터 1892년 3월 10일까지 약 21개월간 조선에서 살다 갔다. 그는 조선 땅에서 입수하거나 존재를 확인한 문헌 3,821종의 서지 목록을 제시한, 또한 1972년 『직지심체요절(直指心體要節)』의 존재를 전 세계에 알린 『한국서지(韓國書誌, Bibliographie coréenne : Tableau littéraire de la Corée)』(1894~1896, 전3권)로 유명하며, 이러한 까닭에 일찍부터 도서관학 및 문헌정보학 연구진

---

[*] 이 글은 「쿠랑의 한국사 연구와 동아시아 속의 한국」(『한국학연구』 28, 인하대학교 한국학연구소, 2012)을 일부 수정한 것이다.

들의 관심을 받으며 '서지학자' 또는 '문헌학자'로 알려졌다.[1]

반면 쿠랑이『한국서지』외에도 한국에 관한 논저를 다수 남겼다는 사실은 오랫동안 주목되지 못했다. 그러나 1980년대에 프랑스의 한국학 연구자 부셰(Daniel Bouchez)가 이 사람을 '한국학의 선구자'로 소개하고,[2] 20세기 말을 기점으로 국내 역사학계가 서구에서 생산된 한국 관련 저술들의 검토에 나서고, 또한 세계화 시대를 맞이하여 해외 한국학의 중요성이 커지면서, 이제는 역사학자들도 그가 서지학자 또는 문헌학자일 뿐 아니라 매우 진지한 한국학 연구자였다는 사실을 다루기 시작하였다. 그런데 그가 한국을 학문적으로 다룬 초창기 연구자라는 점에는 이견이 없는 것 같으나,[3] 그의 학문적 과업에 대한 세밀한 분석은 아직 이루어지지 않은 상태이다. 현재『한국서지』의 역자 이희재가 그가 남긴 한국 관련 저작 21편의 목록을 제시한 것과 고대사 연구자인 서길수가 그 중 한 편을 소개한 것이 연구사의 전부이며,[4] 그가 수행한 연구의 전체적인 그림을 제시하기에는 충분치 못하다.

---

1 이귀원의 「Les travaux sur Maurice Courant en Corée(한국에서의 모리스 쿠랑 연구)」(『서지학연구』40, 서지학회, 2008)는 쿠랑과『한국서지』가 언제 한국에 소개되고 누구에 의하여 검토되었는지를 간략하지만 빠짐없이 정리해 놓았다. 문헌정보학 또는 도서관학 전공자들의『한국서지』관련 연구 성과는 다음과 같다. 이희재, 「모리스·꾸랑과 한국서지에 관한 고찰」, 『숙명여자대학교 논문집』, 숙명여자대학교, 1988; 조윤수, 「모리스 꾸랑의 ≪한국서지≫에 대한 서지학적 고찰」, 이화여대 석사논문, 1989; 김봉희, 「모리스 꾸랑의 ≪한국서지≫ 중 〈천주교류〉 연구」, 『서지학연구』5, 서지학회, 1990. 역사학계의 관련 연구로는 엄숙경, 「19세기 말 재한 프랑스 외교관 모리스 꾸랑의 ≪한국서지≫에 대한 고찰」, 경성대 석사논문, 1999이 있다.

2 D. 부셰, 「한국학의 선구자 모리스 꾸랑 (上)」, 『동방학지』51, 연세대 국학연구원, 1986; ______, 「한국학의 선구자 모리스 꾸랑 (下)」, 『동방학지』52, 연세대 국학연구원, 1986.

3 이는 2004년『한국사시민강좌』에서 널리 공표되었다. 유영익, 「서양인에 의한 한국학의 효시」, 『한국사시민강좌』34, 일조각, 2004; 이진명, 「쿠랑 : 유럽 한국학의 선구자」, 『한국사시민강좌』34, 일조각, 2004.

4 이희재, 위의 논문, 330~332쪽; 서길수, 「유럽 학계의 광개토대왕비 조사와 연구」, 『고구려연구』21, 고구려연구회, 2005.

이 논문은 쿠랑이 어떤 학자였는지 알아보기 위하여, 또한 서양 측 한국학의 기원과 계승, 발전 과정을 구명하기 위하여 그가 남긴 한국 관계 논저를 분석하고자 한다. 우선 제2장에서는 한국학 연구자로서의 그의 자취를 소개하고, 그가 다양한 분야에 관심을 가진 듯 보이지만 실제로는 한국 사료를 깊이 탐구하여 한국의 역사상을 밝히려 고심한 사람이었음을 확인하였다. 이어지는 제3장에서는 그가 한국사에 등장한 주요 왕조들을 어떻게 규정하였는가 하는 점을 신라와 고려, 조선 세 부분으로 나누어 검토하고, 이를 통하여 그가 한국사의 진행을 퇴행적 과정으로 파악하였음을 살펴보았다. 그리고 본론의 마지막 부분인 제4장에서는 한국사의 대외적 측면 즉, 동아시아 3국의 관계성 속에서 그가 한국에 부여한 정체성이 어떤 것이었는지 알아보았다.

2. 쿠랑의 한국 관련 저술

콜레주 드 프랑스(Collège de France) 한국학 연구소의 조사에 의하면, 쿠랑은 단행본 3편, 논문 14편, 그리고 일반 대중을 대상으로 쓴 4편의 기사까지 총 21편의 한국 관련 저술을 집필하였다.[5] 다음은 필자가 그의 논저를 시기별로 정리한 것이다.

---

[5]   Collège de France ed., *Études coréennes de Maurice Courant*, Paris : Éditions du Léopard d'or, 1983, pp. 13~15.

단계	연대	거주지	저작
1기	1890 ~ 1896	서울→북경 →파리→ 동경→천진	『한국관직역대총람』(1891) 「한국에서 사용된 다양한 화폐에 대한 역사적 소고」(1893) 『한국서지』(1894~1896) 「한국에서 사용된 각종 문자 체계에 대한 소고」(1895) 「한국사의 주요 시대들」(1895~1896)
2기	1896 ~ 1899	파리	「한국의 가극과 춤극」(1897) 「9세기까지 한일 관계와 한국이 일본 문명에 끼친 영향」(1897) 「고구려 왕국의 한문 비석」(1898) 「한국 및 일본 연구에 관한 단평」(1898) 「한국 종교들의 개요 및 내력」(1898)
3기	1900 ~ 1912	리용	「한국의 어떤 유적들」(1900) 「샹 드 마르스의 한국관」(1900) 『한국서지 부록』(1901) 「한국」(1904) 「한국과 열강」(1904) 「극동의 문제들 : 한국의 조정」(1904) 「15세기 이래 일본의 한국 내 거점 부산」(1904) 「동맹에서 지배로 : 보호국화의 단계」(1909) 「한국의 음악」(1912)
4기	1913 ~ 1935	리용	「한국」(1914) 「한국의 문자」(1927)

　쿠랑의 일대기에 관해서는 부세가 잘 정리해 놓았으나, 다시 한 번 정리하면 다음과 같다. 1865년 10월 12일 파리에서 출생하고, 1883년 파리대학 법과에 입학하여 법학을 공부하다가 1885년 동양어학교에 등록하여 중국어와 일본어를 배웠다. 1886년 파리대학, 1888년 동양어학교를 졸업한 후, 동양어학교 졸업생의 주요 무대였던 외무성 통역관의 세계에 입성하여 같은 해 9월부터 만 8년 동안 중국, 조선 및 일본에서 통역관으로 활동하였다. 1896년 통역관 생활을 마치고 학자로서의 삶을 시작하기 위하여 귀국하였으나, 동양어학교에서 교직을 얻는 데 실패하고 1900년 리용으로 이주하였다. 1913년 리용대학의 중국어과 교수로 임용되어 이후 20여 년간 동아시아 관련 학술 활동을 펼쳤으며, 1935년 칼뤼르(Caluire)에서 뇌출혈로 사망하였다.

필자가 1기(1890~1896)로 구분한 시기는 쿠랑이 통역관으로 일하던 때로, 한국에 관하여 거의 아는 것이 없었던 그가 한국을 직접 경험하고 연구열을 불태우던 시절이다. 이 때 그는 첫 작품『한국관직역대총람(韓國官職歷代總攬)』(1891)으로 외무성 상, 『한국서지』로 스타니슬라 쥘리앙(Stanislas Julien)상을 받았으며, 그밖에도 삼국 시대부터 조선 시대까지의 화폐사를 다룬「한국에서 사용된 다양한 화폐에 대한 역사적 소고」(1893)를 프랑스에서, 한자에서 이두, 한글에 이르는 한국인들의 문자 생활을 고찰한「한국에서 사용된 각종 문자 체계에 대한 소고」(1895)와 서기전부터 고려 건국까지의 정치와 사회, 문화를 검토한 장편의 논문「한국사의 주요 시대들」(1895~1896)을 일본에서 발표하였다. 그가 한국의 역사에 남다른 관심을 가졌음을 확인할 수 있다.

쿠랑의 한국 연구는 2기(1896~1899) 즉, 30대에 접어든 그가 본격적인 학문의 길에 들어서기 위하여 통역관 일을 그만둔 후에도 계속되었다. 이 시기의 글로는「한국의 가극과 춤극」(1897), 「9세기까지 한일 관계와 한국이 일본 문명에 끼친 영향」(1897), 「고구려 왕국의 한문 비석」(1898), 「한국 및 일본 연구에 관한 단평」(1898), 그리고「한국 종교들의 개요 및 내력」(1898)이 있다. 그 중에서「한국의 가극과 춤극」은 그가 "한국의 극에 관하여 알고 있는 전부"[6]를 나열한 단문이고, 「한국 및 일본 연구에 관한 단평」은 연구사 성격의 저술이다. 본격적인 학술 논문은「9세기까지 한일 관계와 한국이 일본 문명에 끼친 영향」과「고구려 왕국의 한문 비석」, 「한국 종교들의 개요 및 내력」인데, 앞의 두 편은 고대사를, 후자는 고대로부터 조선에 이르는 종교 및 종교 의식을 종합적으로 다룬 것으로 한국 역사에 대한 그의 여전한 관심이 엿보이는 부분이다.

---

[6]   Collège de France ed., "La complainte mimée et le ballet en Corée", *op. cit.*, p.143.

필자가 3기로 구분한 1900~1912년은 동양어학교 취직이 좌절되고 난 후 리용에서 새로운 활로를 탐색하던 시기이다. 이 기간은 다시 세 단계로 구분된다. 첫 단계인 1900~1901년은 새로운 연구에 착수하기보다는 과거의 작업들을 마무리하는 시간이다. 「한국의 어떤 유적들」(1900), 「샹 드 마르스의 한국관」(1900) 및 『한국서지 부록』(1901)이 그것이다. 두 번째 단계 1904~1909년에는 『북중국(La Chine du Nord)』(1904)이라는 책의 한 항목인 「한국」(1904), 「한국과 열강」(1904) 및 「극동의 문제들 : 한국의 조정」(1904), 「15세기 이래 일본의 한국 내 거점 부산」(1904), 「동맹에서 지배로 : 보호국화의 단계」(1909) 등 4편의 논문을 작성한다. 1~2기에 고대사를 중심으로 한국의 전통 시대를 활발하게 연구하였다면, 이 시기에는 19세기 말 이후의 정세를 다룬 글들이 눈에 띈다. 러일전쟁 이후 커진 유럽인들의 호기심에 부응하기 위해서였을 것이다. 마지막 단계는 1910년 이후이다. 한국에 대한 서구의 관심이 극에 달하였다가 강제 병합과 함께 떨어지는 때이며, 쿠랑 개인적으로도 더 이상 연구에 매달리지 않는 듯하다. 「한국의 음악」(1912)은 중국 음악사를 다룬 박사논문의 부록으로, 한국에 대한 거의 마지막 연구이지만 큰 의미를 부여할 만한 것은 아니다.

마지막으로 4기(1913~1935)는 가장 길지만, 대중 서적에 수록된 2편의 일반 기사가 전부이다. 1913년 리용대학 중국어과 교수가 되면서 강의 외에도 여러 가지 사무를 맡게 되었던 것, 1910년경 사고로 오른손을 다치면서 연구에 임하지 못했던 것, 그리고 노령으로 인한 건강 악화 등을 이유로 꼽을 수 있다. 그러나 보다 결정적인 요인은 한국을 계속 연구하게끔 하는 추동력의 부재로 보인다. 사실 중국학이나 일본학에 대한 수요에 비하면 한국학에 대한 요구는 턱없이 적었다. 그는 리용대학에서도 한국사 강의를 개설하는 등 한국에 대한 관심을 놓지 않았지만, 중국이나 일본 대신 한국을 전문적으로 공부하려는 학생이 없었다. 그도 그럴 것이 프랑스는 1886년 조선과 국교를 맺었으나 정치적 · 종교적 부분 외에는 깊이 관여하지는 않았으며, 1905년 국교 단절 이후에는 거의 관심을 가지지 않았다. 이처럼 한국에 대한 프랑스의 낮은 관심도야말로 쿠랑이 한국 연구를 중단한 가장 근본적인 원인이라고 생각된다.

이상에서 쿠랑이 1890년 조선에 첫 발을 들여놓은 이후 1912년경까지 대략 20여 년 동안 한국을 연구하되 한국의 역사에 깊은 관심을 가졌음을 확인하였다. 그렇다면 그가 한국사 연구에 활용한 문헌 자료는 무엇이었을까. 필요한 경우 중국 또는 일본 사료도 참고하였지만, 기본적으로는 『한국서지』 편찬 과정에서 알게 된 한국 문헌이 주를 이루었다. 『삼국사기(三國史記)』와 『여사제강(麗史提綱)』, 『경국대전(經國大典)』, 『오례의(五禮儀)』, 『대전회통(大典會通)』, 『육전조례(六典條例)』, 『증보문헌비고(增補文獻備考)』, 『조두록(俎豆錄)』, 『고사촬요(攷事撮要)』, 『동국여지승람(東國輿地勝覽)』, 『해동제국기(海東諸國記)』 등이었다.[7] 그 중에서 가장 많이 언급되고 가장 신빙성 있는 역사 기록으로 간주된 것은 단연 『삼국사기』로, 다음과 같은 높은 평가를 받았다.

> 그러나 『삼국사기』가 한국의 역사에 관하여 현존하는 가장 오래된 저술임을 잊어서는 안 된다. 이 책의 신뢰성은 누구도 반박하지 않았고, 문체는 뛰어난 고풍과 훌륭한 신념으로 이루어져 매우 간결하며, 저술 계획은 대단히 명확하고 전적으로 사마천의 『사기(史記)』를 모방하였다. 또한 이 책은 왕명에 의하여 찬술되었으므로, 김부식은 당시 존재하였지만 오늘날에는 사라진 모든 기록을 이용하였을 것이다.[8]

---

[7] Courant, Maurice, *op. cit.*, pp.222, 263 & 266.

[8] Courant, Maurice, *Bibliographie coréenne : Tableau littéraire de la Corée* vol. 1, Paris : L'école des Langues orientales vivantes, 1895, pp.LXXVIII~LXXIX.

물론 『삼국사기』의 모든 내용이 신뢰를 받은 것은 아니었다. 그는 한반도에 한자가 도입되기 전 시대에 관한 내용 중에는 믿기 어려운 것도 있다고 생각하였던 것이다.[9] 그러나 전시대의 서양인, 가령 19세기 전반 조선에서 활동한 파리외방전교회 선교사들이 한국 역사서를 "사실과 거짓이 뒤섞인 기이한 이야기들의 모음"[10]으로 치부하였다면, 그는 중국 및 일본 사료와의 비교를 통하여 『삼국사기』의 신빙성을 입증하고 이를 연구에 활용하였다.

이와 같은 사실은 서양인들의 한국 역사 기술 전통에서 대단히 중요한 지점이다. 왜냐하면 17~18세기 이래 그들은 줄곧 중국의 문헌에 의거하여 단편적으로 한국사를 이해해 왔기 때문이다. 1879년 스코틀랜드 출신의 만주 선교사 로스(John Ross, 1842~1915)가 쓴 최초의 한국 통사 『한국의 역사. 옛날과 오늘날(History of Corea. Ancient and Modern)』이 그 대표적인 예이다. 몇 년 뒤 미국인 그리피스(William Elliot Griffis, 1843~1928)는 『한국. 은둔의 나라(Corea. The Hermit Nation)』(1882)라는 유명한 책을 써서 한국을 널리 알렸지만, 그는 일본을 통하여 한국을 알게 되었기 때문에 일본 사료를 근거로 한국사를 기술하였다는 한계를 지니고 있었다.[11] 이렇게 한국 역사서에 기초를 둔 한국사 서술이 전무하던 시대에, 쿠랑의 시도는 그동안 한국 밖의 자료만을 사료로 삼던 서구인들로 하여금 한국에서 생산된 역사 자료에 진지한 관심을 갖게 하는 계기를 마련하였다.

---

9   Courant, Maurice, "Note sur les différents systèmes d'écriture employés en Corée", *op. cit.*, p.95.

10   Dallet, Claude-Charles ed., *Histoire de l'Église de Corée*, Paris : V. Palmé, pp.XI~XII.

11   로스와 그리피스의 저술에 관해서는 이영미의 글 「19세기 후반 조선을 바라본 서양인의 두 시선 : 로스(John Ross)와 그리피스(William Elliot Griffis)」(인하대학교 HK한국학연구소 외, 『2010 동아시아한국학 국제학술회의 : 東아시아 '國際主義'의 復元을 위하여』, 2010) 참조.

지금까지 쿠랑의 한국 관련 저작과 그의 연구 방법을 살펴보았다. 첫째, 그의 한국 연구는 생애의 1~2기 즉, 젊은 시절에 가장 활발하게 이루어졌다. 이 때 그는 첫 임지 북경에서 작성한「북경 조정의 구성, 생명력 및 기능에 대한 소고(La Cour de Péking, notes sur la constitution, la vie et le fonctionnement de cette cour)」(1891) 외에는 중국이나 일본을 다룬 글이 거의 없을 정도로 한국 연구에 심취해 있었다. 오히려 파리에서 학자로 정착하려 애쓰던 1900년대에는 주목할 만한 저작이 없는데, 이는 당시 프랑스에서의 한국학의 위상을 여실히 보여 준 것이었다. 둘째, 그의 관심 분야는 한국의 역사였다. 그는 한국고대사를 다룬「한국사의 주요 시대들」을 2년간 5회에 걸쳐 연재하는 등 고대사와 관련하여 중요한 연구를 남기고, 화폐와 문자, 종교 등 특정 분야를 역사적으로 고찰한 글도 여러 편 집필하였다. 셋째, 그는 한국 문헌을 자료삼아 한국사를 구성한 최초의 서양인이었다. 개항 후 한국에 대한 서구의 관심은 증가하였지만 한국의 역사서에 접근하여 한국사를 소개한 사람이 없던 때,『삼국사기』를 비롯한 여러 사료를 근거로 한국사를 쓰고 이를 일본과 유럽에 알린 것은 그의 최대 업적이라고 할 만하다.

3. 쿠랑의 한국사 성격 규정

1) 신라 - 최초의 통일 왕조

쿠랑의 고대사 연구는 일본에서 통역관으로 일하던 시절인 1894년경에 시작되어 귀국 초기인 1897~1898년까지 이루어졌다.「한국사의

주요 시대들」과 「9세기까지 한일 관계와 한국이 일본 문명에 끼친 영
향」, 「고구려 왕국의 한문 비석」이 이에 해당된다. 세 글은 그의 논문
중에서도 가장 큰 비중을 차지하고 있다. 『삼국사기』를 주요 자료로
삼는 가운데, 『사기(史記)』와 『전한서(前漢書)』, 『산해경(山海經)』 등의
중국 사료와 『고사기(古事記)』, 『일본서기(日本書紀)』, 『속일본기(續日本
紀)』, 그리고 『일본 후기(日本後紀)』 등의 일본 사료가 쓰였다.[12]

쿠랑 이전의 서양인들이 쓴 한국사를 보면 고대 즉, 후삼국 통일까지
는 비교적 자세한 편이다. 그러나 18세기 초 파리에서 발간된 『청 제국과
만주족의 지리, 역사, 연대기, 정치 그리고 자연에 대한 서술(Description
géographique, historique, chronologique, politique, et physique de l'Empire de la Chine
et de la Tartarie chinoise)』(1735)이 고구려와 중국의 전쟁 위주로 고대사를
소개한 이래, 중국 사료에 의존한 그들의 서술은 이를 크게 벗어나지 못
했다.[13] 백제와 신라에 대한 정보는 극히 빈약하고, 특히 7세기부터 10
세기 초까지는 공백이나 다름없었다. 그러나 쿠랑은 『삼국사기』를 확
보한 덕분에 고조선부터 삼국의 기원과 발전, 대립 양상은 물론 통일신
라와 후삼국까지 논할 수 있었다.

그는 『삼국사기』에 대한 신뢰를 바탕으로 서양의 "중국학 전문가들
이 그저 신화적 인물로 해석한 기자"[14]의 조선동래설을 받아들이고, 삼
국의 건국 신화도 신이한 탄생 부분을 제외하고는 대부분 수용하였다.
서양인 중에서는 드물게 단군의 존재를 알고 있었지만, 그가 『삼국사
기』에 등장하지 않았기 때문에 역사적 인물이 아닌 "신화적 군주"로 판
단하고 언급하지 않았다.[15] 국가 발전 과정과 관련해서는 고구려는 4

---

12   Courant, Maurice, "La Corée jusqu'au IX° siècle, ses rapports avec le Japon et son
     influence sur les origines de la civilisation japonaise", *op. cit.*, pp.113~114.

13   이 부분에 관해서는 이영미의 글 「朝-美 修交 이전 서양인들의 한국 역사 서술」(『한
     국사연구』 148, 한국사연구회, 2010) 참조.

14   Courant, Maurice, "Principales périods de l'histoire de la Corée", *op. cit.*, p.41.

세기 이후 크게 성장하였으나 잦은 전쟁으로 쇠퇴하였다면, 신라는 6
세기를 기점으로 국력이 신장되었다고 평가하였다.

쿠랑의 고대사 연구에서 가장 중요한 지점은 삼국의 통일 과정에 대
한 부분이다. 실상 쿠랑 이전의 한국사에서 이 부분은 한 번도 명쾌하
게 해명된 적이 없었다. 로스와 그리피스는 둘 다 한국사 최초의 통일
왕조를 고려라고 소개하였다.[16] 반면 그는 7세기에 첫 통일이 달성되
었고 그 주체가 신라였다는 참신한 주장을 펼쳤다. 다음은 신라통일론
이 처음 제시된 「한국사의 주요 시대들」의 일부이다.

중국은 이 전쟁으로 145만 호를 얻었다. 백제에서는 76만 호, 고구려에
서는 겨우 69만 호였는데, 후자는 필시 645년 전쟁 후 남아 있던 것이므로
문제되지 않는다. 이 영토는 도독부라는 이름의 14개 군사권으로 분할되
었으며, 일부는 앞에서 말한 대로 고대 왕국의 후손들에게 위임되었다. 신
라는 중국을 열심히 도왔으나 얻은 것이 별로 없어 불만을 보였고, 669년
부터 극렬해졌다. 673년 양국은 2년간의 전쟁에 돌입하였고, 신라는 잘못
을 인정하고 용서를 받았다. (…중략…) 고종 사후(684년) 측천무후는 나
약한 후계자를 제위에 앉힌 후 황실의 충복들에 맞서 권력 강화에 몰두하
는 한편, 불교 신앙 확산에 전념하였다. 신문왕은 이 상황을 이용하여 황제
를 거역하고 부친이 정복하였던 땅을 확보하였다. 중국 지휘관들이 쫓겨

---

15   쿠랑은 『한국서지』 집필 당시부터 단군의 존재를 알고 있었고, 「한국 종교의 개요
및 내력」에서는 단군을 "신화적 군주"로 표현한 바 있다(Courant Maurice, "Sommaire
et historique des cultes coréens", *op. cit.*, p.209). 쿠랑보다 먼저 단군을 언급한 사람은
그리피스이다. 그는 단군을 가리켜 부분적으로 야만인들을 교화시킨 "신적 존재
(divine being)", 기자를 "문명전수자(civilizer)"로 설명하였다(Griffis, William Elliot,
Corea : The Hermit Nation, New York : Charles Scribner's Sons, 1907, pp.12~13).

16   조선이 서구 세계에 개방되기 전 서양인들이 쓴 주요 한국 관련 기록에서 고려는 예
외 없이 한반도 최초의 통일 왕조로 소개되고 있다(이영미, 「朝-美 修交 이전 서양
인들의 한국 역사 서술」, 191쪽).

났는지 실질적인 권력만 빼앗겼는지 필자는 모르고, 그들에 대한 이야기는 전하지 않는다. 어쨌든 685년 신문왕은 반도의 남부 전역에서 위도상 평양에 이르는 즉, 오늘날 한국의 3분의 2가 넘는 땅의 주인이 되었다.[17]

인용문 앞부분에서 쿠랑은 백제와 고구려의 멸망을 중국이 주도하고 신라가 도운 한반도 원정의 일환으로 이해하고 있다. 이 부분은 로스의 기록과 유사하다. 그러나 로스가 "신라는 중국과의 관계에서 어떤 이익도 보지 못한 것 같"[18]다고 판단하였다면, 쿠랑은 신라가 전쟁에서 중요한 역할을 담당하였음을 인정할 뿐 아니라 신문왕의 영토 재편을 부친이 획득하였다가 뺏긴 땅을 탈환하는 과정으로 높이 평가하였다. 이는 문무왕이 한반도를 통일하였음을 인정하는 대목이다. 신라 통일론은 1897년 「9세기까지 한일 관계와 한국이 일본 문명에 끼친 영향」에서 다음과 같이 좀더 대담해진다.

아무튼 6세기 중엽이 되면 진(辰)은 모두 신라의 땅이 되었다. 신라는 당시 당이었던 중국의 도움을 교묘하게 이용하여 660년과 668년에 백제와 고구려를 정복하였다. 중국의 권력은 685년 이전에 한국에서 사라졌고, 국내외 사정은 평온하였다. 처음으로 단일 왕국으로 통일된 반도는 이때부터 9세기 후반까지 위대한 번영의 시대를 누렸다.[19]

앞에서 언급하였지만, 사실 기존 서양인들의 한국사 이야기에서 삼국 통일은 한 번도 명료하게 설명된 적이 없다. 고려가 첫 번째 통일 왕

---

17   Courant, Maurice, "Principales périods de l'histoire de la Corée", *op. cit.*, pp.71~72.
18   Ross, John, *History of Corea : Ancient and Modern*, London : Elliot Stock, 1891, p.181.
19   Courant, Maurice, "La Corée jusqu'au IX° siècle, ses rapports avec le Japon et son influence sur les origines de la civilisation japonaise", *op. cit.*, p.117.

조라는 것이 전부였다. 쿠랑이 이와 같은 상황을 몰랐을 리 없다. 다음은 1897년 제11회 국제 동양학 학술 대회에서 발표한 「한국 및 일본 연구에 관한 단평」의 일부로, 그가 한국을 다룬 주요 저서들을 익히 알고 있었음을 가르쳐 준다.

한국을 다룬 여러 저서와 논문은 일반적으로 J. 로스 목사, 에른스트 오페르트 및 모리스 잠텔 등이 집필한 것이다. W. E. 그리피스의 『은둔의 나라 한국』(런던, 1882년)은 조선이라는 나라와 그 풍속을 간략하게 잘 제시하였으며, 샤를 달레 신부가 최초로 작성한 『한국교회사』(파리, 1874년, 전2권)의 200쪽의 서문은 정확성이나 흥미에서 앞의 책들에 필적할 뿐 아니라 오히려 그것들을 능가한다.[20]

그는 자신보다 앞서 한국사를 소개한 사람들이 삼국의 통일을 어떻게 설명하였는지 잘 알고 있었다. 그러나 그는 그들의 견해를 답습하는 대신, 신라가 중국의 힘을 빌려 고구려와 백제를 멸망시킨 후 중국을 몰아냈으며 이후 "평온과 번영의 시대"[21]를 누렸다는 골자의 획기적인 이론을 제기하였다. 요약하면 쿠랑은 종래 서양인들이 한결같이 중국과 고구려 위주로 써 온 한국고대사 서사를 벗어났다. 그의 연구에 의하여 신라는 "중국의 손에 고구려와 백제가 초토화된 후 홀로 남은"[22] 왕조에서 한반도를 통일하고 찬란한 문명을 꽃피운 위대한 국가, 동방의 콜키스로 변신하였다.

---

20 Courant, Maurice, "Note sur les études coréennes et japonaises", *op. cit.*, p.180.
21 Courant, Maurice, "Principales périods de l'histoire de la Corée", *op. cit.*, p.73.
22 Griffis, William Elliot, *op. cit.*, p.44.

2) 고려 – 새롭지만 (신라보다) 못한 국가

쿠랑 이전 서구인들의 한국사 서술에서 고려에 대한 이야기는 많지 않다. 중국 문헌에 의거한 그들의 기록은 첫째, '한국(Corea)'이라는 말이 고려에서 나왔다는 것과 둘째, 고려가 한반도를 최초로 통일하였다는 것, 그리고 셋째, 거란과 여진, 몽고 등 강대한 북방 민족들에게 괴롭힘을 당하였다는 것 정도로 요약되며, 이전 시대들과의 차이점을 논한다거나 고려 사회 고유의 성격을 규정하는 데까지는 나아가지 못했다. 반면 쿠랑은 고려 건국 이후의 역사 일반을 집중적으로 조명한 논문은 남기지 않았으나, 이 시기의 역사에 관심이 없었다거나 연구를 하지 않은 것은 아니었다. 그는 『한국서지』 집필 당시 고려사의 큰 흐름을 파악한 상태였고,[23] 이후 몇몇 연구를 통하여 고려 사회에 대한 나름의 역사적 평가를 수행하였는데, 그 골자는 바로 고려가 정치적으로나 사회적으로 이전과 다른 시대라는 것이었다.

먼저 쿠랑은 고려가 정치적으로 통일신라와 다르다고 여겼다. 그는 서구의 어떤 한국 관련 문헌에도 수록된 적 없는 고려의 후삼국 통일 과정을 처음으로 상술하였는데, 이 부분은 그에게 상당히 인상적이었던 것 같다. 특히 그는 경순왕의 항복을 "신성에 가까웠던 왕통의 마지막 후예가 (…중략…) 약화된 국가와 왕가의 몰락을 인정하며 새로운 세력에 복종"[24]한 것이자 고대를 마무리짓는 사건으로 평가하였다.

필자는 이 일이 과연 이렇게 진행되었는지 알지 못하지만 그랬으면 하는 바람을 가지고, 신라왕의 긴 행렬이 백성들의 도움을 받아 새로운 도성 송

---

23   Courant, Maurice, *Bibliographie coréenne : Tableau littéraire de la Corée* vol. 2, Paris : L'école des Langues orientales vivantes, 1895, pp. 298~304.

24   Courant, Maurice, "Principales périods de l'histoire de la Corée", *op. cit.*, p. 90.

도로 조용히 가는 것을 즐거운 마음으로 상상한다. 이것은 고대 한국의 행렬로, 반(半)가부장적 정부의 종말이다. 토착 왕국의 옛 귀족은 축출 또는 종속되고, 신이하던 왕조는 석양의 장엄함 속에서 스러진다. 세습과 정통이라는 고대의 원리가, 이렇게 말해도 좋다면 천명이라는 중국식 사상 앞에서 사라지는 것이다. (…중략…) 정부는 더 균일하고 더 행정 중심으로 변하여 행동보다 말이 많아지고, 왕은 관료제 즉, 관리와 문인을 두고자 노력한다. 통치자는 기적적이고 태생에 근거한 위대함을 기꺼이 상실하고, 이제 천명을 갖게 되었다.[25]

그는 고려의 후삼국 통일을 단순한 왕조 교체 이상의 것으로 판단하였다. 통일 신라는 경제적 번영을 누리고 훌륭한 문명을 꽃피웠지만, "반(半)가부장적 정부", 즉 국왕이 수도를 통치하고 왕족이 지방을 다스리는 정부 체제를 운영하고 있었다. 그는 이 시스템이 지배자와 피지배자를 단단히 묶어 주지 못하였으며, 신라가 분열된 것도 결국 이것 때문이라고 해석하였다. 또한 신라에서 고려로의 이행을 신화에서 천명으로, 그리고 귀족제에서 관료제로의 전환으로 이해하면서 고려가 정치적으로 이전 국가들과 다른 왕조였음을 강조하였다.

고려의 경제적 측면은 어떠하였을까? 여기에 대해서는 그의 첫 논문인 「한국에서 사용된 다양한 화폐에 대한 역사적 소고」에서 단편적인 부분만 확인할 수 있다. 그는 이 글에서 고려 정부가 10세기 말 철전을 주조하기 시작하여 끊임없이 화폐 사용을 장려 — 백성들이 물물 교환을 선호하여 큰 효과를 거두지는 못했지만 — 한 것을 긍정적인 현상으로 평가하고, 또한 은병과 은괴가 사용된 것을 들어 "상업 활동이 비교적 활발"[26]한 사회로 보았다.

---

[25]　Courant, Maurice, "Principales périods de l'histoire de la Corée", *op. cit.*, p.90.

고려는 사상적으로도 새로운 사회였다. 그는 「한국 종교들의 개요 및 내력」을 통하여, 불교 행사가 국가적 차원에서 거행되고 사찰들이 건축되며 승려들이 막대한 권력을 누린 기록을 근거로 고려가 "대부분 숭불 정책을 유지"[27]하였다고 주장하였다. 그러나 그는 그저 불교 국가였던 신라와 달리, 고려는 불교와 함께 유교의 영향력 또한 증대된 사회였다고 판단하여 「한국사의 주요 시대들」의 결말 부분을 "고려 왕조 내내 영향력을 발휘한 것으로 두 가지 세력을 들 수 있다. 이미 강력했던 불교가 그 하나이며, 점차 영향력을 행사할 수 있는 기반을 닦아 가기 시작한 유교가 다른 하나"라는 말로 마무리하였다.[28] 삼국 시대에 유교 경전들이 들어오기는 하였으나 파급 효과가 크지 않았다가, 고려에 들어와서야 지배층 사이에서 유학의 힘이 강화되었다는 논리였다.

쿠랑이 본 고려는 분명 이전과 달랐다. 이 사회는 정치적으로는 중국식 제도를 완비하고 경제적으로는 상업이 융성하고 사상적으로는 불교가 지배적인 가운데 유교가 성장하고 있었다. 그렇다면 고려는 신라보다 나은 사회였을까. 그의 대답은 그렇지 않다는 것이었다.

> 한 왕조(고려 : 필자)가 다른 왕조를 대체하였다. 그러나 이 나라는 성향이 다르고 확실히 이전 시대의 지적 수준에 필적하지 못하였으며 산업도 사라졌다. 우리는 사방으로 흩어진 이 영광스러운 문명의 자취들을 모으는 것 말고는 할 수 있는 일이 없다.[29]

고려는 새로운 시대임에는 분명하지만, 신라만은 못했다. 그는 정치

26　Courant, Maurice, "Note historique sur les diverses espèces de monnaie qui ont été usitees en Corée", *op. cit.*, p.32.

27　Courant, Maurice, "Sommaire et historique des cultes coréens", *op. cit.*, pp.218~219.

28　Courant, Maurice, "Principales périods de l'histoire de la Corée", *op. cit.*, p.91.

29　Ibid., p.82.

적 약점을 가졌고 내분으로 인하여 몰락하였어도 신라가 경제적으로 풍요롭고 문화적·학문적으로도 낫다고 생각하였다. 그가 볼 때 고려는 새로운 시대였지만 과거의 영광은 퇴색되고 있었다.

3) 조선 - 유교를 신봉한 약소국

신라가 동방의 콜키스이고 고려가 그보다 못한 사회였다면, 쿠랑이 본 조선은 어떤 나라였을까. 조선 시대에 대한 그의 시각을 엿볼 수 있는 논저는 「한국과 열강」과 「극동의 문제들 : 한국의 조정」, 「15세기 이래 일본의 한국 내 거점 부산」, 「동맹에서 지배로 : 보호국화의 단계」 등 5편이다. 「한국에서 사용된 다양한 화폐에 대한 역사적 소고」와 「한국에서 사용된 각종 문자 체계에 대한 소고」, 「한국 종교들의 개요 및 내력」에도 조선에 관한 부분적이지만 의미있는 관찰이 포함되어 있다.

종래 서양인들의 한국사 기술에서 조선 관련 부분은 중국 역사서에 등장하는 임진왜란과 병자호란, 그리고 그들의 관심사인 천주교 전래 등 조선 후기 사건들이 중심이 되었다. 이 때 조선은 양난에서 참패한 허약한 나라, 그러면서도 기독교를 박해하고 서양 세력을 거부하는 완고한 이방인들의 나라로 기록되었다. 사실 그 당시 한국에 관심을 가졌던 인물들은 대체로 선교사나 그에 준하는 사람으로,[30] 조선 내부에

---

30   로스와 그리피스가 대표적인 예이다. 로스는 스코틀랜드 연합장로회 출신으로, 만주 선교뿐 아니라 조선 개신교 전래에도 주목할 만한 성과를 남긴 선교사였다. 그리피스는 국내에서 종종 선교사로 표현되고 있으나(신형식, 「日帝初期 美國宣敎師의 韓國觀 : Griffis의 "Corea, The Hermit Nation"을 中心으로」, 『日本植民地 支配 初期의 社會分析 (1)』, 이화여대 한국문화연구원, 1987), 실제로 선교사 활동을 한 적은 전혀 없다. 그러나 신학교를 다니던 중 일본에 갔고 귀국한 후에는 목사로 활동하였으므로 그의 기독교적 배경에는 의심의 여지가 없다.

서 일어나는 갖가지 일들보다는 서구와의 갈등 같은 대외적 사건에 흥미가 있었으며, 조선 내부의 일 중에서는 천주교 교세 확장이나 정부의 기독교 금지 정책에 관심이 쏠리게 되어 있었다. 반면 쿠랑은 그보다는 조선이라는 사회 자체의 성격을 규명하는 데 더 관심이 있었다.

그렇다면 쿠랑은 조선 사회를 어떻게 이해하였을까. 그에게 있어 이전 시대들과 구분되는 조선의 가장 뚜렷한 특징은 유교였다. 신라가 불교 국가이고 고려가 불교와 유교가 공생하는 사회였다면, 조선은 명실상부한 유교 국가라는 것이었다.

> 현 왕조(조선 : 필자)에 들어와 불교에 대한 혜택은 유교의 영향력 앞에서 소멸되었으며, 유교는 박해자가 되었다. 1419년 불교의 5대 종파인 오교(五教)가 철폐되고 선종(禪宗)과 교종(敎宗)만이 살아남았고, 1512년 이 두 종파도 폐지되었다. (…중략…) 1776년 관아와 왕궁에 있던 모든 불당이 파괴되었다. 이 법은 필자가 한국에 있을 때인 1890~1892년에도 적용되었다. 승려들은 무당과 소 잡는 사람, 창녀와 함께 천인이라는 하층 계급으로 분류되었다. 수 세기 전부터 문인들은 불교를 신랄하게 논죄하였다. 그들이 대체로 언급을 회피하였기에 정보가 귀하며, 일부 행정 서적에서는 거의 접할 수 없다.[31]

그는 「한국 종교들의 개요 및 내력」에서 조선 백성들이 실제로 갖가지 민간 신앙을 믿고 혹은 불사를 즐겨 찾는다는 점을 언급하면서도, 조선을 유교 사회로 규정하기를 망설이지 않았다. 이는 종교 차원에서는 불교가 여전히 살아남았으되, 국가 통치의 차원에서는 불교의 시대가 끝났음을 지적한 것이었다. 신라가 불교를 주요 통치 철학으로 삼았고 고려가 대체로 불교를 숭상하였다면, 그는 조선 왕조를 이끈 사

31　Courant, Maurice, "Sommaire et historique des cultes coréens", *op. cit.*, pp.220~221.

상은 단연 유교라고 생각하였다.[32] 사실 그는 이것을 그리 발전적인 현상으로 받아들이지 않았는데, 그 이유는 불교가 한반도 문명에 끼친 영향이 실로 막대하다고 보았기 때문이다.[33]

다음으로는 경제적 측면이다. 고려를 교역이 활발한 국가로 보았던 쿠랑은 조선에 대해서는 기본적으로 농경 국가이며 상업이 크게 발달하지 않았다고 지적하였다. 「한국에서 사용된 다양한 화폐에 대한 역사적 소고」의 결론을 보자.

> 중요한 것은 직물 화폐, 지폐 및 곡물 등 과도기적이며 불편한 통화가 없어지고 확실하게 엽전이 유통되는 데 7세기 가까이 걸렸다는 사실이다. 그렇다면 이 기나긴 위기가 얼마나 심각한 경제적·상업적 무질서를 초래하였는지 쉽게 짐작할 수 있을 것이다. 고려 왕조 말에 은병과 은괴가 사용되었다는 것은 틀림없는 상업 활동의 징후이다. 자리만 차지하고 별 가치도 없는 엽전으로 만족하는 한국의 현재 국내 무역은 500년 전 수준에도 못 미친다는 결론을 내릴 수 있다.[34]

활발한 화폐 사용을 경제 성장의 주요 지표로 여기던 그에게 19세기 말 조선 상업의 현실은 보잘것없어 보였던 것 같다. 실제로 그는 당시 조선이 상업적으로 500년 전 즉, 고려만도 못하다고 평가하였다. 경제

---

[32] 쿠랑은 「한국 종교들의 개요 및 내력」에서 유교를 구체적으로 언급하지 않았는데, 이는 유교를 종교로 구분하지 않았기 때문이다. 다만 주요 유교 의례인 조상 제사는 구체적으로 다루었다.

[33] 쿠랑은 한반도 문명에서 제일 중요한 사건으로 불교의 도입과 한자의 사용을 거론한 바 있다. 또한 승려들이 오래 전부터 종교적으로 억압받으며 열악하게 살아 왔다는 점을 고려하고 그들이 신라 시대에 위대한 역할을 했던 것을 기억한다면, 승려들을 너무 가혹하게 비판해서는 안 된다고도 쓰고 있다(Courant, Maurice, "Sommaire et historique des cultes coréens", *op. cit.*, pp. 221~222).

[34] Courant, Maurice, "La Corée et les puissances étrangères", *op. cit.*, p. 252.

분야에서 긍정적인 변화가 하나 있다면, 조선이 700년 동안의 혼란기를 끝내고 화폐 유통에 성공하였다는 것이다.

쿠랑의 조선시대사 연구에서 가장 주목할 만한 것은 임진왜란에 대한 해석이다. 임진왜란은 동아시아 3국이 모두 참전하였기 때문에 중국 및 일본 역사서에도 수록되었으며, 따라서 서양인들의 한국사 기술에도 반드시 등장하였다. 이 전쟁에 관하여 가장 상세하게 쓴 사람은 그리피스였다. 그러나 그는 지적으로나 감정적으로 일본에 치우쳐 있었기 때문에 일본의 자기중심적 기록을 재생산하는 데 그쳤다.[35] 반면 쿠랑은 「15세기 이래 일본의 한국 내 거점 부산」에서 임진왜란에 관하여 다음과 같이 썼다.

> 일본군은 전쟁에 단련되고 총포를 갖춘 자들로, 부산에 하선하자마자 급속히 진군하여 최초로 평양과 함경도 북쪽까지 도달하였다. 그러나 정부의 실책과 대립에도 불구하고, 한국은 중국의 지원과 승려들을 포함한 온백성의 총동원에 힘입어 1593년부터 적군을 남부로 쫓아냈다. 제2군은 서울 앞에서 저지되어 부산까지 밀려났고, 1598년 10월과 11월 히데요시의 사망과 함께 퇴각을 결정하였다.[36]

그는 임진왜란을 일본의 대륙 진출 시도가 실패한 사건으로 간주하였다. 이러한 사고는 「조선과 열강」에서 "일본이 과연 16세기 중국인

35　그리피스는 젊은 시절 경제적 곤란을 벗어나고자 일본에 건너갔다가 급속한 근대화와 매력적인 전통 문화, 총명한 학생들에 깊은 감명을 받고 돌아왔다. 그는 처녀작 『천황의 제국(The Mikado's Empire)』(1876)을 통하여 일본을 널리 알린 것을 시작으로, 평생 동안 일본에 대한 호감을 간직하면서 자타가 공인하는 '일본의 친구'로 살았다(이영미, 「19세기 후반 조선을 바라본 서양인의 두 시선 : 로스(John Ross)와 그리피스(William Elliot Griffis)」, 369쪽).

36　Courant, Maurice, "Un établissement japonais en Corée, Pou-san depuis le XV° siècle", *op. cit.*, p.270.

및 한국인들과의 전쟁에서 당한 패배와 13세기 몽골의 침략 시도를 설욕할 수 있을지"[37]라는, 19세기 말 당시 일본의 제국주의적 야욕을 임진왜란 패전의 연장선상에서 보는 인식으로 이어졌다.

사실 조선이 외적의 침략 의도를 좌절시킨 것은 임진왜란 한 번만이 아니었다. 조선은 자신에게 강압적으로 다가오는 서구 세력을 여러 번 응징하였다. 해안에 접근하는 외국 상선들을 내보내고 제너럴 셔먼 호를 불태웠으며, 프랑스 선교사들을 처형하고 함대도 물리쳤으며, 미국 함대를 온 몸으로 막아내었다.[38] 그렇지만 이러한 전력이 쿠랑에게 조선이 강력한 나라라는 인식을 심어 주지는 못한 것 같다. 오히려 정반대였다. 서양인들에게 용맹을 발휘하면 할수록, 조선이 약소국이라는 혐의는 짙어졌다.

쿠랑이 본 조선은 신라보다 확실히 보잘것없고 고려보다도 못한 사회였다. 조선은 한반도 문명에 크게 공헌한 불교를 박해하였고, 상업도 제대로 발달시키지 못하다가 숙종에 이르러서야 겨우 화폐 유통에 성공하였다. 「샹 드 마르스의 한국관」에서 다소 노골적으로 말한 것처럼, "인구도 많지 않고 부유하지도 않으며 수 세기에 걸친 외교 역사라고는 외세의 침입과 이에 대한 힘겨운 물리침의 역사밖에 없는"[39] 약한 나라였다. 물론 임진왜란에서 일본을 막아내고 이후 병인양요와 신미양요에서도 서양 세력을 물리쳤지만, 그것이 조선에 대한 역사적 평가를 격상시키는 역할까지는 하지 못했다. 사실 그는 동시대 한국을 경험한 서양인 중에서는 한국의 지적·문화적 수준을 높이 평가한 인물이었다. 그러나 그가 행한 연구의 범위에서 볼 때, 조선은 과거 왕조들에 필적하지 못한 폐쇄적이고 허약한 나라였다.

---

37   Courant, Maurice, "La Corée et les puissances étrangères", *op. cit.*, p. 252.
38   *Ibid.*, p. 235.
39   Courant, Maurice, "Le pavillon coréen au Champ de Mars", *op. cit.*, pp. 230~231.

4. 쿠랑이 본 동아시아 속의 한국

서구의 한국 관련 문헌들에서 한국의 지정학적 위치는 매우 자주 등
장하는 이야깃거리였다. "중국과 일본 사이에 매달려 있는 나라"[40]라
는 그리피스의 설명을 빌리지 않더라도, 19세기 말 조선은 중국과 일본
이라는 두 이웃과의 관계에서 약간은 곤란한 입장에 있었다. 20세기
전후 한국을 여행한 서양인들은 한국과 일본, 한국과 중국을 곧잘 비
교하는가 하면 한국이 일본과 중국 중 어느 나라와 공통점이 많은가 하
는 질문에 나름의 답변을 제시하기도 했다. 좀더 진지한 이들은 한국
이 양자 사이에서 영유해 온 역사상은 어떤 모습일지 궁금해 하였으나,
중국 문헌에 의거해서는 한국이 중국의 속국이라는 막연한 결론밖에
얻을 수 없었다. 쿠랑은 한국의 역사를 탐구하면서 한국과 중국, 또는
한국과 일본의 관계가 언제 시작되고 어떤 과정을 거쳐 현재에 이르게
되었는가 하는 문제의식을 가지고, 이후 여러 연구를 통하여 이에 대
한 답변을 제시하고자 했다.

쿠랑은 중국이 한반도에 끼친 영향을 부인하지 않았다. 도리어 한반
도가 오래 전부터 중국인들의 터전이 되고 그들의 선진 문명을 받아들
인 사실을 가장 잘 보여 주었다. 그는 고조선은 "중국에서 독립하여 최
초로 한반도에 만들어진 중국인 거주지"[41]이고, 낙랑군은 토착 민족에
게 중국 문명을 전수하였으며, 후일 신라가 강대해진 것도 6세기 초 중
국의 제도와 문화를 받아들였기 때문이라고 평가하였다. 또 한반도 문
명에서 제일 중요한 사건을 불교의 보급과 한자의 도입으로 들었는데,

---

40 Griffis, William Elliot, "Corea, The Hermit Nation", *Journal of the American Geographical Society of New York* vol. 13, 1881, p.126.

41 Courant, Maurice, "Principales périods de l'histoire de la Corée", *op. cit.*, p.41.

불교와 한자 역시 중국에서 들어온 것이었다.

> 승려들은 이 사상적 유산을 고구려와 백제, 곧이어 신라에 가져가 전파하였다. 그것은 우선 종교적인 신념이었고, 또한 본의 아니게 유학 사상이었다. 마지막으로 그들은 표현 및 의사소통의 수단이자 지적 통일의 훌륭한 도구인 표의 문자를 전달하였다. 태곳적의 수많은 부족을 계승한 4개의 왕국은 민족과 사회가 달랐고 전쟁도 끊이지 않았지만 좁은 반도 안에서 나날이 가까워졌고, 결국 한국의 통일은 이룩되었다.[42]

그러나 중국의 영향은 여기까지이다. 그는 한반도가 중국의 지대한 영향을 받았고 중국에 조공도 바치지만, 서양인들이 생각하는 실질적인 속국은 아니었다는 점을 밝히기 시작한다.

> 중국은 자신에게 조공을 보내는 고구려와 통상 좋은 관계를 유지하였다. 게다가 조공은 예전에 시암과 버마가 보낸 것과 마찬가지로 공경의 표시이다. 漢 왕조 때 매우 약하던 이 유대 관계는 왕조의 몰락에 잇따른 무질서로 인하여 6세기 말까지 점점 더 느슨해졌다.[43]

그는 고구려와 중국의 관계를 "좋은 관계"로 규정하였다. 여기에서 좋은 관계란, 한 나라가 다른 나라에게 예의상 조공을 보내는 관계이자 국내 사정에 따라 각자 살기도 하는 관계이다. 7세기 후반에는 통일 왕조를 수립한 중국이 한반도를 정벌하는 것처럼 보이지만, 그는 이 사건을 궁극적으로 신라의 승리로 보았다. 이후에도 마찬가지이다. 고려와 조선은 중국과 종종 충돌하고 때로는 그 앞에 굴복하기도 하지만,

---

42   *Ibid.*, pp.55~56.
43   *Ibid.*, p.51.

중국이 갖는 종주국으로서의 지위를 언제나 인정하고 동시에 자주적인 국가로 행세하였다.[44] 그에 따르면 첫째, 한국은 중국을 영원한 상국(上國)으로 대우하지만 전적으로 중국의 영향력 아래 들어간 적은 없고 둘째, 중국에 대한 감정도 나쁘지 않다.

다음으로 한반도와 일본의 관계로 넘어가면, 쿠랑은 진한과 변한, 신라에 해당하는 한반도의 남동부는 일본과 오랜 연관이 있다고 판단하였다. 첫 번째 연관성은 양자가 다방면에서 유사하다는 것이었다. 그는 「9세기까지 한일 관계와 한국이 일본 문명에 끼친 영향」에서 신라와 일본의 유사성을 다음과 같이 설명하였다.

> 또한 일본인과 진족은 유사한 점이 많다. (…중략…) 또 신라 왕가의 여자들은 다른 나라 사람과는 혼인 관계를 맺을 수도 없는데도 일본이나 가야국의 족장에게는 여러 차례 시집을 갔다. 이러한 사례가 혹시 이들 간에 혈연관계가 있었다는 표시는 아닐까? 이 두 나라는 언어의 공통점이 확연하다. (…중략…) 고서를 통해 가늠할 수 있는 옛 일본의 가옥들은 오늘날 한국 농촌의 오두막집과 유사하고, 한국과 일본의 옛날 능에서 출토된 토기들 또한 비슷하다. 이 모든 유사점들로 미루어 볼 때 일선동조설(日鮮同祖說)을 지지하는 것은 아니지만 양국의 관계가 매우 오래되었으며 역사가 알려 주고 있는 것보다 훨씬 앞선 시대부터 교류가 있었음을 알 수 있다.[45]

그는 양국 지배층의 연혼과 언어·풍습·유물의 공통점 등을 들어 양자가 혈연과 같은 가까운 관계일 것이라고 추정하였다. 이와 같은 사

---

44 쿠랑은 조미수호통상조약 체결 당시 고종이 미국 대통령 아더(Chester A. Arthur)에게 보낸 서한에서도 이 점을 발견하였다(Courant, Maurice, "La Corée et les puissances étrangères", *op. cit.*, p.238).

45 Courant, Maurice, "La Corée jusqu'au IX° siècle, ses rapports avec le Japon et son influence sur les origines de la civilisation japonaise", *op. cit.*, pp.119~120.

고는 석탈해의 고향 다파나국(多婆那國)이 "왜국의 동북쪽 1,000리 되는 곳에 있었다(其國在倭國東北一千里)"라는 『삼국사기(三國史記)』의 기사를 "석씨 왕족의 시조는 초자연적인 방법을 통하여 1,000리 정도 떨어진 일본의 동북 지방에서 왔다"[46]라고 잘못 해석한 데서 비롯되었다. 그러나 이는 오역일 뿐, 일선동조설을 지지한다거나 조선에 대한 일본의 제국주의적 야욕에 찬동한 것은 아니었다.

한일 관계에 대한 쿠랑의 두 번째 발견은 한국이 일본에 문명을 전하였다는 것이었다. 그렇다고 그가 일본이 한국에 끼친 영향을 부인하지는 않았다. 『삼국사기』와 『일본서기』에 숱하게 등장하는 바와 같이, 그리고 그가 여러 논문에서 예를 든 것 같이, 사람이 오가고 물자가 오가는 교류는 쌍방으로 이루어졌던 것이다. 그러나 문명 전수는 일방적으로 진행되었다. 한국이 중국에게 받은 것처럼 일본 역시 한국에게서 받은 것이었다.

> 한자의 보급, 불교의 포교, 산업의 전파와 마찬가지로 정치적 개혁도 중국과 더 가까운 한국이 일본보다 앞섰고 또 그러한 한국이 일본에 문명을 전했다.[47]

일본으로의 문명 전수는 고대에만 국한되지 않았다. 「15세기 이래 일본의 한국 내 거점 부산」에서도 나타나듯이, 쿠랑은 일본이 고려 말, 그리고 조선 전기에도 조선에 서적과 사치품을 요청하였으며 임진왜란 이후에도 조선과의 교류를 요청하고 부산에 자신의 거점을 설치하였다. 그러나 계속 교류를 하였음에도 불구하고, 쿠랑은 일본에 대한

---

46 Courant, Maurice, "Principales périods de l'histoire de la Corée", *op. cit.*, p.65.
47 Courant, Maurice, "La Corée jusqu'au IX° siècle, ses rapports avec le Japon et son influence sur les origines de la civilisation japonaise", *op. cit.*, p.139.

한국의 감정이 좋지 않음을 지적하였다. 임진왜란 이후 악화되었음은 말할 나위도 없다.

동아시아 세계 속에서 쿠랑이 본 한국의 역사적 위치는 다음과 같았다. 첫째, 한국은 유사 이래 중국의 영향을 받았다. 한국은 그들을 받아들이고 그들에게 문명을 배웠고 나중에는 그들을 몰아냈으나, 이후에도 대체로 친밀한 관계를 유지하면서 현재에 이르렀다. 한국은 중국에 조공을 바쳤으나 이는 공손함의 표시일 뿐, 실질적으로 예속된 것은 결코 아니었다. 둘째, 한국은 중국으로부터 받은 것을 일본에 전달해 주었다. 한반도의 왕조들과 일본은 인적·물적으로 활발하게 교류하고 싸움도 자주 벌였으나, 일본 측의 주장처럼 일본이 한국을 복속시킨 적은 없었다. 그에 따르면 일본은 통일신라를 일종의 이상향으로 여겼으며, 그러한 동경에서 기원한 뿌리 깊은 정복욕을 가지고 있었다. 반면 한국은 일본과의 관계에서 수혜자가 아니라 시혜자였고, 중국을 공경하듯 일본을 선호하지는 않았으며, 임진왜란 후 교류를 재개하기는 했지만 일본에 대한 감정은 그리 좋지 않았다.

동아시아 3국의 관계성을 염두에 둔 쿠랑의 한국사 연구에서, 한국은 19세기 말 서양인들의 눈에 비쳤던 것처럼 동아시아의 애처로운 존재가 아니었다. 그는 한국이 중국이나 일본의 속국이 아니라 독립적인 국가였다는 점, 또 중국에서 문명을 배워 자기 문명을 발전시키고 또한 일본에 문명을 가르쳐 준 나라라는 점을 학문적으로 입증하였다. 또한 그는 독립적으로 국가를 운영하되 중국에 예를 다하고 조공을 통하여 물자를 교환하는 동아시아 특유의 관계에도 접근하였다.

5. 맺음말

　본고는 19세기 말　20세기 초의 프랑스 학자 쿠랑의 한국 역사에 대한 관심을 확인하고 그가 구성한 한국의 역사상을 구명하려는 시도였다. 각 장의 내용을 정리하면, 먼저 2장에서는 쿠랑의 삶의 궤적을 고려하면서 그의 한국 관련 저작을 검토하였다. 그 결과 첫째, 그의 관심 주제가 다양한 듯 보이지만, 실제로는 거의 다 한국사로 집약된다는 것을 알 수 있었다. 장편의 고대사 논문 「한국사의 주요 시대들」을 비롯하여 주요 논저는 모두 한국 역사를 직접적으로 다룬 것이었고, 화폐와 문자, 종교 등에 관한 저작도 역시 대상을 역사적으로 고찰한 것이었다. 둘째, 그는 과거 서양인들이 중국이나 일본의 문헌 자료를 통하여 한국의 역사를 파악하던 것에서 벗어났다. 그는 그들이 쓴 한국사 기술을 알고 있었으며 필요에 따라 중국이나 일본의 역사서도 참고하였지만, 기본적으로 한국 문헌 자료에 대한 신뢰를 근간에 두고 한국사를 구현하였다.

　3장에서는 쿠랑이 한국사의 시대별 특징을 어떻게 정리하였는지 살펴보았다. 그 주요 내용은 다음과 같다. 첫째, 그는 신라의 재인식을 시도하였다. 그는 신라가 당의 도움을 이용하여 한반도 최초의 통일을 이루었으며, 통일 이후 한반도가 다시 못 올 번영을 구가하였다고 주장하였다. 둘째, 그는 고려 왕조의 개창을 고대의 종식이자 새 시대의 시작이라고 보았다. 그는 고려의 특징으로 중국식 정치 제도와 상업의 융성, 불교와 유교의 공존을 들었으며, 그러나 전체적으로 볼 때 신라에 필적하지 못한 사회였다고 평가하였다. 그가 볼 때 고려는 고대 국가 신라와 여러 면에서 다르며 그보다 못했다. 셋째, 그는 조선을 약소국으로 판단하였다. 그가 본 조선 왕조는 유교라는 기치 아래 불교를 박해하고 상업 발달이 고려만큼도 못하며, 양난 이후 자신을 방어하기 위하여 쇄국 정책을 시행한 허약하고 완고한 나라였다. 일본을 막아내고 이후에도 서양 세력을 물리쳤으나, 이러한 전력 특히 서양 세력에 대한 강경 대응은 조선에 대한 역사적 평가를 오히려 낮추는 요인이 되었다. 요컨대 그는 한국이 고대에 황금기를 누렸으나 이후 점차 쇠락하는 역사를 영위하였다는 퇴행적 역사상을 정립하였다. 그러나 그러한 중에서도 그가 한국의 역사에서 정치경제적 변화상이나 사상의 변천을 찾아내고 자주적 역량을 발견하려고 했던 것은 주목할 만하다.

4장에서는 쿠랑이 동아시아 3국의 관계성 속에서 한국을 어떻게 파악하였는지 검토하였다. 첫째, 그는 한국이 중국 또는 일본의 속국이었다는 기존의 편견에 기대지 않고 동아시아 조공 관계의 속성을 탐구하였다. 그 결과 조공은 외교적 관례일 뿐 실질적인 지배-예속 관계를 뜻하지 않으며, 따라서 한국은 어느 한 나라의 속국이 아니라 독립적인 국가체였다고 주장하였다. 둘째, 한중 관계에 관해서는 한국이 유사 이래 중국에게 문명을 배웠고 19세기 말까지도 중국과 친밀한 관계를 유지하고 있다고 보았다. 셋째, 한일 관계와 관련해서는 한국이 일본에 문화를 전달해 주는 중요한 역할을 하였다고 했다. 일본인들의 눈에 한국은 이상향이었으며, 중국과의 관계는 친밀한 것과 달리 일본과의 관계는 썩 좋지 않다고 설명하였다.

다시 한 번 정리하면 그는 첫째, 한국 역사 발전 과정을 퇴행적으로 평가하였다. 황금기에서 점점 약한 나라가 되었다는 것이었다. 그럼에도 불구하고 그는 한국의 역사에서 긍정적인 면모를 찾아내었다. 한반도의 통일을 자체적으로 달성한 것, 선진 문명을 받아들여 발전시키고 전수한 것 등이 그것이었다. 둘째, 그는 한국이 중국의 속국이라는 오래된 통설에 반박하여 한국은 중국의 속국도 일본의 속국도 아닌 독립적인 국가였다고 주장하였다. 이와 같이 한국사에 대한 새로운 관점을

개진함으로써, 그는 한국사에 대한 그간의 편파적 인식을 뒤집는 장본
인이 되었다. 그의 한국사 인식에 문제가 없었다고는 볼 수 없지만, 한
국 사료를 최우선으로 두고 한국사를 고찰한 점, 동아시아 세 나라를
두루 경험하여 친중적이지도 친일적이지도 않은 객관적 시각을 견지
한 점, 그리고 한국의 역사에서 자주성을 발견하고자 한 점 등은 주목
할 만한 부분임에 틀림이 없다.

왕도유학(王道儒學)[*]

1920-30년대 조선과 만주국
우경섭

1. 머리말

조선시대 유학사상사를 전공하는 필자가 위와 같은 주제에 관심을 가지게 된 계기는 지난해 우연히 접한 한 장의 사진 때문이었다. 야마무로 신이치(山室信一) 선생의 저작『키메라キメラ』권두의 첫 번째 사진 속에는 산해관에 세워진 거대한 비석 중 "왕도낙토王道樂土, 대만주국大滿洲國"이라는 구호가 적혀 있었다. 정치사상으로서 동아시아 유학의 흐름이 왕도王道에 대한 해석사와 궤를 같이 한다고 믿어온 필

---

* 이 글은『한국학연구』22집(인하대학교 한국학연구소, 2010)에 수록된 것을 수정·보완한 것이다.

자에게, 일본 제국이 만주 침략을 위해 세웠던 괴뢰집단 만주국에 홀연히 나타났던 "왕도"의 의미는 잘 이해되지 않았다.

사실 한국학계에서 식민지시기 유학사상에 관한 연구는 거의 찾아볼 수 없다. 19세기 말 위정척사파의 후손들에 의해 전개된 항일운동만이 부각되었을 뿐이다. 하지만 조선왕조 멸망 이후에도 수많은 지식인들이 여전히 유학자로 자처했는데, 항일운동에 참여한 몇몇 인물들 이외에 나머지는 합방 당시 모두 자결했을까? 그게 아니라면 어떠한 유학적 전망 속에서 식민지시기를 살아갔을까?

근래에 이르러서야 식민지시기 '친일유림' 혹은 '일제협력유림'에 관한 연구가 조금씩 이루어지는 듯하다. 그런데 '항일/친일' 혹은 '저항/협력'이라는 식민지시기 고유의 틀로써는 당시의 유학사상이 한국유학사의 흐름 속에서 점하는 위상을 파악하기 어렵다. 또한 그러한 구도는 동시기 여타 지역과 조선의 유학사상의 성격을 비교 검토하기에 적합하지 않다.

그러던 차에 만나게 된 식민지 조선과 만주국에서의 '왕도'라는 구호는 20세기 동아시아 유학사를 새롭게 서술할 수 있는 단초가 되지 않을까 기대하게끔 만들었다. 식민지시기 동아시아 지식인들이 어떠한 방식으로 과거의 유학사상을 20세기 초반에 걸맞는 통치이념으로 되살려 내었을까? 이러한 물음은 전통시기 유학의 근대적 적용 가능성에 대한 해답의 실마리를 줄 수 있을 듯하다.

2. 왕도의 이념

　　왕도王道란 문자 그대로 '왕 노릇하는 잘 하는 방법[King's Way 또는 Kingly Way]'이다. 그런데 공맹孔孟 이래 유학의 선사先師들은 중국 고대의 이상적 정치를 시행했던 군주들에 한정하여 왕도의 전범을 찾아보고자 하였다. 그들은 요순을 비롯하여 하夏·은殷·주周 삼대三代의 우禹·탕湯·문文·무武 등 이른바 '선왕先王'의 시대를 이상의 시대로 간주하였는데, 그 이유는 무력과 술수가 아닌 '덕'에 의한 정치가 실현하려 하였다는 점 때문이었다. 그러므로 왕도는 '선왕지도先王之道'라 풀이될 수 있었다. 특히 공자는 주나라에 이르러 덕치에 기반한 전장문물이 완비되었다고 보았으므로, 공자의 사상 속에서 왕도를 존중하는 정치[尊王]란 곧 주나라의 정치적 법도를 준수하는 것[尊周]과 동일한 의미로 풀이될 수 있었다. 그리고 맹자는 왕도와 덕치의 구체적인 내용으로서 부국강병의 폐기, 민본주의의 확립, 오륜五倫의 실천 등을 제시하였는데, 이러한 주장은 왕도를 행하지 못하는 군주를 쫓아낼 수 있다는 방벌론放伐論(역성혁명론)으로 이어졌다.

　　이상과 같은 내용의 왕도정치론은 고대의 정치형태를 이상화한 그럴듯한 정치이념으로 보이지만, 현실 적용의 과정에서 심각한 논란을 야기하기도 하였다. 첫째는 공자의 왕도론이 지닌 문제점으로, 이는 관중管仲을 둘러싼 제자 자로子路와의 논변에서 잘 드러난다. 주지하듯이, 관중은 대단히 현실적이고 권력지향적인 인물이었다. 그러나 그러한 능력을 바탕으로 춘추오패春秋五覇 중 하나인 제환공濟桓公을 보좌하여 주실周室에 복종하지 않는 제후와 이적들을 정벌하고 천하를 평정[一匡天下]하는 공적을 이루었고, 공자는 그 공로를 들어 관중을 어진 사람이라 칭송했다.[1] 이러한 문제는 덕치를 지향하는 왕도의 이념이

때에 따라 '왕도의 보위'라는 명분을 가지고 타 집단을 복속시키며 '일
광천하一匡天下'할 수 있는 가능성을 보여준다.

둘째, 맹자의 왕도론이 지닌 문제점으로 방벌放伐의 위험성을 들 수
있다. 천리天理와 이륜彝倫을 다하지 못한 걸桀·주紂가 어진 탕·무에
게 쫓겨났듯이, 왕도를 행하지 못하는 군주는 교체될 수 있다는 주장
이다.[2] 이러한 논의는 언제나 새로운 정치세력에게 정당성을 부여하
고, 그 세력조차 방벌될 수 있다는 정치적 위험성을 내포한다. 더욱이
방벌의 기준으로서 효孝와 충忠을 필두로 하는 오륜이라는 도덕적 준
거가 제시된 점은 군주에게 도덕성을 강요함을 초월하여, 도덕의 수호
자가 되게끔 강제하는 중요한 기제였다. 국가가 오륜과 같은 '도덕'을
독점할 수 있는 경서적 근거였던 셈이다.

셋째, 공자와 맹자는 왕도정치의 주체를 놓고서 차이점을 보인다.
주나라가 명맥을 유지하던 춘추시대의 공자에게 왕도의 주체는 주실周
室이었다. 나머지는 그저 주나라의 법도를 존숭하고 보위하며 제후의
도리, 대부의 도리를 다할 책임뿐이었다. 반면 맹자는 정치의 요체를
물어오는 양梁과 제齊의 제후들에게 직접 '왕' 노릇을 행할 것을 권유하
였다. 공자의 왕도론을 '존왕尊王'이라고 한다면 맹자의 왕도론은 '행왕
行王'이었다.[3] 이때 존왕론은 명목상이나마 주실을 중심으로 제후국이

---

1   『論語集註』, 憲問 18, "子貢曰, 管仲非仁者與? 桓公殺公子糾, 不能死, 又相之. 子
    曰, 管仲相桓公霸諸侯, 一匡天下, 民到于今受其賜. 微管仲, 吾其被髮左衽矣, 豈若
    匹夫匹婦之爲諒也, 自經於溝瀆而莫之知也".

2   『孟子集註』, 梁惠王下 8, "齊宣王問曰, 湯放桀, 武王伐紂, 有諸? 孟子對曰, 於傳有
    之. 曰, 臣弒其君可乎? 曰, 賊仁者謂之賊, 賊義者謂之殘, 殘賊之人謂之一夫. 聞誅
    一夫紂矣, 未聞弒君也".

3   孔子의 尊王論과 孟子의 行王論의 차별성에 관한 논의는 程子와 朱子 이래 유학의
    중요한 논변 가운데 하나였다. 이에 관해서는 함영대, 「孟子 解釋의 拮抗的 側面에
    대한 一考 : '孟子不尊周說'에 대한 朝鮮 學者들의 견해를 중심으로」,(『東洋漢文學
    研究』 29, 東洋漢文學會, 2009)의 논의가 상세하다.

존재하던 춘추적春秋的 천하관을, 행왕론은 여러 정치집단들이 대등하게 병존하던 전국적戰國的 천하관을 배경으로 한다.

이상과 같은 특징을 지닌 전통적 왕도론은 20세기 초반 어떠한 형태로 계승되어 나타났을까? 아래에서는 1920~30년대 조선과 만주국의 왕도유학을 유학사적 관점에서 살펴보고자 한다.

3. 1920년대 조선의 왕도유학

조선총독부는 병합 직후인 1911년 성균관을 폐지한 뒤 경학원經學院을 설치하였고, 1920년대에는 대동사문회大東斯文會·유도진흥회儒道振興會와 같은 유교 단체들의 창립과 활동을 지원하며 조선 유림들의 협력을 얻어내고자 하였다.[4] 정만조鄭萬朝와 어윤적魚允迪을 비롯한 수많은 유림들 역시 그들 단체에 참여하며『경학원잡지經學院雜誌』·『대동사문회보大東斯文會報』·『유도儒道』등 기관지의 지면을 빌어 병합의 정당성을 유학적 관점에서 합리화하였다. 그런데 이때 합리화의 주요한 근거 중 하나가 바로 왕도론이었다.

옛말에 '누구를 섬긴들 내 군주가 아니며, 누구를 부린들 내 백성이 아닌가?'라고 말하였으니, 이것이 바로 왕도의 정신이다. 대저 정치의 목적은

---

4 식민지 시기 조선의 '친일' 유림의 활동에 관해서는 다음의 연구들을 참조할 것. 柳美那,「植民地期朝鮮における經學院の研究」(早稻田大學 박사논문, 2007); 鄭旭宰,「한말·일제 하 유림 연구 : 일제협력유림을 중심으로」(韓國學中央研究院 박사논문, 2008).

민중의 행복을 위한 것이다. 이것을 목적으로 하는 자가 곧 군주요, 이같은 군주 아래 민중은 각자의 삶을 영광스럽게 하고 즐김을 말한 것이다. 왕도를 행하는 자는 요이냐 순이냐 이씨이냐 박씨이냐를 물을 바가 아니다. 민중도 또한 주나라 백성이 되던지 은나라 백성이 되던지 스스로 행복을 추구하는 자이니, 왕도 아래 누가 백성이 되지 못하겠는가?[5]

위의 글은 왕도론의 민본주의와 역성혁명론을 빌어 일본의 조선 병합을 정당화하는 내용이다. 그런데 '누구를 섬긴들 내 군주가 아니며, 누구를 부린들 내 백성이 아닌가(何事非君, 何使非民)?'라는 말의 주인공은 은나라의 재상 이윤伊尹이었다. 그는 하나라를 버리고 탕왕을 도와 은나라에 선정을 베푼 인물이었다. 그의 행적은 흔히 은나라 말기 절의를 지킨 백이伯夷와의 대비 속에서 역사적 의미를 드러낸다.[6] 백이와 같이 무능하고 멸망해가는 왕조를 따라 덧없이 생을 마칠 것인가, 아니면 이윤과 같이 새로운 시대를 맞아 백성들을 위한 선정을 베풀 것인가? 이러한 모순 가운데 수많은 조선 유림들은 '이윤지훈伊尹之訓'을 명분으로 삼아 이윤으로 자처하는 가운데 새로운 시대의 '왕도'를 개창한 일제에 협력함을 합리화 하였다.[7]

그들이 왕도의 실현을 내세우며 벌인 주요 사업 중 가장 돋보이는 것은 공자孔子의 위패를 모신 문묘文廟의 춘추석전春秋釋奠을 주관하고 효자孝子·열부烈婦의 현창 사업을 진행하는 일이었다. 그런데 특히 주

5 　愛族生,「儒道上으로 見한 日韓倂合」(『儒道』3, 儒道振興會, 1921), 13쪽.(鄭旭宰, 위의 논문 90쪽에서 재인용)

6 　『孟子集註』, 公孫丑上 2, "非其君不事, 非其民不使, 治則進, 亂則退, 伯夷也. 何事非君, 何使非民, 治亦進, 亂亦進, 伊尹也. 可以仕則仕, 可以止則止, 可以久則久, 可以速則速, 孔子也. 皆古聖人也, 吾未能有行焉, 乃所願, 則學孔子也".

7 　친일의 명분으로써 '伊尹之訓'의 논거가 이용되던 정황에 관해서는 鄭旭宰, 앞의 논문 90~93쪽 참조.

목되는 바는, 그들 유교단체들이 총독부와 더불어 전국 각지의 효자를 찾아내어 표창하는 일에 앞장섰다는 사실이다. 왕도론의 핵심인 오륜五倫의 처음에 부자父子 간의 관계를 규정하고 공자 이래 효제孝悌의 덕목을 강조해 온 유학의 관점에서, 1920년대 조선에서 벌어진 그같은 사업들은 일견 당연한 일처럼 보인다. 그러나 조선왕조의 유학자들이 그다지 중시하지 않던『효경孝經』을 주자학의 경서인 사서四書와 더불어 수신의 핵심 교재로 채택한 일과 함께 고려하면, 이 시기 효행에 대한 강조는 심상치 않다.[8] 자식이 부모에게 효도함은 동서고금을 막론하고 보편적으로 추앙받아야 할 덕행 중 하나이겠지만, 문제는 국가권력이 효와 같은 도덕적 영역에 직접 개입함으로써 도덕이 곧 통치 이데올로기로 전화될 수 있기 때문이다.

『효경』은 국가권력이 개인도덕을 통치이념으로 전용하기에 용이한 경서였다. 『효경』은 인간이 공통적으로 지녀야할 기본적 인륜을 논한 책이라기보다는, 국가 구성원으로서 인간이 지녀야 할 품성에 대하여 논한 책이라 할 수 있다. 『효경』의 내용은 가족 내부의 친친지정親親之情을 국가적 범위까지 확대시키는 것에 주된 관심을 두고 있다. 이러한 특징은 천자를 중심으로 한 국가 통합의 원리를 제시하는 것으로, 상하 관계의 근본으로서 효의 개념을 설정하고 이를 통해 국가를 경영해간다는 효치孝治의 이념을 제시하는 내용이 주를 이룬다. 즉 통치의 안정을 보증하는 공순한 인간의 창출이라는 목적 아래, 국가에 대한 충의 전제로서 부모에 대한 효의 의미를 강조하는 것이『효경』의 요체이다.[9]

---

8 『효경』은 송대에 들어와 十三經의 하나로 인정받기는 하였지만 많은 학자들로부터 비난을 면치 못했던 경서이기도 하다. 특히 주자는 공자의 저작으로 알려져 온『효경』본문 총 18장 가운데 앞의 일부만이 本經일 뿐, 나머지는 모두 齊·魯의 천한 선비가 여기저기 발췌하여 만든 것이라 혹평하였고,『孝經刊誤』를 지어 그 내용의 문제점들을 드러내 보였다.

9 李成珪,「漢代 孝經의 普及과 그 理念」(『韓國思想史學』10, 韓國思想史學會, 1998),

국가적 차원의 효에 대한 강조는 곧 '충효忠孝'라는 새로운 이데올로기의 창출로 이어졌다. 조선왕조의 유학자들은 '충효'라는 표현을 그다지 선호하지 않았다. 굳이 말한다면 '효충'이라고 표현했을까, 효는 언제나 충에 선행되는 개념이었고, 두 개념을 연속선상에서 바라보지 않았다. 반면 20세기 초반 유학자들의 언술 가운데 자주 등장하는 '충효'는 분명 일본적 전통에서 비롯된 개념이었다. 이는 1912년 시게노 야스쓰구(重野安繹)가 찬술한 『칙유연의勅諭衍義』에 분명히 나타난다.[10] 그는 충효의 도란 일본의 고대로부터 전해오는 습속으로, 효를 앞세우는 유학의 오류와 다르다는 점을 분명히 밝히고 있다. 그 까닭은 일본과 중국의 역사적 경험이 다름에서 유래하였다고 설명하는데, 일본은 만세일통萬世一統의 황실을 받들어온 신국神國인 반면 중국은 혁명을 통해 왕조가 바뀌어 온 나라이므로 그 풍속을 달리하게 되었다는 것이다.[11]

1920년대 조선 유학계의 이러한 특징은 앞서 살펴본 전통적 왕도론의 두 번째 특징, 즉 국가가 도덕을 독점하고 도덕의 주체로서 등장하는 과정을 통해 개인적 덕목을 통치이념으로 만들어가는 과정을 여실히 보여준다. 충신과 동일한 맥락에서 추앙되는 효자는 곧 '충량효순忠良孝順한 신민臣民'이었고, 이는 궁극적으로 충이라는 이념으로 상징되는 국가주의적 정치체제를 뒷받침하는 인간형이었다.

203~216쪽.

10 　동아시아 전통 속에서 식민지시기 '충효'와 유사한 사상적 흔적이 없었던 것은 아니다. 필자는 『敎育勅諭』와 유사한 예를 『忠經』이라는 僞書에서 발견한다. 신하가 임금을 섬기는 도리(事君要道)에 대하여 서술한 『충경』의 저술 목적은 忠 자체의 의미를 설명하기 위함이 아니라, 忠과 孝의 관계를 해명하는데 주안점을 두고 있다. 특히 孝의 궁극적 완성은 忠을 통해서만 이루어질 수 있다는 입장을 강조하는데, 이처럼 忠의 전제로서 孝의 의미를 부여하려는 노력은 일본식 충효론과 동일하다.

11 　重野安繹, 『勅諭衍義』(朝鮮總督府, 1912) 참조.

4. 1930년대 만주국의 왕도유학

1932년 일본 관동군에 의해 세워진 만주국의 건국이념은 '왕도낙토王道樂土'였다. 「건국선언建國宣言」과 「집정선언執政宣言」을 통해 만주국 통치자들은 전통적 유학의 정치이념을 원용하여 '왕도의 새 시대'가 열렸음을 자찬하였다.[12] 그리고 1920년대 조선의 친일 유림들이 행했던 것과 똑같은 사업을 벌이며, '왕도정치의 실현'을 새로운 시대의 지도이념으로 제시하였다.

만주국 정부는 19세기 이후 수많은 비판을 받았던 유학을 후원하는 데 실로 대단한 정열을 쏟았다. 건국 직후 '존공숭유尊孔崇儒'를 표방한 만주국 정부는 곧 전국의 문묘에 대한 조사를 실시하였고, 같은 해 가을 수도 신경新京에서 초대 총리 정효서鄭孝胥(그는 청말의 저명한 유학자이기도 하다)가 성대한 제사를 집전하였으며, 『사공참방祀孔參放』·『진전공교振典孔教』 등의 소책자를 찍어 배포하였다. 이후에도 전국 각처에 문묘를 세우고 1년에 두 번씩 제사를 올렸으며, 각급 학교에서는 공자의 사적에 관한 강연이 끊임없이 개최되었다. 이러한 행태는 적어도 중일전쟁이 일어나기 전까지 지속되었는데, 1944년 만주국에는 성립省立 7개, 현립縣立 73개, 기립旗立 1개, 시립市立 2개, 사립私立 5개 등 모두 88개의 문묘가 있었다고 한다.[13]

만주국 정부가 유학의 이념을 고취하기 위해 시행한 또 하나의 주목되는 행사는 중국의 충신을 대표하는 관우關羽와 악비岳飛의 사당을 마

---

12 만주국의 건국과 정치적 특징에 관해서는 다음의 저술들을 주로 참조하였다. 한석정, 『개정판 만주국 건국의 재해석 : 괴뢰국의 국가효과 1932~1936』(동아대 출판부, 2007) 프래신짓트 두아라(한석정 역), 『주권과 순수성 : 만주국과 동아시아적 근대』, 나남, 2008; 야마무로 신이치(윤대석 역), 『키메라 : 만주국의 초상』, 소명출판, 2009.

13 滿洲國史編纂刊行會 編, 『滿洲國史』 下(謙光社, 1973), 1109~1110쪽.

련하고 제사를 치른 것이다. 특히 군대와 경찰의 사풍士風을 진작하기 위하여 건국 이래 매년 봄·가을로 제사를 거행했는데, 이때 군정부軍政部와 각군관구사령부各軍官區司令部가 행사를 주관하였다. 관악제關岳祭라 칭해지던 이 날은 만주국의 국가적 축제일이자 공휴일로 지정되었다. 또한 충절인과 더불어 효자와 절부에 대한 표창 역시 주목할 만하다. 1933년 2월 「효자절부등표창규정孝子節婦等表彰規程」을 제정하고 단오절에 효제인의孝悌仁義한 인물들을 모아 그들의 행적을 선양하는 행사를 치른 뒤, 매년 수백 명의 효자와 절부들이 국가로부터 표창을 받았다.[14] 그밖에도 연호가 강덕康德과 대동大同이었다는 점, 그리고 곳곳의 거리와 공원·광장 심지어 해군 함정의 이름에도 순천順天·안민安民·이민利民·친인親仁 등의 표현들이 널리 사용된 사실은 만주국에서 왕도의 이념이 차지하는 비중을 짐작케 한다.

왕도에 대한 만주국의 집착은 조선의 친일 유림보다 훨씬 체계적이고 적극적이었다. 조선의 왕도론은 비록 총독부의 지원을 받지만 본질적으로는 사설단체인 대동사문회·유도진흥회에 의해 주도되었던 반면, 만주국에서는 정부 주도 아래 왕도주의가 건국이념으로 추앙되고, 효자들에 대한 표창이 법제화되고, 대규모의 석전제가 개최되었다는 특징이 나타난다. 이같은 면모는 아마 국가종교로서 신도神道의 수용 정도와 관련된 것이 아닌가 생각되는데, 여하튼 만주국의 왕도이념은 조선과 대만 등 다른 식민지와 비교해 볼 때 실로 유별난 것이었다. 전쟁 말기 세 차례나 수상을 지내고 패전 후 전범으로 지명되었다가 음독 자살한 고노에 후미마로(近衛文麿)는 1937년 만주국을 "아시아 르네상스의 선구자이자 하늘로부터 부여받은 왕도의 정부"라고 선언하기도 하였다.[15]

---

14   위의 책, 1110~1111쪽.

그렇다면, 1930년대 만주국의 왕도론이 1920년대 조선 혹은 여타 지역의 왕도론과 다른 점 혹은 진전된 점은 무엇이었을까? 만주국의 건국이념으로서 왕도론의 기능과 특징에 관해서는 야마무로 신이치·두아라·한석정 등 만주국 연구의 대가들이 이미 언급한 바 있다. 그런데 '동상이몽同床異夢'(山室信一)이라는 표현에서 엿보이듯이,[16] 만주국 건국이념으로서 왕도론은 극장에서 보여주는 프로퍼갠더 정도의 역할로만 해석된 듯하다. 그러나 필자는 보다 깊숙한 '사상'의 측면에서 그 의미를 찾아볼 수 없을까 생각하며, 그것이 아래의 글과 같이 만주국이라는 독특한 집단을 이해하는 관건이 될 수 있으리라 생각한다.

> 滿洲에 立國하는 者 반드시 '王道樂土'·'王道政治'라는 術語를 公私文書에서나 新聞雜誌에서나 紳縉野叟의 敍話에서 發見하게 된다. 처음으로 이 術語를 發見할 때에는 누구나 잘 아는 듯하면서도 그 意味를 玩索할수록 頭腦가 朦朧하여지며 解釋에 困惑한다. 그러나 이 術語에 正確한 解釋을 얻지 못하면 滿洲國을 眞正하게 理解하지 못할 것이다.[17]

만주국 정부의 왕도 이념은 단지 정부 차원의 구호에 그쳤던 것만은 아닌 듯하다. 두아라가 지적하듯이, 왕도의 강령은 바로 동양 문명의 이데올로기의 정치적 상징들을 대변했다. 그것은 원금개袁金鎧·장경혜張景惠·우충한于沖漢과 같은 구 사회의 정치지도자들, 제정 복귀를 강력히 옹호하던 정효서와 그 일파들 등 유교 군왕주의자들, 그리고 가장 다수인 매우 종교적이고 보편주의적인 '구세집단'들의 이념적 연

---

15   Fumimaro Konoe, "Manchoukuo, Precursor of Asiatic Renaissance and the Government by Wang-tao(Kingly Way) based on Theocracy", Contemporary Manchria 2(July 1937) 참조.(두아라, 앞의 책, 175~176쪽에서 재인용)

16   야마무로 신이치, 앞의 책, 143~144쪽.

17   李英成,「王道解說」,『在滿朝鮮人通信』4(興亞協會, 1936), 16쪽.

결고리가 되었다. 특히 민간의 도덕회道德會와 같은 집단들은 정통적 유교 수사를 구사하면서, 국가에 대한 무조건적인 충성을 합리화하기 위하여 오륜의 중요성을 반복적으로 강조했다.[18]

기존 연구에 따르면, 만주국의 이와 같은 왕도론은 군벌 혹은 서양의 '패도覇道'와 대비되는 개념이라 한다. 이러한 특징은 1924년 고베에서 행한 손문孫文의 유명한 강연 "대(大)아시아주의"로부터 영향받은 것인데, "동방은 인의와 도덕을 주장하는 왕도의 문화이고 서방은 공리와 강권을 주장하는 패도의 문화"라 규정한 손문의 주장이 만주국 건국이념의 제공자 타치바나 시라키(橘樸)에 의해 수용되어 나타났다는 설명이다.[19] 이때 왕도는 대아시아를 구성하는 사상적 원리이자, 서구와 맞서는 이념적 토대로 해석된다. 이러한 특징은 이케다 히데오(池田秀雄)가 만주국 「집정선언」에 대하여 "4천년 래의 왕도를 여실히 선언하여 구미 제국주의의 패도정책 때문에 한계에 도달한 세계에 일대 광명을 준 복음"이라 평가한 것에서 확인할 수 있다.[20]

그런데 서양이 아시아의 공적共敵으로 등장했던 태평양전쟁 발발 이전에, 특히 서양으로부터 별다른 위협을 받지 않았던 초기 만주국에서 반서양주의를 국가이념으로 삼기 위한 목적 아래 왕도론을 내세웠다고 보기에는 다소 무리가 있는 듯하다. 그보다는 왕도론의 구체적인 내용 가운데에서 그 의미와 역할을 찾아보아야 하지 않을까? 필자는 그것이 1920년대 조선의 왕도론이 지녔던 국가주의적 특징에 더하여, 만주국의 또다른 건국이념인 오족협화를 뒷받침하기 위한 이론이 아니었을까 추정한다. 이러한 점은 아래의 인용문을 통해 짐작해 볼 수 있다.

---

18 두아라, 앞의 책, 227쪽 및 282~287쪽.
19 한석정, 앞의 책, 136~142쪽.
20 池田秀雄, 『滿洲統治論』(日本評論社, 1934), 137쪽.(야마무로 신이치, 앞의 책, 142쪽에서 재인용)

　　要컨대 '王道'는 五族協和, 國民思想의 統制, 推誠善隣의 三大內容의 增加換置를 얻은 然後에 비로소 新毅力과 新光輝를 發揚하여, 모든 特殊的 現實을 料理調整하고 光明一路에 向하여 濶步大進할 수 있을 것이다. 그리하여 이 '王道' 治下에서 協和理想이 具現되고 國民思想이 健全한 發達을 遂하고 國防의 危機가 永消되어 滿洲國은 於是乎 禎祥이 肹蠁하는 福地樂土로 化하여 無量한 幸福을 우리에게 齎來하게 될 것이라.[21]

　　주지하듯이, 만주국은 일본의 주도 아래 한족·조선족·만주족·몽골족 등을 주요 구성원으로 삼고 있었다. 오족협화를 내세우며 신오색기新五色旗라는 국기를 만든 점, 그리고 연호를 대동大同이라 정한 것을 보면 만주국이 민족 간의 융합을 얼마나 큰 과제로 여겼던지 짐작할 수 있다. 그런데 왕도론은 '민본주의'와 '행왕'의 내용을 포함하고 있다는 점에서 다민족을 융합하기 위한 사상적 원리로서 기능할 수 있었다.

　　우선 초기 만주국은 '식민지판 복지국가'라고 칭해질 정도로 '애민愛民'과 '구휼救恤'에 많은 노력을 기울였다고 평가받는다.[22] 만주국 정부는 전통시대 중국과 조선에서 찾아볼 수 있는 의창義倉을 모든 현공서에 설치하여 빈민구제에 앞장섰을 뿐 아니라, 각종 자연재해 및 비적으로 인한 피해를 구제하는데 적극적이었고, 또한 대단히 관대한 세금 징수정책을 폈다는 점이 그 이유이다. 이러한 행위는 일차적으로 민족을 넘어 만주국의 '국민'을 창출하는 과정과 관련되겠지만, 그 방법이 전통시기 왕도정치의 실현 방법과 대단히 유사하다는 점을 부정할 수 없다. 또한 만주국은 여타 식민지에서 좀처럼 찾아볼 수 없는 '국군國軍'을 보유하였다. 그리고 겉모습뿐일지라도 동경의 천황과 대등한 황

21　李英成, 앞의 글, 22쪽.
22　한석정, 앞의 책, 131~156쪽.

제가 다스리는 나라임을 자부하며, 독립국의 지위를 획득·유지하기 위해 노력했다고 평가받는다. 그런데 이러한 모습은 곧 맹자의 행왕론과도 일치하는 것이었다.

동시에 왕도론은 만주국을 발판으로 삼아 대륙을 차지하려는 일본의 의도에 부합할 수 있었다. 1933년의 「왕도정치를 노래하며 우리 군대가 밀운密雲에 입성하다(王道政治謳歌裡 我軍密雲에 入城)」는 제목의 신문기사를 보자.

> 난공불락(難攻不落)으로 자인하고 완강히 저항을 하고 있던 중앙군도 형체없이 격멸한 천원부대(川源部隊) 선견○차대급○병대는 十八일석각 밀운(密雲) 시내에 승리의 제일보를 들여놓고는 적소탕■■하였는데, 천원부대주력 급영목(鈴木)부대는 전후하여 十九일 오전 여섯시 당딩히 밀운에 입성하였다. ■■는 **일만(日滿) 국기를 게양하고 왕도정치를 구가하고 있다.**[23]

일·만 두 나라의 군대가 만주를 침략하며 왕도정치를 구가하였다는 위의 글을 읽다보면 흡사 관중이 왕도의 구현자 주실을 보위하기 위하여 일광천하하였음을 칭찬한 공자의 말이 떠오른다. 요컨대 1930년대 만주국의 왕도론은 단순한 정치적 구호가 아니었던 듯하다. 왕도론의 민본주의, 행왕, 일광천하 등의 요소는 만주국의 구체적인 정치행태 중에서 그 흔적을 발견할 수 있다.

23　『每日申報』, 1933.5.21.

　　1939년 중일전쟁 발발을 전후한 무렵부터 '왕도정치'·'왕도유학'이라는 단어는 점차 사라져갔다. 대신 '황도정치皇道政治'·'황도유학皇道儒學'이라는 말이 부각되었는데, '왕도'와 '황도'의 차이는 무엇이었을까? 첫째는 '先王之道'로 풀이되는 왕도의 사상적 준거가 요순삼대에 있었다면, 황도에서는 천황가를 정치의 전범으로 삼고자 했다는 점이다. 둘째는 방벌放伐의 부정으로, 선양禪讓과 방벌로 왕계가 이어진 중국의 역사와 달리 일본은 만세일계의 천황가가 언제나 국체의 중심에 있었으므로, 방벌론은 폐기되어야 한다는 주장이었다. 더 나아가 방벌론을 말했던 『맹자』는 일본 유학사에서 중요한 위치를 점하지 못했다고까지 설명되는데, 이는 왕도론의 핵심 전거를 전면적으로 부정하는 것이었고, 그 자리를 신도가 채워나간 것으로 보인다. 셋째는 행왕론 대신 존왕론을 강조한 점이었는데, 이는 1930년대까지 형식적이나마 일본과 만주국의 대등한 지위를 인정하던 모습에서 벗어나 일본 주도의 대동아공영권을 제창한 바와 관련되는 듯하다. 즉 일본이 이제 주 나라의 역할을 해야 하며, 조선과 만주는 주실을 존중했던 춘추시대 제후국의 입장이 되어야 했다. 또한 행왕론의 핵심인 민본주의를 더 이상 내세울 수 없었던 총력전의 상황과도 무관하지 않을 것이다. 넷째는 충과 효가 일치할 수 없는 오륜을 버리고 충효의 논리가 일맥상통하는 일본적 전통을 내세운 것인데, 이는 그동안 중국에서 기원한 왕도의 연원을 인정하며 유교 경서를 통해 친일의 유학적 근거를 마련하려 했던 모습에서 벗어나, 이제 유학의 근본정신을 일본의 사상 전통 위에서 구축하고자 하는 노력이기도 하였다. 식민지시기 조선에서 활동한 대표적인 일본 사상사학자 다카하시 도오루(高橋亨)는 17세기 일

본 유학계의 대표자 야마자키 안사이(山崎闇齋)의 말로써 왕도유학에서
황도유학으로의 전환을 논한 글을 끝맺고 있다. 이제는 동아시아 보편
의 가치로서 왕도는 사라지고 국가주의적 유학만이 남게 된 것이다.

　　어느 날 안사이가 제자들을 향하여, '공자가 대장이 되고 맹자가 부대장
이 되어 군대를 이끌고 일본으로 쳐들어온다면, 공맹의 도를 배우는 우리
들은 과연 어떻게 처신해야 할 것인가?'라는 질문을 던졌다. 아무도 대답
하지 못하자 안사이는 '불행히도 이와 같은 일이 일어난다면, 우리들은 무
기를 들고 싸워 공자와 맹자를 포로로 하여 나라의 은혜에 보답해야 한다.
이것이 곧 공맹의 도이다.'[24]

24　高橋亨, 「王道儒道より皇道儒道へ」(『朝鮮』295, 朝鮮總督府, 1939), 28쪽.

'도의' 담론[*]

'황도유학'과 식민지 조선

강해수

"이 칙어(교육칙어-인용자)는 단지 현대 및 백세(百世)의 일본국민에 대해서 그 나아갈 바를 가리키고 있을 뿐만 아니라 실로 일본제국 본래의 모습을 완전하게 그려내는 것이다. 달리 말하면 일본은 국가로서는 도의 입국(道義立國)이며 국민으로서는 도의국민(道義國民)이라는 낙인을 찍은 것으로, 즉 밖으로는 세계에 대해서 일본제국의 입각점이자 태도임을 널리 알린 것이다. 안으로는 일본국민의 본령, 진면목임을 명시하는 것이다. 이를 성덕대업(盛德大業)이라 일컫지 않는다면 무엇을 성덕대업이라 일컬으랴"(도쿠토미 소호[德富蘇峰], 「교육칙어40년」)

---

[*] 이 글은 『한국학연구』 28집(인하대학교 한국학연구소, 2012)에 실린 것을 수정·보완한 것이다.

"덕으로써 다스리는 자는 왕(王)이고, 힘으로써 다스리는 자는 패(覇)이
다. 우리 황도의 정화(精華)는 왕도 이상이 현현하고 있는 것이다"(다카타
신지[高田眞治], 「대동아전쟁과 사문(斯文)」)

1. '황도유학'이라는 연구 주제

현재 일본에서 활동하고 있는 연구자로서, 한일 양국의 현 임계적
정치 상황은 근대 이후의 시대 전개에 대한 새로운 성찰을 하게 만든
다. 2011년 3월 11일의 '동일본대진재(大震災)'와 그에 연이어 생기한 '원
전문제'는 향후 예상되는 일본과 한반도 주변의 지진 발생 등의 가능성
으로 인해, 한일 간 나아가 지구적 공간을 횡단하는 트랜스내셔널한
문제가 될 것임을 다시 한번 각성시켜주고 있다. 하지만 민중(시민)의
자생적 생존과 그 영역 확대를 견제하는 기존의 권력적 정치구조가,
해방 후・'전후'에도 연속되고 있는 가운데, 한일 양국의 미래(및 양국 관
계)에 대한 전망은 반드시 밝지만은 않다. 이는 해방 후에 식민지유산
을 제대로 처리하지 못한 한국(한반도) 과, 1923년 9월 1일의 '관동대진
재' 이후 '일본적 시스템'이 전후를 거쳐 현재까지도 작동되고 있는 일
본 내의 문제와 연관되어 있음을 절감하게 된다. 양국 모두가 이 시기
의 심각한 문제들을 '그냥 지나가게 내버려 두어 온' 측면이 있음도 부
인할 수 없다. 여기에서 논하고자 하는 식민지 시기의 '황도유학'에 관
한 고찰도 이와 같은 문제의식에서 출발하고 있다.

근대(쇼와[昭和기]) 일본에서는 '황도불교'라는 용어는 회자되었어도
'황도유학(교, 도)'라는 용어가 사용된 적은 거의 없다.[1] '황도불교'라는

---

1   후술하나, 1934년 3월에 발표된 이와사와 이와오(岩澤巖)의 「皇道를 扶翼하는 儒敎」

용어 및 이 용어를 타이틀로 한 책이 1938년에서 1942년 사이에 다소 발간되고, 이에 대한 일본 국내의 연구[2]도 더러 나와 있다. 반면 '황도유학'에 관한 연구는 일본에서는 전무하다시피 할 뿐만 아니라,[3] 이 용어의 존재를 모르는 연구자들이 대부분이다. 이는 '황도유학'이 주로 식민지조선에서 사용된 용어였다는 사정에도 기인하지만, 불교가 일본사회에서 전통적으로 제도화되어온 반면 '유교(학)'는 그렇지 못했던 배경과도 연관되어 있다. 나아가 이 제국 담론을 사장(死藏)시켜온 전후 일본 측의 상황과도 관계한다. 때문에 이 '황도유학' 연구는 일본의 '조선사'연구자들을 제외한, 한국의 연구자들 사이에서만 이루어져 온 특수한 연구 분야라 할 수 있다. 후술하는 것처럼 '황도유학(도)' 담론이 식민지조선에서 회자하기 이전부터, 일본 내에서는 제국일본의 자기 동일시의 담론으로서의 '일본유교' 담론이 발화된 바 있다(그러나 이 '일본유교' 담론에 관한 연구도 일본에서는 거의 이루어지지 않아 왔다)[4]. 따라서 이 '황도유학'은 1930년대 중반 이후의 일본에서의 '일본유교' 담론이, 오히려 유교(학)가 사회적 교설로서 제도화된 식민지조선 사회에 적용된 제국 담론이라 정의할 수 있다. 아울러 이 '황도유학'은 근대(식민지)사회로의 이행 이후, 사회적 중심세력으로서의 지위를 위협받고 있던 '유림지식인'들을 대상으로 한 조선총독부 측의 '지도'와 그들로부터의

   (『日本之儒教』, 日本儒教宣揚會)에 보이는 '황도유교'이라는 용어가 유일하다.

2   예를 들면, 工藤英勝, 「曹洞宗の戰時教學 : 聖典の不敬字句問題と皇道仏教を中心に」, 『現代宗教研究』40, 日蓮宗宗務院, 2006.3; 林淳, 「近代仏教史における學知の成立 : 大乘非仏説をめぐって」, 第4回 「近現代史研究會」 大會報告, 2012.7.7, 名古屋大學.

3   근대한국사·한일관계사연구자인 나가시마 히로키(永島廣紀)가 「近代の朝鮮におけるその＜復古＞と＜革新＞」(『アジア遊學』50＜特集　朝鮮社會と儒教＞, 勉誠出版, 2003.4)에서, 안인식(安寅植)의 '황도유학'론에 관해 약술한 정도이다.

4   예외적으로, 子安宣邦, 「近代日本の「儒教」の表象」(『江戶の思想』7, ぺりかん社, 1997.11)가 있다.

'동의' 하에서 기능해간 식민주의적 담론이라 규정할 수 있다.

한국의 '황도유학' 연구는 식민지통치의 일환으로서의 조선총독부의 경학원 유림에 대한 정책사적 연구(류미나, 정욱재 등)와, 다카하시 도루(高橋亨, 1878~1967)의 '황도유학' 담론과 그의 영향을 받은 박종홍의 해방 후의 연속성 문제에 관한 고찰(권인호, 김원열 등) 등의 크게 두 측면에서 연구되어 왔다.[5] 그러나 이 연구들은 '황도유학' 담론을 근대 일본의 사상사적 전개의 전체 상(像)과의 관련 속에서 조명하였다고 보기는 어렵다. 따라서 본 연구에서는 다카하시 도루와 경학원 및 '조선유도연합회'의 안인식(安寅植, 호는 미산[嵋山], 1891~1969) 등의 '황도유학' 담론을 다루되, 근대 일본의 사상사적 흐름 속에서 식민지조선에서의 '황도유학' 담론의 위상을 논해보고자 한다. 특히 한국의 연구에서는 전혀 논의되지 않았던 제국일본의 제국의 지로서의 '도의'·'도의국가' 담론을 '황도유학'과 결부시켜 논함으로써 당시 식민지조선의 담론공간을 새롭게 조명하고, 나아가 이의 해방 후에 있어서의 연속성 문제에 관해서도 논하기로 한다. 이를 통해, '황도유학'의 사상적 영위가 과거형이 아니라 현재진행형으로서 현재 '우리들'에게 어떠한 의미를 지니고 있는지 생각해보고자 한다.

---

5   류미나, 「19c말~20c초 일본제국주의의 유교이용과 조선 지배」, 『동양사학연구』 111, 동양사학회, 2010.6; 「전시체제기 조선총독부의 유림정책」, 『역사와 현실』 63, 한국역사연구회, 2007.3; 정욱재, 「조선유도연합회의 결성과 '皇道儒學'」, 『한국독립운동사연구』 33, 2009; 권인호, 「유교의 민본 정치사상과 국가주의 철학 연구 : 퇴계의 '격군심'과 박종홍의 '황도유교'적 '국민교육헌장' 비판」, 『남명학(구─남명학연구논총)』 15, 남명학연구원, 2010; 김원열, 「일제강점기 황도 유림의 사회 윤리에 대한 계보학적 연구」, 『시대와 철학』 21-2, 한국철학사상연구회, 2010 등.

2. '황도'·'황도불교'라는 담론

다카하시는 1937년 7월의 중일전쟁 발발 후인 1939년 12월에「왕도유도에서 황도유도로」를 발표, '왕도유도'에 대한 우월성의 원리로서의 '황도유도론'에 관해 논한다. 19쪽 정도 분량의 이 논설에는, 후술하는 193년대 초반 이후의 제국일본 내에서의 '일본유교' 담론이 잘 반영되어 있다. 그러나 이 논설은 결코 '황도유도(학)'에 대한 다카하시의 독창적인 자설이 전개된 글은 아니다. 게다가 '황도유도(학)'과 같은 용어를 제국일본 내에서 그가 처음 사용한 것도 아니다. 식민지조선에서 '황도유학'론이 주창되어 기능해나가는 과정에 점하는 그의 위치를 고려할지라도, 지금까지의 한국의 '황도유학' 연구는 상기와 같은 점을 간과함으로써 '황도유학' 담론 고찰을 다카하시로부터 시작해온 것이 사실이다. 또한 이 '황도유학' 담론을, 주로 중일전쟁 이후 식민지조선에서의 총력전 수행을 위한 조선총독부 및 그 어용지식인인 다카하시 그리고 그와 연동한 '조선유도연합회'에 의한 새로운 통치담론으로만 조명해 온 점이, 제국일본의 '황도유학' 담론이 해방 후에 가지는 연속성의 '본질'을 성찰하는 데 장애가 되어온 점도 부인할 수 없다.

한편 다카하시는「왕도유도에서 황도유도로」의 모두 문장에서 "불교와 유교는 원래 우리나라에서 발생한 교학은 아닐지라도, 그 전래가 오래되고 능히 우리나라 고유의 국도(國道) 국교(國教)와 융합하여, 오래도록 우리나라의 국민정신·국민도덕의 배양 계배(啓培)에 공헌하였다"[6]고 서술하고 있다. 이 문장에서 먼저 생각해보아야 할 것은, '황도'에 '유도'가 결합된 '황도유도'라는 용어 문제이다. 1941년 3월에 조선총

---

6   高橋享,「王道儒道から皇道儒道へ」,『朝鮮』295, 朝鮮總督府, 1939.12, 10쪽.

독부 학무국은 종래에 써오던 '지나유학(支那儒學)' 혹은 '유도(儒道)'를 '황도유학'이라는 용어로 통칭할 것을 지시[7]하지만, 문제의 본질은 상호모순적인 차원에 있는 '황도'와 '유학'이라는 용어의 결합에 있다. 즉 '국체' 내지는 "고유의 도덕"을 기반으로 하는 '황도'와 중국 유래의 '외래사상'인 '유학'이 하나의 결합어가 되어 실체적 개념으로 발화되는 의미이다. 여기에는 '황도' 및 '황도유학'이 하나의 담론으로서 성립되어 오는 사상사적 과정에 대한 고찰이 필요하다. 다카하시의 글 제목이 암시하는 바와 같이, 우월성의 원리로서의 '황도유학(도)'이 초극해야 할 '왕도유학(도)'이란 용어도, '황도유학(도)' 개념이 성립하면서 사후적으로 만들어진 것이다. 즉 '왕도'가 유학적 가르침의 한 중요한 요소가 될 수는 있어도, '왕도유학'란 용어는 별도로 존재하지 않았던 것이다. 이에 비해 '황도유학(교, 도)'이라는 용어보다 조금 앞서 사용된 '황도불교'라는 용어는 존재하였어도, 중국에서 융성화된 인도 원천의 '왕도불교'라는 용어가 당시뿐만 아니라 현재까지도 일본에서 사용된 적이 없음은 위의 사실을 잘 시사하고 있다. 불교는 이미 중국에서 전파된 '왕도불교'로서, 거기에 따로 '왕도'라는 용어를 덧붙일 필요는 없었다.

---

7   『조선사회교육요람』, 「12. 유도(儒道)의 진흥」을 보면, "황도유학의 확립은 반도유학이 당면한 요무(要務)라 사료되어 쇼와(昭和) 16년[1941년]3월에 통첩(通牒)을 발하고, (…중략…) 오늘날에 있어서는 일본이 유학의 향토로 되어야 함을 주지시킬 것. (…중략…) 종래 유도로 통칭되던 것을 앞으로는 황도유학으로 칭하도록 지도할 것"(『朝鮮社會敎育要覽』, 朝鮮總督府學務局社會敎育課, 1941.10, 68~69쪽. 渡辺學·阿部洋編, 『日本植民地敎育政策史料集成[朝鮮篇]』51(下), 龍溪書舍, 1989에 수록)이라는 지도요령을 하달한다. 한편 「12. 유도의 진흥」에서의 '조선유도연합회'에 관한 기사를 보면, "쇼와(昭和) 14년[1939년]의 추계 석존제를 계기로 황도정신을 발휘하는" 한편, "전선(全鮮)유림대회를 경성(京城)에서 개최하여 (一)경학원을 중심으로 전선유림의 연락 통일있는 단체를 조직하고, 황도정신에 의거하여 황도유학을 확립할 것" 등의 "삼대 강령을 결의 선언"하였다고 적고 있다(77~78쪽).

1) '황도'라는 용어

일본에서는 '황도'라는 용어가 사용되기에 앞서, '신황(神皇)'이라는
용어가 가마쿠라(鎌倉)시대의 기타바타케 지카후사(北畠親房, 1293~1354)
의『신황정통기(神皇正統記)』(1339년?)에 먼저 보이고 있다. 이후 도쿠가
와(德川) 막부 초기의 유학자 하야시 라잔(林羅山, 1583~1657)은 "우리나라
의 아마테라스 오오미카미(天照大神) 이래 신(神)은 신에게 전하고, 황
(皇)은 황에게 전하였다. 황도(皇道)와 신도(神道)가 어찌 둘일 수 있으
랴. 이를 이당심지(理當心地)라 일컫는다"[8](『본조신사고(本朝神社考)』, 간행
연대는 1638년에서 1645년 사이로 추측)고 하며, '황도'라는 용어를 처음 쓴
바 있다. 이와 관련하여『일본의 유교』(1937년) 저자 이이지마 다다오
(飯島忠夫, 1875~1954)는, 미완의 책으로 주요 부분이 1861년에 출간된 막
말의 시나노 마쓰시로(信濃松代)의 번사(藩士)이자 조부(祖父)인 하세가
와 아키미치(長谷川昭道, 1815~1897)의『황도술의(皇道述義)』를 해설하는
자리에서, 라잔의 '황도'론을 다음과 같이 논한다.

도쿠가와(德川)막부 초에 하야시 라잔이 일컬은 황도는 천황의 도(道)라
는 의미다. 라잔은 이 황도를 진무(神武)천황 이래의 도(道)로 규정하고 그
보다 이전의 신대(神代)의 도(道)를 신도(神道)라 칭하여, 신도와 황도는
동일하다고 논하였다. (…중략…) 라잔 이후의 한학자로서 황도라는 말을
쓴 것은 대개 그 범위를 넘지 않는다. 그리고 황도라는 말은 국학자 쪽에서
는 그다지 사용되지 않았다. 국학자는 간나가라노미치(道又惟神の道)라
말했다.[9]

8　"我國天照大神以降, 神以傳神, 皇以傳皇. 皇道神道豈二哉. 謂之理當心地"(飯島忠
夫,『日本の儒教』, 敎學局, 1937, 31~32쪽에서 재인용). 라잔은『신도전수(神道伝
授)』(1648년)에서 그의 신도설을 '이당심지신도(理當心地神道)'라 규정한 바 있다.

한편 종교학자 시마조노 스스무(島薗進, 1948~)는, 라잔 이후 "'황도'라
는 말이 '신황의 도(道)'('황도의 되[道]')의 의미로 사용된 것은 안사이(闇齋,
山崎闇齋[1619~1682]를 이름-인용자)학파나 전기(前期)미토(水戶)학에 있어
서이고, 구리야마 센보(栗山潛峰[1671~1706])와 미야케 간란(三宅觀瀾[1674~
1718]) 등에 일찍이 그 용례가 보인다"[10]고 말한다. 이이지마의 경우는
하세가와의 '황도'론에 대해서,

> 분큐(文久)원년[1861년]47세 때에는 『황도술의』일곱권을 내놓고, 분큐2
> 년에는 『구경담총론평설(九經談總論平說)』(후에 『국체제총론(國體濟總
> 論)』으로 개제) 세권을 내놓았다. 전자는 일본 고유의 대도(大道)를 발휘
> 하고, 후자는 유교가 황도와 일치하지 않는다는 것에 대해 반박한 것이다.
> 아키미치가 말하는 바의 황도는 황도(神皇)의 도(道)의 약칭으로, 신황은
> "신명(神明)의 대덕(大德)을 지니고 계시는 먼 옛날의 천황을 말하는 것이
> 다"라고 정의하고……[11]

라고 논한다.

9　飯島忠夫, 『長谷川昭道の皇道述義』, 敎學局, 1939, 5~6쪽. 당시 교학국은 자신이 주
관한 '일본정신'의 고양을 위해, 가쿠슈인(學習院)의 명예교수였던 이이지마 다다오
로 하여금 '일본정신총서'의 하나로서 하세가와 아키미치의 『황도술의』를 해설하는
이 소책자를 집필하도록 한다. 하야시 라잔의 '황도'론에 관해서는 또, 飯島忠夫『日
本の儒敎』, 32쪽과 「神道と儒學」, 德川公継宗七十年祝賀記念會 編, 『近世日本の
儒學』, 岩波書店, 1984[초판은 1939.8], 576~580쪽을 참조.

10　島薗進, 「國家神道・國体思想・天皇崇拜 : 皇道・皇學と近代日本の宗敎狀況」, 『現代
思想』35-10, 靑土社, 2007.8, 221쪽. 이밖에 '황도론'의 용어와 '황도론' 전개에 관해서는,
河野省三, 『國体觀念の史的硏究』, 日本電報通信社出版部, 1942, 188~218쪽을 참조.

11　飯島忠夫, 「長谷川昭道と其の學說」, 信濃敎育會 編, 『長谷川昭道』上卷, 信濃每日
新聞社, 1935, 18쪽. 이어 이이지마는 "아키미치의 『황도술의』는 미토(水戶)의 후지
타 도코(藤田東湖, 1806~1855)가 이미 언급한 '황도지도(皇道之道)', 즉 황도에 관해
상밀(詳密)한 연구를 가한 것으로, 도코가 아직 논의하지 못했던 이론적 방면을 새
롭게 전개하여 거의 이를 철저하게 다룬 것이다"라고 말한다(18쪽).

『황도술의』가 출간된 지 11년 후인 1872년에, 국학자 계열의 이케다 즈이에이(池田瑞英[京水], 1786~1836)는『황도론』에서 다음과 같이 말한다.

황(皇)은 우리 대일본황제, 도(道)는 외국의 유도 불도 등에 대해서 말할 수 있는 것으로, 즉 외국에서 빌려오지 않은 황국의 신도이다. (…중략…) 후세에 이르러 그 외국에서 빌리지 않은 황국의 신도를 가지고, 약하여 황도라고 한다.[12]

앞서 논한 하세가와와는 달리, 이케다는 국학자적 입장에서 '황(皇)'과 '도(道)'가 결합된 용어인 '황도'를 논함에 있어, 중국의 '유도'나 인도의 '불도'를 의미하지 않는 '도(道)'로서의 "황국의 신도", 즉 '황도'를 논한다(이는 18세기의 국학자 모토오리 노리나가[本居宣長, 1730~1801]가 '황'과 '외래적' 존재로서의 '도'가 결합되는 것을 기본적으로 거부한 것보다 진일보한 관점이다). 즉 이케다는 "황도와 유도는 원래부터 동일한 존재는 아닐지라도, 한토(漢土)에 유도가 있고 황국에 신도가 있는 것처럼, 그 나라에 있어서는 더할 나위없는 최승(最勝)의 길이다"[13]라고 논하는 것이다. '황도' 담론은 이와 같이 '왕정복고' 기운이 고조되고 있었던 막말·유신기에 있어서, 규명해야 할 중요 개념으로서 발화되었다.

---

12 池田瑞英,『皇道論』[第1冊], 北畠茂兵衛, 1872, 1~2쪽. 이 밖에 이 시기의 '황도'론에는, 막말의 이즈모(出雲)의 유학자 가나모토 마사이(金本摩齋[相觀], 1829~1871)가 쓴『皇道要略』(坂上某, 1868)이 있다.
13 池田瑞英,『皇道論』, 19쪽. 한편 이케다는 "불교는 외국의 것이지만, 이미 그 도(道)가 우리 황도와 유사한 부분을 가지고 다시 황도에 맞춘 것이라면 황국의 불교라고도 말해야 하지않을까"라고 말한다(38쪽).

2) '황도불교'라는 담론

일본에서 '황도불교'라는 용어가 최초로 등장하는 것은, 중일전쟁 발발 이후에 불교학자 하나야마 신쇼(花山信勝, 1898~1995)가 언급한 문장에서 찾아볼 수 있다. 하나야마는 "쇼와(昭和) 13년[1938년]에서는 불교학술지인 『불교연구』가 「특집 일본불교의 연구」를 발간하고, 그 전년경부터 학자들 사이에 '황도불교' 내지 '호국불교'라는 술어가 빈번히 사용되어, 책의 서명에조차 사용되게 되었다"[14]고 말한다. 한편 1943년에 '황도불교회'가 펴낸 『황도불교독본』에는, '고유적인 것'과 '외래적인 것'의 상호모순적인 차원의 '황도'와 '불교'를 결합하는 '황도불교'론이 잘 나타나 있다. 즉 '황도불교'를 "불교의 최고봉인 법화경의 묘리를 가지고 황도를 선양하고, 천업(天業)을 익찬(翼贊)해 받드는 불교"[15]로 규정하면서, "니치렌 쇼닌(日蓮聖人[1222~1282])은 쇼토쿠 다이시(聖德太子[574~622])에 의해 착수하신 법화경으로써 일본 국체를 개현(開顯)하는 대사업의 계승자로서 출현되었음에 틀림없다"[16]고 말한다.

불교는 풍부한 정신문화이지만 그 문화의 근본이 인도나 지나(支那)의

14　花山信勝, 「日本仏教史學の回顧と展望」, 『日本仏教史學』 創刊号, 1941. 한편 1938년 4월에는 '皇道仏教行道會'가 설립되었다. 이후, 高佐貫長, 『皇道佛教行道講習摘錄 : 通常』, 皇道佛教行道會本部, 1941; 佐々木憲德, 『恩一元論 : 皇道仏教の心髓』, 興教書院, 1942 등의 단행본이 출간되었다. 당시 식민지조선 측으로부터의 '황도불교'론으로는, 윤득용, 「皇道文化와 佛教理想」, 『신불교』 26, 1940.8·9와 권상로, 「대동아전쟁과 불교」, 『신불교』 43, 1942.12 등이 있다.

15　皇道仏教會編, 『皇道仏教讀本』, 皇道仏教會, 1943, 14쪽.

16　위의 책, 20~21쪽. 이 책에는 또 "대정익찬회(大政翼贊會)의 실천요강에 '지금이야말로 세계의 역사적 전환기에 직면하면서 팔굉일우의 현현을 국시로 하는 황국은, 일억(一億) 일심(一心)의 전능력을 다하여 천황에 귀일해 받들고, 물심일여의 국가체제를 확립하여 그로써 광휘 있는 세계의 도의적 지도자가 되도록 한다'고 명시되어 있다"라고 말한다(62쪽).

것인 채로는 일본 국체에 도움이 되지 않는다. 왜냐하면 불교는 보편적인 법이고 관념이지만, 일본 국체는 초들어 말하지 않는 것이 현실이다. 관념으로는 바로 불타도 정토도 될 수 있지만, 현실은 그렇게 간단치 않다. 정치, 경제, 산업, 교육, 군사 등 이런 것들의 현실에 나타난 일본 국체의 사실(事實)과 불교정신문화의 관념이 바로 일치하지 않는다면, 국민정신을 뜻밖의 방향으로 이끌 소지가 있는 것이다. (…중략…) 니치렌 쇼닌(日蓮聖人)이 "제법(諸法)의 대중병(大重病)"이라 말씀하신 것은 당시의 국민 대부분이 불교도였지만, 반드시 신도(臣道) 실천자는 아니었던 것을 가리키는 것이다. (…중략…) 일본의 국체를 도외시하고선 그와 같은 이상 실현은 절대로 바랄 수 없는 것이다. "국체의 현실과 교리의 관념이 일치하는" 것이 매우 중요한 것이다.[17]

"국체의 현실"과 "외래문화"적인 "교리의 관념" 간의 일치를 강조하는 이 같은 내러티브는, '황도불교의 성립'을 위한 논리체계의 근간이 된다. 이 같은 知的 영위는 다카하시의 '황도유학(도)'론에도 보인다. 예를 들면 다카하시는 다음과 같이 논한다.

오징(應神)천황(재위, 270~310 — 인용자) 16년에 와니(王仁)가 『논어』를 헌상한 이래 메이지(明治) 원년까지 실로 1580여년이다. 대개 유학이 우리나라 학문으로서 상하에 걸쳐 배우고, 그 위에 학문을 단순한 지식으로서 이해하는 데 만족하지 않고 극히 성실히 그 사상을 실천으로까지 나아간 우리 국민의 성정(性情)에서, 유교의 도(道)는 우리나라 공사(公私)의 실제생활의 규범으로서 충실히 준수되어왔다. 특히 정치 경제는 유도(儒道)의 가장 중요한 부분이기 때문에, 조정 정치의 대방침이 유도를 채택한 것

---

17   위의 책, 138~139쪽.

도 명백한 사실이었다. 이는 헌법17조를 비롯하여 역대의 조칙(詔勅)에 나타나 소소(昭昭)히 일성(日星)과 같았다. 따라서 유도 사상 가운데서, 특이한 우리나라의 국민정신 국민도덕과 어떻게든 조화할 수 없는 바의 것은 이미 먼 옛날에 우리 국민의 사상권(思想圈) 밖으로 밀려나 그 사상적 세력을 상실해버리고 말았을 것이다.[18]

다카하시는 '와니(王仁)'의 『논어』 전수로부터 시작되는 현재의 "유교의 도", 즉 "유도 사상"이 일본의 "국민정신 국민도덕"인 "황도유도(학)"으로 정착되었다고 말한다. 즉 '황도불교'가 니치렌쇼닌에 의해 "일본 국체를 개현(開顯)하는 대사업"으로 성립되었다 한다면, '황도유도(학)' 성립은 '와니'의 『논어』 전래를 그 계기로 한다는 것이다. 이 '와니' 담론에 관해서는 뒤에 상술한다.

3. '황도에 순화(醇化)된 유교'로서의 '일본유교'

1) '일본유교'라는 담론

1944년 4월 당시 명륜전문학교 교수였던 주병건(朱柄乾)이 쓴 「유교의 나아갈 길」에는 '황도유학'의 전제인 '일본유교'에 대한 이해가 잘 드러나 있다. 그는 '황도유학'을 "대저 일본유교는 한마디로 말하면, 유학

---

[18]   「王道儒道から皇道儒道へ」, 15~16쪽. 다카하시는 "유도 사상 가운데서" 옛 일본의
        사상권에서 밀려난 "유도 사상"으로 맹자를 들고 있다(139쪽).

의 본래 정신인 실천궁행에 중점을 두고 충효일본(忠孝一本), 문(文)과 무(武)가 갈라지지 않음에 의해 대의명분을 밝히는 사유다"[19]고 평가함으로써, '황도유학'을 '일본유교' 론과의 연관 속에서 이해한다. 실제 주병건은 일본 내에서 '일본유교' 담론이 본격적으로 발화되는 계기가 된 '일본유교선양회'의 기관지『일본지유교(日本之儒教)』의 창간호(1934년 6월)에 한문체의 축사[20]를 보내고 있다.

그런데 이 시기에 '일본유교' 담론이 본격적으로 대두되는 배경에는, 무엇보다도 1932년 3월의 '만주국' 수립과 그에 이은 '만주국'의 불승인 문제, 그리고 이듬해 3월의 국제연맹 탈퇴에 따른 '일본정신'론의 본격적인 대두가 있다. 즉 고노 세이죠(河野省三, 1882~1963)가 "비상시에서의 일본정신은 극히 긴장하여 자각되고 앙양되었기 때문에 스스로 국가적, 도덕적, 남성적인 성질이 힘차게 발휘된다. 때문에 지도정신으로서 작용되고, 적극적인 힘으로서 의식된다. 만주사변 전후로부터 각성된 일본정신이 주로 국체관념, 국민도덕으로서 이해되고, 그 방면의 특색이 오로지 일본정신 그것으로 생각되는 경향은 이 때문이다"[21]고 논한 것처럼 '비상시'의 고립된 일본의 자화상 추구가 '일본정신'론의 강화로 이어지는 것이다.[22] 그에 따라 '일본유교의 성립'의 담론도 '일본정신'으로서의 '국체관념' 추구(追究)을 기본 모토로 하는 담론으로서 본격적으로 발화되기 시작한다.[23]

---

19 朱柄乾,「儒教の進むべき道」,『経學院雜誌』48, 1944.4, 39쪽.
20 朱柄乾,「祝辭」,『日本之儒教』, 日本儒教宣揚會, 1934.4, 29~30쪽.
21 河野省三,『日本精神』, 畝傍書房, 1942, 18~19쪽.
22 '만주국' 수립 전후에는 '황도주의'가 '왕도주의'와 동일한 개념으로 받아들여졌으나, '일본정신'론이 본격적으로 대두되면서부터 '왕도주의'는 패도주의로 비판되기 시작했다. 그에 비해, 우월적 존재로서 '황도주의'가 현창되기 시작한다.
23 이에 앞서 1925년에 발간된 이와하시 쥰세이(岩橋遵成, 1883~1933)의『日本儒教概說』(東京寶文館)에는 '일본유교' 담론의 전사(前史)적 내러티브가 잘 나타나 있다. 이와하시는 여기서 "도쿠가와시대의 유학 발달의 자취를 더듬어보면, 미토(水戸)에

2) '일본 건국의 정신'과 '유학사상'의 일치

히로시마(廣島)문리대학 교수 기타무라 사와키치(北村澤吉, 1874~1945)
가 발표한 「일본 건국의 정신과 유학사상」은 "일본 건국의 정신"과 "유
학사상"의 일치를 강조하는 내용으로, 일본의 국제연맹 탈퇴 이전에
발표되었다. 여기에는 중국의 '외래사상'인 유학과 일본 '고유의 것'의
일치를 논하는, '일본(의)유학의 성립'의 담론의 원형이 잘 드러나 있다.
기타무라는

> 대저 우리나라 신대(神代) 말부터 건국 초에 이르는 시대는 대략 한(漢)
> 초부터 무제(武帝)와 선제(宣帝) 무렵에 해당한다는 것은, 근래 사가들의
> 다수의 견해가 대략 일치함으로 (…중략…) 여기에는 상세한 설명을 요하
> 지 않는다. 이 같은 형세로 미뤄 생각해본다면, 일찍이 이미 우리 이상적 ·
> 도의적(道義的) 건국의 제일의제(第一義諦)[세속을 넘은 구극(究極)적인
> 진리―인용자]를 발표, 널리 고시(告示)하는 이 신탁(神託)을 명확히 특서
> (特書) 대서(大書)하여 "우리 자손이 왕이 되어야 하는 나라"라고 말씀하신
> 것도 결코 깊이 의심할 바가 없는 것이다.[24]

고 하여, "일본의 건국의 정신"이 "도의적 건국"에 있음을 논한다. 기타
무라는 또 중국의 "한자한문"도 "유학사상과 함께 건국 당초부터 일찍

서 일어난 소위 미토가쿠(水戶學)가 일본유교로서의 면목을 가장 잘 발휘하고 있는
것으로 생각된다. 반드시 주자학을 중심으로만 하지 않고, 각 학파의 유학을 포용하
여 우리 황도를 발휘하려 함이 목적이었다"(186~187쪽). 또한 "우리 國体의 本義를
명확히 하고 유교의 正旨를 了解함으로써, 일본적 유교를 고취한 것은 역시 幕末 大
儒의 탁견"이라고 말한다(291쪽).
[24] 北村澤吉, 「日本建國の精神と儒學思想」, 大東文化協會, 1932.11(『儒敎道德の特質
と其の學說の変遷』, 森北書店, 1943, [付錄] 17쪽에 수록).

이 이미 우리나라 고유의 중요한 문화요소"[25]였다고 말한다. 기타무라는 나아가 "우리나라에서는 건국 초기에 황조(皇祖) 황종(皇宗)으로부터 역대 천황이 서로 계승하고 일관적으로 왕도를 행해 오셨기 때문에, 황도와 왕도는 실제 하나가 되어 왔다"[26]며, "세계 만국에 무비(無比)한 일본특유의 국체의 내용" 및 "특종의 대도덕(大道德)의 대형상(大形相)"[27]을 이루는'황도'가 중국 유래의 '왕도'와 동일함을 강조한다. 기타무라는 이 '왕도'의 "왕의 일자(一字)"가 "세계 일절의 도의(道義)의 안목(眼目)"[28]이 되며, 거기에 "우리 왕도건국의 정신"[29]인 일본의 "도의적 건국" 기원이 존재한다고 논하는 것이다. 기타무라는 이처럼 '황도'가 '왕도'와 일치됨을 주장함으로써, 다음과 같이 '만주국'의 '왕도사상'에 입각한 건국정신에 대해 기대를 드러낸다.

우리 일본 건국의 체제에 따르고 그 대도덕(大道德)을 전형으로 하고 모범으로 하여 이를 배워간다고 한다면, 설령 일본처럼 충분하고 완전한 형태에는 이르지 않는다 할지라도, 어느 정도 접근하고 유사한 국가가 되지 않으리라고도 말할 수 없다. 현재 만주국은 왕도사상에 의해 건국을 이루어가고 있다. 우리들은 그의 성립 발달을 바랄뿐만 아니라 앞으로의 세계

---

25 『儒敎道德の特質と其の學說の変遷』, [付錄] 21쪽.
26 위의 책, [付錄] 30쪽. 기타무라는 "만일 학술적으로 그 형식적 상위(相違)를 보면, 왕도는 보편적 일반 학술 상의 용어로 가장 적당하고 또 편리하다. 황도에서의 '황' 자(字)는 적어도 황조(皇祖), 황종(皇宗) 이하 역대 천황을 가리키는 이상(以上)은, 우리나라 특유의 것만을 가리켜 말하는 것이 된다. 즉 전술한 바와 같이 이상(理想)적 왕도의 세계 유일의 구체적 전형이 됨으로, 실제로 포함되는 범위는 좁다. 고로 구체적인 전형으로서 황도를 거론하면 세계 만국 사람들도 다 같이 이를 받들어 보고 일목요연할 것이지만, 세계 만국에 통용될 수 있는 보편적 도덕의 해설로서는 왕도라는 용어를 사용하는 것이 가장 타당할 것이다"고 주장한다.
27 위의 책, [付錄] 25쪽.
28 위의 책, [付錄] 25쪽.
29 위의 책, [付錄] 18쪽.

에 있어서 새롭게 나라를 건설하고 그 국가를 혁신할 필요에 직면하고 있음으로, 세계 어느 곳의 땅임을 물을 것도 없이 그 도덕적인 근본 기초를 일신하고, 내외가 서로 한 몸이 되어 그 대세계(大世界) 대우주(大宇宙)를 완성할 대사업에 참가하기를 바라마지 않는 것이다.[30]

그러나 기타무라의 기대와는 달리, '만주국' 불승인문제로 인해 1933년 3월 27일에 일본은 정식으로 국제연맹의 탈퇴를 선언하고, 동시에 탈퇴에 즈음한 쇼와(昭和)천황의 조서(詔書)가 발포(發布)된다. 기타무라는 동년 12월 25일에 방송된 다이쇼(大正)천황 제일(祭日)기념강연에서, 쇼와천황의 "연맹탈퇴의 조서"가 "우리나라 및 우리국민의 당당한 독립적 존재를 만국과 대치하는 한 가운데서 분명히 나타내"었다고 평가한다. 또 "이것이야말로 비단 정치적으로 서양문명의 기반(羈絆) 속박에서 탈각할 수 있었을 뿐만 아니라, 금후 모든 문화적 요소의 취사선택 등도 이에 따라 속속 자결(自決)적 태도를 나타내고, 우리 동양, 우리 일본의 독자적 문화요소로써 새롭게 이를 각국 앞에 제공하고 그를 발전시켜 일신세계(一新世界) 건설을 위해 솔선하여 일대(一大) 지도자가 되지 않으면 안 된다"[31]고 강조한다. 나아가 기타무라는 "소위 왕도사상이라는 것, 즉 우리나라 근세 일본의 근왕(勤王)적 유학의 개산(開山), 대의명분론의 수창자인 야마자키 안사이선생이, 그 스이카(垂加)문집의 권두 제일에 이 신칙(神勅)의 문구를 거론하며 이미 분명히 갈파한 것처럼, 이 신대(神代)의 태고의 신들 사이에서 전해져 내려온 소위 간나가라(惟神)의 대도(大道)의 내용, 본질을 이루는 왕도라는 것의 그 근본사상을 확실히 파악하여, 이를 구체적으로 명확히 우리의 소위 황도

---

30   위의 책, [付錄] 49~50쪽.
31   「日本の詔勅は世界最高最貴の道德書」, 위의 책, [付錄] 189~190쪽.

(皇道)로서 황신(皇神)으로부터 황손에게 황손으로부터 황종(皇宗)에게, 황종으로부터 이하 만만세에 전통적으로 실현되어온 바"의, "순호(醇乎)한 도의(道義)적 대이상(大理想)"에 주목해야한다고 논한다. 그리고 "이것이야말로 정말로 메이지천황의 교육칙어와 전후(前後)를 서로 비추어보아 일관되고, 세계만국 역사상에 한 특종(特種)의 비할 곳 없는 대광채(大光彩)를 발하고 있는 소위 우리 국체의 정화(精華)인 것이다"[32]고 말한다. 기타무라의 이 언급은, '황도'와 '왕도'의 일치를 논한 「일본건국의 정신과 유학사상」과는 상이한 관점 차이를 노정하고 있다. 즉 기타무라는 '왕도사상'을 마찬가지로 거론하면서도, 야마자키 안사이류의 "근왕적 유학"과 "간나가라(惟神)의 대도의 내용, 본질을 이루는 왕도"로서의 '황도'를 강조한다. 기타무라의 이 같은 입장 전환은, 국제연맹의 탈퇴에 이은 당시 일본사회 내의 '일본정신'론 강화와 무관하지 않다. 즉 기타무라는 "차후에 오는 제이의 세계연맹의 탈퇴라고도 할 수 있는 우리 대일본국의 대활약, 즉 종래 모든 것이 서양 각국과 견주어보기를 본위로 하고 주체로 하고 있는 연맹이나 단체 등은 미련없이 결연하게 손을 떼고 탈퇴하여, 그 속박 압박에서 벗어나 독립 독보(獨步)와 자유행진을 지구상에서 일으키는 일대(一大) 운동은, 실로 금일에 보이기 시작하는 새로운 문화적, 언어적, 문자적, 사상학문적인 제(諸)문제로 나타나지 않으면 안 된다"[33]고 말한다.

---

32   위의 책, [付錄] 190~191쪽.
33   위의 책, [付錄] 194쪽.

3) '황도 및 국체에 순화(醇化)된 유교'로서의 '일본유교'

일본이 국제연맹으로부터 탈퇴를 선언한지 일년 남짓되는 1934년 1월 27일에, 대동문화학원(大東文化學院)[34] 내에 '일본유교선양회'가 발족되어 도쿄(東京)회관에서 창립식과 선철제(先哲祭)가 거행된다. 1926년 4월에 대동문화학원 고등과에 입학하여 1929년 4월에 동교를 졸업한, 명륜학원강사 겸 경학원사성 안인식(安寅植)은 당일 「귀회의 장래를 기원한다」는 축전을 보낸다. 동년 6월에 출간된 『일본지유교(日本之儒敎)』의 창간호[35]에 실린 편집자 「예언」을 보면, "현금의 시국에 처하여 민심의 경장(更張)을 기하려한다면 우선 일본정신의 작흥을 요한다. 그리고 일본정신의 작흥은 우리나라 고유의 황도 및 국체에 순화된 유교의 익성(翼成)이 필수적이지 않을 수 없다"[36]고 적시되어 있다. 총장 가토 마사노스케가 '일본유교선양회' 발족에 즈음하여 읊은 「제문」(1934년 1월 27일)에는, 유교가 오징천황조(朝)에 일본에 전래된 후부터 "우리 황도 및 국체에 순화하고 충의인의(忠孝仁義)의 도가 더욱더 밝아지고, 공자 교학은 우리나라에서 가장 잘 그 본지(本旨)가 발휘됨으로써 크게 역조(歷朝)의 교화를 부익(扶翼)하였다"[37]며, "일본유교의 천명 발양"을 고한다.

34　대동문화학원은 1923년에 제국의회 결의에 의해 창설된 '대동문화협회'를 모태로 하여 설립되었다.

35　당시 이 선양회의 창립을 주도한 인사는 당시 대동문화학원 총장이자 귀족원의원이 었던 가토 마사노스케(加藤政之助, 1854~1941)이다. 창간호를 위해 당시 내각총리대신인 사이토 마코토(齋藤實, 1858~1936)를 비롯한 정관학계의 실력자들(조흔백(趙欣伯, 1890~1951)만주제국입법원장 등을 포함)이 축사와 감상문 등을 보낸 것으로 보아, '일본유교' 선양을 기치로 내건 이 단체의 창립은 사회적으로 상당한 반향이 있었을 것으로 판단된다. 조선 측에서는 주병건이 한문체의 짧은 축사를 보내고 있다.

36　『日本之儒敎』, 日本儒敎宣揚會, 1934, 「例言」. 1936년 1월 15일에 출간된 『日本之儒敎』 제2집의 「예언」(1935년 12월 작성)에는 "우리 일본정신의 발달은 유교의 익성(翼成)에 힘입은 바가 심히 크다. 즉 유교와 황도를 서로 융합한 까닭을 명징(明徵)하고 유교의 진의를 선양하는 것은, 현금의 사회를 광구(匡救)하고 민심을 경장하는 데 있어서 가장 중요한 일로 한다"고 적시되어 있다.

그런데 이와사와 이와오[岩澤巖]가 기고한 「황도를 부익하는 유교」를 보면, 여기에 "황도에 순화된 유교"에서, '황도'와 '유교'가 합쳐진 '황도유교'라는 용어가 처음으로 등장한다.

> 이 왕도를 주장함으로써 바로 (그것을) 우리 국체에 적용하는 일은 결코 허용될 수 없 다. 여기에 황도와의 차이를 발견한다. 즉 천명민의주의(天命民意主義)에 있어서의 차이다. 그들에 있어서는 "수명(受命)의 군(君)"이고, 우리에 있어서는 신군일체(神君一體)이다. 따라서 천손이자 현신(現神, アキツミカミ)이다. 군덕(君德) 여하에 따라 군위(君位)가 좌우되지 않는 군(君)이다. 황도유교의 주장은 실로 이 점에 귀일한다.[38]

즉 '황도유교'는 천명을 받는 "수명의 군"에 있어서의 '왕도'보다는 우월한, "군덕 여하에 따라 군위가 좌우되지 않는", "신군일체"로서의 그것을 의미한다고 이와오는 논한다. 그러나 이 '황도유교'라는 용어는 더 이상 보이지 않고, 주로 "황도에 순화된 유교",[39] "일본정신에 순화된 유교",[40] "황도 국체에 순화된 유교"로서의 '일본유교' 선양이라는 내러티브가 창간호와 제2집(1936년 1월)[41]에 주로 발화되고 있다. 하지만 그 내용에 있어서는 모두 "본래의 유교와 순화된 유교와의 큰 차이는 충효의 설에 있다. 지나(支那)는 역성혁명이 행해지는 나라여서 충을 가르침의 본으로 할 수는 없다"[42]는 문장으로 수렴된다. 이와 관련하

37　『日本之儒教』, 3~4쪽.

38　岩澤巖, 「皇道を扶翼する儒教」, 위의 책, 46~47쪽.

39　安井小太郎, 「日本儒教に就て」, 위의 책, 79쪽. 白木豊, 「儒道興隆天下泰平」, 위의 책, 100쪽 등.

40　古賀友太, 「所感」, 위의 책, 86쪽 등.

41　2집에는, '조선유교회'의 창립자이자 『일월시보(日月時報)』의 발행자였던 안교환(安教煥)이 1935년 6월 8일자로 보낸 「가토(加藤)총장에게 드린다」는 한문체의 글이 실려 있다.

여, 하시모토 마스키치(橋本增吉)는 다음과 같이 논한다.

> 유교는 어디까지나 현실적, 민족적, 국가적인 가르침으로, 가족을 그 가르침의 근본으로 하는 점에 있어서 우리 대가족주의의 국가관념과 상통하는 바가 있다. 때문에 우리 선철제유(諸儒)는 유교의 다른 일면인 역성혁명 시인의 사상을 무시하고, 특히 그 가족주의사상의 방면을 강조함으로써 우리 황도의 부익에 힘쓰고, 여기에 소위 일본유교를 완성했다. 이리하여 지나의 유교가 왕도를 그 이상으로 하는 데 대해서, 일본유교가 황도를 그 이상으로 하는 양자의 근본적 차이가 나타난 것이다.[43]

하시모토는 여기서 "대가족주의의 국가관념"을 기반으로 하면서, '충효일치'와 '역성혁명'을 시인하지 않는 것이, "황도에 순화된 유교"인 '일본유교'(담론)임을 강조한다. 이는 다카하시가 「왕도유도에서 황도유도로」에서, "유도 사상 가운데서 특이한 우리나라의 국민정신 국민도덕과 어떻게든 조화할 수 없는 것은 이미 먼 옛날에 우리 국민의 사상권 밖으로 밀려나 그 사상적 세력을 상실해버리고 말았을 것이다. 그 최대의 것은 언급할 필요도 없이 역성혁명을 인정하는 사상이"[44]다고 논한 것과 일맥상통한다. 다카하시는 또 다음과 같이 주장한다.

> 오늘날 조선에 있어서 크게 진흥시켜야 할 바의 유교 교화는 그러한 뜨

---

42 安井小太郎, 「日本儒教に就て」, 위의 책, 79쪽.

43 橋本增吉, 「先哲祭に列して」, 위의 책, 147~148쪽. 또 다나카 요시토우(田中義能, 1872~1946)는 "유교 안에는 지나(支那)의 특수한 풍습인 혁명 관념이 곳곳에 섞여 있지만, 유교 본래의 교의(敎義)는 소위 왕도로 경신숭조(敬神崇祖), 충군애국(忠君愛國), 충효일치(忠孝一致) 그리고 이것들에 일관하고 있는 지성(至誠)으로, 일본정신이 좋은 영향을 끼친 것이 심대하다"라고 말한다(「儒教の日本精神に及ぼせる影響」, 『日本之儒教』2, 1936.1, 80쪽).

44 「王道儒道から皇道儒道へ」, 16쪽.

뜻미지근한 유교의 가르침이 아니라 충분히 일본의 국수에 동화하여, 국민정신 국민도덕을 계배(啓培) 함양해온 황도적 유도이지 않으면 안 된다. 우리들은 지나의 유교 정치사상인 역성혁명 선양방벌(禪讓放伐)을 배제하고 충효불일치, 효를 충보다 중히 여기는 도덕사상을 부인하며, 더욱이 우리 국체에 입각한 대의명분으로써 정치사상의 (근)본을 세우고, 충효일치를 도덕의 골자를 정하지 않으면 안 된다. 또 지나를 중화로서 숭배하는 것을 폐하여 우리나라를 중조(中朝)로 삼고, 우리 국사의 정화(精華)를 존중하지 않으면 안 된다. 이것이 실로 우리 일본유교도(日本儒敎徒)가 품은 정치사상이며, 더욱이 앞으로의 조선 유교도(儒敎徒)도 이에 따라 시운에 기여하고 스스로를 발휘해나가야 할 것이다. 조선의 유교단체는 황도유도를 선포하고 발양하지 않으면 안 된다.[45]

"역성혁명 선양방벌"의 부정과 '충효일치'를 근간으로 하는 "일본유교도(日本儒敎徒)"로서의 다카하시의 이 발언은 근대 담론으로서의 '조선유교의 성립'의 가능성을 일절 배제한 채, 조선 유림들로 하여금 오로지 전근대의 원리로서의 '지나유교'를 초극하는 '황도유도'로 수렴되기를 종용한다.

45　「王道儒道から皇道儒道へ」, 27~28쪽.

4. '일본유교의 성립'의 담론

1) '일본유교의 성립'의 담론으로서의 '마코토(성〔誠〕)'와 '와(화〔和〕)'

앞서 거론한 『일본지유교(日本之儒敎)』가 "황도 및 국체에 순화된 유교"로서의 '일본유교'를 선포, 발양하기 위한 정관학계 인사들의 단문들로 채워졌다면, 이후 발표된 '일본유교'에 관한 글들은 '일본유교의 성립'의 담론을 본격적으로 전개하는 데로 나아갔다. 그 대표적인 예가 나카야마 규시로(中山久四郎, 1874~1961)의 「일본유도의 일고찰」(1936년 4월),[46] 니시신 이치로(西晋一郎, 1873~1943)의 「일본유학의 특질」(1936. 5)[47]과 「일본유교와 교육(1937),[48] 이이지마 다다오(飯島忠夫)의 '국체의 본의(本義) 해설총서'의 하나로서 출간된 『일본의 유교』(1937년)[49] 및 「일본유교」(1940년),[50] 다케우치 요시오(武內義雄, 1886~1966)의 『유교의 정신』(1939년),[51] 다카타 신지(高田眞治, 1893~1975)의 『일본유학사』(1941年)[52] 등이다. 이 중에서 특히 중일전쟁 발발 수개월 후에 출간된 이이

---

[46]　「日本儒道の一考察」, 『記念論文集 : 服部先生古稀祝賀』, 富山房, 1936.4. 나카야마는 이 글에서 "지나의 유교도 역시 외래문화의 하나로 가장 일찍이 우리나라에 전래되었다. 스스로 우리나라 고유의 대도(大道)에 적응 순화(醇化)하여, 종국에는 일종의 일본적 유도를 성립시키는 데 이르렀다"고 말한다(715쪽).

[47]　「日本儒學の特質」, 『岩波講座 東洋思想』, 1936.5.

[48]　「日本儒敎と敎育」, 『岩波講座 國語敎育[日本學の体系と國民敎育]』, 岩波書店, 1937.

[49]　『日本の儒敎』, 敎學局, 1937. 이 책 모두에는 "본 총서는 앞서 문부성에서 간행 반포된 『국체의 본의』의 내용을 해설 부연하는 목적으로 편찬된 것이다"(1934.12, 교학국)고 밝히고 있다.

[50]　「日本儒敎」, 『日本精神』, 理想社出版部, 1940.

[51]　『儒敎の精神』, 岩波書店, 1939.

[52]　『日本儒學史』, 地人書館, 1941. 다카타는 여기서 "한토(漢土)의 유학을 배움으로써 성립하는 일본유학은, 또 당연히 일본적 유학으로서 분명히 일본적 성격에 의해 특징지워진 것이지 않으면 안 된다"고 말한다(2~3쪽). 그러나 이 시기에는 학술적 담론

지마의 『일본의 유교』에는 '일본유교'가 성립하는 근거, 즉 '일본유교
의 성립'의 담론들이 가진 이데올로기성이 잘 드러나 있다. 이이지마
는 이 책의 모두에서 다음과 같이 말한다.

> 세계에서 발생한 어떠한 사상도 일본에 섭취될 때는 일본의 국체와 모순
> 하는 일이 있어 서는 안 된다. 모순되는 것은 섭취될 수가 없는 것이다. 유
> 교는 천부(天賦)의 양심을 근본으로 하여 도덕과 정치의 실행을 강조하는
> 것이다. (그것은) 특히 충효에 중점을 두고 또 와(和)와 '마코토(まこと)'를
> 설하며 그 목적하는 바는 거의 우리나라의 교육칙어의 어(御)취지와 가까
> 운 것이지만, 지나에서 발생하여 그 민족적 색채를 다분히 띠고 있기 때문
> 에 이를 우리나라에 섭취하는 데는 충분한 비판을 요하는 것이다.[53]

이이지마는 자명하게 존재하는 것으로 상정된 "일본의 국체"에서의
'와(和)'와 '마코토(まこと)'를 가지고, '지나'사상인 유교를 일본의 "민족
적 색채"에 맞게 수용하였다고 말한다. 이이지마는 나라(奈良)시대의
센묘(宣命, 한문체로 쓴 조칙에 대하여 센묘체(體)로 쓴 조칙─인용자)에 나오
는 마코토(誠)란 글자(訓)를 두고, 『중용』에 나오는 "성자천지도야(誠者
天之道也)"의 '성(誠)'과 "상통하는 것"이라 말한다. 또 『논어』에서의 "예
지용(禮之用), 화위귀(和爲貴)"과 『중용』에서의 "발이개중절위지화(發而
皆中節謂之和). …… 치중화(致中和) ……"라는 문장을 인용하면서, '화(和)'
라는 글자가 "유교에 있어서도 얼마나 '와(和)'와 '마코토'를 중시하고 있
는가는 이에 의해 추측할 수가 있다. 따라서 유교는 일본 고유의 도를

----

53 으로서의 '일본유학(사)'보다는, 사회적 교설로서의 '일본유교' 담론이 더 선호되었다.
『日本の儒教』, 1쪽. 이이지마는 또, 오징천황의 치세 때 백제로부터 '와니(王仁)'가
『논어』와 「천자문」을 전한지 1653년(1937년의 시점에서)으로, "유교는 숱한 파란을
거쳐 그 속에 섞여있던 불순한 혁명사상이나 개인주의적 사상을 털어내어 종국에
는 우리나라에 섭취될 수가 있었다"라고 말한다(1~2쪽).

선양하는 데 아주 적절한 존재였다. 유교가 우리나라에 깊게 뿌리를 내린 것은 결코 우연이 아니다"고 말한다. 즉 '와(和)' 및 '마코토'와 같은 "고유의 일본정신"은 "유교 전래를 기다리지 않고 존재한" 것이라고, 이이지마는 논하는 것이다. 이에 대해 일본사상사가인 고야스 노부쿠니(子安宣邦, 1933~)씨는 "훈독어(訓讀語)인 '성(誠) = 마코토(まこと)'는 이렇게 하여 일본의 내부화의 드라마를 이중으로 각색한다. 먼저 화어(和語)인 '마코토(眞事·眞言)'는 일본어로서 내부화되는 한어(漢語)인 '성(誠)'을 담는 접시로서 언어의 내부화의 드라마를 각색한다. 그리고 한어(漢語)인 '성(誠)'은 일본어에 있어서의 대응어(對應語)인 '마코토'를 발견하고, 훈독어 성(誠) = 마코토'가 됨으로써, 일본인 고유의 내적 심성으로서의 '성(誠)'의 성립의 드라마를 각색해가는 것이다"[54]고 비판한다. 이이지마의 '일본유교의 성립'의 담론은 이처럼 '마코토(誠)' 등을 둘러싼 "이중으로 각색"된 "일본의 내부화의 드라마"를 통해 "일본적 유교"가 성립하는 근거를 '발견'하고 있다.[55]

그런데 이이지마가 "일본의 국체"에 바탕하여 수용된 유교가 또한 "일본적인 것"으로 전개, 변천되어갔음을 나타내는 근거로 드는 것이, 미토 도쿠가와가(水戸德川家)　당주(当主)　도쿠가와　미쓰쿠니(德川光圀, 1628~1701)에 의해 시작되고 이후 미토번(水戸藩)의 사업으로 이어져 메이지시대에 완성을 본 일본 역사서 『대일본사(大日本史)』의 편찬과, 제9대 미토번주(藩主) 도쿠가와 나리아키(德川齊昭, 1800~1860)가 설치한 번교(藩

54　子安宣邦, 『漢字論 : 不可避の他者』, 岩波書店, 2003, 88쪽.
55　일본윤리사상사가 사가라 도루(相良亨, 1921~2000)는 중국적인 "경(敬) 중심의 사상"에서 "성(誠) 중심의 유학 형성에, 우리들은 가장 명확한 일본적 유학의 탄생을 볼 수 있다"고 말한다(『日本の儒教Ⅱ 相良亨著作集』, ぺりかん社, 1996, 72쪽). 사가라의 이 언급에서 보는 것처럼, 1930, 40년대에 발화된 '일본유교' 담론은 전후에는 그 사회적 교설로서의 성격을 탈피하여 현재는 '일본윤리사상사' '일본유학사상사'란 학술 담론으로만 논의된다.

校) 홍도관(弘道館)을 무대로 한 '후기(後期)미토(水戶)학'의 출현이다.

　　[『대일본사(大日本史)』의 완성과 후기미토학의 성립은 실뢰 국사가 어떻게 유교적 으로 개척되어갔는가, 유교가 어떻게 일본적인 것으로 조형되어갔는가를 생각할 때 큰 걸 작이라 말할 수 있다. (…중략…) 후기미토학에서는 우리나라 고유의 도를 일컬어 신주(神州)의 도·신황(神皇)의 도 등으로 불렀지만, 그것을 황도라 일컬은 것은 도코(東湖)에서 시작된다.[56]

　　이 문장에 보이는 도코는, 『신론(新論)』(1825년)의 저자인 아이자와 세이시사이(會澤正志齋, 1782~1863)와 함께 홍도관에서 활동했던 후지타 도코(藤田東湖, 1806~1855)를 가리킨다. 즉 "후기의 미토학에서 완성"된 "황도와 유교와의 융합"[57]은 후지타 도코에 의한 것이라 이이지마는 말한다.

　　그런데 이이지마는, 홍도관의 "학교교육의 취지"인 『홍도관기(弘道館記)』(한문체) 나타난 도쿠가와 아키나라의 '도(道)'의 정의를 두고, "우리 국체의 존엄한 까닭이 도의(道義)의 철저에 의한 것임을 명시한 것이다"[58]고 평가한다. 필자의 연구에 의하면, 유학의 전통에서의 '도의(道義)'가 일본사상사 상에서 "존왕(尊王)의 도"의 자명성을 내재적으로 뒷받침하는 내러티브로 사용된 예는, 후지타 도코의 『홍도관기술의(弘道館記述義)』(1847년)에 처음 보이고 있다.[59] 예를 들면 『홍도관기술의』에

56　『日本の儒教』, 85쪽.

57　위의 책, 92쪽. 다카타의 경우는 『일본유학사』에서 "미토가쿠(水戶學)에서의 황도와 유교의 연계(連契)는 유교를 본지(本地)로 하는 것이 아니다. 양자 사이는 보편적 도를 가교로 하는 것이 아니다. 먼저 황도에 자신의 생명을 느끼고 그 생명 조달(條達)의 방도를 맹공(孟孔)에서 인식한 것으로, 이것이 진실로 일본유교라 부를 수 있을 것이다"고 말한다(『日本儒學史』, 253쪽).

58　『日本の儒教』, 72쪽.

59　구체적인 것에 관해서는, 졸고, 「『小楠問題』を語りなおす：『道義』・『道義國家』言說の系譜學」, 平石直昭・金泰昌編『横井小楠：公共の政を首唱した開國の獅子』,

서 도쿄는, 도쿠가와 미쓰구니가 "수사(修史)의 업(業), 지극하게 스스로 임하신 까닭"은 "존왕의 도, 정명(正名)의 의(義)"의 "도의를 밝히고 이로 써 풍교를 심"기 위함이었다고 말한다.[60] '지나철학자'인 다케우치 요 시오(武內義雄)는『유교의 정신』에서 "충효의 양전(兩全)을 확보하기 힘 든" '지나'와는 달리 "충효일치를 역설한 것이 일본도덕의 특징이고, 미 토학의 정신이다"[61]고 논하면서,『홍도관기술의』(1847년)의 마지막 부 분인「장계편(長計篇)」의 문장 설명에서, "필경은 우리 국가가 도의국가 (道義國家)이고, 도의의 근본이 충효의 둘임을 서술한 것이다"[62]고 말한 다. 이처럼 도쿄가 말한 "존왕의 도"가 지닌 자명성의 내재적 근거였던 '도의' 담론은, 전전·전중기 제국일본의 '도의국가'로서의 자화상을 창출해 나간다. 즉 '도의'의 도달점이 '황도'[63]이고, '황국'이란 바로 이 '도의국가'를 의미하는 것이다. 또 도쿄(東京)제국대학의 교수였던 다카 타 신지(高田眞治)는 "공자의 존왕의 정신, 인덕 덕치의 이상, 맹자의 도 의설이나 왕도론은 모두가 우리나라에서 실현되고 있"[64]고, "일만화(日 滿華) 삼국을 통하는 도의적 결성의 유대는, 실로 공자교를 빼놓고 달리 없는 것이다"[65]고 논한다.

東京大學出版會, 2010, 227~228쪽을 참조.

60　『弘道館記述義』,「『水戶學』, 岩波書店, 1974, 309쪽.

61　武內義雄,『儒敎の精神』, 岩波書店, 1982(1939), 178쪽.

62　『儒敎の精神』, 岩波書店, 181~182쪽.

63　'국체학'의 창시자였던 사토미 기시오(里見岸雄, 1897~1974)는 "'왕도'는 '인의(仁義) 에 기반한 왕자(王者)의 정도(政道)'라 주(注)하고 '황도'에 관해서는 특히 그 말 머 리에 국훈(國訓)을 나타내는 부호가 붙어있지만, 주석에는 '우리 국체에 기인(基因) 하고 우리 역사에서 양성되어 자연스럽게 발달한 우리 국민의 도의'라 쓰고 있다"고 논한다(里見岸雄,『支那の王道論 上』[里見日本文化學硏究所學報第1号], 里見日本 文化學硏究所, 1950, 38~39쪽).

64　高田眞治,『東洋思想の硏究 第一』, 春秋社, 1944, 417쪽.

65　위의 책, 422쪽.

2) '일본유교'의 '시초이야기'와 "유조(儒祖) 유종(儒宗)"으로서의
'하카세 와니(博士王仁)'

'일본유교(즉 황도유학)의 성립'에 있어서의 '시초이야기'를 말하는 내러티브에서 항상 등장하는 존재가 바로 '와니'다. 다카하시의 「왕도유도에서 황도유도로」에서도 '와니'가 거론되고 있지만, 앞 절에서 열거한 1930, 40년대의 '일본유교(학)' 담론에서도 대개 '일본유교의 시초'가 '와니'에 의한 『논어』와 「천자문」의 전래에서 시작된다고 말하고 있다. 그런데 이 '와니' 혹은 '하카세 와니'·'와니 하카세' 상(像)은 일종의 근대 담론으로서 새롭게 등장해 온 측면이 있다. 예를 들면 1908년 데라지마 히코사부로(寺島彦三郎)가 편집한 28쪽 분량의 소책자 『하카세 왕인 문학시조(博士王仁 文學始祖)』에는 "하카세 와니는 우리 제국문학의 시조로 국민의 일대 은인"[66]라 서술되어 있다. 이 "우리 제국문학의 시조"로서의 '하카세 와니' 상은, 이후 1930년대의 '일본유교' 담론의 발화와 함께 "문교의 시조"[67]·"본조(本朝)의 유조 유종"[68]로서의 '하카세 와니' 상으로 옮겨가고 있다. 『일본지유교(日本之儒教)』 창간호에 실린 「하카세 와니의 공적」에서 나카야마 규시로는, "우리나라 문교사(文敎史) 상(上)에서의 하카세 와니의 공적, 특히 그 교학 개창(開創)의 공적은 위대하다"고 언급하면서, "하카세 와니의 공적"을 "현양(顯揚) 보사(報謝)하는 것"은 "현대의 교화 작흥에 비익(裨益)하고, 겸하여 내선융화(內鮮融和)를 위해서 유익한 일이다"[69]고 논한다.

---

66 寺島彦三郎編, 『博士王仁 文學始祖』, 特志發行事務所, 1908. 상세한 것에 관해서는, 졸고, 「'道義의 제국'론의 射程: 해방 후·전후 한일 양국의 '도의' 담론과 이퇴계연구」, 국민대학교 일본학연구소 편, 『일본공간』 11호, 논형, 2012.5, 147~149쪽을 참조.

67 先賢博士王仁建碑後援會·四宮憲章 編, 『先賢博士王仁建碑紀念誌 上篇』, 非賣品, 1938, 12쪽.

68 中山久四郎, 「博士王仁の功績」, 『日本之儒教』, 127쪽.

여기서 '황도'로서의 '일본 유교의 시초'를 둘러싼 내러티브를 고찰하기 위해, 당시의 '와니 하카세' 담론을 구체적으로 거론할 필요가 있다. '선현 와니 하카세 건비(建碑)후원회' 대표였던 시노미야 겐쇼(四宮憲章)는 1938년 9월 1일의 게이죠(京城)방송국의 연설 「하카세 와니와 황도의 정신」에서, 일본에서의 "유교 즉 공자 교학"은 당시 백제로부터 "어용교사 자격으로 초빙"된 '와니 하카세'가 전래한 것이다. 이 초빙은 처음에 오징천황이 아직기(阿直岐)가 강설하는 것을 듣고 "유교, 즉 경전의 학설이 너무나도 우리나라 고유의 도덕과 정확히 일치하였기 때문으로, 만일 그 학설이 우리나라 고유의 도덕, 즉 황도와 조금이라도 상충되었다면 이 같은 초빙은 결국 없었을 것"[70]이라고 말한다. 또한 고바야시 이치로(小林一郎)는 1941년에 『홍도관기술의』에 있는 문장[71]에 대한 강설에서, 다음과 같이 논하고 있다.

그런데 이러한 가르침을 세워 이를 설명하는 이는 유교 학자들이지만, 우리나라에서는 옛날부터 이 친(親)이라든가 의(義)를 지킨다고 하는 것에 대한 설명은 없어도 실행은 훌륭히 이루어져왔기 때문에 나라가 잘 다스려진 것이다. 그렇지만 이것들을 실행만 해 왔을 뿐으로 따로 이를 설명할 길이 없었지만, 조선에서 유교가 전래되어옴으로써 서적을 (근)본으로 하여 이에 설명을 가하고 예로부터 실행해온 것을 더욱 상세히 해석하여 일반적으

---

69 위의 글, 124~125쪽.
70 『博士王仁建碑紀念誌 上篇』, 24~25쪽. 또 시노미야는 후지타 도코의 『홍도관기술의』에 나오는 "서토(西土)의 치교(治敎)"에 관해, "'서토의 치교'라 함은 즉 『논어』의 교훈임에 틀림없다. (…중략…) 이 오륜의 윤상(倫常)은 즉 우리 황도 고유의 것으로,오륜 윤상의 문물로써는 우리 군신, 부자, 부부, 장유, 붕우와의 사이에 널리 퍼트리고, 우리 효순공자(堯舜孔子)의 전교(典敎)를 가지고서는 세상을 계도하고 민을 다스리는 정(政)으로 사용된 것이다"고 말한다.
71 "及百濟貢吉師. 始有儒敎. 而儒之爲敎, 尤重五典. 所謂親義別序信者. 皆我所固有. 特資彼文物. 以推弘之. 施諸我父子君臣. 用諸我夫婦長幼朋友. 則斯道純一者自若也".

로 가르침을 부여할 수 있었다. (…중략…) 원래부터 그러한 도가 존재하지
않은 것은 아니지만, 그 설명 방법으로서 지나나 조선에서 사용한 말을 적용
하였을 따름이다. 그러나 지나나 조선에서 유교가 전래되었다 하여, 일본의
풍습이나 관습이 이에 영향을 받아 완전히 변했다는 것은 아니다. 순일(純
一)한 신대(神代)로부터 전해져온 도는 전후(前後) 일관해서 변함이 없다.
이것이 일본 국체의 근본이 되어온 것이기에, 설령 전래된 말을 사용하더라
도 그 말이 표명되는 내용까지도 외부에서 전래되었다고 생각해서는 안 된
다. 그러므로 일본은 예로부터 도가 실행되어온 나라임을 국민 각자가 자각
하여 이를 실행하는 데 항상 힘을 사용하지 않으면 안 된다.[72]

이처럼 일본의 "문교의 시조"·"본조의 유조 유종"으로서의 '하카세
와니'상은, '일본유교'의 기원을 말하는 내러티브로서 발화되었다. 다
시 말해 '와니 하카세'상은, 특히 1930년대에 들어와 '고립의 원리'인 '황
도'로서의 '일본유교의 시초'를 말하는 담론으로서 새롭게 등장한다.
이후 이 '와니 하카세'상은 뒤에서 논할 "제2의 와니"로서의 이퇴계
(1501~1570) 상으로 옮겨간다.

---

72   小林一郎講述, 『弘道館記述義·回天詩史』(皇國精神講座第2輯), 平凡社, 1941, 84쪽.

5 '황도유학'과 '도의조선(道義朝鮮)의 건설'

1) '조선유도연합회'의 '황도유학'론과 '도의'

다카하시는 1939년 11월의 논고에서 '황도유도'라는 용어를 사용했지만, 조선총독부는 1941년 3월에 "종래 유도(儒道)로 통칭되는 것을 이제부터 황도유학으로 칭하도록 지도할 것"[73]이라는 통첩을 발한다. 그런데 이 '황도유학'이라는 용어는, 동시기의 일본 내에서 발화된 사회적 교설[74]로서의 '일본유교' 혹은 1934년 6월에 이와사와 이와오가 말한 '황도유교'라는 용어와는 달리, 특히 전통적으로 유학이 전통적으로 국가의 공식적 학문의 중심에 위치해온 (식민지)조선을 대상으로 하여 사용된 표현임에 주의할 필요가 있다. 즉 조선총독부는,

> 유학은 고래 동양에 있어서의 도덕의 근원인 까닭에, 본부(本府, 조선총독부을 의미 − 인용자)에서는 시정(始政) 이래 유교를 진작하고 민풍(民風)의 개선 작흥에 이바지할 수 있도록 여러 가지로 획책하여 온 바이다. 하지만 유림 중에는 구주(舊株)를 묵수(墨守)하고 시세(時勢)의 진전에 순응하지 못하는 자 또는 공론 횡의(橫議)에다가 경전은 읊지만 그 국가적 의의를 해독하지 못하는 자가 있어서, 공연히 지나의 문물에 도취하고 황도정신의 연수(硏修)가 결여된 경향도 있어서 황도유학의 확립은 반도유학 당면의

---

73 『朝鮮社會教育要覽』, 朝鮮總督府學務局社會教育課, 1941.10(『日本植民地教育政策史料集成(朝鮮篇)』51[下], 龍溪書舍, 1989, 69쪽).

74 '유교'의 사회적 교설로서의 의미에 관해서는, 졸고, 「近代朝鮮における『儒教・儒學』の言說とナショナルな知の成立」(『인문연구』 50, 영남대학교 인문과학연구소, 2006)을 참조.

요무(要務)로 생각되어 쇼와(昭和) 16년 3월에 통첩을 발하고…….[75]

라 적시하고 있다. 한편 이보다 앞선 1939년 10월 16일에는 경성에서 전국유림대회가 개최되면서, "① 경학원을 중심으로 전선(全鮮) 유림의 연락 통일있는 단체를 조직하고, 황도정신에 바탕한 황도유학을 확립할 것. ② 국민총력운동의 취지에 찬동하고 일치협력하여 황국신민다운 신념을 굳건히 하고, 이로써 신도(臣道)의 실천에 매진할 것. ③ 동아실질서 건설의 국시를 본받아 동양문화의 진수를 천명하고, 이로써 일만지(日滿支)의 영구평화를 위한 정신적 연계를 굳건히 할 것"[76]을 3대강령으로 하는 '조선유도연합회'가 결성[77]되었다. 당시 경학원 대제학으로서 자작(子爵)이었던 윤덕영(尹德榮, 1873~1940)은 전날 거행된 추계 석존제 후의 경학원 명륜당 강연인 「시국의 인식과 유림의 각성」에서, '조선유도연합회' 결성에 즈음한 경학원 대제학으로서의 입장을 표명한다.

제국은 상으로는 세계 무류(無類)의 존엄한 국체(國體)를 봉재(奉載)하고 하로는 충효도의로 결정(結晶)된 국민성이 단합하야 내로는 동양정신 도덕의 진수를 체취하고 외로는 서양문질문명의 장처(長處)를 □□(일부 판독 불가─인용자)하야 홀연(屹然)히 동양종주국 지위에 재(在)하게 된 동시에 이 존엄한 국체와 특수한 국민성이 참으로 사도(斯道)를 담당할만한 실질(實質)이 구비하였다 합니다. 메이지유신(明治維新) 이후로 동양평화를 국책으로 하고 "동양인의 동양"이란 이상을 목표로 하야 여기에 명확하게 표현된 것이 일본정신이 이것입니다.[78]

---

[75] 『朝鮮社會教育要覽』(『日本植民地教育政策史料集成(朝鮮篇)』 51[下], 龍溪書舍, 1989), 68쪽.

[76] 위의 책, 77~78쪽.

[77] 『經學院雜誌』 45(1940.2)에는 「조선유도연합회결성취지서(朝鮮儒道聯合會結成趣旨書)」와 「조선유도연합회(朝鮮儒道聯合會)」 등에 관해 구체적으로 열거되어 있다.

이 요설적 문장에서 주목되는 것은 '충효도의'라는 용어다. 윤덕영은 "국민전체가 충효도의를 존중히 하"며, "'생어도의(生於道義) 하고 사어도의(死於道義)' 하겟다는 견확(堅確)한 신념을 함양하여야" 한다고 주장하는 것이다.[79] 윤덕영은 이 강연문에서 "총독부당국에서 사도(斯道) 진흥에 관하야 심심한 용의(用意)가 유(有)하고 더욱 총독각하의 성심성의에는 감분자려(感奮自勵)치 않이 할 수 없"다고 말하고 있으나, 윤덕영이 말하는 '도의'는 제7대 조선총독(1936.8.5~1942.5.29)인 미나미 지로(南次郎, 1874~1955)가 1937년 10월 5일에 정무통감통첩으로 내린 「국민정신진작요망(要綱)」에 나오는 용어를 그대로 빌려온 것이다. 이 요강에는 "국가질서의 도의적 법률적 안정 강화를 기도하고", "도의관념의 앙양을 기도함으로써, 동양도덕의 타에 우월한 까닭을 고조시키고 이의 진기(振起)를 기도한"[80]다고 적시하고 있다.

한편 이 '도의'라는 용어가 지닌 함의는, 당시 명륜전문학교 교수로서 식민지조선(의 유림) 측에서의 '황도유학'론의 대표적 발언자였던 안인식(安寅植)의 「황도유학의 본령(本領)」(1944년 4월, 일문)에서 잘 드러난다. 안인식은 이 논설을 통해, 대외적으로는 영미 중심의 서구 제국에 대하여 '동양도덕'의 '우월'성을 주장하는 한편 대내적으로는 사회적 '정의'를 구현하는 법률과 더불어 내면적 '도덕'의 주창에 의해 국가질서를 확보하려는, 제국일본의 자기동일시의 담론으로서의 "도의를 근본으로 하여 국가"론의 충실한 대변자로 등장한다.

홀로 신국(神國) 일본은 조국(肇國) 당시에 도의를 근본으로 하여 국가

---

78 『經學院雜誌』 44, 1939.10, 18쪽.
79 위의 책, 19쪽.
80 南次郎, 「國民精神振作要綱」(1937년 10월 5일, 社教第203号政務摠監通牒)(『朝鮮社會教化要覽』, 朝鮮總督府學務局社會調査課, 『日本植民地教育政策史料集成(朝鮮篇)』 51[上], 龍溪書舍, 1989, 133~138쪽).

를 건설하고, 역대에 이 도의를 신조로 하여 덕화를 널리 폈다. 황공하옵게
도 교육칙어에 "황조황종(皇朝皇宗)이 국(國)을 조(肇)하심이 굉원(宏遠)
하고 덕을 수(樹)하심이 심후(深厚)한지라"라고 말씀하심은 도의입국의
대정신(大精神)을 명확히 일깨워주신 것이다. 이 도의정신이 국가의 운명
을 영원 유구토록 만드는 연유로서, 국민은 황실을 중심으로 도의를 지키
고 황실은 도의를 중심으로 하여 신통(神統)을 계승하신다. 이것이 일본
국체가 만방에 대해 비할 데가 없는 이유이다.[81]

즉 안인식이 논하는 "황도유학 본령의 시작"을 논함은, "도의입국의
이상의 발전에 의"해 전개되어왔다는 '신국일본'의 "국체의 본의를 명
확히 하는" 데 있다. 또한 '전동아(全東亞)'에 대해 "동양고유의 정신문
화"라는 "공통의 신념 아래서 도의적 세계를 건설하는 것이 금일의 문
교보국의 사명"[82]이라고 말한다. 나아가 이 "존엄한 국체를 중심으로
하여 도덕의 모범국가가 되며 세계문화에 공헌하는 것은, 일본국민의
독특한 긍지로서 총후(銃後)에 있는 유림으로서 당연한 의무이다"[83]고
안인식은 주장한다.

한편 이에 앞서 윤덕영에 이어 1943년에 경학원 대제학이 된 보쿠사

---

81 「皇道儒學の本領」, 『朝鮮』 347, 1944.4, 27쪽. '교육칙어'의 모두 문장의 한국어 역은,
    『朝鮮譯漢譯 敎育勅語』, 朝鮮總督府, 1916.12.28, 4쪽(渡辺學・阿部洋編『日本植
    民地敎育政策史料集成(朝鮮篇)』 16, 龍溪書舍, 1987에 수록)을 따랐다. 안인식은
    그밖에, 「皇道儒學」(『儒道』 1, 朝鮮儒道連合會, 1942)과 「皇道儒學(2)」(『儒道』 2,
    1942)를 각각 게재한다. 한편 '조선유도연합회'의 상임이사로서 안인식과 더불어 주
    요 '황도유학'론자였던 하루야마 아키세이(春山明世, 이명세[李明世]의 창씨명,
    1893~1972)도 「東亞共榮圈と儒敎の役割」(『儒道』 1)을 기고한다. 이명세는 이 글에
    서, "공존공영의 황국 본래의 대이상(大理想) 완수를 향해 일로매진(一路邁進)하는
    것, 이것 또한 도의국(道義國)다운 일본 본래의 사명이"라 강조함으로써(37쪽), 안인
    식과 함께 제국일본의 '도의'・'도의국가' 담론을 재(再)발화하고 있다.
82 「皇道儒學の本領」, 28~30쪽.
83 위의 책, 32쪽.

와 소쥰(朴澤相駿, 박상준[朴相駿]의 창씨명, 1876~?)은 취임에 즈음한 변에서 "국민자질의 향상을 중심목표로 하는 도의배양을 철저(徹底)시켜 유도(儒道)진흥의 지도자를 낼 것"[84]이라 말하며, '도의'를 거론하고 있다. 1943년 1월의 『경학원잡지』의 「권두언 : 대동아전쟁과 국체본의의 투철」의 모두 문장에서는 "도의조선의 건설", 즉 "황국일본의 일환 중, 국체의 본의를 기조로 하는 도의(道義)지역은 조선을 그 첫 번째가 되기를 염원한다"는 제9대 조선총독(1942.5~1944.6)인 고이소 구니아키(小磯國昭, 1880~1950)의 시정방침에 대해서도 언급한다. 즉 고이소총독은 경성 착임 후에 발표한 성명에서 다음과 같이 말한 바 있다.

대동아건설은 일본 황도를 기본으로 하여 대동아민족에게 인간최고의 도의를 펼치는 데 있습니다. 무릇 이를 펼치는 데 있어 도의없이는 지도국민이 될 수 없음은 원래부터 명 백합니다. 일본 全국민의 도의수련은 여기에서 절대 긴요함은 언급할 필요도 없고, 이 점 조선에서 특히 강조하여 관민의 맹성(猛省)을 촉구하는바 입이다.[85]

이와 같은 "도의조선의 건설"이라는 고이소의 시정방침에 대해 보쿠사와는 "대동아(大東亞)경륜 중의 현하에 있어서, 반도 진전을 위해서도 또는 정전(征戰) 목적 완수를 위해서도 국체본의의 투철을 빼놓고 달리 서두를 것은 없다"[86]고 평가하는 것이다. 여기서 고이소가 말하는 이 '도의조선'이 제국일본의 '도의'·'도의국가' 담론의 식민지조선에 있어서의 하위적 담론으로서, 특히 태평양전쟁 개전에 즈음하여 "결전체제 하의 국민총력운동"과 "생산 전력의 필수적 증강"을 위한 "새로운 조

---

84 「輸入儒學의 刷新」, 『春秋』 2-1, 1941.2, 150쪽.
85 朝鮮總督府情報課, 『新しき朝鮮』, 朝鮮行政學會, 1944, 24쪽.
86 「大東亞戰爭と國体本義の透徹」, 『経學院雜誌』 47, 1943.2, 1쪽.

선"[87] 창출을 위한 담론임을 새삼 강조할 필요는 없다. 이 시기에 또한 가마다 사와이치로(鎌田澤一郎)의 『국체의 본의와 도의조선』(1944) 등도 간행되고, "도의조선과 황국신민으로서의 조선동포"라는 용어도 회자되었다.[88]

2) '조선 도의철학의 창시자'로서의 이퇴계

제국일본의 식민지조선에서의 '황도유학' 전개를 논하는데 있어 간과될 수 없는 것이, "내선융합(內鮮融合[화(和)])"과 "[반도]도의철학의 창시자"로서의 이퇴계 상(像)이다. 나아가 이 시기의 '이퇴계담론'은 해방 후에도 연속된 '황도유학'의 사상적 영위와 깊은 관련이 있기 때문이다. 제국일본의 지식인들 및 위정자들에 있어 '이퇴계'가 본격적으로 등장하기 시작하는 것은 주로 식민지조선에서 '교육칙어'가 시행되면서부터이다. 예를 들면 1930년 3월에 手記로 쓰여진 「교육칙어환발(渙發)만(滿)사십년기념요항(要項)」(조선총독부 학무국)에는 "교육 칙어(띄어쓰기는 원문—인용자)의 어취지(御趣旨)와 이퇴계 학파와의 □□□"(6쪽, 일부 판독 불가)라고 하여, 식민지조선의 '교육칙어' 시행에 즈음한 이퇴계(학파)와의 학문적 관련성을 강조한다. 나아가 1935년 3월의 『경학원잡지』에 실린 「동양에 사문(斯文)이 유(有)함(속(續))」에서 후쿠시 스에노스케(福士末之助)는 다음과 같이 말한다.

이래(邇來) 도쿠가와(德川)시대를 통하야온 교학은 주자학을 제일로 한

---

87 金子斗禎(金斗禎),『半島皇民生活物語』, 朝鮮思想國防協會, 1943, 서문 1쪽.
88 상세한 논의는, 졸고, 「'道義의 제국'과 식민지조선의 내셔널 아이덴티티」,『한국문화』41, 서울대 규장각 한국학연구원, 2008.6, 195~197쪽을 참조.

것인대 비간(比間)에 이퇴계선생에 의하야 경장된 주자학은 아(我)의 구마모토(熊本)에 전하얏고 상(尙)히 此 이퇴계선생의 학통을 계승한 인인중(人人中)에난 저명한 석학이 잇서서 내지(內地)의 금일의 규운(奎運)을 찬양(賛襄)한 것은 실로 현저한 것이라고 내선융합사상(內鮮融合史上)에 시역(是亦) 특필할만한 것이라고 사(思)하난 바이오이다.[89]

여기서 말하는 구마모토(熊本)의 "저명한 석학"이란 주로 18세기의 유학자 오쓰카 다이야(大塚退野, 1678~1750)와 19세기의 유학자 요코이 쇼난(橫井小楠, 1809~1869) 및 모토다 나가자네(元田永孚, 1818~1891) 등을 가리킨다. 이들을 통한 "내지의 금일의 규운"에 점하는 이퇴계의 존재는 "내선융합사상에 시역 특필할 만한 것"이라고 평가하는 것이다.

이 같은 이퇴계 상(像)은, 1944년 당시 게이죠(京城)제국대학의 교수였던 아베 요시오(阿部吉雄, 1905~1978)가 '일본교육선철서'의 하나로 출간한 『이퇴계』에서는 "[반도]도의철학의 창시자"[90]로 조명된다. 즉 1943년 10월에 쓴 이 책의 「서」에서 아베는,

> 퇴계 선생은 반도 도학의 교조, 도의철학의 창시자이고 (…중략…) 퇴계 선생의 사상은 일찍 이 삼백수십 년 옛날에 근세 일본의 사상사의 일대 선각자 야마자키 안사이에 의해 깊이 섭취되었을 뿐만 아니라, 우리 국체의 본의, 전통정신에 기반하여 극히 높게 지양된 엄연 한 사실을 아는 것이다.[91]

고 말한다. 아베는 이 책을 통해 "국체의 본의"와 '도의' 담론의 시점에서 "야마자키 안사이와 이퇴계의 내면적 관계"를 규명하고, 이를 통해

---

89 『경학원잡지』 38호, 1935.3, 23~24쪽.
90 阿部吉雄, 『李退溪』, 文敎書院, 1944, 「はしがき」, 1쪽.
91 위의 책, 「はしがき」, 1쪽.

태평양전쟁 막바지 시기에 "퇴계학의 일본적 의의·현대적 의의"를 명확히 제시하려고 한다.[92] 그리하여 아베는 "반도 도의철학의 창시자" 이퇴계의 "행실사상"을 조명하고, 이퇴계의 '도의철학'이 식민지조선에서 가지는 의의를 다음과 같이 적극적으로 개진하려고 한다.

[반도]사회는 황국 일본의 일환으로서 새로운 도의의 세계 건설에 매진하고 있다. 이러한 가을에 반도 제일의 교학자, 도의철학의 창시자다운 이퇴계의 행실사상을 돌아보며 황민으로서의 사색을 깊게 하고 심혼을 연마하는 것은 결코 무의미한 것이 아닐뿐더러, 반도의 현실에 즉해 교육교화의 임무를 맡은 자에게는 절실한 현실적 의의를 가지고 있다 고 믿는다.[93]

이런 아베의 이퇴계 상은, 후술하는 바와 같이 1959년에 철학자 박종홍(1903~1976)이 이퇴계를 "민족의 도의(道義)의 사표(師表)"[94]로 조명하는 담론을 선도하게 된다.

6. '도의의 제국'의 저 너머로

위에서 논한 제국일본의 '제국의 지(知)'인 '도의'·'도의국가' 담론과 그 종속적 담론이었던 '도의조선' 담론은 8·15해방과 함께 종말을 고한 것은 아니었다. '일제'의 유산을 극복해야 하는 시대적 과제 속에서

---

92   졸고, 「한일 '융화(融和)' 표상의 요구와 이퇴계」, 『역사비평』 84, 역사비평사, 378~379쪽.
93   『李退溪』「序説」, 7~8쪽.
94   「우리師表 李退溪先生(上)」, 『지방행정』, 대한지방행정공제회, 1959, 228쪽.

'황도유학'의 중심적 내용에 자리했던 '도의' 담론은, '도의국가'·'국민 도의'의 형태로 해방공간과 이승만의 제1공화국의 '건국이데올로기'로 서 호출된다.[95] 이런 분위기 하에서, 이승만 스스로가 성균관 대성전에 서 석존제를 거행하였다. 이승만의 석존제 거행 등과 관련하여, 해방 후 '조선유도연합회'에서 '재편'된 '유도회총본부'의 위원장이었던 구자 혁(具滋爀)은, 1958년 4월에 다음과 같이 논한다.

근래 국민 간(間)에의 유교의 도의사상이 후퇴하여 멸륜(滅倫) 패상(敗 常)의 사건이 자주 발생됨을 각하께서 깊이 우려하사 단기 4287년(1953년 ─인용자)부터 성균관대성전의 석존을 친히 봉행하시고 모든 국민은 유교 의 오륜 삼강을 알고 지켜서 자고로 예의지국이라는 문명대우(待遇)를 더 욱 받도록 하자는 담화를 삼회 발포(發佈)하셨다. 우리 유도회는 각하의 이 지도정신에 대하여 심심한 경모(敬慕)의 뜻을 표하오며 그 담화문을 모 집 간행하는 바이다. 우리들은 이 책자를 좌우명으로 보관 열독(熱讀)하고 윤강(倫綱)의 성훈(聖訓)을 실천함으로서 도의사회의 재건에 이바지해야 할 것이다.[96]

한때 '신민'을 대상으로 하는 제국일본의 규율 권력담론이었던 '도의' 담론은, 이처럼 이승만과 그에 연동한 '해방 후의 유림'들에 의해, "도 의사회의 재건"이라는 캐치프레이즈를 통해 새롭게 전개되어 간다.[97]

---

95 서중석은 '도의' 담론과 관련하여, "한국에서 파시즘적 성격을 파악하는 데 어려운 또 하나는 자신의 견해를 도의, 도덕 또는 (국민)윤리 등으로 포장하여 내놓는다는 점에 있다"고 지적하면서(「이승만정권 초기의 일민주의와 파시즘」, 『1950년대 남북 한의 선택과 굴절』, 역사문제연구소, 1998, 22면), "도의와 윤리를 강조한다는 점에 서도 일본군국주의와 유사성이 있음"을 강조한다(46쪽).
96 『대통령이승만박사유교담화집』, 유도회총본부, 1958, 1쪽.
97 또 근대 조선에서 발화되었던 '동방예의지국'이라는 용어가 이 때 다시 등장하고, "우 리 예의동방(禮儀東方)의 표범(表範)이 되시는 수백 선현의 행장기사(行狀記事)를

한편 1928년에 식민지조선의 지식인으로서 「퇴계의 교육사상」(『경북의 교육』 제6호, 탈고는 1927년)을 게재하였던 박종홍은, 1959년부터 1960년에 걸쳐 「우리사표(師表) 이퇴계선생」(상·중·하)을 발표한다. 박종홍은 이 글에서 아베가 『이퇴계』에서 이퇴계를 "반도 도학의 교조, 도의철학의 창시자"로 조명한 사실을 상기시키듯, '도의' 담론의 관점에서 "길이 이 민족에게 도의의 사표가 된"[98] 이퇴계를 부각시킨다. 즉 박종홍은 당시 목전에 전개되고 있던 '국민도의' 선양에 즈음하여, "도의의 사표"로서의 인격과 '경(敬)'을 "실천 궁행(躬行)"한 "우리사표로서"[99]로서 이퇴계를 현창한다. 이후 박종홍은 '국민정신함양'과 '도의앙양운동'을 전개한 박정희정권과 '조우'하면서, '민족도의'를 홍보하는 정권의 '이데올로그'로서 일련의 '이퇴계선생사백주년기념(紀念)사업'을 적극적으로 주도하게 된다.

한편 이 '기념사업'과 연동하여, 1972년 7월에 일본 도쿄에서 아베를 회장으로 하는 '이퇴계연구회'가 발족된다. 아베는 '이퇴계연구회' 회장으로서의 발언 등을 묶은 『이퇴계 : 그 행동과 사상』(1977년)에서, "국가의 재건을 위해서도, 아시아의 평화를 위해서도" 회복해야 할 "도의심 확립"이 이퇴계연구의 "현대적 의의"[100]라고 주장하였다. 이 박종홍과 아베의 발언에서 보는 것처럼, 해방 후·전후에 들어와서도 '도의'·'도의

취재고문(取才古文)하여 만재(滿載)"한 "환원(還元) 도의의 자료"(「발간사」, 『道義韓國誌』1, 啓蒙문화출판사, 1959). 『道義韓國誌』는 1963년의 제6권까지 발간되었다. 전후 일본의 '도의' 담론 전개에 관해서는, 졸고, 「帝國日本の『道義國家』論と『公共性』 : 和辻哲郎と尾高朝雄を中心に」, 『アジア文化研究』38, 國際基督教大學アジア文化研究所, 2012.5와 「『友愛革命』は日本の『國家的公共性』を超えられるか」, 『公共的良識人』220, 京都フォーラム事務局, 2010.3을 참조.

98　「우리師表 李退溪先生(上)」, 228쪽.

99　「우리師表 李退溪先生(中)」(1959), 234쪽. 「우리師表 李退溪先生(下)」(1960)에서도 박종홍은 "우리는 도의를 구호로 부르기 전에, 진정한 우리를 알 필요가 있을 것 같다. (…중략…) 퇴계선생은 그 어느 모로 보나 우리의 사표"라고 강조한다(275쪽).

100　『李退溪 : その行動と思想』, 評論社, 1977, 175쪽.

국가' 담론은 그 '생명력'을 상실함이 없이 연속해서 발화되었다. 메이지 (明治)기의 '계몽사상가'인 니시무라 시게키(西村茂樹, 1828~1902)는 『일본 도덕론』(1887년)에서 "천자(天子)를 받든다는 것은 진실로 깊은 인연에 의한 것으로, 우리 국민은 이 황실에 대해 충성을 다해야만 하는 도리와 정의(情義)를 겸비하였다"[101]고 말한 바 있으나, 이 '도의'가 궁극적으로 지향하는 세계란 '정의'에 기반한 '국가공공성'의 세계에 다름 아니다.

마지막으로, 무의미한 생각일 수는 있으나 지난 역사를 가정(假定)의 세계에서 다시 반추해보고자 한다. 대한제국으로 국호를 바꾸기 2년 전인 1895년에 조선에서는 고종을 '군사(君師)'로 하는 「교육입국조서(詔書)」가 반포되고, 『고종실록』 39권(1899년 4월 27일)에는 "일국 유교종주가 되어 기자와 공자의 도를 천명하고 성조(聖祖)의 뜻을 이을 것이다"[102]라고 기록한다. 1903년 신해영(申海永)이 펴낸 4년제 중학교 『윤리학교과서』(보성[普成]중학교)의 [권4] 목차에는, '국가총론'·'국민에의 본무(本務)'·'애국심'·'황실에 대한 본무'·'국제에의 본무'가 보이고, 여기에는 '공의(公義)'·'세계의 도의(道義)'·'덕의(德義)', '국가주의의 도덕'·'국체의 요의(要義)'·'국민적 도덕'·'공덕(公德)'·'국가적 도덕' 등의 용어가 나타난다. 만일 '한일합방'이란 역사적 사건이 없었다고 한다면, 대한제국의 황제가 '일국 유교종주'가 되고 대한제국의 유교도 '황국유학(혹은 '조선유교')'라 불리워졌을 것인가? 그 내용은 사회적 규율 창출을 기제로 했던 제국일본의 '도의'로서의 '황도유학('일본유교')'과는 어떻게 달랐을 것인가? 그러나 이런 가정은 차치하고서라도, 경학원과 '조선유도연합회' 유림의 상층부 인사들은 종래에 있어왔던 조선 '왕도유학'의 전통적 패러다임 내에서, 제국일본의 '황도유학'에 '동의'하고

---

101 西村茂樹, 『日本道德論』, 井上圓成, 1888[初版1887], 193쪽.
102 류미나, 「19c말~20c초 일본제국주의의 유교이용과 조선 지배」, 137쪽에서 재인용.

또 연동하였다. 그들은 '조선유교회'(1932년 9월 25일 창립, 기관지인 『일월시보(日月時報)』의 창간호는 1935년 2월에 발간)처럼 '조선유교' 담론[103]을 바탕으로 하는 '조선에서의 황도유학' 담론을, 제국일본의 '황도유학'과의 '상동(相同)'적 관계 속에서 창출하려는 입장에 서 있지도 않았다. 나아가 자기동일시의 담론으로서 1930년대 초를 기점으로 식민지조선에서 발화되었던 '조선학'으로서의 '실학' 담론[104]과도 일정 거리를 유지했다. 그들이 답습한 '황도유학'의 언어란, 오로지 '역성혁명'의 부정과 '충효'를 근간으로 하는 '일본유교'론의 외피로 이루어졌다. 그러나 분명한 것은, 식민지시기에 그들이 '동의'하였고 해방 후(전후)부터 지금까지도 연속되고 있는, 지배적 권력 담론으로서의 '황도유학'과 그 '도의의 제국'의 사상적 영위는, '왕도(주의)'가 아니라 '패도(주의)'라는 사실이다. 아직까지도 초극되지 못하고 있는 이 '패도(주의)'적 시스템의 연속이, 현재 한일 양국의 총체적 '난국'을 초래하였다 말해도 무방하다. 이제 그만 그를 지양하고 역사의 뒤안길로 돌려보내야 한다. 그것이 오늘날 '우리들'의 시대적 소명이다.

---

103 김용국(金龍國)은 「朝鮮 儒教發展의 目的과 新方法論」(『日月時報』 4, 1935.6)에서 "우리는 과거의 조선 내지 조선유교를 정당하게 검토하며 금일의 조선 내지 조선유교를 확실하게 인식하는 동시에 미래의 조선 내지 조선유교를 완전히 성취하야써 진정한 조선문화건설의 중대한 공헌을 남기자는 것이 어찌 오늘 우리가 경영하는바 유교의 발전의 일대(一大) 목적이 안이랴」(128쪽)고 논한다. 장지연(張志淵)의 『조선유교연원(朝鮮儒教淵源)』(1922년)에 나타난 '조선유교의 연원' 내지 '조선(동방)유교의 성립'의 담론에 관해서는, 「近代朝鮮における『儒教・儒學』の言說とナショナルな知の成立」를 참조.

104 여기에 관해서는, 졸고, 「『朝鮮學』の成立」(『江戶の思想』 7)을 참조.

황도불교[*]

식민지 조선 불교와 공(空)의 정치학

김영진

1. 머리말

1937년 중일전쟁 발발 이후 일본제국주의는 본격적으로 전쟁 상황
으로 돌입한다. 이후 일본은 일종의 병영국가로 탈바꿈하는데, 1941년
12월 시작한 태평양전쟁으로 상황은 극에 치닫는다. 이른바 총력전체
제가 전개되고 전후방 경계는 사라지고 일상이 전쟁이 된다.[1] 일상이

---

[*] 이 글은 『한국학연구』(22집, 2010)에 실린 것을 수정·보완한 것이다.
[1] 태평양전쟁기간 테라다 야사치(寺田彌吉)는 『日本總力戰の哲學』(二見書房, 1943)
에서 일본의 총력전체제를 철학적으로 해명하려 한다. 그는 총력전이 전개되는 한
복판에서 그것을 이론화했다. '總力皆兵'을 외치면서 누구도 전쟁에서 빠져나갈 수
없고, 전쟁의 바깥이 없음을 선언했다.

전쟁이 된다는 말은 개인의 행동이 곧바로 국가의 운명과 관련된다. 이 시기 총력전체제는 일본에만 한정되지 않고, 식민지 조선에도 그대로 관철됐다. 조선 불교계는 전쟁에 적극 협력했고 일부 불교인은 일본 제국주의 전쟁을 찬미했다. 불살생의 불교 윤리는 오간 데 없고 괴상한 전쟁의 윤리가 출현한다. 집단의 이익이 개인의 이익뿐만 아니라 개인의 윤리까지 몰수했다.[2]

불살생을 제일 윤리로 삼는 불교인이 심지어 승려 학생들에게 학병에 나갈 것을 종용하기도 했다. 김동화는 "혜화전문학교에 재학 중인 승려 학도 가운데 적격자 25명은 전부 지원하여 군주와 국가에 대한 우리 교단의 정성을 보여주는 것이 당연하다"고 천명한다.[3] 혜화전문학교 교수 권상로는 "도량(道場)이 모두 전장(戰場)"이라고 했고, 종무원장 이종욱은 '모든 사람이 병사'라는 '개병주의(皆兵主義)'를 서슴없이 주장했다.[4] 그들은 모두 조선불교계의 대표적 승려였다. 그들의 언급은 불교인으로서는 상상하기 힘든 주장이었지만 비정상적인 당시 상황을 고려하면 너무도 전형적이었다. 그들은 총력전체제의 논리를 충실히 따랐다.[5] 아울러 불교의 이름으로 전쟁을 독려하기도 한다. 전쟁과 모순된 불교가 전쟁에 부역(負役)하기에 이른다.

2 　불교에서 윤리는 사회적 억제나 정치적 요구에 부응한 것이 아니라 삶 속의 고통과 번뇌를 극복하여 해탈이라는 지복에 도달하고자 제시됐다. 그것은 팔정도(八正道)에서 보이듯 수행의 방법이자 생활의 지침이기도 했다. 그래서 "사회적이고 정치적이며 경제적인 윤리는 종속적 위치를 차지한다. 궁극적 목표는 각 개인이 죄와 고통과 괴로움에서 벗어나는 데 있다." 비슈와나스 프라사드 바르마, 김형준 역, 『불교와 인도사상』(예문서원, 1996), 232쪽.

3 　김동화, 「교단에 대한 희망의 一束」, 『신불교』 56, 1941.1. 이하 근대불교 잡지 인용은 『한국근현대불교자료전집』(민족사, 1996)을 이용했다. 각주에서는 잡지명과 호수, 발행연월만 표시한다.

4 　권상로, 「대동아전쟁과 불교」; 이종욱, 「皆兵主義」, 『신불교』 43, 1942.12.

5 　조선불교계의 전쟁협력에 대한 최근 연구로는 다음 논문이 있다. Pak Noja, 「Violent Buddhism - Korean Buddhists and the Pacific War, 1937~1945」, 집담회자료집, 성공회대학교 동아시아연구소, 2009.8.6.

일본은 아시아국가 가운데 가장 강력하게 근대화를 시도했다. 메이지정부는 그것이 근대국민국가건설이라는 목표를 향해 강력한 근대화로 나아갔다.[6] 일찍이 '아시아국가 수준에서 벗어나 서구 열강 수준에 진입할 것임[脫亞入歐]'을 천명했다. 관주도로 강력한 근대화를 이룩한 일본은 서구 제국주의를 모방하고, 하나의 제국주의 국가로 전환했다. 일본의 국력이 신장하자 일본은 제국주의 국가간 경쟁 구조로 진입한다. 이때부터 서구는 흠모의 대상이 아니라 경쟁의 대상이었다. 이제 일본제국주의는 아시아세력을 대표하는 양 국제사회에서 행동했고, 아울러 서구가 맞서는 형식을 취한다. 서구화의 논리가 아니라 서구제국주의 극복이라는 논리를 제시했다. 또한 근대(서구) 극복의 논리였다. 일본제국주의는 '대동아공영권 확립'과 '세계신질서 건설'이라는 기치로 '유럽-근대' 혹은 '유럽-문명'이라는 도식을 초극한 새로운 패러다임 구성을 지향했다. 근대초극론이라는 우아한 제명도 실은 이런 정치 논리 속에서 잉태됐다.

실제 그것은 새로운 패러다임이 아니라 변종 파시즘에 지나지 않았지만, 내부적으로는 다양한 논리를 구사했다. 일본 불교계도 저런 논리를 서슴없이 받아들였고, 전쟁을 적극적으로 긍정했다. 불교계에선 일본파시즘을 내면화한 황도불교(皇道佛敎)를 발명한다.[7] 식민지 조선도

6　물론 일본 근대화에 '관(官)'만 있었던 것은 아니다. 사회 여러 영역에서 자발적으로 다양한 근대화의 길을 모색했지만 일본이 제국주의를 지향하는 과정에서 다양한 견해나 주장은 말살되고 말았다. 자유민권운동의 탄압이나 이후 사회주의 탄압 등은 일반 국민을 통치나 동원의 대상으로 역할을 제한하는 과정이기도 했다. 일본 근대의 불행을 '관 주도형의 근대화'에서 근본적인 원인을 찾을 수는 없겠지만 군국주의 국가의 탄생이라는 점에서는 분명한 책임이 있어 보인다.

7　이런 '황도~' 형식은 불교뿐만 아니라 전 영역에서 관철됐다. '황도유학'이 출현하는가 하면 기독교에서도 황도주의가 적극 옹호되기도 한다. 당시 일본의 총력전 상황에서 봉건시대처럼 전쟁에 참여하지 않는 세력은 존재할 수 없었다. 방관하는 자는 곧바로 적이었다.

이 괴상망측한 불교가 이식된다. 황도불교는 자신의 목적을 달성하기 위해 공(空)이나 중도(中道) 같은 대단히 고원한 불교 이론을 동원하기도 한다. 현실과 가장 멀어 보이는 불교 교리가 역설적으로 전쟁과 폭력을 긍정하는 논리로 사용되었다. 거기에는 단순한 선동이 있는가하면 심오한 철학이 깃들기도 했다. 물론 과감한 비약과 추상화가 있었다. 황도불교가 출현하기 전인 메이지시기에 이미 이런 경향을 시작됐다. 가장 세련된 형태를 보인 집단은 니시다 키타로(西田幾多郎, 1870~1945)에서 출발한 교토학파다. 그들의 논리가 황도불교 등 곳곳에 스몄다.

황도불교에서는 불교가 깨달음의 경지를 말할 때 사용하는 '죽음과 삶의 초월'을 전쟁의 폭력이나 참상에 대한 우리의 윤리의식을 일소하는 방법으로 사용했다. 죽임(살생)이라는 지극히 분명한 사실을 가리고 거기서 엉뚱하게 윤리가 아닌 미학적 가치를 찾으려 했다. 결국 공이나 무는 일종의 미의식으로 작동하여 죽음을 찬미하는 방법이 되기도 했다. 이렇게 무아(無我)의 실현은 희생제의의 부활을 초래한 듯했다. 붓다가 당시 유행한 브라만 전통의 희생제의를 강력히 반대한 것과는 너무도 달랐다. 희생제의는 가장 값진 것을 자연이나 신 앞에 내놓음으로써 풍년이나 용서를 바라는 행위다. 여기는 죽는 자와 죽이는 자가 존재하는데, 이 모두 성스러운 행위로 탈바꿈한다. 희생(죽음)이 성화(聖化)되는 과정인 셈이다.[8]

불교에서 공이나 무아는 자기 극복을 통해서 궁극적으로는 자기완성을 지향하는 메커니즘이다. 물론 국가나 집단에 봉사하자는 취지는 아니다. 황도불교는 이들 개념을 통해서 개별세계를 초월해 절대 세계

---

8   타카하시 테쓰야는 『國家と犧牲』에서 이탈리아 철학자 조르주 아감벤(Giorgio Agam-ben)의 분석을 빌려와 성스러움(sacred)과 희생(sacrifice)이 동일한 지점에서 출발함을 말한다. '순수한 자만 희생물이 될 수 있고, 희생한 자만 순수할 수 있다'는 주장인 셈이다. 高橋哲哉, 이목 역, 『국가와 희생』(책과함께, 2008), 28~29쪽.

를 지향한다. 이런 특징 아래서 공이나 무의 쓰임은 몇 가지로 유형화할 수 있다. 첫째, 공은 세간과 출세간의 경계를 허무는 논리로 사용됐다. 그것은 세속주의를 초래했고 불교와 정치가 결합하도록 유도했다. 두 번째, 공은 개별을 초월한 '장소'로서 무한자의 역할을 대신했다. 그것은 절대 무나 궁극적 실재 등으로 취급됐다. 세 번째, 공은 부정하는 힘이자 행위다. 자신의 한계와 적을 부정하고 전진하는 힘이자 의지이다. 이 글에서는 이런 유형화를 통해서 황도불교의 이론적 성격과 황도주의의 철학적 지향을 이해하고자 한다.

2. 황도불교와 세속주의

황도주의는 천황제를 근간으로 한 일본 제국주의를 말한다. 파시즘의 한 유형이라고 할 수 있다. 일본제국주의가 치켜든 기치는 대동아공영권 확립과 세계신질서 건설이었다. 이 시기 불교를 비롯한 일본 종교계는 '종교 신앙으로 국가를 보위한다信仰保國'라는 기치로 황도주의를 표방했다. 황도불교는 이렇게 등장한다. "불교 용어로 설명하면 황도불교는 불법을 완전히 왕법의 지도 아래 두는 것이다. 정치적으로 말하면 기성 불교교단은 국가와 그 정책에 어떠한 이의도 제기 할 수 없이 순종하는 것이다."[9] 이렇게 황도불교는 세간법인 군주와 국가

---

9   Brian Victoria, Zen At War, 1997. エイミー・ルイーズ・ツジモト 譯,『禪・戰爭』(光人社, 2001), 135쪽. 한글 번역본은 정혁현 역,『전쟁과 선』(인간사랑, 2009)으로 출간됐다. 한글번역은 역자의 일본근대나 불교술어에 대한 지식 부족으로 서툰 표현이 많지만 현직 목회자로서 근대연구자나 불교연구자가 해야 할 일을 기꺼이 감당했다는 점에서 오히려 감사를 표하는 바이다.

의 입장을 절대적으로 자기화한다. 불교가 이데올로기화했고 전쟁기계로 바뀌는 상황이었다.

1938년 1월 오쿠라 정신연구소가 발행한『호국불교』(護國佛教)가 가장 이른 시기 이런 논리를 보여주었다.[10] 여기에 실린 몇 편 논문은 일본제국주의와 불교의 결합을 공식적으로 천명한 글이다. 같은 해 4월 일련종 지도자를 중심으로 불교계는 황도불교행도회(皇道佛教行道會)를 설립했다. 회칙에서 다음과 같이 말한다.

> 황도불교는『법화경』의 오묘한 이치로 일본 국체가 존엄한 까닭을 드러내고, 진정한 대승불교 정신을 발양하여 천업을 돕고 받드는 종교이다. (…중략…) 즉 황도불교는 왕과 부처가 일치된다는 삼대비법을 현대 언어로 요약해서 명명한 것이다. 그래서 황도불교의 본존은 인도에 출현한 석가모니불이 아니라 만세일계의 천황폐하인 것이다.[11]

이런 언급은 천황의 신격화를 기도한다. 불교계에선 당연히 신이 아니라 부처와 천황을 동일시하여 천황에게 절대적 지위를 부여하려 했다. 조선의 황도불교는 일본과 달리 한 가지 임무가 더 있다. 그것은 식민지 자각과 관련된다. "황도불교란 '식민지본국 일본과 식민지 조선은 하나[內鮮一體]'라는 진리[眞諦]를 체득하여 순일무잡한 황국신민이 되고 나아가 팔굉일우의 대이상을 시현하는 불교다."[12] 식민지 조선의 황

---

10 『호국불교』에 실린 몇 편 글은 일본에서 황도불교를 처음으로 시도한 것으로 볼 수도 있다. 해방 이후 '호국불교'가 한국불교 전형이라거나 통불교가 한국불교의 전형이라고 주장하는 학자가 있었다. 그들의 논리 전개 혹은 학문적 계보에 황도불교 관련 여부를 조사할 필요가 있다. 일제시대 황도불교를 주장한 학자가 해방 이후 돌연 한국불교의 정체성에 대해 운운하기도 했다. 이런 태도에 대해 학문적 의심이 필요하다.

11 Brian Victoria, 앞의 책, 141~142쪽 재인용,

12 宇英,「皇紀 2천6백년을 맞이하여」,『신불교』20, 1940. 1.

도불교는 일본과 조선의 일체화를 첫 번째 임무로 삼았다. 사명을 공유하기 위해서는 당연한 논리이다. 당시 전 영역에서 진행된 황민화는 종교인들을 비켜가지 않았다. 조선의 황도불교는 팔굉일우라는 신성한 사명을 받아들인다. 전세계를 상징하는 '커다란 여덟 지역'[八紘]이 '하나의 집[一宇]'으로 된다는 이른바 팔굉일우는 황도주의를 상징적으로 보여주었다.[13]

팔굉일우라는 말은 1913년 『법화경』 중심 신행단체인 국주회(國柱會) 창시자 다나카 치가쿠(田中智學, 1861~1939)가 만들었다. 그는 『일본서기』의 내용을 바탕으로 '세계 통일'을 일본의 건국 이상으로 제시했고 일련주의를 창안했다. 다나카 치가쿠는 혼다 닛쇼(本多日生, 1867~1931)와 함께 일련주의운동을 이끌었다. 그들의 운동은 불교의 울타리를 훌쩍 벗어나 정치나 경제 등 사회 전 영역에까지 영향력을 미쳤다. 종교운동이자 사회운동이고자 했다. 일련주의 연구자 오오타니 에이치(大谷榮一)는 저서 『근대일본의 일련주의운동』에서 '일련주의운동'을 다음과 같이 정의한다.

> 일련주의운동은 제2차 세계대전이 발발하기 전 일본에서 『법화경』에 기초한 불교적인 정교일치에 의해 일본통합과 세계통일을 실현하여 이상세계를 달성하는 데 목표를 두고 사회적·정치적인 지향성을 갖고 전개된 불교계 종교운동이다.[14]

여기서 당연히 '일본통합'과 '세계통일'이라는 대목에 주의해야 한다. 『법화경』의 일원론적이고 일신론적인 사유에 기반하여 '하나의 세

---

13   大谷榮一, 「日蓮主義·天皇·アジア」, 『思想』, 2002.11(岩波書店, 2002), 147쪽.
14   大谷榮一, 『近代日本の日蓮主義運動』, 法藏館, 2001, 15쪽.

계'를 지향했다. 일련주의는 당시 일본의 가장 강력한 권력이었던 군부에까지 깊이 침투했다. 중국주둔군인 관동군 장교이면서 만주사변을 주도한 이시와라 칸지(石原莞爾, 1889~1949)가 좋은 예다.[15] 이시하라는 일련주의의 말법관에 입각하여 세계 최종 전쟁을 꿈꾸었다. 세계가 끝나고 새로운 통일 세계가 도래한다는 신념을 가졌다. 팔굉일우는 "세계가 일본의 국체로 단일화되고, 일본의 천황이 세계를 통치한다"는 발상이다. 다나카는 이것을 일본민족의 근원적 사명으로 취급했다. 극단적으로 말하면 일본 민족에게는 통일전쟁의 사명이 있다. 조선의 황도불교는 저런 사명을 자신의 종교적 사명으로 전환했다. 이렇게 불법은 왕법 앞에서 소멸한다.

> 팔굉이란 포용이고 일우란 통일이다. 삼계 또는 중생은 포용이고, 나나 우리는 통일하는 것이다. (…중략…) 그것은 자기의 몰아(沒我)와 몰리(沒利)를 전제로 하는 일종의 전체성의 사상이다. 천황께서는 황도를 나타내시고, 신민은 신도로써 이것을 봉지하는 것이다. 그것은 불타의 자비이고, 동시에 불교도의 불심이다.[16]

황도주의가 팔굉일우를 내세우며 통일전쟁을 기도할 때, 개인은 전체 속에서 사라진다. 오로지 전체만 주체로 설뿐이고 개체는 용납되지 않는다. 개인의 주관이나 혹은 객관이 배제된 전체성이라는 '절대'로 모든 가치가 몰입한다. 이 때 몰아와 몰리는 적극적으로 자기[我]와 자기의 것[我所]을 극복하는 방식이다. 자기 극복이라는 측면에서 불교 무아설을 여기에 대입할 수도 있다. 하지만 황도불교는 이런 무아설의

---

15 관련된 국내 연구로는 원영상, 「일련주의 불법호국론과 국체론」, 동국대 불교문화연구원 편, 『근대동아시아의 불교학』(동국대출판부, 2008)이 있다.
16 윤득용, 「皇道文化와 佛敎理想」, 『신불교』 26, 1940.8·9.

최종목적으로 전체성이라는 절대적 자아를 상정한다. 마치 개별 인간
이 자신의 육체적 한계나 욕망을 극복하고 자기에게 분유된 아트만과
우주적 보편인 브라흐만 결합하는 것과 같다. 개별단위에서 무아설을
말하면서 전체 수준에서는 절대자에 대한 지향을 계속한다. 황도불교
는 과감하게 불교 이론을 왜곡한다. 일본불교에서 일본적인 것을 찾으
려는 시도에서 무아설의 응용이 보인다. 당시 조선에서 교편을 잡고
있던 일본인 교수 에다 토시오(江田俊雄)는 이렇게 말한다.

> 무아(無我)·무소득(無所得)의 순수절대의 타력 신앙에 일본적 정토교
> 의 풍격을 볼 수 있다.[17]

무소득(無所得)은 대승불교의 대표적 경전인 『금강경』에 자주 등장
하는 말이다. 불교에서 모든 존재자는 여러 조건 아래서 발생한다고
말한다. 이른바 연기법이다. 이 연기법에 따르면 자기동일성을 지닌
자아나 실체는 인정할 수 없다. 대상을 파악하는 주관으로서 주체도
상정할 수 없고, 대상으로서 파악되는[所得] 객관도 인정할 수 없다. 이
때 공이라는 표현을 쓸 수 있다. 에다 토시오는 주관과 객관이 사라진
상황에서 멈추지 않고, 거기서 절대를 말한다. 주관과 객관의 차원에
갇힌 개인은 순수한 절대자를 향하면서 비로소 그것을 초월하여 절대
자와 교합한다. 이것을 정토교의 타력신앙과 등치시킨다. 뜻밖에도 공
을 디딤돌로 절대적 존재를 염원하는 형식을 취한다. 주체를 부수는
개념인 공이 새로운 주체를 불러내는 꼴이 된다.
　정토계 경전인 『무량수경』(無量壽經)에서는 중생들은 아미타불(무량
수불)의 위신력에 힘입어 갖가지 고통을 벗어난다. 아미타불의 산스크

17　江田俊雄,「日本佛教에 나타난 日本的性格」,『신불교』28, 1940.12.

리트 원어는 두 가지로 추정된다. 아미타유스(Amitāyus)와 아미타바(Amitābha)이다. 각각 '무량한 수명을 지닌 자'와 '무량한 광명을 지닌 자'이다. 이렇게 보면 아미타불은 영원한 생명의 부처이자 무한한 빛의 부처이다. 절대적 능력을 가지고 광명으로 온 세상을 비추고, 또한 영원한 생명을 가졌기에 시간적으로 무한한다. 절대적 능력자로 아미타불을 상상했다. 그 절대자에 대한 기대와 귀의가 정토신앙에 내장해 있다. 그런 의미에서 정토신앙을 불교계 내에서 대표적인 타력신앙으로 분류한다. 이런 경향은 단지 일본 정토교의 특징만은 아니다. 『무량수경』에서는 아미타불의 광명에 대해 이렇게 말한다.

중생들이 이러한 광명을 만나면 탐욕, 성냄, 어리석음이 저절로 없어지고, 몸이 유연해지고 뛸 듯이 기뻐하며 착한 마음이 일어난다. 삼악도의 괴로움에서 이 광명을 보면 모든 휴식을 얻어 다시는 괴로움을 겪지 않고, 목숨이 다한 뒤에 모두 해탈을 얻게 된다. 무량수불은 광명이 찬란하여 시방의 불국토를 비추니 미치지 못하는 곳이 없다. 나만 그 광명을 찬탄하는 것이 아니라 모든 부처님과 성문, 연각, 보살들도 모두 함께 찬탄하고 기리는 것이 이와 같다.[18]

현실 정치 이데올로기를 자신의 영혼으로 삼은 황도불교는 세속주의를 표방한다. 또한 끊임없이 현실에 복무해야 함을 역설한다. 종교학 용어로는 성(聖)이 속(俗)으로 수렴됐다고 할 수 있다. 사실은 종교가 정치에 예속된 것이다. 대승불교에서는 성과 속을 두 가지 진리 차원에서 접근한다. 이것을 흔히 진(眞)과 속(俗) 두 가지 진리[諦]라고 해서 이제설(二諦說)이라고 부른다. 이를 통해서 현실세계의 가치를 충분히

---

18   김영미 역, 『무량수경』, 『아미타경 · 무량수경 · 관무량수경』(시공사, 2000), 78쪽.

인정하고 둘의 조화를 이루려 한다. 두 가치 혹은 두 세계가 대립하지 않는다는 상즉(相卽)의 원리가 제시된다. 그런데 상즉을 설명하는 불교 교리가 바로 공(空)이다. 『반야심경』의 유명한 구절 '색즉시공(色卽是空)'과 '공즉시색(空卽是色)'의 논법도 여기서 나왔다.

태평양전쟁 막바지에 일제는 가정의 살림살이까지 군수물자로 공출했다. 뿐만 아니라 심지어 불당에 모신 불상을 공출하기도 했다. 일반적으로는 도저히 상상할 수 없는 일이지만 비정상적인 상황에서는 이런 일은 어쩌면 당연한 듯 일어났다.[19] 권상로는 불상이 전쟁무기로 탈바꿈하는 걸 두고 『금강경』의 공의 논리를 사용한다. 다음은 극단적인 장면이다.

> 불상이 그 몸을 부수어 여러 가지로 바뀌어 나타나실 것이다. 이른바 "부처의 몸이라고 말한 것은 곧 부처의 몸이 아니다"는 것이다. 물 속에선 어뢰가 될 것이요, 공중에서는 폭탄이 될 것이요, 육상에서는 탄환이 될 것이다.[20]

권상로는 불상에서 종교성을 뺏고 그것이 전쟁무기가 되는 데 동조한다. 이 때 동원된 이론 가운데 하나가 『금강경』의 '즉비' 논리다. "여래가 말한 몸의 모양[相]은 곧 몸의 모양이 아니다. 모든 존재자의 모양은 본질 없다. 만약 그런 모양이 모양 아님을 본다면 곧 여래를 볼 것이다."[21] 여기서 모양[相]은 존재자를 그것으로 규정짓는 특징을 가리킨다. 『금강

---

[19] 전쟁을 위해 불상을 공출하는 것은 어쩌면 전쟁을 위해 승려가 창이나 칼을 드는 것과 별로 다르지 않다. 우리도 이런 역사적 경험을 갖고 있다. 임진왜란 당시 고승이 이끄는 수많은 승병들이 왜병과 싸웠다. 조정을 보호하고 불교를 보호한다는 명목이었겠지만 불교 가치를 보호할 수는 없었다.

[20] 권상로, 「佛像의 長行」, 『신불교』 48, 1943.5.

[21] 구마라집 역, 『금강반야바라밀경』(대정장 3, 749상), "如來所說身相卽非身相. 佛告須菩提! 凡所有相皆是虛妄, 若見諸相非相則見如來".

경』은 존재자의 본성이 공하다는 사실에 입각하여, 어떤 존재자에 대해서 그것을 규정하게 되면 결코 그것에 다가설 수 없음을 설파한다. 오히려 본질 없는 그것을 알 때 비로소 존재자에 다가 선다고 말한다. 권상로는 불상이 가진 종교적 표상을 부정하는 것이 마치 대단히 불교적인 행위인양 부정으로 그것을 긍정하려 든다. 결국 불상이 상징하는 불교의 윤리나 가치관을 공이나 즉비 논리를 동원하여 왜곡한다.[22]

연기법에 따르면 "모든 존재자는 서로 의존하여 발생한다." 그렇기 때문에 한 사물도 '자기 동일성'으로 존재할 수 없다. 존재 A는 A라고 할 만한 특징[相]을 갖고 있지 않다.[23] 그래서 결국 A는 단지 가명(假名)이고 'A는 공하다.' 하지만 '공함'은 아무 것도 없는 곳에서 나타나는 게 아니라 바로 연기가 진행되는 존재자 한 복판에서 포착된다. 그래서 일상[俗]과 진리[眞]는 겹치게 된다. 진속불이의 원리는 이렇게 공사상에서 출현한다. 성(聖)과 속(俗)의 일치를 주장하는 것은 세속의 탈속화가 아니라 탈속의 세속화를 초래했다.

불교의 유사 이래로 불교를 불교답게 신앙하고 활용하여서 그야말로 진리세계[眞]와 일상 세계[俗]가 둘이 아니고 보편적 이치[理]와 구체적 사실[事]이 융합하여 개인의 일상생활 미세한 데서부터 국가의 정치같이 거대한 데까지 모두 불교이며 전체가 성현의 가르침[聖賢法]인 곳은 세계의 동서고금을 통하여 오직 제국이 그러한즉 제국은 부처님 나라[佛國]이다.[24]

---

22   근대일본에서 활동한 스즈키 다이세츠와 그의 친구 니시다 키타로에게서도 이 논리는 대단히 중요했다. 특히 '즉비 논리'는 스즈키의 대표적인 주장처럼 알려졌다. 竹村牧男,『西田幾多郎と佛敎』(大東出版社, 2002) 제2부 2장에서 두 사람의 즉비 논리에 대해 말한다.
23   '相卽'이라고 할 때 '相'은 '서로'의 의미이지만 여기서 '상'은 어떤 것의 특징으로서 모양이다. 이 때 한자 '相'은 '形象'의 '象'과 발음이 같다. 그래서 동일한 의미로 사용한다. '實相'이라고 할 때도 마찬가지다.
24   권상로,「대동아전쟁과 불교」,『신불교』 43, 1942.12.

　제국은 하나의 시스템으로 세계가 조직됐음을 말한다. 그것은 마치 화엄철학이 말하는 중중무진(重重無盡)의 세계같다. 여기서 이·사는 이치의 세계와 일상의 세계를 가리키는 화엄철학의 용어다. 연기법이라는 보편적 이치[理]는 구체적 사물[事] 하나하나에 작동한다. 화엄철학에서는 이 형식을 '이사무애법계'라는 말로 표현한다. 권상로는 이것을 '제국과 그 속에서 개인의 일상'에 적용했다. 총동원체제 아래 일본제국 내에서 그 무엇도 제국의 논리를 벗어날 수 없었다. 대단히 미세한 데까지 제국의 권력은 침투했다. 물론 권상로는 엄청난 단순화를 통해서 제국과 부처님나라를 등치시켰다. 법계 모든 것이 불법이듯, 세계 모두가 제국의 권력장 위에 놓인다. 세계에 대한 절대적 긍정이 두드러진다.

　초기불교에서 연기법은 그것 자체로서 긍정의 대상도, 부정의 대상도 아니다. 12연기법은 번뇌의 발생과 소멸을 설명하는 교리이고, 대승불교의 연기법도 존재의 실상을 알릴뿐이다. 연기법 자체가 곧바로 긍정할 무엇이 아니다. 사실 차원의 언급일 뿐이다. 그런데 일체 존재가 연기했다는 사실 하나로 세계를 긍정하는 방식은 불교의 일반적인 교리라고 하기에는 무리가 있다. 이런 연기법이나 나아가 공을 절대적 긍정으로 전환한 것은 중국불교의 대표적 교학인 화엄학이다. 화엄학은 일체 존재자가 연기라는 진리를 현현한다고 말한다. 황도불교의 방식으로 하자면 연기라는 진리는 일본제국주의라는 원리인 셈이다. 화엄학에서 말하는 부분[一]과 전체[多] 도식은 곧바로 개인과 집단이라는 도식으로 전환한다.

3. 절대주의와 전체성

황도불교가 일본제국주의의 입장을 내면화했다는 점을 고려하면 그 이론적 지향이 어떠했을지 짐작할 수 있다. 가장 도드라진 특징은 개별을 초월한 절대적 세계를 상정한 점이다. 그것은 불교의 절대주의적 해석이라고 할 수 있다. 일본 불교연구자 스에키 후미이코는 근대 일본 사상은 "'근대=개체의 확립=서구화'라는 등식에 대해 '포스트 근대(전근대)=개체를 초월한 존재=일본(동양)'"이라는 등식이 허구적으로 구성됐다고 말한다.[25] 이런 논의는 니시다 키타로가 발동한 교토학파에서 철학적으로 완성된다. 이것은 서구 근대의 특징을 개인의 발견 혹은 이성의 발휘라고 할 때, 그것과 극명하게 대비를 이룬다. 그렇다고 개체(개인)의 초월이 전근대 혹은 탈근대일 리는 없다.

개별의 초월을 의도한 것이 오히려 대단히 근대적일 수밖에 없음을 인정해야 한다. 일본적 혹은 동양적이라고 불리는 무엇을 구성하려한 일본 근대 철학자들은 서구 근대에 대한 일본의 정신적 독립을 원했다. 메이지시기 철학자들이 시도한 개별의 초월은 이런 큰 그림에서 진행됐다.

태평양전쟁 시기 개별의 초월은 하나의 초월자로 진행하기 십상이었다. 무한자나 절대자에 대한 동경은 철학적으로는 절대성에 대한 추구였다. "객관과 주관 이원적 대립의 극복"이라는 주제는 한 동안 동양철학의 특징이었지만 그것은 서양철학에서 모델을 가져왔고, 동양철학에 응용했을 뿐이다. 절대자나 무한자에 대한 철학적 상상은 태평양전쟁시기 철저하게 전체주의와 만난다. 물론 메이지시기부터 이런 경

25 　末木文美士, 이태승·권서용 역, 『근대일본과 불교』, 그린비, 2009, 18쪽.

향은 있었다. 절대성은 전체주의와 결부되기도 했다. 개인의 총합으로서 전체가 아니라 개별의 수준을 훨씬 뛰어넘은 전체로서 절대자를 상정한다. 그것은 어떤 가치보다 앞선다. 하지만 현실에서 그것은 어떤 식으로든 구체화되기 마련이다. 통치자나 국가 혹은 특정한 정치체가 그 역할을 한다.

전체성은 다수 부분[節]이 집적되어 되는 것이 아니고 도리어 부분이 전체로부터 전체의 부분이 되는 것이다. 전체성은 그 본질을 표현하기 위하여 부분[分節] 및 통합[統結]의 범주가 필요하고, 부분은 전체성 내용을 표현하기 위하여 완전성의 범주가 필요하다. 그래서 전체는 부분에서 표현되고 전체는 통합에서 부분을 포함함으로써 그 본질을 유지할 수 있다.[26]

여기서 '전체성'은 단지 부분의 총합이 아님을 분명히 밝혔다. 인용문에서 '부분'이라는 표현이 자주 등장하는데, 그것은 기계의 한 부분처럼 작동하는 전체의 일부다. 그것은 결코 전체 기계를 벗어날 수 없다. 한 부분이 작동하지 않더라도 전체는 또 움직이고, 생명을 유지한다. 하지만 부분은 전체 속에 귀속될 때 의미 있게 작동한다. 이것은 분명 유기체론적인 사고이다. 국가유기체론자가 말하는 국가와 국민의 관계를 떠올리게 한다. 여기서 전체는 개별의 나열이 아니다. 개별의 단순한 총합이 아니라 전체로서 하나의 생명을 가진다. 그것이 전체성이다. 부분은 단지 전체성의 '표현'일 뿐이다.

여기서 '표현' 개념이 중요하다. 표현은 두 가지 의미로 나눌 수 있다. 첫째, 표현 자체가 본질인 경우다. 두 번째는 표현은 하나의 현상으로 본체세계는 따로 존재하는 경우다. 전체성이나 절대성을 말할 경우,

---

26　玄幢, 「조선불교와 전체주의」, 『신불교』 20, 1940.1.

당연히 두 번째 의미로 사용한다. 개별을 초월한 절대적 가치나 힘의 존재를 인정한다. 니시다 키타로는 '절대무의 철학'을 설파하면서 개별은 '절대무의 자기 한정'이라고 했다. 이것도 일종의 표현이라고 할 수 있다. 이런 사고를 바탕으로 해서 황도불교는 '불교전체주의' 개념을 제기한다.

> 완전하고 하나인 불교 교리는 인간 중심으로서는 안 되고, 말초신경적 이론으로서도 안 된다. 언제든지 근본 부처님 중심이어야 한다. 인간은 이 대법해 내에서 자기를 희생하는 보살행을 하지 않으면 안 된다. 이것이 대승교학의 출발점이다. 본불의 절대천계설은 교권재흥의 노력이 주가 된다. (…중략…) 불타신관을 철저히 고양할 때에 불법은 대해가 한 가지로 짠맛이듯 절대유일신설에 부합하여 최후 궁극적 진여(眞如)에 귀일할 것이다.[27]

당시 절대에 대한 강한 요구는 붓다를 과감하게 절대자로 바꿔 놓는다. 결국 불교가 일신교적 종교로 왜곡되는데 불타신관(佛陀神觀)이나 절대유신설 등 종래 불교 이해로는 상상할 수 없는 표현이 등장한다. 붓다가 신이 되고, 그것이 궁극적 일자로서 진여에 등치된다. 이때 진여는 세계가 유출된 지점이자 세계가 귀환할 지점이기도 하다. 이런 점은 황도불교의 한 전형이라고 할 수 있다. 절대자와 인간은 천황과 신민(臣民)이라는 구조를 반복한다. 인간이나 신민의 역할은 대단히 분명하다. 자기희생과 복종이다. 황도불교에서 개인의 '희생'이라는 이데올로기가 곧잘 대승불교의 보살행으로 이름을 바꾼다.

불교 내부 논리로 보면 개별을 초월한 존재자를 상정하는 것은 대단

히 위험하다. 이런 사고는 불교가 제1원리로 내세운 연기론을 훼손하기 때문이다. 연기론에 따르면 모든 존재자는 서로 조건이 되어 존재한다. 불교는 브라만교의 브라만 개념처럼 각 존재자를 압도할 만한 실체를 상정하길 거부한다. 좀 더 철학적으로 말하면 존재자의 출현은 무한한 조건 속에서 일어난 사건일 뿐이다. 그런데 그 사건에 어떤 거대한 심연이나 바탕[基體]같은 것은 존재하지 않는다. 대승불교의 위대한 철학자 나가르주나는 그의 주저 『중론』에서 어떤 한 사물이나 사건을 존재와 비존재라는 틀로 가둘 수 없음을 천명했다. 그렇다고 존재와 비존재를 떠받치는 거대한 바탕같은 것도 없다고 말한다. 바탕에 대한 비판이 바로 기체설(dhātu-vāda)에 대한 비판이다.[28]

황도불교에서는 개별을 통일하는 상위의 실체 혹은 그것을 존재하게 하는 바탕으로서 기체를 상상한다. 그것은 절대자 혹은 통일된 세계이다. 이렇게 전체성이나 통일성을 대단히 강조한다. "일본 정신의 본질은 그 내용으로서는 개개의 도덕정신보다는 도리어 그것을 포용하는 형식, 즉 포용성·통일성에 있는 것을 주장한다."[29] 물론 이 글의 필자는 일본과 조선을 일체화한다. 팔굉일우는 당시 일본의 개국정신이라고 불리며, 세계통일의 논리로 사용됐다. 이른바 대동아전쟁은 최종적 국가와 궁극적 평화를 실현하기 위한 세계통일이 명분이었다. 전체성이나 통일성에 대한 지향은 불교 이해에도 전면적으로 투영된다.

불법은 우주 공간 어디에 이르든 한 사건 한 존재자[一法一事]도 불법의 궁극 아님이 없고, 이것을 모두 그 역할과 조건에 따라서 성취시키는 것이

---

28 비판불교의 선봉인 마츠모토 시로(松本史郎)는 dhātu-vāda의 구조는 "단일한 실재의 기체(基體, dhātu)가 다원적인 dharma를 낳는다"는 것이라고 말한다. 근원적 실재론이라는 말도 쓴다. 그는 여래장이나 본각 개념에서 이런 경향이 보인다고 주장한다. 松本史郎, 혜원 역, 『연기와 공』, 운주사, 1998, 23쪽.
29 江田俊雄, 「일본불교에 나타난 일본적 성격」, 『신불교』 28, 1940.

승가의 책임이라고 보았다. 이런 예로 보아도 대승불교의 특수성은 초연 절대지만 그 보편성은 무한절대였다.[30]

인용문의 저자는 특수성과 보편성이라는 다분히 근대적 개념으로 불교를 분석했다. 그것을 달리 말하면 초월성과 무한성이다. 여기서 초월성은 근원적인 원리가 되는 일자를 상정했다는 말이고, 무한성은 그것이 구체적 개별에서 빠짐없이 무한히 관철된다는 말이다. 글의 제목에서도 알 수 있듯 필자는 국가사무와 불교가 일치하는 국가불교를 기획했다. 그런데 둘의 일치에서 그치지 않는다. 국가불교일 수 있으려면 불교도가 직접 일상이 완성되도록 노력해야 한다. 국민이 국가사업에 지니는 책임의식을 불교도가 가져야 함을 역설한다. "그 역할[分]과 조건[緣]에 따라서 성취시키는 것"을 승가의 책임으로 돌렸다. 국가사업을 오히려 불사(佛事)로 취급했다. 사회적 의무를 종교적 책임으로 전환시킨 격이었다.

4. 생사초월과 공(空)의 논리

개별의 한계를 초월한 전체 혹은 절대에 대한 상상은 개인 단위와 국가 단위에서 이야기할 수 있다. 팔굉일우를 말하는 일본제국주의는 국가단위의 돌파를 시도한다. "우리 일본의 이상은 세계를 일가로 하여 인류의 구세주의가 되려는 것이다."[31] 완전한 평화와 행복을 위한

---

30   法雲, 「조선의 국가불교의 종횡관」, 『신불교』 59, 1944. 4.

최종 전쟁은 윤리적으로 정당하다고 생각했다. 일본의 이른바 대동아전쟁은 자기 논리를 따르자면 윤리적 전쟁 혹은 종교적 전쟁으로 탈바꿈한다. 이런 구조가 개인 단위에서 재현될 때 개인의 희생이나 죽음은 전체 혹은 국가라는 거대한 이상과 일치됨으로써 보다 높은 수준으로 승화한다. 황도불교도 이런 작업을 적극적으로 감행했는데, 이 때 동원된 불교 이론이 무아설이나 공사상이다. 유명한 방한암은 태평양전쟁 1주년을 맞아 불교지에 기고한 짧은 글에서 이렇게 말한다.

전투에 임해서 개아가 없고, 오직 국가가 있을 뿐이며, 죽음에 임해서 공포가 없고 오직 충의가 있을 뿐이다. 이에 육신이 없고 자아가 없어서 삶과 죽음이 공하니 곧 진실, 진아(眞我)가 홀로 드러나야 불심에 계합함과 동시에 화장세계에 제불보살과 자유자재로 함께 할 수 있으면서 정국신사(靖國神社)에 와서는 국가를 진호하시게 된다는 것을 말할 것도 없습니다.[32]

총력전체제하의 식민지조선에서 방한암은 조선과 일본을 구분할 수 없었다. 적어도 글로 보면 그렇다. 그는 이 글을 전장에 있는 군인들에게 용맹과 충의를 요구하고, 거기서 죽은 자를 위령하기 위해 썼다. 전투에 임한 군인의 용맹무쌍함을 불교에서 말하는 자기극복 정도로 말한다. 적극적인 무아의 실천이 개아를 초월한 진아의 출현을 초래한다는 불교의 논리를 전장에 선 군인에게 선물한다. 개인이 현실에서 겪는 삶과 죽음을 공하다고 선언하고, 오히려 그것을 적극적으로 긍정해버린다. 이때 공이라는 반세속적인 불교 술어가 현실을 긍정하는 쪽으로 방향을 선회한다.

---

31   윤득용, 「황도문화와 불교이상」, 『신불교』 26, 1940. 8·9.
32   방한암, 「호국영령과 제세보살」, 『신불교』 43, 1942. 12.

태평양 전쟁기간 진행된 일본 지식인 좌담회 가운데 세 번째 '총력전의 철학'(1942년 11년 24일)에서 교토학파 철학자 고야마 이와오(高山岩南, 1905~1993)는 '책임 주체성'과 관련해 대단히 인상적인 이야기를 한다. "진실로 책임에 철저해지면 우리는 절대적인 무에 직면합니다. 그것에 직면할 때 비로소 우리는 무아가 되지요. 나라는 것, 나라는 존재가 절대무 속으로 사라지니까요. 진정한 책임 주체성을 철저히 밀고 나갈 때 우리는 반드시 무아에 이릅니다."[33] 책임에 철저하다는 이야기는 자기의 사적 욕구를 제한하고, 자신의 한계를 부수고서야 가능하다. 책임의 완수와 자기 극복은 일치된다. 이때 무아의 전면적 긍정이 가능하다. 무아인데도 오히려 주체가 되살아난다는 아이러니. 역시 교토학파답게 니시다 기타로의 개념인 절대무(絶對無)를 앞세워 새로운 윤리를 창안한다.

전투를 치르는 군인에게 공이나 무의 요구는 자기 상실에 대한 두려움을 없애라는 요구이기도 하다. 이와 관련하여 일본에서는 무심을 말하는 선(禪)이 특별한 역할을 했다. 1937년 1월 일본에서 개최된 좌담회에서 조동종 승려이자 잡지사 대법륜사(大法輪社) 사장이던 이시하라 슌묘(石原俊明)는 군인의 임무와 선의 정신을 결합시킨다.

죽으라는 명령을 받더라도 조금도 동요하지 않고, 자기가 조금도 개입되지 않는 경지. 이것이 선기(禪機)와 완전히 하나의 경우라고 생각합니다.[34]

이것은 사무라이선(禪) 혹은 군인선이라고 할 수 있다. 김태흡도 동일한 논리를 사용한다. "선이 완전히 일상생활이 되면 천병만마(千兵萬

---

33 나카무라 미츠오・니시타니 게이지 외, 이경훈・송태욱・김영심・김경원 역, 『태평양전쟁의 사상』, 이매진, 2007, 384쪽.
34 Brian Victoria, 앞의 책, 169쪽 재인용.

馬)의 진중이나 칠전팔도(七顚八倒)의 위험한 곳이라도 미동 없이 태연할 수 있다."[35] 무아설이나 공의 논리는 때론 적극적으로 자기를 극복하라는 요구이기도 하다. 하지만 이런 자기 상실이 완전한 무로 소멸하는 것은 아니다. 삶과 죽음을 초월한 절대세계에 대한 동경을 유도한다. 그것은 자살테러로 순교하라는 지령처럼 종교의 이름으로 죽음을 부른다. 친일행각으로 유명한 김태흡은 공이란 개념을 빌려 생사초월을 말한다.

> 사람이 생사라는 것은 한 조각의 구름과 같이 정처 없이 모였다가 헤어지는 것이라 생사의 본질[體性]이 이처럼 본래 공(空)한 것임을 달관만하고 보면 그야말로 생사를 초월하게 된다.[36]

마치 인생을 초탈한 자가 중생들에게 당신들의 삶은 부질없다고 일러주는 듯하다. 하지만 맥락은 분명 다르다. 세상이 덧없다고 말하는 듯하지만 그것을 군인에게 일러준다면 죽음을 두려워 말고 싸우란 이야기고, 노동자들에게 일러주면 죽을 것 같은 고통을 참고 열심히 일하란 이야기로 바뀔 수 있다. 자신의 극한의 능력을 어떤 목적을 위해 소진하라는 요구이다. 여기서 그 목적이 은닉되지만 실은 너무도 분명하다.

유명한 교토학파 철학자 니시타니 게이지(西谷啓治)는 1961년 간행한 『종교란 무엇인가』에서 공(空)을 통해서 삶과 죽음의 상즉을 말한다. 여기서도 스승 니시다 키타로가 제시한 절대무의 개념이 등장한다. 니시다는 절대의 세계가 고원한 신의 세계가 아니라 바로 내 눈앞에 펼쳐진 이 현장이라고 말한다.

---

35   洪映眞, 「禪과 일상생활」, 『불교시보』 76, 1941.11.10.
36   김태흡, 「생사초탈」, 『불교시보』 74, 1941.9.15.

앞에서 공을 절대 초월의 장이라 했다. 더욱이 그것은 우리의 '저쪽'이 아닌 우리보다 한층 깊은 우리의 바로 이 현실에서 열리는 장이며, 그 열림은 절대적인 죽음 즉 삶이라고도 할 수 있는 전환을 뜻한다고 말하였다. 죽어서 산다는 것은 많은 종교의 주된 관심사였다.[37]

니시타니의 이 책이 『종교와 무(Religion and Nothingness)』라는 제목으로 영역됐다는 점은 주목할 만하다. 그는 대단히 섬세한 언어로 공의 종교적 의미를 기술했다. 달리는 실존적 의미라고 할 수 있다. 니시타니는 태평양 전쟁기간 '근대의 초극'과 '세계사적 입장과 일본' 좌담회에 참석한 철학자로 유명하다. 당시 대표적인 일본 지성이 참여한 일련의 좌담회가 전후 악명이 높았던 이유는 너무도 세련되게 태평양 전쟁을 찬미했기 때문이다. 니시타니는 전쟁을 '절대적인 초월의 장' 정도로 파악했다. 이것은 어쩌면 그의 전쟁철학인지도 모르겠다. 그때도 그는 "'주체적 무'의 입장에 설 때, 일체에 대한 절대 부정이 절대 긍정으로 바뀔 수 있다"고 생각한다.[38] 주체적 무는 불교에서 말하는 자발적인 무아의 실현이라고 할 수 있다. 그는 대승불교의 공이나 선종의 깨달음을 자기 초월의 현실화로 이해한다.

김태흡은 선사의 깨달음을 생사초탈의 예로 제시한다. 물론 불교에서 말하는 생사의 초월이 생물학적인 죽음을 넘어선 무엇을 상정한 것은 아니다. 김태흡은 같은 글에서 생사초탈이 "몸은 죽어도 마음은 죽지 않고 있다"고 말하는데, 도대체 뭐가 살아남는지 알 수는 없지만, 생사를 초월한 실존을 상정한다. 공(空)이나 무(無)를 통해서 도달하는 세계는 대단히 모호할 수밖에 없지만 거기서 일종의 미학적 환상을 찾으

---

37   西谷啓治, 정병조 역, 『종교란 무엇인가』, 대원정사, 1993, 145쪽.
38   나카무라 미츠오 · 니시타니 게이지 외, 이경훈 · 송태욱 · 김영심 · 김경원 역, 『태평양전쟁의 사상』, 역자서문, 19쪽.

려 한다. 여기에 특별한 미의식이 있다. 이런 죽음 속에서 자기완성을 사쿠라와 비교해서 설명하는 경우도 있다.

> 죽은 자의 망해를 의미하는 떨어진 꽃잎이 사쿠라나무 위에서 다시 피어나야 비로소 죽은 자는 성불할 수 있다는 것이다. 좀 더 추상적인 차원에서 말하면, 성불에 의해 자기의 궁극적 완결이 가능하게 된다.[39]

이것은 자기 무화의 미의식이라고 할 법하다. 세속적으로 말하면 죽음의 미의식이다. 자기 소멸을 일종의 미적 완성이라고 보는 경우이다. 공의 미학적 전환이라고 할 수도 있는데 이런 경향은 교토학파에게서도 강하게 보인다. 깨달음과 관련되는 무화나 공화는 거룩한 죽음으로 사용된다. 돌려 말하면 '숭고미'에서 깨달음의 한 자락을 보는 것이다. 서양 철학에서 말하는 숭고미가 근대 일본에서는 여러 가지 형식으로 전환되었고, 중심에 불교의 논리가 있었다.

5. 맺음말

식민지 조선의 황도불교는 분명한 목적이 있었다. 그것은 일본제국주의 이데올로기를 불교인뿐만 아니라 민중 일반으로 확산하는 것이었다. 총력전 체제를 감안하면 그런 노력 자체가 전쟁 수행이었다. 이때 응용된 불교 교리 가운데 가장 독특한 것은 공(空) 사상이었다. 물론

---

39 오오누키 에미코, 이향철 역, 『사쿠라가 지다 젊음도 지다』, 모멘토, 2004, 106쪽.

그것이 왜곡이라는 굴레를 벗지 못했지만 그것이 수행한 역할은 꽤 컸다. 불교의 세속주의를 선도했고, 개별을 초월한 절대자를 떠올리게 했고, 전장에서 자기희생을 종교적으로 승화시키기도 했다. 불교의 무아설이나 공사상은 비실체론에 기반한 교리이다.

황도불교에서 이런 교리는 개인을 비실체화하면서 또 다른 절대자를 불러내는 방식으로 사용됐다. 이것은 자기 극복을 통해서 신을 만나는 방식과 다르지 않다. 그것은 브라만교가 시도한 범아일여의 방식임에 틀림없다. 저 신을 만나기 위해서 자기 상실을 기도하는 것은 일종의 희생제의라고 할 수도 있다. 황도불교가 공 이론을 정치적 맥락에서 사용하는 데서, 불교적 가치를 상실한 채 단지 교리를 무모하게 응용할 경우 발생하는 위험성을 분명히 볼 수 있다.

제국-식민지 이론연쇄와 전향[*]

인정식(印貞植)의 경제론을 중심으로

김인수

1. 전향 재고(再考)—한 마르크스주의 농촌경제이론가의 정치적 삶

　식민지 조선에서의 전향(轉向, conversion)을 바라보는 우리의 시선에는 '정치적인 것'에 대한 '도덕/윤리적인 것'의 우위라는 감각이 묻어있다.[1] 가끔은 지독한 냉소마저 불러일으키는 이 감각은, 지극히 정치적인 입장의 전환이자 그 표현인 전향을 도덕과 윤리의 시선으로 분석하

---

* 　이 글은 「이론연쇄와 전향: 인정식(印貞植)의 경제론을 중심으로」, 한국사회사학회, 『사회와 역사』(제96호, 2012.12)를 수정·보완한 것이다.
1　이때 도덕은 엄밀히 말하면 '민족'이라는 이름의 도덕이다. '민족 = 도덕'은 행위주체의 정치적 패배를 도덕적 파산으로 오인하게 하고, 정치적 심판이 필요한 자리에서 도덕적 훈계를 늘어놓게끔 하는 경향이 있다.

는, 어떤 '비정치(非政治)'의 실천을 반복하게 하기도 했다. 그러나 도덕과 윤리를 매개로 한 '비정치적 개입' 역시 이미 그 자체가 엄연한 '정치'임은 자명한 사실이다. 게다가, 전향이라는 행위를 사고하는 데에 있어 이러한 '비정치적 개입'은 썩 유용하지도, 또 정치적으로 타당하지도 않다. 정치를 도덕의 장으로 환원하는 일종의 '선의(善意)'는 정치공간에서 주체(subject)를 배제해 버릴 가능성이 크기 때문이다. 또, 정치행위의 고유성을 드러내기보다는 이를 침묵시키고 봉쇄하는 것으로 귀착되기 쉽다. 따라서 도덕의 장막을 (걷어낸다기보다는) '투시(透視)'하여 정치 본연의 시선으로 전향이라는 행위를 바라볼 필요가 있다.

그렇다면 전향을 정치의 문제로 사고한다는 것은 과연 무엇을 의미할까? '시국(時局)의 압박'으로 논리화한 모든 '기회주의'를 긍정하기만 하면 그만인 것일까? 전향의 주체들이 저마다 제시하는 알리바이, 예컨대 백철(白鐵)이 제출한 '사실수리론(事實受理論)'과 같은 대세추종의 논리를 모두 추인하기만 하면 될까? 그렇지 않다. 그렇게 된다면 정치적 주체는 필연적으로 '시국'에 녹아들고 환원되며 결국 사라져버릴 것이기 때문이다. 이때 정치적 주체는 역사 바깥으로 추방되어 소멸되며, 그 곳에서는 책임을 물을 수 없다. 그렇다면 이번엔 개인의 내면에서 일어난 회심(回心)이라고 한다면 어떨까? 예컨대 이광수(李光洙)의 '민족을 위한 친일' 즉 '친일내셔널리즘'(조관자, 2002)처럼, 시국도 시국이려니와, 내면에서 벌어진 '대오각성'과 행자(行者)적 삶(이경훈, 1998)의 '진정성'으로 사태는 무마될 수 있을까? 하지만 문제가 그렇게 간단치만은 않다. 정치적 주체의 문제인 이상 그 행동은 베버(M. Weber)가 말한 것처럼, 동기가 아닌 결과, 즉 신념윤리가 아닌 책임윤리의 관점에서 평가되어야 하기 때문이다.

나는 이런 관점에서 식민지 조선의 마르크스주의자이자 농업경제이론가인 인정식(印貞植, 1907~?)의 전향(1938)의 의미를 탐문해보고자 한다.[2] 그의 행위를 도덕적으로 단죄하는 데에서 그치거나 시국과 동기에 기대 정치적 무의미의 장으로 손쉽게 배제시켜서는 안 된다면, 탐문의 대상은 결국 그의 '지식생산수단' — 이론과 방법 — 이 될 수밖에 없다. 이것은 '지식인' '이론가'로서의 인정식을 정치적 주체로 소환해낼 수 있는 유일한 길이자 그에게 정당하게 묻고 책임을 따질 수 있는 방법이기도 하다.

그렇다면 과연 어떻게 탐문할 것인가? 실천적 이론가에게 정치행위로서의 전향이란 결국 이론적 전향(/전회)을 의미하고, 이때 만약 그가 패배 또는 파산했다면 그건 오로지 논리의 상실, 즉 말이 무의미해지는 곳에서만 측정될 수 있다. 비논리와 의미 없는 말은 이론이 현실을, 개념이 사실을 정합적으로 포착할 수 없을 때 나타난다. 따라서 주의 깊게 관찰되어야 할 지점은 근사하고 매끈하게 정리된 논리의 체계가 아니라, 말이 엉켜 일관성을 상실하고 논리가 비논리가 되어버리는 어떤 이론적 곤경(predicament)과 딜레마(dilemma)이다. 인정식에게 이 곤경과 딜레마란 과연 무엇이었을까? 그리고 그 정치적 의미는 무엇일까?

---

2   인정식은 '12월테제'의 방침에 따라 고려공산청년회 조직재건을 시도하다가 1929년 6월 체포되었고, 1931년 3월 6년형을 언도받고 복역하던 중, 비합법 혁명운동을 포기하는 조건으로 1934년 11월 가출옥했다(『印貞植全集』 제1권, 643~646쪽). 출옥 이후 사회주의 운동과 단절된 채 고향에 머물고 있던 인정식은 공화계라는 비밀조직을 조직하여 1938년 3월까지 야학을 운영했다. 그 사이 1935년 여름에는 조선중앙일보사에 입사하여 기자와 논설위원으로 활동하기도 했다. 이 무렵 『조선중앙일보』에는 여운형을 중심으로 하여 조선공산당 재건운동선과 단절된, 1920년대 조선공산당 운동에 참가했던 인텔리들이 결집해 진보적 저널리즘 활동을 펴고 있었다(이수일, 1995 : 256). 1938년 4월 인정식은 공화계 야학사건의 주모자로 검거되었고, 그해 10월 사상전향을 맹서하고 출옥했다.

2. 제1의 이론연쇄 : 식민지 조선의 강좌파(講座派)

1) 인정식의 조선농촌경제 인식 – '영세성' = '半봉건성'

1920년대 후반 이후 농업문제에 대한 관심은 식민지 조선사회의 각 방면에서 제기되었다. 조선경제의 전체 구성에서 농업인구와 농산품 생산비율이 절대적인 지위를 차지했다는 기본적인 사실은 물론, 시베리아출병(1918~22)과 쌀소동(1918)으로 인해 시작되었던 조선에서의 제1차 산미증식계획이 일본경제의 호황국면의 종결과 일본 '내지' 농민의 반발로 실질적으로 실패로 돌아간 것, 1930년대 초 세계대공황의 한 양상인 농업공황이 조선농민의 삶에 심대한 타격을 준 것 등이 그 직접적인 배경이 되었다. 5할~9할에 이르는 고율지대와 더욱 심각해지는 고리대자본의 문제, 토지와 유리된 농민의 체적(滯積)은 조선총독부 당국으로서도 더 이상 외면하기 힘든 사회문제였고, 조선의 부르주아민족주의 세력과 사회주의 세력 간에, 그리고 사회주의 세력들 내부에서도 농민구제를 위한 방안을 둘러싸고 치열한 논쟁이 진행되었다. 이런 가운데 사회주의자들은 식민지 농업의 토대분석과 운동론을 위한 이론무장을 꾀했고, 1930년대 중반부터는 마르크스주의의 개념에 근거한 '과학적' 분석이 이루어지기 시작했다.[3] 박문규(朴文圭), 인정식(印貞植), 박문병(朴文秉), 이청원(李淸源) 등 사회주의 농업경제이론가들이 등

---

[3] 여기에는 코민테른 제6차대회(1928)의 성과 위에서 제출된 '12월테제' : 코민테른 집행위원회 정치서기국에서 채택한 "조선문제에 대한 코민테른 집행위원회 결의"에서 조선혁명의 현단계는 부르주아민주주의 혁명이고 그 내용은 토지혁명이 주축을 이룬다는 점이 공식적으로 천명되어, 토지문제와 농업문제의 분석이 더욱 긴요해졌던 외부적 계기도 크게 작용했다(오미일, 1991 : 12; 최규진, 2007).

장한 것이 바로 이때였다.[4]

인정식이 농업이론가로서 본격적인 활동을 편 것은 1936년 3월부터 잡지『중앙(中央)』에 "조선농촌경제의 연구" 특집을, 그리고 연이어 잡지『비판(批判)』에 "조선토지조사사업의 의의" 특집을 연재한 데에서 시작한다. 이 글들은 모두 '조선어'로 씌어져 있고, 1937년 9월 단행본 『조선의 농업기구분석(朝鮮の農業機構分析)』(東京 : 白揚社)을 출간할 때 그 내용 상당수가 편집을 거쳐 재수록 되었다. 참고로, 이 책에는 1936년 3월『조선중앙일보(朝鮮中央日報)』학술란에 연재했던 기사(1936.3.29~4.4) "토지소유의 역사성 : 朴文圭 씨에 대한 비판을 主로"도 일역(日譯)되어 부록으로 첨부되었다.

인정식은 토지조사사업(1910~1918)과 이를 수행하는 과정에서 구축된 토지조사 및 토지소유의 법령들, 예컨대 조선삼림령(1911.6), 관유재산관리규칙(1911.7), 역택지수입수납규정(1911.10), 조선민사령·조선부동산증명령·조선부동산등기령(1912.3), 토지조사령(1912.8)의 성격을 "(이러한) 토지의 근대적 점유형태라는 것도 본질적으로는 봉건적 점유관계의 **시민적 假裝**에 불과"(강조는 원문)하다고 규정했다. 여기에서 봉건성의 지표는 ① 생산수단 일반 특히 토지가 직접적 생산자로부터 분리되지 않은 것 ② 기술이 저급하고 경화(硬化)된 상태 ③ 자연경제 ④ 농민이 토지의 부속물로 간주되는 예종(隷從)관계의 전제인 경제외적 강제 등으로 설정되었다.[5] 그리고 인정식은 "**영세적 토지사용은 토지관계의 봉건성을 규정하는 기초적 속성의 하나**"(강조는 원문)라고 규정하고, "(서구와 달리 조선에서는) 중소지주가 붕괴하면서 토지회사, 관개(灌漑)회사, 은행

---

4 후술하겠지만, 이들의 사고는 정치적으로는 코민테른과 소련의 방침에 영향을 받을 수밖에 없었고, 이론적으로는 중국의 사회성질논전—봉건파와 자본파—과 일본의 마르크스주의 사회과학(일본자본주의논쟁)—강좌파와 노농파—의 자장(磁場) 안에 자리하고 있었다.

5 「토지점유의 근대성과 봉건성」(『中央』31, 1936.5 : 48) : 『印貞植全集 第1卷』, 113쪽.

등에 의한 토지의 집적이 급속하고도 대규모로 진행되는 한편, 이와 동시에 '독립'된 자영농은 누진적으로 소작농이나 영세농(零細農)으로 전락하고 경작단위가 파멸적으로 세분화"되는 현상이 나타난다고 지적했다. 나아가, 근대과학의 발전에도 불구하고 조선에서는 농업기술이 여전히 저급하고 원시적인 단계에 머물러 있고, '근대적 자본'이라 해야 할 일본(인) 계통의 대지주 소유지와 대농장에서마저도 "사람이 기계를 구축(驅逐)하고 호미가 트랙터를 배제하는 반역사적 광경"이 연출되고 있다고 지적한다.[6] 인정식은 이를 '반봉건성(半封建性)'으로 개념화하고, "조선 외부로부터 도입된 자본 — 일본계 독점자본 — 이 조선 전래의 봉건적 생산양식과 **결합**"(강조는 인용자)하고 있고 이를 유지, 강화시킨다고 주장했다.[7] 그는 세계사의 토지개혁 유형을 아메리카형(型), 융커형, 불란서형, 영국형 등으로 분류하고, 조선의 토지조사사업을 경작농민이 아닌 수조권자에게 사유권을 부여함으로써 농민을 소작농, 반(半)농노적 지위로 재편성한 재판(再版)농노제의 원인으로 규정했다. 이것은 융커형이나 구(舊)러시아형과 가까운데, 그러나 외래자본으로서의 독점자본의 지배와 봉건적 생산관계의 결합이 농촌의 봉건적 성격을 한층 더 강화한다는 점에서 이들보다 더욱 기형화, 불구화되어 있다고 평가했다.[8]

인정식은 이러한 이론적 입장을 견지하면서 이훈구(李勳求),[9] 노동규(盧東奎) 등 민족주의 농업이론가, 박문규,[10] 박문병 등 마르크스주의 농

---

6   위의 글, 51쪽 : 『印貞植全集 第1卷』, 116쪽.
7   「半封建性의 규정 : 토지소유의 봉건성과 근대성(결론)」(『中央』 35, 1936. 9 : 90) : 『印貞植全集 第1卷』, 185쪽.
8   오미일, 앞의 책, 121쪽.
9   이훈구(1896~1961) : 1924년 도쿄대학 농학과, 미국 캔자스주립농과대학 대학원을 수료하고 위스콘신대학에서 철학박사 학위를 받았다. 1931년 귀국 이후, 숭실전문학교 농과 교수 및 과장을 역임하였다. 1938년 『조선일보』 주필겸 부사장. 해방 이후 제헌의회 의원, 단국대 학장, 성균관대 총장을 역임하였다.

업이론가를 모두 비판했다. 우선 이훈구의 경우 조선농촌의 농지규모와 인구수를 비율로 표현하여 조선농촌이 과잉인구에 의한 인구압박과 경지부족으로 허덕인다는 주장을 폈는데, 인정식은 이를 맬더스적 인구론의 비관론에 불과하다고 평가하고 결국 그에게 '산아제한' 이외의 답이 있는지 힐문한다. 또, 조선의 실질적 출산율과 사망률 지표를 제시하면서 기아와 영양부족에 의한 산아제한은 이미 강제되고 있다고 냉소했다. 사회적 조건을 외면한 속류경제학자로서 이훈구를 비판했던 것이다.[11]

다음으로 박문규와 박문병에 대한 인정식의 비판은 주로 조선의 '반(半)봉건성'의 위상에 관한 쟁점이었다. 인정식은 『조선의 농업기구분석(朝鮮の農業機構分析)』(1937) 서문에서 박문규의 경성제대 졸업논문 「농촌사회분화의 기점으로서의 토지조사사업에 관하여(農村社會分化の 起點としての土地調査事業に就て)」(京城帝國大學法文學會 第一部論纂第六輯 『朝鮮社會經濟史硏究』, 1933)의 이론적 지위를 높게 평가하는 한편, 그가 토지조사사업을 지극히 근대-자본적 성질로 해석하는 데 대해 비판을 가했다.[12] 인정식은 조선 마르크스주의 농업이론의 경향을 "① 오늘날의

---

10   박문규(1906~1971) : 1925년 경성제국대학 예과를 2회로 입학하였고, 1930년 법과를 졸업하였다. 이강국(李康國), 최용달(崔容達)과 경성제대 동기생이다. 졸업 이후 경성제대 경제학연구실 조수, 만몽문화연구회 촉탁으로 일했고, 조선사회사정조사연구소를 조직하여 활동하였다. 미야케(三宅鹿之助) 교수의 지도로 마르크스경제학을 연구했고, 해방 이후 월북하여 농업상을 역임하였다.

11   「조선농업론비판 : 李勳求박사의 所論을 駁함」(『中央』29, 1936.3 : 34~36) : 『印貞植全集 第1卷』, 89~91쪽.

12   박문규는 토지조사사업의 결과 봉건적 점유가 근대적 사유제도로 전화했다고 보면서, 다만 이와 동시에 반봉건적 영세농 및 소작관계의 창출이 진행되고 있다고 진단했다(朴文圭, 1933). 이에 비해 인정식의 '반봉건적 토지소유'론은 농촌관계가 상품화폐관계에 종속되어 있지만 그러면서도 본질적인 생산방법·소유관계에서는 봉건적인 관계가 지속되는 것으로 평가한다(오미일, 1991 : 26). 박문병은 조선농촌은 이미 자본의 지배 안에 통합되었고 봉건성은 이로 인해 '변질'되고 있으며 따라서 반봉건성을 강하게 주장하는 의견은 부르주아의 의제이데올로기의 성격을 갖는다고

조선농촌에서 압도적, 지배적인 생산양식 및 수취관계를 그 본질에서 구태 그대로의 봉건적= 반농노적, 영세농적 성질의 것으로 보고, 따라서 토지의 소유관계도 아무리 근대적인 형태를 가장하고 있다한들 여전히 봉건적인 성질을 조금도 탈각하지 못했다고 보는 유파(봉건파)와 …… ② 오늘날의 조선농촌에서 농업생산의 자본제적 전화가 이미 의심할 수 없는 사실이 되었고, 봉건성은 여전히 지배적이기는 하지만 자본제적 관계에 의해 전화, 변질되고 있다고 보는 유파(자본파)"로 나누고,[13] 자신을 전자에 박문규와 박문병을 후자에 위치시킨다. 이것은 인정식이 당시 조선의 논쟁구도를 중국사회성질논전에서의 자본파와 봉건파의 구도,[14] 일본자본주의논쟁에서의 노농파와 강좌파의 구도와 평행적으로 이해한 것이었다. 하지만 박문규와 박문병의 논의 역시 조선농촌의 반봉건성, 영세농화의 문제를 부정한 것은 아니었고 여전히 봉건성이 지배적이라고 평가했기 때문에, 이런 인정식의 정리가 반드시 정확하다고는 볼 수 없다. 그동안 대다수의 후속연구들이 이 구도를 전제로 하여 수행되어 왔지만, 그보다는 오히려 조선판(版) 강좌파 및 봉건파의 논리 안에서 이루어진 내부논쟁으로 보는 것이 타당하다는 견해가 제출된 바 있다(오미일, 1991; 이수일, 1995; 홍종욱, 2011). 다만 인정식의 이런 논쟁구도 설정은 그 타당성 문제를 떠나, 그가 이런 '편견'을 가질 정도로 조선농촌의 半봉건성=영세성 문제에 집착했다는 점을 음미해볼 필요가 있다.

비판했다. 특히 인정식이 봉건성의 지표로 삼은 '저급하고 경화된 농업기술'은 레닌에게서는 찾아볼 수 없다는 점을 지적하면서 인정식의 반봉건성 규정의 문제성을 이론적으로 비판했다(朴文秉, 1936).

13　『朝鮮の農業機構分析』(1937), 6~7쪽 : 『印貞植全集 第1卷』, 242~243쪽.

14　중국사회성질논전에 대해서는, 김대환·백영서 편, 『중국사회성격논쟁』, 창작과비평사(1988)를 참조.

2) 이론연쇄(1) -『日本資本主義分析』(山田盛太郎, 1934)의 세계

인정식의 조선농촌경제 인식은 일본 강좌파의 거두 야마다 모리타로(山田盛太郎)의 『일본자본주의 분석(日本資本主義分析)』(1934)에 많은 부분 빚지고 있다. 박문병이나 이청원도 야마다의 논의 위에서 자신의 분석을 진행하고 있다는 점에서 공통적이지만, 야마다의 분석도구, 즉 ① 형(型)이라는 '비교'의 사고 ② 경작규모의 영세성 지표를 그대로 수용하여 조선을 분석한 점에서, 인정식의 논의는 야마다의 이론에 보다 더 접근해있는 것으로 평가할 수 있다. 본고는 이를 '이론연쇄'의 관점에서 다루고자 한다.

이론 및 개념의 확산을 분석하는 데에는 발신측의 의미를 강조하는 전파론, 수신측에 이미 구비된 수용의 조건을 강조하는 수용론, 문화의 번역과정에 필연적으로 개재될 수밖에 없는 해석의 격차란 결국 이질적인 사회체(社會體)의 융기에 다름 아니라는 번역론(Sakai Naoki, 2005; Lydia Liu, 2005) 등의 문제설정이 가능하다. 이에 비해, 연쇄(連鎖)의 시각은 수신측의 정치적 전유가능성, 굴절과 이종화(異種化)를 통한 새로운 개념의 생성, 그리고 그 역류(逆流)의 가능성을 적극적으로 의식한다(山室信一, 2001; 駒込武, 2008). 즉, 수신측이 이념 및 개념을 자기 사회 안에서 정치적으로 전유하는 것을 인식함과 동시에, 일종의 '되돌려주기'를 통해 타자-존재를 의식하게 하는 이론적 행위 및 실천을 염두에 두는 것이다.

인정식을 '조선의 강좌파 이론가'라고 이름붙일 수 있다면, 그 이유는 그가 근대성/자본주의가 봉건성을 해체하기는커녕 오히려 유지, 강화하고 있다는 일본 강좌파(나 중국 봉건파)의 주장을 그대로 따르고 있어서라기보다는, 오히려 분석의 툴(tool)로 사용하는 기준과 지표, 방법이 강좌파의 그것에 충실히 따르고 있어서이다. 그것은 앞에서 언급한 형(型)의 사고와 경작규모에 관한 국가별 지표화(영세성의 지표화)의 시도에서 확연히 드러난다.

주지하는 바와 같이 일본 강좌파는, 메이지국가를 절대군주제로 평가하고 농촌도 '아시아적으로 지체된, 반봉건적 지배' 하에 있는 것으로 규정한 코민테른 「32년 테제」가 발표되고 『일본자본주의발달사강좌(日本資本主義發達史講座)』(全7卷)가 간행되면서 시작된 일본자본주의 논쟁 속에서 본격적으로 모습을 드러낸 이론적 분파이다. 만주사변 이후 파시즘적 분위기 속에서 논쟁이 진행되었기 때문에 일본혁명 전략의 주체를 명시화하기보다는 메이지기 일본자본주의의 성격 규정과 경제구조분석 등 간접적인 함의를 제기하는 방식으로 논의가 한정되었다. 또, 혁명론의 핵심이라 할 국가론이 정밀하게 분석되지 못한 한계를 지녔다(서정익, 1986 : 891). 여기서는 강좌파의 대표적인 이론가로 평가받고 또 본 논의와 직접적인 관계에 있는 야마다의 이론을 잠시 소개하고자 한다.

야마다는 일본자본주의의 재생산구조를 지주제하의 영세경작농민이 토대가 된 섬유산업의 발달과, 이 섬유제품의 수출을 통해 면화, 철강, 重기계를 수입하는 외국무역을 매개로 재생산구조가 형성, 유지되고, 식민지로부터 식량, 철, 석탄의 수탈을 통해 이것이 보완된다고 주장했다. 즉, 일본자본주의는 메이지시대에 봉건제를 대체하지 못했고, 오히려 그 낡은 봉건적 착취양식의 토대 위에서 성장했으며, 따라서 봉건제와 자본주의는 상호보완적인 관련 속에서 공존하였다는 것이다. 이것은 당시 일본자본주의를 자본주의의 보편적 관점에서 사고한 노농파(勞農派)의 시각과는 첨예하게 대립되고, 현실정치적인 실천론에서도 의견을 달리하는 것이었다. 야마다는 일본자본주의의 산업자본 확립단계의 기본구조를 군사적, 반봉건적 형제(型制)로 파악하고, 1930년대의 자본주의의 전반적 위기 속에서 '형의 분해'에 따라 일본자본주의가 붕괴할 것이라는 가설을 제출했다. 즉 세계공황과 전세계 피압박민족의 해방전쟁이 전개됨에 따라 섬유공업은 쇠퇴하고 이 생산부문에 존재했던 노동형(型)들이 분해되며 그것은 다시 고율소작료와 저임금의 상호보완관계를 절단시켜 농업위기가 야기된다는 것이다. 또, 군사적 필요에 따라 중화학공업이 발달하면서 양질의 프롤레타리아트가 창출되어 이들의 힘에 의해 일본자본주의는 파탄의 길로 나아갈 것으로 전망했다(서정익, 1986 : 895~896; Hoston, 1991 : 132). 지극히 자기폐쇄적인 회로에 갇힌 구조적 분석이라는 비판을 받기도 했지만, 여하튼 형(型) = 균형 = 구조의 형성과 재생산, 그리고 그 해체의 생애사를 통해 일본자본주의를 분석한 시도였던 셈이다.[15]

일본의 농촌경제인식 및 토지개혁과 관련된 야마다의 논의는 위의 '형'의 논리구조를 그대로 적용한다. 야마다는 토지개혁의 노선이자 형태로서 ① 근대적 대지주소유제를 근간으로 하는 영국형 ② 영세토지소유농민의 관계에 근거한 프랑스형(소농과 경쟁모델) ③ 융커경제의 지배와 영세토지소유농민의 국면을 지닌 독일형(봉건적인 것과 부르주아적인 것의 동맹) ④ 융커경제와 고역(雇役)제도 = 채무농노태를 지닌 '군사적, 봉건적'인 구(舊)러시아형 ⑤ '순수하게 러시아적'인 고역제도의 기초와 자본주의적 대농경영의 지배를 지닌 미국형을 들고, ⑥ 일본은 청일/러일전쟁기에 해당되는 메이지 30~40년대에 '군사적 반농노적 형'으로 확정되었다고 선언했다(山田盛太郞, 1977 : 7~10). 즉, 일본농촌의 경영방식의 특징을 경작규모가 영세하고 고액의 현물연공을 특색으로 하는, 유례를 찾아볼 수 없는 열악하고 방대한 반농노제적 영세경작,

---

15 야마다의 논의에는 두 가지의 이론적 한계가 존재한다. ① '구조적 균형'을 깨는 힘이 외부 — 전쟁, 공황 등 — 로부터 도입되어야 한다는 점 ② 설사 이 '구조적 균형'이 깨졌다고 한들, 그것은 자본주의의 붕괴이기보다 '일본'자본주의의 붕괴, 즉 다른 형태의 자본주의의 시작이 될 가능성을 내포한다는 것 등이 그것이다.

반예농주(半隷農主)적 기생지주에서 찾았다(山田盛太郎, 1977 : 215). 야마다는 퓨리탄혁명을 기점으로 한 영국과 프랑스혁명을 경험한 프랑스를 자본주의의 '전형적 발달'로 규정하고 동일한 범주 안에 묶었다. 그리고는 이를 원형(原型)으로 설정하고 이로부터 나머지 형(型)들의 특성을 규정하는 '비교'의 시각에 서서, 일본형(型)을 그 일탈로 규정했다. 특히 농민문제에서 '소농(小農)'의 범주를 검토하는 것이 전체 문제해결의 핵심열쇠라고 말했다. 그리고 결론적으로 일본처럼 협소한 토지소유 및 농경에서는 독립되고 자유로운 자영농민이 성립할 여지가 없고, 따라서 소농의 범주는 성립할 수 없다고 주장했다(武藤秀太郎, 2009 : 188~190).[16]

이러한 야마다의 일본농촌경제 인식은 그 여섯 번째 형(型)에 조선을 넣는 것으로 인정식의 논의에서 그대로 재현된다.[17] 인정식은 야마다

---

[16] 야마다는 각국의 농가 1호당 평균경작면적의 비교를 시도했다. 그 결과는 다음과 같다(山田盛太郎, 1977 : 245).
(단위 : 町步. 괄호 안의 수치는 부속지를 포함한 것. 일본/조선은 1929년 기준치. 여타 국가들의 경우 대체로 20세기 초반 조사치를 열거함)

| 일본 | | | | | 영국 | 아일랜드 | 프랑스 | 독일 | 미국 | 소련 | 중국 |
近畿	東北	北海道	평균	조선							
0.73	1.46	4.45	1.06	1.58	12.3 (27.0)	2.9 (14.0)	4.4 (8.7)	5.5 (7.5)	31.7 (58.0)	3.8	1.2

이 단순한 비교를 통해 야마다는 일본농촌의 영세성을 확정할 수 있다고 평가한다. 아울러 영세성 일반이 아니라, 반봉건적 토지소유관계에 의해 속박된 '경작규모의 영세성'(반농노제적 영세농경)이라는 사실에 유념해야 한다고 덧붙이고 있다. 한 가지 흥미로운 것은 이때 야마다가 중국을 일본과 마찬가지의 문제성－경작규모의 영세성－안에서 포착하고 있다는 점이다.

[17] 『朝鮮の農業機構分析』(1937), 8~12쪽 : 『印貞植全集 第1卷』, 254~258쪽. 인정식은 이 부분에 대한 유일한 인용주석으로 야마다의 『일본자본주의분석』을 달아놓았다. 인정식은 조선을 야마다가 일본에 대해 그랬던 것처럼, "영세농적 반농노제가 가장 미저러블(miserable)한 형태로서의 재편성이 완성된 것"이라고 강조했다. 한편, 야마다도 조선형을 설정하고 있기는 하다. 야마다는 일본농업의 4가지 지대 또는 4가지 형을 도호쿠형(東北型), 긴키형(近畿型), 홋카이도형(北海道型), 조선형(朝鮮型)으로 나눈다. 이 중 조선형은 동양척식주식회사(1918년 현재, 7만 정보와 조선인 소

의 일본형 대신 조선형을 넣고, 그 특징으로 토지조사사업의 힘이 조선 바깥에서 도입되었기 때문에 이 필연적이고 특수한 약점으로 인해 농업과 농촌 제(諸) 관계의 부르주아화를 철저히 추진하는 데에 방해가 되고 있다고 보고, '반봉건'을 그 핵심적 특징으로 거론한다. 조선에서는 토지의 집중과 대토지 소유의 발달이 오히려 무수한 영세토지소유의 발달과 '병행'하고 있고, 대지주 특히 일본인 대지주로의 토지집중의 규모가 커지는 동시에 이에 반비례하여 소토지 소유자의 소유경지는 더 세분화되고 영세경지소유자의 소유단위도 해마다 세분화되고 있는 실정이라고 보았다(대지주로의 토지집중 및 '반봉건적' 경영, 그리고 영세농화의 동시적 진행이라는 아이러니).[18] 한 가지 특징적인 점은, "조선에서는 자작농과 자소작농 등이 토지소유로부터 결정적으로 분리될 수 없는 상태 그대로, 오히려 심화되고 확대되고 있는 실정"이라고 진단한 부분이다.[19] 전쟁경제로 인해 산업화가 진행되었던 일본과는 달리, 식민지에서는 공업화의 부재로 인해 토지로부터 유리된 인구가 도시나 공장으로 흡수되지 못하고 그대로 농촌사회 안에 체적하게 되는 문제를 변별적으로 지적했던 것이다.

이러한 인정식의 형(型)의 논의에는 야마다에게서는 발견할 수 없었던 두 가지의 정치적 계기가 잠재되어 있다. 말하자면, '조선'이라는 공간을 의식하는 과정에서 생겨난 이론의 굴절과 변종화이자 '정치적 전유'라고 볼 수 있는데, ① 외래자본 = 일본제국주의 = 대지주농장/식민

작인 15만 명)와 관유(官有) 토지 12만 정보와 소작인 26만 명(1919년)을 포괄하는 역둔토를 기초로 한 식민지 계획적 형태로 규정하였다(山田盛太郎, 1971 : 244).

18 인정식은 『朝鮮總督府統計年報』의 자료(1930, 90~91쪽)를 인용하여 영세농화의 근거를 밝혔다(「농업자본의 諸型과 조선토지조사사업의 의의」,(『批判』, 1937.4 : 68~69 :『印貞植全集 第1卷』, 219~220쪽). 표의 제목은 "조선농가 매호당 및 농업자 매인당 경지증감표"이다. 이 표에 따르면, 每戶當 경지면적은 1919년 1.5町에서 1930년 1.39 町으로, 每人當 경지면적은 같은 기간 0.29町에서 0.25町으로 줄어들었다.

19 『朝鮮の農業機構分析』(1937), 87~88쪽 :『印貞植全集 第1卷』, 333~334쪽.

회사를 조선사회의 반봉건성을 유지·강화시키는 근원으로 바라보는 사고가 내재되어 일본제국주의에 대한 '정치적 적대성'이 상당히 명시적으로 드러난다는 점 ② 식민지 공업화의 부재가 결국에는 조선 안의 민족자본의 취약성을 규정하는 근거로 활용되어 조선의 민족주의자에 대한 신뢰를 철회했다는 점 등이 그것이다. 후자의 경우, 신간회의 결성 당시 인정식이 이를 지지하는 입장을 취하다가, '12월 테제'를 계기로 민족주의와의 연대를 철회했던 것이 하나의 구체적 사례가 될 수 있다(洪宗郁, 2011 : 145~146).

3. 이론의 전회

1) 단절선언 – '전향의 맹서'

1938년 11월말, 인정식은 일본군의 우한(武漢), 광둥(廣東)의 함락소식을 듣고 전향하여 출옥했다. 그동안 인정식의 전향과 그 이후의 행적에 대한 연구들은 대체로 여러 농업이론가들 가운데에서 그의 입지점을 부각시키거나(오미일, 1991 : 해제; 이수일, 1995), 사회주의자의 시국인식 안에서 논리화하거나(장용경, 2003), '조선'을 역사철학적 의미에서 주체화하려는 기획으로 포착해왔다(홍종욱, 2011). 근대화의 열망을 체현한 지식인의 자발적 참여가 일본의 통치를 원활하게 했다고 보고 인정식을 그 대표적 이데올로그로 꼽는 연구도 있었다(松本武祝, 2005). 전술했다시피, 이 글에서는 지식인의 전향이라는 정치적 선택이 이론적 전회와 어떤 계기적 연관을 맺고 있었고, 이런 전회는 어떤 새로운 이

론연쇄 안에서 의미화 되었으며, 그 이론실천의 정치적 함의는 무엇인
지를 확인해보고자 한다.

  인정식은 1938년 11월의 전향 이후 곧바로 발표한 글에서 식민지문
제를 다루는 데에 있어서 마르크스주의의 이론적 불능성과 파산을 선
고했다.[20] 이 글은 사실상 '전향의 맹서(盟誓)'에 해당된다. 이론가가 자
신의 정치적 실패를 '현실'의 실패로 보는가 아니면 '이론'의 실패로 보
는가는 매우 중요한 차이를 함축한다. '현실'의 실패일 때 이론가는 이
론적 순수성을 방어하며 그 최종적 순교자가 될 수 있지만, '이론'의 실
패로 선언될 때 사정은 좀 더 복잡해진다. 이때 선택은 이론적 패배를
선언하고 절필하여 필부(匹夫)의 삶으로 나아가는 것이 하나의 대안이
될 수 있고, 그것이 아니면 과감한 이론적 전회(轉回)를 통해 이론과 현
실의 긴장감을 해소하는 방향으로 나아갈 수도 있다. 집필을 포기하지
않았고 이론의 전회를 보였다는 점에서, 인정식의 길은 후자였다. 다
만, 이 글에서는 평소의 인정식답지 않게, 정확한 통계수치의 제시 없
이 다음과 같은 주장을 펴고 있다는 점이 특기할 만하다. 즉, 조선에서
마르크스주의의 패배는 마르크스주의 그 자체의 모순, 특히 조선에서
의 부적응성(不適應性)에서 찾아야 한다는 것으로, 예를 들면 마르크스
주의의 자본집중이론은 토지재산의 방대한 집중/집적과 농민대중의
토지로부터의 분리, 경작단위의 세분화, 자급자작 경제의 급격한 파
괴, 농민생활의 궁핍화 등 일련의 과정이 증명되어야 하는데, 이런 비
극은 조선농촌에서 관찰할 수 없다고 주장했다. 나아가, 그는 "일한병
합 이래 오히려 번영의 경향이 지속되었고, 매호당 경작단위도 누년
증가하는 경향을 보이고 있고, 자급자작경제마저도 근대적 상품경제

20　「マルクス主義の亞細亞に於ける不適應性」, 『治刑』(1938.12), 27~32쪽. 이 글은 『印
　　貞植全集』에는 포함되어 있지 않다.

에 의해 파괴되지 않았을 뿐 아니라, 그것은 오히려 오늘날 총독부 당국의 농촌정책의 중심강령(자작농창정계획을 지칭함—인용자)이 되고 있다"고 주장하기도 했다. 이것은 그동안 비판해온 '미완'과 '미숙'이 '첨단'과 '첩경'으로 의미 전환하는 일종의 '화려한 둔갑술(遁甲術)' — 특히, 자급자족경제에 대한 평가 — 로서, 자신의 이전 이론을 폐기하는 주장인데, 그 과감성에 비해 근거는 별달리 엿보이지 않는다.[21]

2) 이론전회 – 『朝鮮の農業機構』(1940, 3판/증보판)

전향이 실질적으로 이론적 전회의 의미를 갖기 시작한 것은 『조선의 농업기구(朝鮮の農業機構)』(1940)에서이다. 『朝鮮の農業機構』는 『朝鮮の農業機構分析』(1937)의 3판이자 증보판이다. 1939년에 2판이 『朝鮮の農業機構』의 제목으로 한 차례 출판되었는데, 인정식은 2판 서문에서 "조선만이 아니라 동아신질서라는 큰 목표, 즉 흥아(興亞)의 일환으로 조선농업의 재건을 도모해야 한다는 것"을 개정발간의 취지로 덧붙였다. 하지만 시간이 없어 수정과 보완은 불가능했다는 점, 그렇지만 여기서 취급한 자료들은 여전히 중요한 의미를 가진다는 점을 언급하면서 독자들에게 양해를 구했다.[22] 이에 비해 1940년에 출판된 『朝

---

21   이에 대한 근거가 통계치로 확보되어 지면화 된 것은 「戰時體制下の朝鮮經濟(1)」, 『東洋之光』 1-2(1939.2) : 『印貞植全集 第2卷』, 24~32쪽에서였다. 전체인구 대비 농업인구비율이 줄고(1919년 83.36% → 1935년 76.06%), 전체생산 대비 농업생산액 비율이 감소(1910년 89.32% → 1935년 54.87%)하는 경향임에도 불구하고, 농업인구와 생산액의 절대수는 증가했다는 것이다. 또, 공업인구와 공산물의 비중(1914년 대비 1935년에 약 3배로 증가)이 절대적으로나 상대적으로나 모두 크게 증가했다는 것을 표로 예시하고 있다.

22   2판 서문은 『印貞植全集第』에는 실려 있지 않다. 이 부분은 서울대 고문헌자료실에 소장된 원본을 확인하여 서술하였다.

鮮の農業機構』3판/증보판(이하, 증보판)은 인정식으로서는 소박하지만 '야심작'에 가깝다. 실상 그 구성은, 개정판이라기보다는 이전의 글을 그대로 유지한 채 증보편(增補編)을 덧붙인 '모자이크'에 가깝다. 후술하겠지만, 이 사이에는 중대한 이론적 격차가 존재한다. 본고는 이 이론적 격차를 자세히 설명하고, 그 정치적 의미를 탐문하고자 한다.

증보판 서문은 조선총독 미나미 지로(南次郎)의 내선일체(內鮮一體)론에 대한 적극적인 옹호로 시작한다는 점에서 시국색이 농후하다. 그 안에는 전시체제의 맥락 속에서 비판적 입론의 가능성을 타진하는 시도도 일부 엿보인다. 예컨대, "조선농촌의 낡은 소작관행과 악덕지주, 고리대 등 비국민적 사리사욕은 내선일체에도 많은 장애가 되고 있다"는 주장 따위가 그것이다. 인정식은 증보편에서 "(비록 분석을 제대로 수행하지는 못했지만) **조선 농업지대(農業地帶)의 구분에 관한 최초의 시도**이자, 조선의 농업경영조사표를 도별로 발표할 수 있었던 점"(강조는 인용자)에 특장이 있다고 자평하고 있다. 아울러, 조선의 '농장경영'의 실태와 산미증식계획의 기구적 특성에 대한 최초의 검토라는 점도 자부하고 있다.[23]

인정식은 1939년부터 대륙경제연구소 연구원, 조선국토계획위원회 위원, 조선전기협회 조사국에 관여했고, 농림국 촉탁으로 농촌실태조사단의 일원으로 조선 내 전국 농촌실태 조사를 수행했다. 일본과 만주의 농촌을 시찰하고 관련된 글을 남기기도 했다. 증보판은 이런 경

---

[23]　『朝鮮の農業機構』3판/증보판 "서문" :『印貞植全集 第1卷』, 503~509쪽. 증보편에 속한 글들은 다음의 논문으로 발표된 것을 근간으로 삼아 수정하여 수록한 것으로 보인다. 「調査及研究 : 新規産米増殖計劃とその展望」,『朝鮮總督府調査月報』10-9(1939.10); 「調査及研究 : 朝鮮の農業地帶と土地利用率」,『朝鮮總督府調査月報』11-6(1940.6). 아울러 특기해둘 점은, 이때 이미 인정식이 물(水)사회론/수력사회론에 대해 충분히 숙지하고 있었고, 조선에서의 적용의 문제에 고심하고 있었다는 점이다. 이에 대해서는 추후 서술하기로 한다.

력의 진행 와중에 집필된 것인데, 다만 "다음의 농업경영지대조사표는 1934년부터 1936년까지의 3년간 평균수를 자료로 삼아 작성했다. 자료는 조선총독부통계연보와 각도 농무과, 조선농회 등의 조사자료를 분석·종합하였고, 비교적 정확성을 기하였다"고 되어 있다. 이를 통해, 인정식이 새롭게 자료를 수집하여 글을 작성한 것이 아니라, 그동안 각종 관제(官製) 통계에서 제출된 것들 가운데 이전에는 그다지 관심을 가지지 않았던 통계치들을 새삼 새롭게 주목하고 재구성한 것임을 알 수 있다.[24] 그렇다면, 인정식은 어떤 이론적 관심에서 이런 자료를 재발굴했을까?

사실 증보판에서 '농업지대(農業地帶)'의 분류와 그에 따른 경영의 실태를 보여주는 자료를 정밀한 분석 없이 거칠게 쭉 열거한듯한 편제는 다소 밋밋하기 그지없다. 그런데 이전의 논의에서 볼 수 없었던 새로운 것으로, 지형조건(산맥과 하천), 기후조건(강수량)과의 관련성 속에서 조선의 농업지대를 구분하고 있다는 점이 주목된다. 이에 따르면, ① 전작지대(田作地帶)는 평안남/북도의 서선(西鮮)지방, 함경남/북도의 북선(北鮮)지방으로 논의 면적비율이 20% 미만을 차지한다. ② 답전혼효지대(畓田混淆地帶)는 황해도와 강원도 등 중선(中鮮)지방의 대부분과 충청남도를 포함한 남선(南鮮)지방의 일부로서, 논의 면적비율이 20~50%를 차지한다. ③ 답작지대(畓作地帶)는 전라남도, 경상남/북도, 충청남/

---

24 다른 글에서, 여기서 사용된 자료는 경기도 소작관 히사마 겐이치(久間健一)의 조사표에 근거했음을 밝히고 있다(「朝鮮農業の地帶的區分に就いて」, 『金融組合』141(1940.6), 48쪽 : 『印貞植全集 第2卷』, 254쪽). 전직 경성제국대학 교수 모리타니 가츠미(森谷克己)의 증언을 듣기 위한 한 좌담회(1963.11)에서, 패널 중 한 명이었던 미야타 세츠코(宮田節子)는 모리타니에게 "이전에 히사마(久間健一) 씨를 찾아뵈었을 때 인정식 씨와는 꽤 연락을 취하고 있었고 그의 책 안의 자료는 대부분 자신이 빌려주었다고 들었는데 개인적 관계는 어떤지 모르겠다"고 문의하기도 했다(「座談會 : アジア社會經濟史硏究」, 旗田巍 編, 『シンポジウム日本と朝鮮』, 勁草書房(1969), 122쪽).

북도 같은 남선(南鮮)의 대부분과 중선(中鮮)의 일부인 경기도로서, 논의 면적비율이 50~72%를 차지한다.[25] 이런 대강의 분류를 마치고 인정식은 토지이용률과 경지조수익률(耕地租收益率)의 각 지대별 차이를 보여주는 통계치를 제시했다.

그렇다면 이런 시도는 과연 어떤 의미를 갖는 것일까? 인정식은 "조선의 모든 지역의 사회적 관계는 동일하다. 따라서 지대적인 차이는 사회적 관계의 측면에 있는 것이 아니라 **자연적 관계의 측면**에서 찾아볼 수 있다"(강조는 인용자)고 하면서, 다음과 같은 예를 든다. 남선(南鮮)의 수답작(水稻作) 지역에서의 소작농 1호당 평균 경작면적은 7反 내지 9反에 불과하고 북선(北鮮)에서는 소작농 1호당 경작면적이 2町을 넘는데, 이때 남선과 북선 간의 자연적 조건에서의 현저한 차이를 무시해버리고 다만 그 경지면적의 크기만으로 이들 소작농가의 경영규모를 논한다면 문제가 있다는 것이다. "南鮮의 1反步와 北鮮의 1反步는 토지의 이용률에서도 조(粗)의 수익률에서도 현저한 차이가 존재하기 때문이다."[26] 결론적으로, 인정식은 단위면적당 토지이용률, 조(租)수익률, 토지가격, 농가 1호당 평균경지면적 등에서 지방적 변이, 차이가 발생하고 있다는 점을 적시하고 있다. 이것은 이전에 그가 '경작규모의 영세성'을 일률적으로 '반봉건' 문제의 핵심근거로 삼았던 점을 기억한다면, 그 시각이 동요하는 결과를 가져옴을 알 수 있다. 즉, 여기에서 인정식은 그간 줄기차게 강조해왔던 '영세성' = '반봉건'이라는 설정을 상대화함으로써 이론적 전회의 포지션을 취했던 것이다. 그렇다면 이런 이론적 전회는 과연 어떻게 가능했던 것일까?

---

25 이것은 인정식의 조선내 국토계획 구상과도 맞물려있다. 즉, 답작지대 = 농업, 답전혼효지대 = 농공병진(並進), 전작지대 = 공업의 구도를 제안한다.
26 「調査及研究 : 朝鮮の農業地帶と土地利用率」, 『朝鮮總督府調査月報』 11-6(1940.6) : 『印貞植全集 第2卷』, 231~232쪽.

4. 제2의 이론연쇄

1) 이론연쇄(2-1) – 전향 이후 야마다(山田盛太郎) 이론과의 공명(共鳴)

여기에서 야마다 모리타로의 행적은 좋은 시사점을 던져준다. 『日本資本主義分析』(1934)에서 일본농촌의 반봉건적 영세농화 경향을 지적하면서 자유로운 소농(小農)의 범주가 일본에서는 존재할 여지가 없다고 비판적으로 주장했던 야마다는, 1936년 콤-아카데미 사건으로 치안유지법위반혐의로 검거되었고 이후 전향을 선언, 1937년 기소유예처분으로 석방되었다. 이후 1939년 10월에는 동아연구소 제5조사위원회의 전문위원에 취임하여 '일만지(日滿支)'의 식량수급에 관한 종합적 조사를 담당했다. 이때 야마다는 북만주 일대 조사작업을 수행하게 되는데, 북만주의 농가가 외견상 큰 면적과 많은 가축, 또 대규모 노동력을 포함하고 있지만, '혈연적 연대'가 농가경영의 종합원리가 된다고 판단하였다. 즉, 이들 북만주의 대농(大農)경영은 교통 등 경영조건의 향상에 의해 규모가 확대된 것이 아니라, 오히려 반대로 대가족제도가 강하게 존재하여 혈연적 연대가 파괴되지 않아 결국 소가족인 호(戶)로 분해되지 않았기 때문에 가능한 것으로 보았다. 이에 비해 일본은 경작면적은 작지만 지력이 풍부하고 자연조건도 다양하며 농공의 분리도 매우 쉽다고 야마다는 주장했다. 그리고 중국이 일본처럼 근대적, 전국민적 통일을 이루려면, 내부적인 힘에 의해 분화되고 다시 정치적, 경제적 원리에 의해 하나로 조직화되어야 한다고 보았다. 이처럼 그의 논의는, '한인(漢人)농법'에서 보이는 '대가족제적 관계'를 전자본주의적, 봉건적인 것 등 과거의 산물로 보았다는 점에 특이점이 있었다. 나아가 1931년 농업공황 이후 중국에서는 농민중견층이 조락의 길을 걷고 있는 것에 반해, 일본의 1~3정보 경작농가를 중심으로 한 중견층은 일관되게 점증하는 추세를 보이고 있다고 주장한다. 이 강고한 합리적 기초를 지닌 중견층을 야마다는 '적정규모의 농가'라는 개념으로 표현했다. 이것은 결국, 전향 이전에는 일본에 성립되어 있지 않다고 말해왔던 '소농(小農)'의 범주가, 중국현지의 조사연구를 통해 '적정규모의 농가'의 범주로서 일본에 존재하는 것으로 탈바꿈되었음을 의미한다. 『日本資本主義分析』에서 '반예농적 영세농'으로 표현했던 '반봉건'에 대한 비판의식은 이제 중국 현지조사를 매개로 희석, 상실되었다고 할 수 있다(武藤秀太郎, 2009 : 177~205; 岡部牧夫, 2009 : 190~193). 말하자면, 일본의 비교대상을 서구의 원형(原型) 자본주의 — 영국과 프랑스 — 에서 동시대의 중국으로 전환함으로써 이론적 전회가 발생했던 셈이다.

인정식이 토지의 외연적 범주인 '경작규모의 영세성 = 반봉건성'이라는 문제설정에서 벗어나 단위면적당 토지이용률, 조(租)수익률 등 내연적 범주의 시선으로 조선농촌을 다시 보게 된 것은 바로 이러한 야마다의 이 이론적 전회와 이론적으로 공명한 것이었다. 다시 말해, 자연적 조건을 기준으로 조선의 농촌지대를 분류하고 그 토지이용률을 명시함으로써, 전향 이전의 논의에서 지표로 삼았던 '경작규모의 영세성' 기준의 절대성을 상대화했던 것이다.[27] 이외에도, 인정식은 전향 이후

---

27 인정식은 조선총독부의 신규산미증식계획(1939~41, 3개년 계획)에 대해, 이전의 산미증식계획이 토지면적의 외연적 확대를 통한 증산에 머물렀던 것인데 반해, 경종법(耕種法)의 혁신과 농업경영의 집약도를 높임으로써 단위면적당 수확률을 증대시키는 방향을 취하고 있다는 점을 높이 평가한다. 또, 관개문제(치수와 하방)의 해결을 통해 수리안전답(水利安全畓)을 대대적으로 확보함으로써 증산계획을 달성하는 것으로 보고 있다. 이와 더불어, 증산을 가로막는 사회적 관계, 즉 소작농에게 생산비 — 조세공과, 마름(舍音) 보수, 종자대, 비료대, 농구비, 물세 등 — 의 대부분을 부담하게 하는 체제를 개선하여 지주에게 부담을 나누게 해야 한다고 주장했다(「調査及研究 : 新規産米增殖計劃とその展望」, 『朝鮮總督府調査月報』 10-9(1939.10) : 『印

의 글들에서 '적정규모' '적정지대(地代)' '적정소작료' 등의 개념을 만들어내어 조선경제의 개혁방향을 제시했는데,[28] 이 '적정'개념 자체에도 야마다의 '그림자'가 깊이 드리워져 있다고 볼 수 있다.

다만, '야마다의 일본'은 이미 농촌에서 효율적인 생산력으로 중견층을 이룰 수 있는 '적정규모'인 1~3정보 소유가구가 지속적으로 증가하고 있는 추세를 현실적 지표로 확인할 수 있고 이를 통해 중국에 대한 생산력의 실질적 우위를 주장할 수 있었음에 비해, '인정식의 조선'이 보여주는 현실은 이보다 매우 미흡한 것이었고, 따라서 인정식의 시도는 '현실'을 통한 우위의 입증보다는 '의제' '정책' '미래상'으로서 앞으로 추구해야할 정책플랜을 제시하는 것이었다는 점에 유념할 필요가 있다. 이 점은 제국과 식민지 사이의 현실적·물질적 격차를 보여준

貞植全集 第2卷』, 97~104쪽.

28 「朝鮮に於ける國土計劃と農業計劃」, 『朝鮮總督府調査月報』 12-2(1941.2) : 『印貞植全集 第2卷』, 319~320. 여기서 인정식은 桐生一雄라는 창씨명을 사용하고 있다. 이 글은 국토계획과 인구배분계획을 위해 작성되었는데, 답작지대에서의 광범위한 과잉인구를 전작지대(= 공업지대)로 이주·전출시키더라도 우선은 농업노동을 합리적으로 재편성하고 농업생산을 협동화, 개량농구화해야 하며, 특히 '농가의 적정규모를 설정하는 것'이 그 전제조건이 되어야 한다고 주장했다. 또, 적정규모를 실시할 경우, 노동의 합리화를 고도로 진행시켜 농업경영의 기계화를 최대한도로 발전시키는 것이 선행되어야 한다는 점을 지적했다. 다만, 이런 일련의 논점은 조선총독부의 '자작농창정계획'과 전시노무대책으로서 농업생산의 공동화(共同化)의 정책적 근거가 되었다는 점을 인식할 필요가 있다(이수일, 1995 : 260). 한 가지 흥미로운 점은 인정식이 이 '적정규모'의 문제를 다루면서 독일의 세습농장을 적극적으로 소개하고 있다는 점이다. 이른바 '적정규모의 토지'라는 것은, 농업의 경영을 통해 농가의 전 가족을 부양할 수 있는 농지면적이라는 나치의 정의를 소개했다. 또 히틀러가 소농(小農)과 애국심의 깊은 관련을 간파한 나폴레옹을 본받고자 한다는 점, 이들 소농대중이야말로 공업화된 독일제국에서 인구비율로서는 중요한 집단이 아니지만 사회의 초석을 이룬다고 높이 평가했다는 점을 언급한다. 인정식은 독일의 세습농장은 토지소유권을 혈액을 기준으로 하여 독일민족에게 고착시키고, 일체의 매매, 양도, 분할을 금지시키며 상속도 한명에게만 물려주는 것으로 한다는 점을 소개하고, 농산물 가격을 인상하고 조세 등 부담을 경감하는 조치를 통해 독일농촌이 안정화되었다고 말한다(「獨逸의 世襲農場」, 『朝光』 7-9(1941.9) : 『印貞植全集 第2卷』, 426~431쪽).

다. 그런데도 인정식은 어떻게 이런 희망을 가질 수 있었을까? 총력전 하의 '전시변혁' '발전' 슬로건이 한동안 생동감을 가지고 식민지 정치 공간에서 메아리쳤던 그의 시대 그 자체, 그것이 일종의 알리바이가 될 수 있었던 것은 아닐까?

2) 이론연쇄(2-2) – '아시아적 생산양식론'(Wittfogel, 水力統制社會論)

인정식의 증보판(1940)에는 또 하나의 이론적 전회의 계기가 숨겨져 있다. 인정식은 증보편 논문에서 농업지대구분의 자연적 지표로 '강수량'을 채택했고 조선내 수리사업(水利事業)의 문제를 본격적으로 제기 했다. 이것은 과연 무엇을 의미하는 것일까?

인정식은, 북중국을 배경으로 왕룽(王龍) 삼대의 인생을 그려낸 펄 벅 (Pearl Buck)의 『대지(大地)』 3부작을 높이 평가했다. 1931년 발표되어 세계적으로 큰 인기를 끌었던, 그리고 급기야 1938년에는 노벨문학상까지 거머쥔 이 소설은 한때 조선에서도 영화로 제작되어 많은 관중을 끌어 모은 바 있다. 중국을 그린 젊은 백인여성작가의 소설이 보여준 구체적이고 섬세한 현실묘사에 경탄할 수밖에 없었겠지만, 사실 선교사였던 부친을 따라 유년의 대부분을 중국에서 보낸 펄 벅이었고 오히려 미국의 대학에서 적응의 어려움을 토로해야 했던 펄 벅이고 보면, 이런 인정식의 평가는 조금 과장된 것일 수도 있겠다.[29] 여하튼 인정식은 이 『대지』를 언급

---

29   일례로 임화는 소설 『대지』가 세밀한 묘사이기는 하지만 통속소설적인 지극한 평범함에서 벗어나지 않으며, 오히려 이 작품이 노벨상을 받았다는 사실은 당시 중국이라는 '장소'가 갖는 중대성 때문일 것이라고 보았다. 즉 "동양과 서양의 접촉으로서, 그 세계사적 의미의 갈등이 가장 래디컬(radical)했고 또 가장 먼저 서양과 겨루고 최후까지 서양의 손아귀에서 벗어나지 못하여 발버둥치는 나라"로서의 중국을 그려냈다는 점이 유효했을 것이라고 평가했다(林和, 『조선일보』(1938.11.17~20) :

하면서 조선농촌을 그리는 조선작가들의 비현실적·비실감적 묘사를 비판하는 포즈를 취하기도 했다.[30] 그리고는 작가 펄 벅의 남편이 중국학자로 정평 난 존 로싱 벅(John Lossing Buck)이라는 점, 그의 명저 『중국토지이용론(支那土地利用論, The land utilization in China)』이 펄 벅의 실감나는 필치에 기여했을 것이라는 점을 덧붙여 두었다.[31] 그렇다면 이론가로서 인정식은 『대지』의 무엇에 그렇게 심취하고 열광했던 것일까?

인정식은 펄 벅이 왕룽을 전형적인 아시아적 농민으로 잘 묘사했다고 하면서, 왕룽의 부자(父子)가 얼마나 물을 귀중하게 여겼는지, 음료수나 목욕용 물보다도 관개용의 물을 얼마나 중시했는지 그려낸 부분을 예시했다. 그리고는 "강우량이 일반적으로 과소(過少)한 아시아의 자연조건 하에서는 농업과 농민생활에서, 그리고 구래(舊來)의 아시아 사회의 전체 구조에서 '이리게이션(irrigation)'이라는 것이 실로 막대한 중요성을 띠고 있기 때문"이라고 평가하고, "관개(灌漑)를 망각할 때 아시아를 망각"하는 것이라고 선언했다.[32]

이것은 인정식의 논의에 새로운 이론적 계기가 개입되고 있음을 의미한다. 그것은 다름 아닌, 비트포겔(Karl August Wittfogel)[33] ― 히라노 요

최원식·백영서 편, 『동아시아인의 '동양인식'』, 문학과지성사(1997), 221~229쪽.

[30] 「朝鮮農民과 文學的 表現」, 『三千里』 134(1939.7) : 『印貞植全集 第2卷』, 62~69쪽. 이 글에서 인정식은 『대지』가 중국사회의 모습을 그려낸 것인 데에 반해, 이광수의 『흙』에는 조선사회의 냄새가 아니라 조선민족의 냄새만 난다고 비판했다. 『흙』에 나오는 지주는 춘원의 머리 속에만 있는 비역사적 캐릭터라고 쏘아붙였다.

[31] 「朝鮮農業の地帶的區分に就いて」, 『金融組合』 141(1940.6) : 『印貞植全集 第2卷』 247~248쪽.

[32] 「조선농민문학의 근본적 과제」, 『人文評論』 1-3(1939.12) : 『印貞植全集 第2卷』, 134쪽.

[33] Karl August Wittfogel(1896~1988) : 독일공산당의 중국문제 전문가였으나 당의 정책에 반대하여 제명당했다. 1928년 프랑크푸르트대학에서 박사학위를 받았다. 1933년 나치를 피해 스위스로 망명하려 했으나 구금, 1934년 영국으로 탈출하여 이후 미국에 정착했다. 히틀러와 스탈린의 독소동맹 결성(1939)에 실망하여 레닌에서 마오쩌둥에 이르는 전체주의적이고 '아시아적'인 소련공산당, 중국공산당의 속성을 혐오하기 시작했다. 비트포겔의 대표개념인 '아시아적 생산양식'은 *Oriental Despotism : A*

시타로(平野義太郎)—모리타니 가츠미(森谷克己)—인정식으로 이어지는 '아시아적 생산양식론'(Asiatic Mode of Production, 이하 AMP)의 흔적이다.[34] 비트포겔은 『중국의 경제와 사회(*Wirtschaft und Gesellschaft Chinas*)』(1931) 를 독일 프랑크푸르트대학 사회과학연구소에서 펴내면서 AMP에 관한 논쟁적 장에 등장했고, 1957년 『동양적 전제주의(*Oriental Despotism*)』을 써서 자신만의 고유한 AMP이론을 정식화했다. 그는 1938년에 집필한 한 글에서 AMP론의 핵심적인 논리를 적시해둔 바 있다. 그 요지는 천수농경사회인 서양과 달리, 동양/중국은 기본적으로 인공관개농경사회(/수력통제사회 : hydraulic society)이고,[35] 따라서 초지방적인 대규모 수리시설의 건설과 유지가 중요하며 도구나 가축의 고도화된 사용은 그다지 필요하지 않으며, 노예보다는 자유농민으로 구성되고 대규모 공공사업을 위해 중앙집권적 권력 — 동양적 전제군주제 — 을 요청한다는 것이다. 또, 토지사유제도는 발달하지 못하여 지대가 곧 세금이고 (地代 = 稅金), 공공토목사업의 약화로 인한 농업의 위기는 왕조의 위기를 불러오며, 다시금 공공사업을 활성화할 수 있는 권력이 등장하면 다시 안정화된다는 것이다.[36] 이 체제는 발전 없이 계속 순환되며, 따라서 헤겔의 역사변증법이나 마르크스의 역사유물론은 이 사회에는 적용될 수 없다. 비트포겔은 요컨대 '순환적 정체성'이야말로 이들 사회의 특성이라고 단언했다.

Comparative Study of Total Power(1957)에서 확정되었다. 이 이론은 막스 베버의 중국/인도 인식과 마르크스의 아시아적 생산양식론을 종합한 결과물이다.

34 아시아적 생산양식론에 대한 서술은 지면관계상 여기에서는 비트포겔의 논의로 한정한다. 국내의 소개로는 신용하 편, 『아시아적 생산양식론』, 까치(1986)가 있다.

35 여기서 수력통제사회(hydraulic society)가 단순한 수리사회(water supply society)가 아니라는 점은 중요하다. 사회의 구조와 권력의 성격을 규정하는 결정론적 요소를 내포하고 있는 개념이다(湯淺趂男, 2011 : 102~104).

36 "Die Theorie der Orientalischen Gesellschaft"(1938) : 신용하 편, 『아시아적 생산양식론』, 까치, 1986, 193~210쪽.

경성제국대학 교수였던 모리타니 가츠미의 회고에 따르면, 일본에서는 강좌파 마르크스주의자이자 동경제국대학 교수, 그리고 모리타니 자신의 스승이기도 했던 히라노 요시타로가 독일 프랑크푸르트에 체재하면서 비트포겔의 논의에 관심을 가졌고, 모리타니 가츠미가 그 중 일부를 맡아 번역을 하였다.[37] 모리타니는 이때 이미 후쿠다 도쿠조(福田德三)의 「유물사관 출발점의 재음미」(『改造』) 등 유물사관에 대한 비판적 논의를 접하고 있었고, 그러던 차에 비트포겔을 해후한 후, 이로부터 영향을 받아 중국과 조선에 관한 글들을 쓰게 된다. 「중국사회경제사의 문제들(支那社會経濟史の諸問題)」(1933), 『중국사회경제사(支那社會経濟史)』(1934), 『아시아적 생산양식론(アジア的生産様式論)』(1937), 『동양적 생활권(東洋的生活圈)』(1942) 등 일련의 논고가 그것이다.[38] 모리타니는 조선에 관해서도 「종래의 조선농업사회의 연구를 위하여(從來の朝鮮農業社會の研究の爲に)」 「동아농업에서의 조선농업의 지위(東亞農業に於ける朝鮮農業の地位)」(『朝鮮及滿洲』, 1939.5) 등의 논문을 발표했다.

그렇다면 구체적으로 인정식은 이들 논의와 어떤 연관을 맺고 있었을까? AMP의 이론적 유사성의 문제도 있지만, 모리타니의 회고에 따르면 이들의 관계는 보다 직접적이고 대면적이다. 즉 "조선인으로서 때때로 연구실에 와서 함께 논의했던 이는 인정식 군이라는 『조선의 농업기구』 등을 썼던 사람, 그걸 쓸 때는 일본에 있었고 귀국 후에 왔던 것인데, 내(모리타니) 연구실에 종종 들러 조선의 농업에 대해 논의를 했다."[39] 인정식은 이전에도 사회민주주의자들의 민족관념을 다룬 모

---

37 『解体過程にある支那の経済と社會』(平野義太郎翻譯, 1936);『東洋的社會の理論』
    (平野義太郎/森谷克己 共譯)
38 「座談會 : アジア社會経濟史研究」, 旗田巍 編, 『シンポジウム日本と朝鮮』, 勁草書房, 1969, 105~107쪽. 모리타니에 대해서는 노용필(2010)의 연구가 상세하다.
39 위의 글, 121쪽.

리타니의 글을 그대로 인용하면서 조선민족주의자를 비판한 적이 있다.[40] 또, 전향 이후인 전쟁기에는 관(官)에서 요청한 작업을 공동으로 수행하기도 했다.[41]

그럼 이제 인정식의 논의를 좀 더 구체적으로 살펴보자. 인정식은 비트포겔의 AMP논의를 직접 정리, 인용하기도 했고,[42] "과거 4~5천 년 간의 **동양사회**에서 (…중략…) 수십만 내지 수백만의 동원을 요구하는 방대한 토목공사인만큼 강력한 국가권력의 사업으로서만 관개가 가능했다"(강조는 인용자)고 하면서 비트포겔-모리타니의 논점을 그대로 수용하고 있다. 그리고는 "영국이 처음 인도를 통치하려 덤벼들 때 서양적인 안목에서 관개의 중요성을 전혀 이해할 수 없어서 모든 관개설비를 파괴해버리려고 했는데, 인도농민의 아사(餓死)와 대영반란이 초래되어, 그 이후 물의 신비성을 차츰 이해하게 되었다"고 하면서 서양과 동양의 차이라는 논점도 강조했다.[43] 토지가 국가소유였다는 점, 지대는 곧 세금이었다는 점도 마찬가지로 언급하고 있다.[44] 그리고 한 글에서는 총괄적으로 '서양-천수농경-맥작(麥作)-목축/기계-조방적 경영(10~수십 町步)'과 '동양-인공관개농경-도작(稻作)-수족노동/

---

40 「전쟁과 민족개념」, 『中央』 27(1936.1) : 『印貞植全集 第1卷』, 71~76쪽. 인정식은 이 글에서 민족이론의 출처를 명기하지 않았는데, 민족과 관련된 그의 입론은 森谷克己, 「社會民主主義者の民族理論斷片」, 『朝鮮經濟の研究』, 1929, 705~773쪽에서의 논의를 그대로 답습하고 있다.

41 인문사 편집부 편집으로 1942년 간행된 『大東亞戰爭と半島』에 모리타니는 「大東亞共榮圈の經濟的意義」라는 제목으로, 인정식은 「東亞共榮圈の食糧問題と半島の農業」이라는 제목으로 각각 논문을 기고했다. 국민총력조선연맹사무국총장 波田重一이 "대전(大戰)에 대한 근본인식이 부족하여 유감스러웠는데, 인문사(人文社)에서 군민관(軍民官) 각계 권위자들의 귀중한 소견을 모아 발간한다니 이를 추천한다"는 내용의 서문을 썼다.

42 「東亞圈의 經濟的 性格과 朝鮮의 地位」, 『三千里』 140(1941.1) : 『印貞植全集 第2卷』, 301쪽.

43 「물(水) 이야기」, 『太陽』 1-2(1940.2) : 『印貞植全集 第2卷』, 164쪽.

44 「亞細亞의 封建社會」, 『農業朝鮮』 3-7(1940.7) : 『印貞植全集 第2卷』, 261쪽.

원시적 농구-노동집약적 경영(1~3정보)'을 직접적으로 대치시키고 있다.[45] 이때, 인정식은 바야흐로 한 명의 AMP론자로 거듭나 있었던 셈이다. 지극히 자연스럽게 보이는 이 과정은 그러나, 매우 심각한 이론적 전회의 단편이었다. 왜 이것은 단순한 '추가'가 아니라 급격한 '전회'일까?

주지하다시피 전향 이전의 인정식은 조선사회의 '반봉건성' 문제를 집요하게 추궁했다. 그는 마르크스주의자였고, 따라서 역사유물론을 지극히 당연한 것으로 수용하고 있었다. 전향 이전의 인정식은 이렇게 질문했던 적이 있다. "과연 아시아적 생산양식이라는 것이 한 개의 독자적인 구성으로서 前자본주의적 역사계단에 속하는 한 독립적 계단인가? 아니면 다만 봉건적 생산양식의 동양적인 특수형태로만 평가될 것인가? (…중략…) (조선에) 도입된 자본주의는 조선에서 어떤 사회와 경제관계 또 궁극적으로 어떤 생산양식과 조우했던가?"[46] 그리고 이렇게 답했다. "저 아시아적 생산양식의 옹호자들이 역설하는 바와 같이 조세 = 지대의 징수자가 구라파처럼 영주가 아니라 국가자신이었다는 점을 '울트라'하게 강조하여 여기에서 봉건주의와는 본질적으로 구분되는 아시아적 생산양식의 이론을 건설하려 한다면 (…중략…) 흡취하는 주체자를 기준으로 할 것이 아니라 오로지 생산수단과 생산자 간의 결합관계에 의해 구분되어야 한다는 점을 다시 한 번 강조함으로써 만족스런 답을 얻을 수 있을 것이다."[47] 즉, 조선에서 보이는 것은 '아시아적 생산양식'이 아니라 '아시아적 반봉건'(봉건제의 아시아적 변종)이라는 주장이었던 것이다. 인정식은 이때 왜 이렇게 묻고 이렇게 대답했던 것일까?

---

45 「朝鮮農業의 新體制的諸條件」, 『春秋』 2-3(1941.4) : 『印貞植全集 第2卷』, 327쪽.
46 「조선농촌경제의 연구」, 오미일 편, 1991, 214~216쪽.
47 위의 글; 231쪽.

마르크스주의자들에게 이 질문은 매우 문제적이고도 정치적이다. 주지하다시피 마르크스의 '동양'관은 '정체성(停滯性)'의 설정 위에 서 있다. 토지에 대한 사적 소유가 결여되어 있고 국가가 재정을 통한 내부약탈, 전쟁을 통한 외부약탈, 그리고 거대한 공공사업만으로 지탱되며 게다가 중앙집권적인 모습을 보여 온 '동양'이라는 인식이다. 마르크스는 스스로 논란의 여지가 있음을 인정하면서도, 서구자본주의의 충격을 '동양'의 낡고 정체된 것들을 부수는 '진보적 힘'으로 평가하기도 했다(신용하 편, 1986 : 37~39). 이 '동양의 정체성'의 문제를 둘러싸고 마르크스주의자들 안에서는 치열한 논쟁이 진행되었다. 문제는 이런 '정체성'을 띤 '아시아적 생산양식'이 마르크스의 역사유물론과 어떻게 접합될 수 있는가였다. 헝가리의 공산주의자 마자르(Mad'iar, Liudvig)는 1928년에 펴낸 중국의 농업경제에 관한 글에서 중국에는 봉건사회와는 다른 별개의 사회계통을 이루는 '동양적 사회'가 존립했고, 일찍이 중국에는 봉건제도가 존립했던 적이 없다고 주장했다. 아시아적 관개농경, 사적토지소유의 결여와 국가적 소유가 그 근거였고, 이 속에서는 봉건제도가 발견될 수 없다는 것이었다. 이 주장은 즉각 논란을 불러일으켰고, 결국 마자르는 1931년 2판에서는 소위 '아시아적 생산양식'이 일찍이 동양사 속 언젠가에는 존재했었지만, 지금 해체과정에 있는 재래의 경제양식은 그렇게 부를 수 없다고 수정했다. 이에 모리타니는 소련의 '중국문제연구소' 편집국이 초판을 비판한 것이 이 수정에 큰 압력을 행사했을 것이라고 추측했다.[48] 논란은 좀 싱겁게 끝나 버렸지만, '동양에는 봉건제가 들어설 수 없었다'는 이런 주장은 역사유물론에 커다란 이론적 난점을 부과했다. 비트포겔은 이 논쟁에서 마

---

[48]　森谷克己,「アジア的生産樣式論」,『アジア問題講座(6) : 経済産業篇(3)』, 東京 : 創元社(1939), 92~94쪽.

자르의 입장을 계승하고 끝까지 관철하여 '수력통제사회'라는 개념을 끌어냈던 것인데, 이렇게 되면 역사유물론에서의 그 '역사'는 설 곳을 잃게 된다. '순환적 정체성' '집요하게 자신을 재생산하는 정체사회' 즉 비(非)역사, 역사 아닌 것의 나락으로 떨어져버리는 것이다.[49]

따라서 역사유물론의 옹호, 그 입장에 서 있었던 전향 이전의 인정식으로서는 마자르와 비트포겔 등 동시대 AMP론은 받아들일 수 없었다. 그런데 전향 이후 인정식은 이 논의를 과감히 수용하고 있고(이론전회), 이것을 도구로 삼아 조선을 포함한 '동양'을 분석했던 것이다. '순환적 정체성' 즉 '균형과 타락과 균형의 무한반복'만 있고 '역사'가 사라지는 그 공간을 인정식은 과연 어떻게 버텨낼 작정이었을까? 혹시 그에게는 어떤 근사한 탈출구라도 주어져 있었던 것일까?

5. 이론과 정치

1) 궁여지책(窮餘之策)과 재현의 실패

주지하다시피 비트포겔의 AMP = 수력통제사회론은 관개농경이 이루어지는 '동양'에 적용되는 이론이었다. 영원히 순환되는 정체성의 쳇

---

49 한편, 정치적으로 보면, 당시 AMP논쟁은 중국정책에 관한 논쟁의 결집이었고, 스탈린과 이제는 힘이 빠진 정적 트로츠키 사이에 발생한 공산당 내 갈등이 중심요인이 되고 있었다. 이 속에서 스탈린의 이론적 대리인 고데스가 아시아적 생산양식이란 실제로는 별개의 생산양식으로 성립하지 않았고 단지 봉건적 생산양식의 아시아적 변종에 불과하다고 정리하여 가까스로 논란은 '봉합'되었다(Hoston, 1991 : 188).

바퀴, '역사'가 사라진 공간, 비(非)역사. 따라서 외력(外力)에 의한 처절한 파괴가 없다면 보편적 세계사의 공간으로 나올 수 없는 장소. 그것이 '동양'이었다.

전향 이전의 인정식은 조선농촌의 현실을 '기술이 저급하고 경화(硬化)된 상태'라고 표현한 바 있다. 조선농촌의 퇴보적 농구(農具)는 봉건성의 가시적 지표인 동시에, 외래의 독점자본이 조선땅에 들어서기 이전부터 일관되게 조선농촌에 자리하고 있었다고 생각되는 몇 안 되는 과거 역사의 '산증인'이자 '정체'의 근거이기도 했다. 하지만 그것은 어디까지나 역사유물론 안에서 바라볼 때 '반봉건성'의 증거였을 따름이지, 결코 역사유물론이 부정된 AMP론 안에서의 '정체성'은 아니었다. 전자에서 '정체성'이 역사적 우연(偶然)의 영역에 자리한다면 후자에서 그것은 역사관 및 알레고리 안으로 포섭되어 영원히 빠져나올 수 없는 어떤 '필연(必然)의 감옥'에 갇히는 것을 의미한다. 전자에서 외력(外力)은 우연의 문제로 취급될 수 있지만, 후자에서 그것은 그것 없이는 '역사'가 불가능해지기에 '역사'를 위해서는 반드시 필요한 필연의 문제로 전환된다. 그렇다면 AMP론의 수용은 자칫 '조선'을 옴짝달싹 못할 역사의 수렁으로 빠뜨릴 수도 있는 일이다. 전향 이전의 인정식이 AMP론을 부정하고 있었다는 것, 그런데 전향 이후에는 이를 수용하고 적극적으로 적용하고 있었다는 것, 그렇다면 인정식은 '정체성이라는 필연'에 아예 몸을 의탁하기로 마음먹었던 것이었을까? 그럴 마음이 아니라면, 사실상 인정식은 이론적 곤경에 처한 셈이 된다.

인정식은 AMP론을 수용하되 그 '정체성의 굴레'에서 '조선'을 제외시킬 수 있는 방법을 모색했다. 비트포겔의 AMP론에서 '동양'은 근동 오리엔트 지역은 물론 이집트와 인도, 중국 등을 포함하는 것이었다. 특기할만한 점은, 그의 논의에서 일본은 이 '동양'에서 제외되었고 조선에 대해서는 아무런 언질이 없었다는 점이다. 비트포겔이 AMP에서 일본을 제외한 이유는 제법 단순하다. 일본에는 초지방적 규모의 거대 하천이 발달하지 않았다는 점이다. 모리타니는 '동양'에서는 인공관개의 치수(治水) 이외에도 홍수에 대한 방수(防水)가 추가적으로 필요했다고 지적하면서도, 비트포겔의 일본론을 이어받아 "일본의 치수과제는 대륙의 초지방적 규모와는 달리 지방적 범위에 그친다. 일본에서는 국가를 위한 집권적인 경제적 직능을 만들어내지 않았고 국토의 봉토화 ― 봉건제 ― 를 막을 수도 없었다. 일본은 동양의 국가들과 같이 관개농업의 발달을 보았음에도 불구하고, '동양적 사회'의 형성으로 나아가지 않고 '진정한 봉건사회'로의 성숙을 이룰 수 있었다"고 주장했다.[50] 말하자면, 일본은 '동양 속의 비(非)동양이었고 게다가 관개기술도 뛰어났다는 입론을 편 셈이다.

사실 비트포겔의 일본에 대한 예외적 단서조항은 모리타니에게는 행운이었을 것이다. 그에게는 근사한 탈출구가 이론으로 또 현실로도 주어져 있었으니 말이다. 그러나 인정식에겐 그런 행운이 깃들지 않았다. 그는 그 행운을 찾아나서야 했고 없다면 억지로라도 만들어내야 했다. 그럭저럭 별다른 논란이라도 없었다면 다행이었겠지만, 모리타니는 여기서 관변학자의 모습으로 인정식 앞에 다시 나타난다. 모리타니는 "조선은 비트포겔의 관점에서 보면 '관개농경지역'에 들고 실제로 오늘날 반도 농업은 확실히 관개농경에 중심을 두고 또 구래에 대체로 그러했다. (…중략…) 실은 우리 내지와 취지를 크게 달리하고 있고, (…중략…) 조선농업은 일본 내지 등에 비해 관개의 기초가 매우 부족하고 시정(施政) 이래 개선이 이루어져 큰 발달을 이룬 지금도 여전히 부족하다고 할 수밖에 없다"고 말한다. 나아가 "조선의 치수과제

---

50   森谷克己, 「アジア的生産樣式論」, 『アジア問題講座(6) : 経濟産業篇(3)』, 東京 : 創元社, 1939, 105쪽.

는 대륙에 비해 소규모이지만 하천체계는 내지와 비교하여 오히려 대륙적이고 초지방적 연장을 갖고 있는데, (…중략…) 반도의 역대정부는 이것이 그들 자신의 직무이고 이를 통해 정치적 지배의 기초가 굳건해진다는 사실을 충분히 인식하지 못하고 태만했다"고 하여 이 '태만'을 집중 부각시켰다.[51] 요컨대, 조선농업은 본질적으로 관개농경이고 그 관개의 기초는 일본에 비해 매우 열악하다는 점을 지적한 셈이다. 이것의 현실적 함의는 지극히 명료하다. 조선은 비트포겔의 AMP론 관점에서 '정체사회'인데, 더 심각한 문제는 관개사업을 진행할 수 있을만한 강력한 국가가 존재하지 않은 상태에서 한일병합을 맞았다는 진단인 셈이다.

인정식은 여기에 어떻게 응답했을까? 그는 미국의 철도연장과 중국의 운하연장은 거의 비슷하다는 한 미국학자의 연구를 예로 들면서, "지나(支那)에서 이 운하란 것은 광대한 영역을 지배하기 위해 권력자가 이용하는 정치적 동맥이 될 수도 있었다. 이 운하는 교통의 편리와 함께 조세의 징수, 물자의 운수, 병력의 동원 등에서도 또한 중요한 기관이었다. 그런데 우리 조선에서는 이러한 대규모의 운하는 그리 볼 수가 없다. 조선에서는 관개의 시설이 대운하를 요구치 않았다는 것은 조선의 각 평야를 관류하는 대하천이 모두 지류를 많이 분류(分流)하고 있다는 점에서 설명될 수 있다. (…중략…) 이것은 확실히 조선의 천혜(天惠)였다. 관개를 위해서 비교적 소규모의 댐과 제방이면 족했던 것"(강조는 인용자)이라고 주장했다.[52] 이런 시도는 AMP론 안에서의 조선의 지위를 일본의 지위에 상당하는 것으로 규정하고자 하는 의지가 담긴 것이었고, 중국과 조선을 철저히 구분하려는 일종의 '거리화의 의식'

---

51 森谷克己, 「東亞農業に於ける朝鮮農業の地位」, 『朝鮮及滿洲』, 1939.5, 14~17쪽.
52 「물(水) 이야기」, 『太陽』 1-2(1940.2) : 『印貞植全集 第2卷』, 163쪽.

이었다. 이것은 조선농업에서 관개의 양면성 ─ 관개이되 소규모 ─
을 주장함으로써 조선의 역사적 지위를 보존 ─ 비(非)정체사회 ─ 하
고, 이와 동시에 현실의 수리사업이라는 정책적 과제를 용인할 수 있
게 하는 인정식만의 궁여지책(窮餘之策)이었다. 어쨌든 그는 이제 모리
타니와 마찬가지로, "병합 이래 제국의 통치정책은 경제부면에서 농업
의 중요시와 아울러 우선 관개의 완비에 전력을 두어왔다. 구래의 저
수지, 제방의 개수와 함께 수리조합의 시설이 근대적 과학의 응용으로
급속히 발전되었다. 조선의 관개농업은 이제 40%에 이르렀다. 그러나
아직 충분치 않다. 우리는 국가와 함께 노력해야 할 것"이라고 주장할
수 있게 되었다.[53]

　　이러한 인정식의 전향 이후 이론적 행보는 전향 이전에 비해 개념,
비교의 대상이라는 차원에서 커다란 시각전환을 의미하는 것이었다.
그것은 매번 '발견'이나 '재발견'의 모양새를 취했다는 점에 주의할 필
요가 있다. 전향 이전의 인정식이 '만주'의 사정을 몰랐던 것은 아니었
다. 그는 '경작규모의 영세성 = 반봉건성'의 지표로 중국을 바라봤고,
야마다가 그랬듯, 중국을 일본, 조선과 동일한 범주 안에서 다루었다.
그가 AMP론을 몰랐던 것도 아니었다. 아니 심지어, AMP론을 반(反)소
비에트적인 논의로 부정하기까지 했다. 인정식의 관심은 서구의 원형
국가들을 비교대상으로 삼아 조선(과 '아시아/동양')의 봉건성을 증명하
는 데에 쏟아졌다. 그러나 전향 이후의 인정식은 이론적으로 완전히
다른 사람이 되었다. 그는 그저 이곳에서 저곳으로 옮겨간 것이 아니
라, 이전에 자신이 믿고 실천했던 이론들의 전제를 하나하나 부정해가

53　「물(水) 이야기」, 『印貞植全集 第2卷』, 165쪽. 이때 '국가와 함께'라는 말은 결국 한
　　일병합 이래 조선총독부의 수리조합정책에 대한 적극적인 지지의 표명이라는 점을
　　유념할 필요가 있다. 이때 인정식은 관변이데올로그로서의, 동시에 이론적으로도
　　스스로를 옹호할 수 있는 이론가로서의 자리에 성큼 들어서 있었던 것이다.

면서 새로운 지평으로 옮겨갔다. 하지만 AMP론을 전제로 중국과 일본 간의 현격한 차이를 설정하고, 조선을 일본과 동일한 범주 안에 묶고자 한 그의 시도는, 식민지의 물질적 현실 앞에서 늘 좌절될 수밖에 없는 운명이었다. 세계사 속에서 '조선'의 위치는 모호해졌고 분석은 뭉뚱그려졌으며, 따라서 그 재현은 실패할 수밖에 없었다. 전향 이후 인정식은 AMP론을 통해 중국에 대해서는 자유롭게 말하는 입, 조선에 대해서는 웅얼거리는 입, 이렇게 '두 개의 입'을 가지게 된 셈이다.

2) 비교, 범주, 정치

전향 이후 인정식의 이론적 실천에서 매우 중요하지만 그동안 주목받지 못했던 것 가운데 하나는 그의 시선의 방향이 달라졌다는 것, 그러니까 비교의 대상으로 삼는 지역과 기준이 달라졌다는 점이다. 그동안 팽창하는 일본제국에 무임승차하여 자연스레 넓어진 심상지리감각으로만 이해되어온 이 문제는, 사실 인정식 논의의 이론적 성패와 심지어는 정치적 성패까지를 결정짓는 매우 중요한 지점이다. 전향 이후 인정식에게 비교대상은 크게 두 곳, 즉 '만주'와 중국이었다. 인정식은 이 두 곳과 조선을 어떻게 비교했을까? 그리고 그 함의는 무엇일까?

우선, '만주'에 관한 논의는 전향 이후 야마다의 행보 — 북만주의 대가족주의 비판 — 와 공명하고 있었음을 앞에서 논구했는데,[54] 야마다

---

54 인정식은 야마다의 궤적 그대로 '북만주' 지역의 농촌을 방문하고 글을 쓰기도 했다 (「北滿의 農村」, 『朝光』 8-7(1942.7) : 『印貞植全集 第2卷』, 537~543쪽). 그가 거기 가서 '발견'한 것은 야마다의 논의를 그대로 확인하는 것이었다. 이것은 실상 발견이라 할 수도 없는 것이리라. 인정식은 만주인의 촌락을 보며 말한다. "한 가족의 식구가 245명이나 되는 대가족이 東亞의 한 모퉁이에 아직도 잔존해 있다고 하면 조선에서 자라온 우리 독자들은 우선 그 사실의 眞否를 의심할만큼 놀라지 않을 수 없

의 관찰에는 그것 말고도 또 하나의 계기가 있었다. 인정식은 "야마다 씨의 견해에 따르면 회하(淮河 : 회수(淮水)로도 불림. 화북과 화남의 경계. 양자강, 황하와 함께 중국 3대 강)가 경계의 라인으로 결정적인 의미를 갖는다고 한다. 수전지대, '몬순'의 계통은 회하 이남으로부터 더욱 그의 특이성의 농도를 가하면서 남지나와 인도지나 등을 포괄하고 다시 대만을 휩쓸어 일대 원형을 그리면서 내지를 거쳐 조선까지 도달한다"는 야마다의 의견을 그대로 인용하면서, 로싱 벅의 입장도 마찬가지라고 덧붙인다. 그리고 한인(漢人)농법에 의한 쌀농사가 이 지대의 특징이라고 설명했다.[55] 이런 논의는 당시 지배적 광역담론 가운데 하나였던 '몬순 = 계절풍지대로서의 아시아'론이 갖는 문명적 일체성의 주장에 맞닿아 있다. 그것은 광역권의 자연적 = 필연적 토대라고 선전되던 지배이데올로기였다. 인정식은 이 회하가 조선으로서는 '압록강'에 해당된다고 하면서 조선과 북만주 간의 농경양식의 격차를 일일이 설명해간다.[56] 말하자면 북만주는 조방적 대농장의 외양을 취하여 자연조건에서는 '동양농업'의 범주에 들지 않는다는 점, 그런데 서양과는 달리 대가족의 분화가 수행되지 않은 채 정체되어 있는 곳이라는 점 등을 언급하고 있는 셈이다. 이것이 경계짓기의 제1차원이다.

을 것이다."(p.539) 그러나 대가족주의의 문제는 조선에서도 제기될 수 있다. 인정식은 이를 염두에 둔 듯 다른 글에서 이런 '방어논리'를 편다. "조선에는 아직 대가족제가 지배적으로 잔존하고 있지만, 그렇다하더라도 대가족의 原型은 이미 붕괴해버리고 다만 그 잔해만이 남아있는 것에 불과하다. (…중략…) 李朝때부터 分家와 分財가 매우 일찍부터 시행되었고 소작권의 분할도 진행되었다. (…중략…) 이조시대 말기조차 조선의 대가족제는 특수한 양반계급에 한정된 속성이었을 뿐, 조선의 농촌사회 일반의 특징은 아니었다"(「朝鮮農村二題」,『金融組合』 166(1942.8) :『印貞植全集 第2卷』, 550~556쪽).

55 「東亞圈의 經濟的 性格과 朝鮮의 地位」,『三千里』 140(1941.1) :『印貞植全集 第2卷』, 303~304쪽.

56 「朝鮮農業의 新體制的諸條件」,『春秋』 2-3(1941.4) :『印貞植全集 第2卷』, 328쪽.

다음으로 중국에 대해서는, 앞에서 서술한 바와 같이, 인정식은 동일한 '동양농업'의 범주 안에 있지만, AMP의 적용상 조선과는 결정적인 차이가 존재한다고 주장했다. 모리타니의 질문에 답할 수밖에 없었던 저간의 사정도 있었겠지만, 여하튼 그 귀결이 일본 쪽에 다가서고 중국으로부터는 단절하려하는 권력의지의 소산이었음은 부정할 수 없다. 그런데 여기에는 단순히 이론적 문제만이 아니라 정치적 문제도 개입되어 있다. 이론은 현실적 실천의 무기이기 때문이기도 하고, 인정식이 선 자리 자체가 정치적인 자리였기 때문일 수도 있다.

이 점과 관련해서는 인정식의 시대, 인정식의 자리 자체가 갖는 문제성을 먼저 고려할 필요가 있다. 그것은, 이미 널리 알려진 사례이기도 하지만, 아시아태평양전쟁기 마루야마 마사오(丸山眞男)의 이론적 실천에서 전형적으로 목격되는 어떤 문제성이다. 나카노 토시오(中野敏男, 2005)와 사카이 나오키(酒井直樹, 2008)가 잘 분석하고 있듯이, 당시 마루야마의 중국역사 인식에서는 '부정(否定)'의 계기가 배제되어 있다. 즉 헤겔적 의미의 '역사'가 없다는 것이다. 일본의 근대정치사상의 계보를 밝혀내려는 마루야마의 이론적 욕망에서 출발한 『일본정치사상사연구(日本政治思想史研究)』의 제1장(1940년, 助手論文으로서 집필)은 헤겔(Hegel, G. W. Friedrich)이 *Reason in History*에서 언급한 중국인식을 인용하는 데에서 출발한다. "(중국에) 존재하고 있는 것은 국가이며, 그것은 역사의 유년시대이다. 그것은 우선 가족관계 위에 구축되어 있는 국가(a state of fatherly care)로서 거기서는 대립이나 이념성이 아직 나타나지 않은 산문(散文)적 제국이다. 동시에 그것은 지속의 제국이며 바꿔 말하면 그것은 자신을 스스로 변화시킬 수가 없다. (…중략…) 쉴 새 없는 변화와 몰락이 있지만, 어떤 것도 진정한 몰락은 아니었으며, 따라서 어떤 진보도 보이지 않는다. 이런 동요는 이른바 비역사적인 역사(an unhistorical history)이다"(丸山眞男, 1995 : pp.106~107). 진정한 몰락과 변화와 진보는 중국사회 안으로부터가 아니라 오로지 바깥에서 올 수밖에 없다는 것으로, 비트포겔의 중국론의 정치학적 판본이었던 셈이다. 마루야마는 바로 이 지점에서 출발하여 중국과는 다른 일본유학사의 계보와 정치적인 것 = 근대적인 것의 탄생을 고찰해간다.[57]

다만, 문제는 이때가 중국과 일본 간의 전쟁이 한창이던 1940년이라는 점이다. 야마다와 모리타니와 인정식의 이론적 실천 역시 마찬가지로 바로 그 시대에 자리하고 있다. 이들은 그 전쟁을 '문명(일본) 對 정체(중국)'의 틀로 해석하고 있었고, 일본군이 전쟁 = 폭력을 통해 중국과 '소통'하고 있을 당시, 이들 '사회과학의 객관성'(Weber)을 띤 지식인 집단은 언어로 그 폭력을 치장하였다. 이것은 '근대'(modernity)라는 이름의 '상징폭력'이었고, 따라서 그들의 자격과 지위는 전사(戰士), 이른바 '사상전(思想戰)의 전사'였던 셈이다.[58] 하지만 이들은 이미 '전사'라

---

[57] 물론, 이 시기 마루야마가 자리했던 역사적 위치의 양가성에 대해서는 충분히 의식할 필요가 있다. 미술사가 오카쿠라 텐신(岡倉天心)이 제출한 '아시아는 하나'라는 명제 (The Ideals of the East, 1903)는 아시아태평양전쟁기 일본 군부에 의해 '아시아해방'의 이데올로기로 활용되고 있었다. 이에 대해, 문화사가 쓰다 소우키치(津田左右吉)는 『中國思想と日本』(1938)에서, 서양에 대항한다는 의미에서의 동양, 동양문화, 동양 사회는 결코 형성된 적이 없다고 주장하였다. 동양이라는 '픽션'(fiction)에 의해 폭력적으로 병탄되고 있는 당시의 현실을 비판한 것이다. 전전(戰前)의 마루야마의 논의는 이 쓰다의 영향을 받은 것으로서, 부분적으로는 일본 군부의 이데올로기에 대한 합리적 비판으로 볼 수 있다. 다만, 문제는 그 비판의 방식인데, 마루야마는 일본과 중국을 각각 '근대성'과 '정체성'을 표현하는 이질적인 두 문화로 대조하였다.

[58] 전향 이후, 인정식은 중일전쟁을 마르크스적 의미에서의 독점자본주의시대의 전쟁, 즉 소수자본가에게 이익이 되고 인민에게는 육체적 고역만이 남는 전쟁이 아니라, 아시아사회의 경제적·문화적 협동을 구축하는 성전(聖戰)이라고 규정했다(「マルクス主義の亞細亞に於ける不適應性」, 28쪽). 또, 중국의 좌익이론가들이 '아시아적 정체성'의 책임을 외래자본주의에 묻는 경향이 강한데 — 이것은 전향 이전 인정식의 이론적 입장이기도 했다 —, 그것은 "배외주의적 편견으로, 보다 본질적인 문제는 이런 외래의 침략 없이도 지나사회는 이미 4천년의 유구한 역사를 통해 영원한 정체상태로 결빙되어 있었다는 점"이라고 말한다(「아시아적 停滯性의 문제」(『靑色紙』 2-3, 1939.12) : 『印貞植全集 第2卷』, 123쪽. 나아가 "신동아건설에 처한 일본제국의 역사

고 부르기 민망한 상황에 처해있었는데, 말하자면 이 제국일본의 '사상
전의 전사'로 다시 태어나기 위해 인정식은 전사라면 응당 가지고 있어
야할 법한 '적대(敵對)'마저 상실했기 때문이다. 적대를 상실한 전사에
게 남은 것은 자기기만과 오만일 뿐이었다. 유격전과 토지혁명을 결합
한 마오쩌둥의 시도는, 이 전사의 눈에는 그저 한 시골뜨기의 소박한
실천쯤으로나 비칠 따름이었다.[59] 그렇다면, 이론가로서 또 이론을 통
해 실천하는 정치가로서, 인정식은 과연 성공했다고 볼 수 있을까? 물
론 그 판단과 기준에 대해서는 보다 많은 토론이 있어야 할 것이다.[60]
여하튼 이것이 경계짓기의 제2차원이다.

6. 결론— 'double standard, double bind', 그리고 이론가의 정치적 책임

이상의 논의를 간략히 표로 정리하면 다음과 같다.

적 과제는 과거 수천 년 동안 지나사회의 발전을 저해하고 정체시켜온 아시아적 정체
성을 청소하는 데 있다"고 주장했다(「내선일체의 新과제」, 『文章』 2-1(1940.1) : 『印
貞植全集 第2卷』, 146쪽).

59 마오쩌둥의 「지구전(持久戰)을 논한다」라는 제목의 논설에 대해 인정식은, "이미
황군의 손에 점령된 지역은 실로 현대 지나의 심장부를 구성하는 근대적인 의미에
서의 中原의 지대라는 사실을 거부할 수는 없을 것"이라면서, 아무리 현재 중국에
여전히 자작자급(自作自給)적인, '아메바'처럼 한 부분을 절단해도 다른 부분에는
영향을 주지 않는 반봉건적인 경제관계가 존재한다 해도, 중원지역을 빼앗긴 이상
전쟁은 일본의 승리로 돌아갈 것이라고 주장했다(「동아의 재편성과 조선인」, 『三千
里』 131(1939.4) : 『印貞植全集 第2卷』, 36~37쪽).

60 인정식에게 공정할지 아닐지는 판단하기 어렵지만, '중국통일화논쟁'에서 보여준
오자키 호츠미(尾崎秀實)의 중국인식이 동시대적 포지션으로서 하나의 준거점이
될 수 있을 것이다.

	이론연쇄	비교의 대상	지표와 개념
전향 이전	山田盛太郎 (『日本資本主義分析』)–인정식	서구 국가(영국, 프랑스, 독일, 소련, 미국)	-경작면적(외연적 규모) -'반봉건' '영세성'
전향 이후	山田盛太郎 ('북만주' 시찰보고)–인정식	'만주'	-공동체 조직의 구조, 토지 　이용률(내연적 기술) -'적정규모'
	Wittfogel-平野義太郎-森谷克己 –인정식	중국	-아시아적 생산양식론 　(/수력통제사회론) -'관개'와 그 규모

　본고는 인정식을 '이론가'로 호명해내어 그의 정치적 전향의 의미를 이론적 전회와 연쇄의 관점에서 포착해보았다. 그의 이론가적 지위를 식민지 지성에 대한 통상의 편견, 가령 현실에 발 딛지 못한 채 이론으로 현실을 재단하는 '일급 이론수용가'로 폄훼할 수도 있지만, 반대로 이론의 연쇄가 종종 수용주체의 '전유'에 의해 새로운 정치적 효과를 낳곤 한다는 사실 역시 인정해야 할 것이다.

　인정식을 불러내는 또 하나의 방식은 '농업재편성론자 = 전시변혁론자'로서의 면모를 강조하는 것이다. 이때 그는 전환된 시국 속에서 '농업개혁'이라는 일관된 목표에 봉사한 것으로 해석되고, 그의 전향은 분절보다는 연속의 관점에서 이해된다. 총력전을 계기로 조선에서 공업화와 노동력부족이라는 현상이 새롭게 발생하고 있었고, 인정식이 이를 적극적으로 의식했다는 것이다. 본 연구는 기본적으로 이 시각의 타당성을 인정한다. 다만, 이런 관점에서는 마르크스주의자의 전향에서 이론이 차지하는 의미가 적절히 해명될 수 없다고 본다. 또, 보다 근본적으로는, 전향자의 정치적 책임이 무화되어버려 '탈정치적 해석'으로 귀결될 우려가 크다고 생각한다.

　인정식은 전전 및 전시 일본의 사회과학의 자장 안에서 활동했고, 그 언어를 자신의 것으로 전유하면서 식민지 조선의 현실에 개입했다. 그의 전향은 이론 차원의 전회와 맞물려 있었고, 새로운 이론연쇄의 장에 노출되었다. 하지만, 바로 그 과정에서 인정식은 이론적 한계에 봉착하고 만다. '조선'을 더 이상 하나의 매끄러운 이론으로 재현(representation)하지 못하는, 일종의 딜레마적 상황에 처한 것이다. 그는 '조선'을 정체성의 늪에서 구출해내는 대가로 '조선'에 대해 침묵하거나 웅얼거리는 입을 가질 수밖에 없었다. 전향 이전의 인정식이 '半봉건사회론'이라는 간명하고 분명한 하나의 입을 가지고 있었다면, 전향 이후의 인정식은 중국에 대해 분명한 어조로 '정체성'을 말하는 입과 조선에 대해 웅얼거리는 입, 이렇게 두 개의 입으로 말하는 이가 되어있었던 셈이다.

그런데, 만약 그가 '조선'에 대해 웅얼거릴 수밖에 없었다고 한다면, 혹시 그 안에는 '조선민족'이라는 내면적 욕망이 자리하고 있었던 것은 아닐까? 마르크스주의자에게 전쟁과 혁명이 사회질서를 재편하는 등가(等價)의 계기라는 점은 이미 레닌의 사례에서도 찾아볼 수 있는데, 전향 이후의 인정식은 적어도 '조선'에 대해서만큼은 전쟁과 혁명을 등가로 두지 않는 듯하다. 중국을 '정체성'의 수렁으로 떨어뜨려놓고 중국이 세계사로 나올 수 있는 길은 오로지 일본의 침략전쟁을 매개로 할 수밖에 없다고 주장하는 인정식은, 다른 한편 조선만큼은 '정체성'의 덫에서 구출하려했다(double standard). 조선의 사회구성체 분석에 치중했던 과거 그의 시선이 이제 중국으로 향했던 것, 그 과정에서 비교의 기준 및 범주가 현격히 달라졌던 것, 이와 동시에 '조선'이 이도 저도 아닌 것이 되고 재현이 불가능해진 것(double bind), 이것이 이론의 차원에서 살펴본 그의 전향의 의미였다.

요컨대, 전향 이후 인정식은 일관된 언어로 조선사회를 재현해낼 수 없었다는 점에서 적어도 이론가로서는 실패한 것이고, 그 실패에 대해 무감각했기에 비판성을 상실했으며, 심지어는 타자에 대한 제국주의의 폭력을 방조하고 이에 동참하는 길로 나아갔다고 할 수 있다. 그렇다면, 전향 이후의 인정식의 이론적 실패와 그것이 낳은 정치적 책임의 문제는, 제국주의의 부당한 폭력에 희생당하는 이웃의 존재를 외면한 채, 그 전쟁을 오로지 '조선'이라는 네이션(nation)의 '발전'의 계기로만 포착하는,[61] 아(亞)제국주의의 문제로서 다시 제기되어야 하는 것은 아닐까?

---

[61] 인정식은 중일전쟁의 과정에서 조선기업이 일본자본의 하청체계에 포섭되면서 조선의 공업화가 활성화되리라는 기대를 감추지 않고 있다(「동아의 재편성과 조선인」(『三千里』131, 1939.4) : 『印貞植全集 第2卷』, 42~43쪽). 또, 제국 일본의 위계적 노동시장 구조 속에서 조선인 노동력의 경쟁력을 다음과 같이 옹호하기도 했다. "조선인 직공의 임금은 내지인 직공의 임금의 절반이다. 조선인 노동력은 저렴하다. 물론 만주국이나 북지에서의 지나인의 노동력은 조선보다 저렴하다. 그러나 이들은 근대적 교육의 세례를 받지 못했고, 초등교육 등 일본적 훈련을 받은 것은 조선이 유일하다. 이들과는 20년의 차이가 있다."(「戰時體制下の朝鮮經濟(1)」, 『東洋之光』 1-2(1939.2) : 『印貞植全集 第2卷』, 31쪽)

식민지 조선의
지나문학과(支那文學科)의 운명[*]

경성제국대학의 지나문학과를 중심으로

천 진

1. 서(序)

1926년, 식민지 조선의 유일한 대학으로 시작한 경성제국대학 법문학부의 문학과에는 조선어학조선문학 제1강좌, 제2강좌, 국어학국문학, 지나어학지나문학, 영어학영문학의 다섯 전공이 설치된다.[1] 이러한 학과의 배치는 영문학으로 대표되는 서양문화 대(對) 조선·일본·중국의 문화관계를 아카데미즘으로 재구축한 동양문화라고 하는 미묘

---

* 　이 글은 『中國現代文學』(54집, 2010)에 실린 것을 수정·보완한 것이다.
1 　「京城帝國大學法文學部規程」, 『京城帝國大學一覽』, 1926.04.01.

한 구도를 품고 있다. 특히 초대 총장이었던 핫토리 우노키치(服部宇之吉)가 '조선 그 자체의 연구를 위해, 제국으로서 진정한 의미를 지닌 특종의 학부'[2]인 경성제국대학의 위상을 이른바 '내지, 혹은 支那와의 문화적 관계'에 의해 규정된 조선의 '동양성'을 찾는 가운데 획득되는 것이라고 했던 언설을 기억해 보면,[3] 경성제국대학 법문학부 문학과의 배치는 '동양'이란 문제적 인식과 관련해 볼 때 좀 더 밀도 있는 해석을 필요로 한다.

식민지 조선의 아카데미즘과 '동양성'의 획득이란 언설에 주목해 보면, 경성제국대학의 자리는 조선의 근대적 학문이 '내지, 支那와의 문화 관계'를 어떻게 처리하며 조선학의 위상을 정립하는가의 문제라고 할 수 있다. 이러한 문제의식은 최근 국문학의 연구들이 주목하는 것처럼 1930년대 민간학술과 관학, 조선어와 일본어, 저널과 아카데미즘 등 다양한 문제 기제가 얽혀 길항하는 한국 근대 학문의 형성으로부터 출발해야 한다. 하지만 '동양성'을 해결해야 하는 식민지 조선의 아카데미즘은 조선이라는 범주를 넘어 '동양', '지나'와 같은 동양과 관련된 근대 학지(學知) 재편을 문제 삼아 보다 적극적으로 해석될 필요가 있다.[4] 청일전쟁 이후, 특히 식민지 조선의 학술장 안에서 '中華'라는 호

---

2   服部宇之吉, 「朝鮮帝國大學の特色」, 『朝鮮地方行政』, 1925.4.
3   服部宇之吉, 「京城帝國大學始業式における告辭」, 『文教の朝鮮』, 1926.6.
4   백영서, 「동양사학의 탄생과 쇠퇴」, 『창작과비평』 통권 126호, 2004.12. '제도로서의 학문'과 '제도 밖의 학문(혹은 운동으로서의 학문)'이라는 구도 안에서 동양사학의 '제도로서의 학문'의 형성 과정을 파악하고 있으며, '동양과 관련된 학지의 문제를 통해 식민지 조선을 비롯한 동아시아의 근대 학술을 재고할 것을 주장하고 있다. 한편 류준필, 「19C 말 일본 대학의 학과 편제와 國學·漢學·東洋學의 위상」, 『코기토』 65(2009.2)와 같은 글은 국문학자로서 일본의 제국대학 편제와 중국의 근대 학제 안에서의 국학, 한학, 동양학의 긴장을 다룬다. 이 두 사람 사이에는 동아시아의 문제를 둘러싼 입장의 차이가 존재한다. 그러나 이 시기 식민지 조선의 학술 문제를 국문학이 아닌 보다 큰 동아시아의 학술 안에서 다룰 것을 주장하며 동아시아 근대 학술 문제를 규명하려고 한다는 것을 주목할 필요가 있다.

칭이 서서히 수면 아래로 사라지고 '支那'라는 호칭이 떠올랐던 것은 '중국-조선-일본'의 문화적 관계를 재조정하는 학문의 근대적 변동과 무관하지 않다. 식민지 조선의 아카데미즘의 '조선학'의 배면에는 적어도 '중국-조선-일본'을 둘러싼 다양한 욕망이 움직이는 근대 지식의 생산 문제가 놓여 있는 셈이다.

이 글이 주목하는 1930년대 경성제국대학의 '지나문학과(支那文學科)'는 이러한 동아시아의 근대 학문의 문제들로부터 자유롭지 않다. 강력한 국가의 지원을 받는 일본 제국의 동양학과 그 구조를 합리화하는 근대 지나학은 근대적인 학술 구조를 생산했다. 뿐만 아니라 만철조사부(滿鐵照査部), 대륙문화연구회와 같은 국책조사기구를 지원하며 '지배하는 지'의 속성을 구조화했다.[5] 하지만 1930년대는 이러한 제국의 동양학지가 '지배하는 지'의 속성을 구조화하고 제도의 안정성을 확장하는 시기이면서, 동시에 제도 안에 균열이 생겨나가는 시기이기도 하다. 이 글이 주목하는 것은 바로 1930년대 '지나문학과'를 둘러싸고 생겨나는 제국 일본과 식민지 조선의 균열들이다. 다케우치 요시미(竹內好)등 동경제국대학 졸업생들은 1934년 '中國文學硏究會'를 만들고 잡지『中國文學月報』를 발간하며 국가의 강력한 지원을 받는 제국대학의 아카데미아 밖에서 '현대 중국'을 발견하고 사고했다. 제국 안에서 생겨나는 이러한 움직임은 체계적인 지식의 축적과 과학적 방법을 생산했던 제도와 긴장 관계를 조성하고 파열을 만든다. 그러나 이러한 긴장은 1930년대 식민지 조선의 경우 더욱 복잡하다. 경성제대 '지나문학과'의 카라시마 다케시(辛島驍, 1903~1967)[6]는 제국의 아카데미즘 안에서 허용

---

5   윤영도, 「탈식민, 냉전, 그리고 고등교육」, 『냉전아시아의 문화풍경 : 1940~1950』, 현실문화, 2008, 157~162쪽.
6   카라시마 다케시는 국내의 중문학의 경우 주로 '魯迅'과의 관련성에서 언급되거나 논의되고 있으며, 카라시마의 「魯迅追憶」, 『桃源』, 1949의 중국어 번역본에 기반하여 언급되고 있다. 김시준, 「魯迅이 만난 한국인」, 『중국현대문학』 제13호; 김시준,

되지 않았던 '현대 중국문예'를 경성제국대학의 커리큘럼과 식민조선의 저널과 문단에 시도했다.[7] 그것은 제국의 '지나학'이라는 아카데미즘과 다른 노선으로 식민지 아카데미즘을 구성하는 시도라고 할 수 있다. 그러나 카라시마의 일종의 '실험'과 같은 시도는 다케우치의 『中國文學月報』의 '현대 중국'과는 다른 형태이다. 두 사람의 인식에는 '현대 중국'을 대면하고 '문학'을 사유하는 분명한 태도의 차이가 존재한다.

한편 경성제대 지나문학과의 식민지 조선인들은 제국대학의 지식을 흡수해 나가며 식민지 조선의 근대 아카데미즘을 모색한다. 하지만 그것은 동시에 자신들이 흡수한 제국의 지식에 의해 포섭(관리)되는 것이기도 했다. 식민지 조선에서 생겨나는 불안정한 학문의 상황은 1930년대 아카데미즘 밖의 조선의 저널 속에서 다양한 긴장을 만들어내며 때로는 불온함을 만들기도 한다. 지나문학과 출신 8명의 조선인 가운데, 최창규(1회)·김태준(3회)·배호(8회)·이명선(12회)은 식민지의 아카데미즘과 저널을 오가면서 '현대 중국'을 발견하고 식민지 조선의 학술에 개입했다. '고전 지나'를 체계화하며 '현대 중국'을 발견하고 사유하는 경험은 곧 조선학을 비판적으로 사고하는 계기이기도 했다. 김태준, 이명선의 문학사 작업은 이러한 과정을 통해 제국의 지나학과는 다른 지나학의 경로를 구성했다. 또한 일본 제국주의의 힘에 대한 공

「申彦俊의 「魯迅訪問記」에 관하여」, 『중국현대문학』 제22호에서 최초 언급이 시작되어 홍석표, 「魯迅의 식민지 조선 인식에 관한 연구」, 『중국어문학지』 Vol.26, 2008; 백지운, 「한국의 1세대 중국문학연구의 두 얼굴 : 정내동과 이명선」, 『대동문화연구』 Vol.68, 2009이 있다.

7   조선문인협회의 간사로서 대동아문학자 대회를 주최하고 조선연예문화협회 회장 등 조선의 문화정책에 관여한 카라시마의 재조일본인 관료의 경력을 기억해보면 그렇다. 재조일본인으로서의 카라시마는 식민지 조선문단, 특히 '내선문인의 총체'로 알려진 조선문인협회가 결성된 이후 적극적인 활동을 벌이며 일본의 중앙문단과 길항하는 조선 내지문단 의식을 가지고 있다. 이에 대해서는 박광현, 「조선문인협회와 '내지인 반도작가'」, 『현대소설연구』 43, 2010 참고.

포와 동의가 강력했던 중일전쟁 이후, 전향자들이 중국의 현실을 소거시켜나갔던 것과 달리, 오히려 『인문평론』의 배호는 '현대 중국'을 대면하며 식민지 조선의 자리를 사고하며 동요했다. 이러한 동요는 제국 아카데미즘의 확장에 균열을 만들어낸다. 식민지 경성제국대학의 '지나문학과'에서는 제국의 아카데미즘이 균질적으로 확장되고 복제되어 나가지 않는다. 이 글은 재조일본인 카라시마와 경성제대 지나문학과 조선인들이 중국을 대면하고 조선에서 글을 써 나가는 활동들, 그 가운데에서 생겨나는 식민지 조선의 아카데미즘의 불균질성에 주목한다. '지나'를 대면하는 식민지 조선의 다양한 인식들과 그러한 인식들이 마찰력이 강하게 작용하는 현실, 특히 제국 아카데미즘과 길항하는 그 장소(topos)를 주목하는 것이다.

2. 1930년대 제국의 아카데미즘과 '支那文學'

1) 近代 支那學 제도와 과학적 연구방법

1899년 문부성(文部省)은 東京大學 漢學科 출신의 두 사람에게 '淸國과 독일'의 유학의 명을 내린다. 거기에는 훗날 동경제국대학 동양학의 거두이자 경성제대 총장을 역임한 핫토리 우노키치와 교토제국대학 지나학을 개시했던 가노 나오키(狩野直喜)가 있다. 메이지 東京大學 漢學科는 '洋學 혹은 西學'과 '國學, 和漢學'과의 관계 속에서 부단히 재편되어오며 다양한 긴장을 만들었는데,[8] 이러한 한학과 출신들은 청일전쟁 직후에는 유럽·미국 중심의 기존의 유학 코스가 아닌 '淸國'과

‘독일’로 파견되었다.[9] 이것은 東京과 京都의 제국대학에 근대 지나학 · 동양학이 형성되는 것과 무관하지 않다. ‘淸’과 ‘독일’을 통해 얻게 되는 학문의 경험은 연구대상으로서의 ‘지나(支那)’와 연구방법으로서의 ‘유럽 지나학(支那學)’이라는 문제의식으로 전화되면서, 메이지 도쿄대학 한학과 출신들의 제국대학 아카데미즘 문제로 전화되기 때문이다. ‘지나’라는 연구대상과 ‘유럽의 지나학’이라는 연구방법. 이것은 기존 漢學으로부터 벗어나면서 동시에 漢學을 근대 아카데미즘으로 배치하는 주요한 논리로 작동했다. 이것은 도쿄제국대학과 교토제국대학의 근대 지나학 · 동양학의 학지 재편에 모두 나타나지만, 이 가운데 교토제국대학 지나학의 출발에서 작동되고 있는 가노 나오키의 논리는 근대 지나학의 성립과 관련하여 문제적이다. 가노 나오키는 ‘유럽의 시놀로지스트처럼 중국 고전을 하나의 외국어 문헌으로 봐야한다’고 하는 중국을 대면하는 새로운 학문 태도를 제안 한다.

여기서 가노의 지나학은 “支那에서 발생한 문화”를 다종다양한 지식의 교차 관계 속에서 어떠한 실용적 목적에 구애되지 않고 “객관적” 태도로 접근하는 “과학적”인 연구이다.[10] 전통적인 漢學의 經 · 史 · 文 지식에 몰입해서는 지나 문화 ‘전체’를 볼 수가 없다는 것,[11] 가노의 ‘과학적’ 태도는 지나 문화를 ‘전체’로 파악하고자 하며 한편 여타 공리성을 배제한 자율성을 확보하고자 한다. 즉 ‘유럽의 시놀로지스트처럼 지나의 텍스트를 외국문헌으로 접근하는’ 연구자는 지나를 하나의 시스템으로서 체계화시키는 시좌를 찾아야 하며, 한편 그러한 탐색의 과정에서는 어떠한 색안경도 껴서는 안 된다. 가노의 지나학은 이러한 ‘객관적 과학적

---

8   류준필, 「19C 말 일본 대학의 학과 편제와 國學 · 漢學 · 東洋學의 위상」, 『코기토』 65, 2009. 2.
9   江上波夫 編, 『東洋學の系譜』, 大修館書店, 1992, 101쪽.
10   狩野直喜, 「支那學硏究の目的について」, 『支那學文藪』, みすず書房, 1973, 432~435쪽.
11   狩野直喜, 「支那硏究について」, 『支那學文藪』, みすず書房, 1973, 280~294쪽.

태도'로 지나를 타자화하며[12] 연구자로 하여금 이 과정을 통해 지나의 '외부'에 설 것을 주장한다. 이 논리는 근대적 학문제도와 기존의 한학(漢學) 사이에서 동요했던 사람들을 긴장시켰다. 1917년 『신청년』에 실린 교토제대 동양사 연구자 구와바라 지츠조(桑原隲藏)의 「중국학연구자의 임무」가 중국의 고전 서적들을 "애매한 분류, 기술의 부정확성"으로 가득 찬 것으로 간주하며 "과학적 방법"에 의해 "정리(整理)"되어야 한다고 주장했을 때,[13] 후스(胡適)는 이 "과학적 정리"를 "systematize"의 문제로 심각하게 받아들였다. 그리고 몇 년 뒤 "國故整理"로 문제의식을 확장시키게 된다.[14] 지나 문화를 시스템화하는 "과학적" 태도와 근대 아카데미즘의 문제는 국가의 강력한 지원을 받았던 일본 제국의 아카데미즘 안에서만 머물지 않는다. 그것은 동아시아 근대 학문의 형성 과정에서 다양한 형태의 문제의식을 만들고 있다.

일본 제국대학의 근대 지나학은 "과학적" 태도를 통해 지나를 하나의 체계로 구조화함으로써 기존 한학으로부터 벗어났다. 동시에 '완결된 과거의 역사'로 古典支那를 재구축했다. 한편 제국대학의 "과학적" "객관적" 태도를 지닌 이 외부 관찰자들은 지나의 고전문헌뿐만이 아니라, 대상 지역의 문화를 관찰·분석하며 체계화·타자화하는 지역 문화연구도 수행했다. 가노 나오키의 타이완구관조사회사무(臺灣舊慣調査會事務)의 결과물이었던 『淸國行政法』의 「淸朝の制度と文字」가 메이지와 다이쇼에 걸쳐 독자들의 흥미를 불러일으켰던 것은 그 일례다. 가노의 기술은 "기존의 기술방식을 한 번에 해체하고 서양의 체계 아래 청조의 행정법을 놓고 이해가능하게"[15] 함으로써 과학적 방법으로

12　쑨꺼, 윤여일 역, 『다케우치 요시미라는 물음』, 그린비, 2007, 72~94쪽.
13　「中國學研究者の任務」, 『太陽』, 1917.3가 『新靑年』, 1917.7에 번역 게재된 것이다.
14　「胡適留學日記」, 1917.07.06.
15　宮岐市定, 『讀書籑餘』, みすず書房, 1980.

지나를 관찰하고 체계화 시키는 인식을 가동시켰다. 이것은 "한학계(漢學系)와는 완전히 다른 서양의 과학적 방법"으로 도쿄 제국대학의 동양사학을 제도화시켰던 시라토리 쿠라키치(白鳥庫吉)도 마찬가지였다. 제국의 아카데미즘 안에서 "과학적" 방법에 의해 체계화된 지나학과 동양학은 지나를 체계화시켜 새로운 근대적 앎을 생산한다. 그러나 한편 이 과정에서 생산되는 지식은 "우리 국민에게 장래 발전할 아시아에 관한 지식을 증가시키고 흥미를 갖게" 함으로써 승전의 효력을 높이고 러일전쟁 이후의 경영의 "가장 시급한" 과제로 부상시키는 것이기도 했다.[16] "과학적" 방법은 제국대학의 근대 동양학과 지나학을 제도화하여 연구자들의 학문 생산의 기반과 자율성을 확보했지만, 동시에 국가의 강력한 지원과 협력·길항하는 구조를 가동시키는 논리가 되고 있었다.[17]

"漢學系와는 완전히 다른 서양의 과학적 방법"은 가노 나오키와 핫토리 우노키치 이후 시라토리 구라키치(白鳥庫吉), 시오노야 온(塩谷溫), 아오키 마사루(靑木正兒), 요시카와 코지로(吉川行次郎) 등 사학과 문학 전반의 중요한 학문 방법이 되며 곧 일본 동양학 학지(學知)를 재편하는 주요한 원리가 된다. 이 과정은 곧 연구자가 서양의 "과학적 방법"을 통해 '지나'의 외부 관찰자가 될 수 있다는 것을 자연스럽게 내면화하는 과정이기도 하다.[18] 그러나 이 자연스러운 내면화가 근대 대학의 아카데미즘에 구조화 될수록 제국의 아카데미즘이 갖는 '지배하는 지'로서의 속성은 더욱 강화되었다. 연구자는 '외부' 관찰자의 자리에 어떻게 갈 수 있는가, 그러한 관찰의 자리는 어떠해야 되는가라는 질문이 간

---

16   白鳥庫吉, 「普通敎育における東洋史について」, 『敎育公報』, 1905.10.15(백영서, 「동양사학의 탄생과 쇠퇴」, 『창작과비평』 통권 126호, 2004.12, 100쪽 재인용).

17   백영서, 「동양사학의 탄생과 쇠퇴」, 『창작과비평』 통권 126호, 2004.12.

18   쑨꺼, 윤여일 역, 앞의 책.

과될 때 자신이 생산하는 지식을 반성할 계기는 망각된다. '과학적 태도'는 어떤 의미에서는 간단하게 연구자를 대상의 외부 관찰자로 위치시킨다. '동양문화의 권위'를 확장시켜나가려는 제국대학의 동양학의 학지가, '내지, 지나와의 문화관계'에 의해 규정된 조선의 동양성을 요구할 때 역시 마찬가지이다. '지나'의 외부에 선다는 것, 지나를 타자화해 나간다는 것, 그 일련의 과정 속에서 발생할 수 있는 연구자의 윤리에 대한 질문은 '과학적'이라는 그 전제를 자명하게 받아들이는 순간 봉쇄될 가능성이 크다. 제국대학의 아카데미즘이 생산하는 일본의 근대 지나학은 이 일련의 학문 방법을 지나(支那) 뿐만이 아니라 조선의 문화 관계에도 확장시켜 나갔다. 경성제국대학 초대 총장 핫토리 우토키치가 주장했던 '조선학이 수행할 동양성의 획득'은 이러한 제국의 아카데미즘과 결코 무관하지 않다.

2) 1930년대 支那學의 파열 – 경성제대의 카라시마 다케시, 동경제대의 다케우치 요시미

핫토리 우노키치, 특히 가노 나오키의 과학적 방법에 의한 지나학이 그 기본형이 갖춰지는 것은 지나문학(支那文學)의 경우 교토제국대학의 아오키 마사루, 요시카와 코지로 세대에 이르러서이다. 지나문학만을 놓고 본다면 동경제국대학의 경우는 1904년(메이지37) 한학과가 지나철학과 지나문학으로 분리되고 사학과 안에 지나사학이 위치지워지는 체계를 갖추었을 때, 즉 동양사의 시라토리 쿠라키치와 지나문학의 시오노야 온(塩谷溫)이 각각의 강좌를 담당한 그 이후에 이르러서이다.[19] 지나학이 "과학적 방법"으로 지나를, 더 정확히 말하자면 "支那古典"을

---

19 藤井省三, 「塩谷溫」, 江上波夫 編, 『東洋學の系譜』, 大修館書店, 1992, 97~98쪽.

연구대상으로 삼는 이 논리는 1920년 중반 이후에 이르면 지나학 연구자 전반에 영향을 미치는 방법론이 되었다.[20]

　1926년 경성제국대학 支那語學·支那文學 강좌도 마찬가지다. 시오노야 온의 젊은 제자 카라시마 다케시(辛島驍, 1903~1967)의 부임(1929)은 표면적으로 보면 이러한 제국의 동양학이 인프라를 구축하고 재생산에 들어가는 과정처럼 보인다.[21] 唐宋八代家, 唐宋詩選 중심의 한학과에서 벗어나 宋詞, 元曲, 明淸小說을 지나문학의 범주에 넣고 "영문학, 독문학에 대항하고자 했던" 시오노야 온의 지나문학[22]은 카라시마 다케시의 졸업논문 격인 김성탄론(「金聖歎の生涯と文藝批評」)[23]에도 영향을 미치고 있다. 그러나 1930년대, 제도로서의 지나문학에는 미묘한 파열이 생겨나기 시작했다. 경성제대 교수로 부임하기 전 해당 국가(支那)로 유학을 갔던[24] 카라시마 다케시는 지나를 체험하는 가운데 자신의 支那學이 기존 漢學과 별반 차이가 없는 것이 아닌가 하며 불만을

20　쑨꺼, 앞의 책, 77쪽.
21　『경성제국대학일람』에 따르면 지나어학·지나문학 강좌를 담당했던 교수진은 코지마 겐키치로(兒島獻吉郎, 교수, 1927~1929), 후지츠카 치카시(藤塚鄰, 분담, 1930~33), 타나카 토요조우(田中豊藏, 분담, 1930~33), 카라시마 다케시(辛島驍, 강사·교수, 1929~41)이다. 첫 담당은 코지마였지만 건강 악화로 30년 물러났기 때문에 실질적으로는 카라시마가 담당했다고 볼 수 있다. 카라시마가 29년 강사에서 34년 조교수가 될 때까지, 후지츠카와 타나카가 30~33년까지 지나문학강좌를 분담했다. 코지마 겐키치로는 동경대학 문과대 한학과 출신이며, 후지츠카 치카시는 1908년 지나철학과, 타나카 토요조우는 1911년 지나문학과를 나왔다. 카라시마는 1929년 지나문학과 졸업과 동시에 시오노야 온의 사위가 되며 경성제국대학 강사로 부임한다.
22　塩谷溫,「天馬行空」, 日本加除出版, 1956(江上波夫 編,『東洋學の系譜』, 大修館書店, 1992 재인용)
23　辛島驍,「金聖歎の生涯と文藝批評」,「朝鮮支那文化の研究」,『京城帝國大學法文學會第二部論纂』第一輯, 1929.
24　제국대학의 교수 부임 이전에는 반드시 해당 국가의 유학이 선행되어야 했다. 29년 제대 강사로 온 카라시마의 경우 30년 코지마의 은퇴 이전 그 후임으로 내정된 것으로 보이고, 34년 조교수가 되기 전에 중국에 다녀오게 된다.

품었다. 그는 上海에서 만났던 존경해야하는 老漢學者로부터 "漢學의 소양은 어쨌든 支那에 살아보는 것이 필요하다"는 신신당부를 듣는다. 하지만 상하이의 노학자의 대화에는 " '지금(今)'의 支那, 적어도 '지금의 上海'가 너무나 멀게 만 있어" 그것이 이른바 漢學의 문제가 아닐까라는 의문을 품는다. 이러한 의문은 '古典으로서의 支那'를 연구하는 카라시마 자신의 지나학에까지 미치고 있었다. 제국의 支那學이 "무엇인가 부자만이 할 수 있는 것처럼 느껴지고" "가난한 사람은 특별한 입장권이 있어야만 들어갈 수 있는 세계"처럼 보이기 시작할 때,[25] 근대 '古典支那 연구'는 예전의 漢學과 마찬가지로 "명예로운 고립"을 자처하게 된다.[26]

1929년 이후 경성제국대학 지나문학과의 강의 내용에 '지금(今)의 지나의 문예'가 들어오기 시작했던 것[27]은 '古典支那'만을 지나학으로 규정했던 제국의 연구풍토를 기억해 볼 때 흥미로운 지점이라고 할 수 있다. '지금'의 지나의 '문학'을 주목하는 카라시마의 이 시선은 이후 30~40년대 조선의 문단으로 개입해 오는 재조일본인 카라시마의 또 다른 모습을 만들고 있기 때문에 더욱 그렇다. 하지만 30년대 초반 경성제국대학에서 이루어지는 일종의 '실험'과 같은 현대 중국문학은 비슷한 시기

---

25   辛島驍, 「滬遊心影」, 『刀江刊報』 4, 刀江書院, 昭和4年 10月 1日.

26   竹內好, 「漢學の反省」, 『中國文學月報』 第8號, 1935.10.

27   1931년~1936년 사이 카라시마 다케시의 강좌 제목을 보면 다음과 같다.(『靑丘學叢』 「彙報」에 근거 자료화한 박광현, 「경성제국대학 안의 '동양사학'」, 『韓國思想과 文化』 제31집(2005)의 자료 재인용, 301~303쪽)
      1931년 : 지나근대문학개설(2), 지나희곡강독(2), 盛明잡극제1집, 지나소설연습(2)
      1932년 : 지나극과 소설의 관계, 지나문학강독연습(2), 지나문학사연습(2), 중국문학진화사
      1933년 : 지나문학개론(2), 중국신문학운동의 회고(2), 원곡연습(2)
      1934년 : 지나문학사개설(2)
      1935년 : 지나문학개론(2), 지나소설해제(2), 잡극연습(2)
      1936년 : 지나문학사개설(2), 명대잡극연습(2)

제국 내에서는 더욱 본격화되고 있는 것이기도 했다. 1934년, 동경제국 대학 지나문학과를 졸업한 다케우치 요시미(竹內好)가 마쓰다 쇼(增田涉), 마쓰에다 시게오(松技茂夫), 다케다 타이쥰(武田泰淳) 등과 함께 만들었던 '중국문학연구회'가 그렇다. 35년『中國文學月報』를 창간하며 '현대 중국'의 '문학'을 소개했던 이 잡지는 잡지의 초반부터 제국대학의 '지나학'의 학문 태도에 대해 여러 가지 형태의 반감을 노출했다. 특히 발기인이었던 다케우치 요시미가 "나에게 있어 支那學者나 漢學者는 동의어"[28] 라는 태도로 일본의 근대 지나학에 대해 대립각을 세우고 있었던 점은 조금 민감하게 볼 필요가 있다.

漢學에 대한 다케우치의 반감은 처음에는 청년의 치기처럼 토로된 다. "머리가 좋은 학생들이라면 한문과를 선택하지 않고" "규격화된 형태에 쳐 박혀 정해진 고문서 속에서 좋아하는 자구를 낚시질 하는 지엽적인 학문"을 "요즘 우리들, 젊은이들"은 좋아하지 않는다고 한다. 하지만 이 청년의 감각이 "漢學의 이념이 학문의 **열정**을 잃어버렸다"는 지적에 이르면 문제는 달라진다.[29] 한학과 동의어가 된 제국의 지나학은 자기의 존속만을 호소할 뿐 "불가능을 실현하는" "용기를 필요로 하는" 학문이 아니다. 오히려 "지나학은 안심하고 몸을 맡길 장소"를 제공하는 문제적인 학지가 되고 있다.[30] 여기서 일본의 지나학이라는 제국 아카데미즘의 논리를 다시 생각해 볼 필요가 있다. 즉 연구자가 古典支那의 외부 관찰자가 되어 객관적인 태도로 과학적 학문을 수행한다는 이 전제를 상기해 보면, 다케우치의 논리로 볼 때 외부 관찰자의 과학적 방법이란 윤리적 고투 없이 자신을 안심하고 맡길 공간에 서 있도록 만드는 방법일 뿐이다. 이 편안한 인식상태를 벗어나는 열정이라던가, 용

---

28   竹內好,「支那學の世界」,『中國文學』第73號, 1941.06.
29   竹內好,「漢學の反省」,『中國文學月報』第8號, 1935.10.
30   竹內好,「支那學の世界」,『中國文學』第73號, 1941.06.

기, 불가능의 실현과 같은 말은 수용되기가 어렵다는 것, 여기에서 다케우치들의 '中國文學'은 제국의 支那學이나 漢學과 불화한다.[31]

中國文學이 漢學/支那學과 불화하는 이 지점은 문제적이다. "학문의 열정", "부정되기 위한 지식" "용기"와 같은 말들은 사실 다케우치가 '支那'를 대면하는 태도를 말하는 언어이며 또한 그것은 1930년대 일본 제국의 지나학 학지의 균열을 만드는 언어들이기도 하다. 한학이 잃어버린 "학문의 열정"은 잡지 『中國文學』에 실린 다케우치 데로우(竹內助夫)의 "한학은 실천적이다(「所謂漢學に就いて」)"라는 논지에 대한 반론에서 시작된다. 그것은 다케우치 데로우식의 논리가 한학을 "유교의 실천, 도덕적인 수양"으로 쉽게 환치시킴으로써 漢文化가 자기 반추됨 없이 현실 논리로 전화되는 "통속적" 상황에 대한 긴장이기도 하다. 한학의 이해가 유교의 실천이나 도덕적 수양 차원으로 쉽게 통용되었던 것은 "명예로운 고립"에 들어선 1930년대 한학만의 문제만은 아니다. 사실 그것은 1900년대, "孔子의 정신"을 정점으로 한 "유교"가 이제 "본토보다도 더 훌륭하게 꽃 피우며(핫토리 우노키치)" 또한 "일본 국체와 완전히 융화하여 고유한 것이 되었다(나이토 코난)"[32]는 지나학자들의 한학의 재해석 작업의 지지 속에서 합리화되는 것이기도 했다. 이 지나학자들의 孔子敎 언설은 이른바 "동양과 서양의 사상과 문화의 융합"이 일어나는 "윤리"의 장소[33]로 한학을 재구조화했고 동시에 이를 통해

---

31 쑨꺼, 윤여일 역, 앞의 책, 72~94쪽.
32 고야스노부쿠니, 이승연 역, 『동아·대동아·동아시아』, 역사비평사, 2005, 183~186쪽.
33 1902년 경사대학당의 오여륜과 제국대학의 이노우에 데츠지로의 합의 지점이기도 하다. "교육은 동서양 사상의 융합을 목적으로 하며" "오늘날의 윤리는 동양과 서양의 정수를 일치시키는 것"이라는 양자의 논리 속에서 이른바 德育의 문제는 "공자의 도"를 중심으로 서양과 동양을 조화시키며 근대적 국가를 완성하는 중요한 논리 기제가 된다.(呂順長 編, 『晚淸中國人日本考察記集成·敎育考察記』上冊, 364쪽) 이러한 德育 담론은 이노우에 데츠지로 이후 동양철학의 범주를 구획한 핫토리 우노키치로 이어진다.

일본의 지나학의 내용을 채워나갔다. 이러한 맥락을 고려해 보면 제국의 "漢學은 支那學과 동의어(다케우치)"이다. 통속화된 유교의 실천이나 세련되게 강화된 덕육론(德育論)의 「교육칙어」, 모두 어떤 의미에서는 지나학의 과학적 방법론의 지원을 받는다. 이러한 학문 태도에서 "지식은 그것을 부정하는 계기 없이는 지식으로 살아갈 수 없다. 지식은 부정되기 위해 추구되어야 한다"라고 하는 문제의식은 찾기 어렵다.[34] "(동양사가처럼) 관념에 기대고, (한학자처럼) 언어에 기대는" 태도로 구축된 "지나학" 안에는 자기를 부정하는 태도가 부재한다.[35] 동양사가나 한학자들이 지나의 외부에 설 때는 자신의 지식을 부정하는 계기를 찾지 못하고, 오히려 그 지나라는 대상을 타자화 하여 연구자 자신의 자리를 보존하고 강화하게 되는 것이다.

1934년, 중국문학연구회의 다케우치의 "漢學과 支那學의 전통을 타도하기 위한 中國文學"은 명백히 제국대학의 지나학 학지에 대해 대립각을 세우고 있다. 특히 "현대지나"의 문학을 발견하는 잡지『중국문학』은 일종의 권력이 되어 버린 제국의 漢學과 支那學을 향하여 '오히려 필요한 것은 어설프지만 유쾌한 "딜레당트의 정신" 혹은 "딜레당트 정신을 허용하는 아량"'이어야 한다는 비판을 가했다. 이 딜레당트의 문제는 1929년 경성제대의 부임에 앞서 '지금의 지나'의 '문예'를 발견한 카라시마 다케시에게도 의식되지 않지만 마찬가지로 생겨나는 것이기도 했다. 어떤 의미에서는 제국 밖 식민지의 실험장을 향한 카라시마의 경우, 제국 아카데미즘과 싸우는 저널의 다케우치의 '싸움'과 달리 딜레당트 정신을 '실험'할 수 있었다.

경성제국대학 지나학과의 '고전 지나'와 '현대지나'의 문학 강좌는

---

³⁴ 竹內好,「支那を書くということ」,『中國文學』第80號, 1941.12.
³⁵ 위의 글.

"일본의 한학 선생처럼 차갑게 화석이 되어 있지 않은" 사람들로 가득차 있다. "G박사(코지마 켄키치로)라고 하는 칠십 노인을 스승으로 모시고 다시 시경, 당송시문 등을 배웠으나 별로 신기한 것도 없는" 경성제대의 지나문학과에 젊은 선생(카라시마)이 온 뒤, 고전의 커리큘럼은 이탁오나 김성탄과 같은 소설과 희곡 옹호자들로 채워지기 시작했다.[36] 한편 '현대지나'의 문예는 문학혁명(文學革命)을 중심으로 채워지고 있었다. 카라시마는 자신의 실질적 스승이라고 고백했던 루쉰을 비롯한 창작가의 흐름과 후스·정전둬를 비롯한 연구자들의 두 흐름으로 현대지나의 문예의 계보를 정리하고 있었다.[37] 이 계보는 창작과 연구의 뚜렷한 구분일 뿐만 아니라 '문예'에 보다 무게를 실은 것이기도 했는데, 그것은 다케우치의 중국문학과 한학의 구분처럼 보이기도 한다. 카라시마에게 문학혁명의 제창자인 후스는 "심장의 세계에서는 완전히 제로라고 해도 좋은" "처음부터 도서관 속에 있었던" 연구자이지만, "일본 한학 선생처럼 차갑게 화석이 되어 있지 않고" "백화문학"을 제창했기 때문에 기억해야만 하는 존재이다. 반면 『小說月報』의 정전둬가 "파리의 국립도서관을 비롯하여 곳곳에서 진귀한 장서들을 찾는 것"은 마치 골동품을 수집하는 부유한 한학자들의 고립된 세계와 다를 바가 없다.[38] 이른바 중국의 연구자들의 성과를 마치 "지나의 낡은 것"만을 마주하며 현실 세계에서 고립된 성을 짓는 것처럼 해석하는데, 카라시마의 이러한 시각은 '문학'을 살아있는 현실과 만나는 절대적인 것으로 인식하는 데에서 연유한다.

　　"젊은이들이여, **支那에 잡히지 말고 文學이라는 글자 쪽에 충분히 귀를 기**

36　김태준, 「외국문학 전공의 변」, 『동아일보』, 1939.11.10.
37　辛島驍, 「支那の新しい文藝について」, 『朝鮮及滿洲』 266號, 1930.1.1.
38　위의 글, 267號, 1930.2.1.

울여라. 자신의 생활을 깊게 파고들고, 자기 주위의 생활을 날카롭게 관찰하고 거기에서 확고한 것을 건설하라, 그것을 가지고 支那의 낡은 것을 봐도 좋다. 자기 주위와 現代라는 것을 잊은 채 支那를 읽는 것, 支那의 먼 낡은 어둠의 세계에 혼을 뺏겨 그 속에서 의론에 빠지는 것이 자신의 살아있는 광대한 현실 세계에 어떤 효과를 미치겠는가."[39]

漢學을 벗어나는 카라시마의 딜레당트한 실험 '支那文學'은 이러한 논리 안에서 보면 "문학"을 절대적인 것으로 위치시킴으로써 가능해지고 있다. 그에게 문학은 낡은 어둠이 아니라 살아있는 현실이며, 오래된 문명이 아니라 현대의 생활이다. 그것은 "낡은 개념의 지나학에 사역되는 젊은이들"을 견인해 올 중요한 동력이다. '현대지나'의 '문학'을 다루는 이 문맥은 그러나 1934년 제국 안의 다케우치의 '中國文學'과는 맥락이 다르다. 漢學(=支那學)을 벗어날 딜레당트한 동력을 구한다는 점에서는 유사하지만, "문학"이라는 동력을 발견한 이 순간 '支那'라는 대상을 대하는 태도와 긴장은 다른 것이기 때문이다.

다케우치 요시미는 "주석을 달지 않고 중국문학을 말할 경우, 그것은 늘 태도로서의 문학을 말한다"고 했다.[40] 태도로서의 문학은 "지식은 그것을 부정하는 계기가 없이는 지식으로 살아갈 수 없다"고 하는 긴장을 가진 것이다. 그렇기 때문에 문학의 태도로 '지나'를 만난다면 문학의 태도는 지나를 만들어내는 자기의 언설을 끊임없이 부정해야 한다. 그것은 한편 '지나'라는 대상에 대한 문제적인 연구 태도를 만드는 것이기도 하다. 1940년, 支那人의 감정을 해하기 때문에 支那를 中國으로 불러야 한다는 논의가 『文藝春秋』 등 간행물과 좌익평론가의

39　위의 글.

40　竹內好, 「支那を書くということ」, 『中國文學』 第80號, 1941.12.

논의 곳곳에서 나오기 시작했을 때, 초기 '中國'의 문학을 주장했던 다케우치는 "언어의 문제는 간단한 것처럼 보이지만 예측할 수 없는 奸智를 겹겹이 은폐하는 것"이라며 오히려 일본어의 언어가 순수해질 때까지 "支那"를 고수한다는 자세를 취한다. "支那를 중국으로 바꾸자는 주장"이 도대체 어느 정도 "支那人의 支那라는 말에 대한 감정"을 아는지 알 수 없는 상황에서, "支那를 中國으로 바꿔 부르면 우리(일본)는 지나인의 혐오를 시인하고 그 문제를 고친다"고 할 수 있을까. 그러한 낙관은 오히려 "자기의 가슴에 질문하지 않고 말의 문제를 제출하는" "문학의 배신"일 뿐이다.[41] '태도로서의 문학'은 오히려 '中國'이라는 말의 간지(奸智)를 경계하며 '支那'를 오히려 붙들며 문제 삼는다. 카라시마의 주장처럼 "文學이라는 점에 충분히 주의하고 支那文學 연구에 설 때" 支那를 벗어나 현대의 문학 생활로 갈 수 있는 것이 아니다. 다케우치의 支那文學의 연구는 文學이었기 때문에 支那를 더욱 문제 삼으며 신경을 써야만 하는 그런 것이다.

> "만약 支那人이 멸시를 느낀다면 그 모욕감을 나는 불식시키고 싶다. 언젠가 支那人의 앞에서 상대방의 기분 정도에 따라서가 아닌 확실히 支那라고 말하지 않는 나를 키우고 싶다. 나는 支那人을 존경한다고 생각하지 않는다. 다만 支那에 존경해야 하는 인간이 산다는 것은 안다. 일본에 멸시해야 하는 인간이 산다는 것과 마찬가지로. 나는 支那人을 사랑하지 않으면 안 된다고 믿지 않는다. 다만 나는 어떤 支那人들을 사랑한다. 그것은 그들이 支那人이기 때문이 아니라 그들은 나와 같이 슬픔을 항상 몸에 가지고 있기 때문이다."[42]

---

41 竹內好, 「支那と中國」, 『中國文學』 第64號, 1940.08.
42 위의 글.

文學이었기 때문에 '지나'는 나와 같은 슬픔을 가진 사람이 사는 장소로 다가온다는 것. 다케우치의 지나문학은 즉 '현대에서 가장 지나인의 마음에 가까이 가는' "혹은 지나인을 가까이 하는 소수의 일본인의 하나"가 되려는 태도를 취하게 된다. 이러한 다케우치의 태도는 카라시마의 현대 지나문학의 논리와는 다른 것이다. 카라시마는 제국 지나학의 명예로운 고립을 벗어나지만 그의 문학의 논리는 지나의 현실을 지워나간다. 카라시마의 文學의 태도는 경성제국대학 지나문학과 안에만 머물지 않고 있다. 그의 문학의 논리가 39년 "신동아건설의 이상에 즉한 文學"으로 전환될 때, 여기서 "支那"는 대동아의 문학 건설 아래 통합을 기다려야만 하는 대상이며 "문학"은 이 통합을 촉진하는 동력이 되고 있기 때문이다. 30년 현대 지나와의 긴장을 놓아버린 카라시마의 논리는 39년 무렵에 이르면 대동아 신질서의 국민문학의 논리로 쉽게 전환된다. "반봉건 · 반군벌 · 반제국주의"라는 카라시마의 현대 지나문학의 문학사적 해석은 국민문학 건설을 방해하는 제 조건을 극복해야 한다는 당위를 전제로 하여 제기되고 있다. 신질서의 국민통합을 방해하는 군벌을 극복하기 위해 反장개석 · 反공산당이 필요하며, 반제국주의는 또한 영국을 비롯한 서양 제국주의를 극복한 동양의 신질서를 완수하기 위한 것이기도 했다. 무엇보다도 반봉건이라고 하는 "지나 최대의 문화 문제"는 서양문명의 무비판 숭배와 소비에트 러시아의 광언의 유행과도 거리를 둔, 즉 정치적 문학에서 벗어나 "해방된 감정"을 표출하는 새로운 동아 신질서 아래의 지나 청년의 문제로 해석된다.[43] 이러한 카라시마의 현대 지나의 문학의 논리는 현대 지나를 조선으로 바꾸어도 마찬가지로 적용 가능하다. 여기에 文學이란 태도에 의해 발견되는 다케우치의 '支那'는 존재하기 어렵다. 마찬

43　辛島驍, 「現代支那の文壇」, 『朝鮮及滿洲』 第378號, 1939.05.01.

가지로 '조선'이 존재하기 어렵다. 카라시마의 文學은 자기 부정의 계기를 거부하는 보편으로 작동하고 있다.

3. 경성제국대학 조선인의 '支那'라는 타자, 그리고 '文學'

1) 외국문학으로서의 '支那文學'과 漢學의 해체 – 문학사가 김태준의 경우

1939년『동아일보』의 「外國文學 專攻의 辯」(1939.10.28~1939.11.19) 코너는 당대의 외국문학 전공자들에게 간단한 인터뷰식 글을 요청하여 싣고 있었다. 이효석, 김광섭, 양주동, 김진섭, 이원조 등 영문학·독문학·불문학의 서양문학 전공자를 비롯하여 최창규, 김태준, 정래동 3명의 지나문학 전공자 총 12명의 글이 보름 간 연재되었다.[44] 인터뷰의 내용은 극히 간단하다. 해당 문학 전공 선택의 이유, 해당 문학 연구의 장단점, 중점을 두는 작가, 번역 소개하려는 작가, 조선문학에 미치는 영향 이 5가지 문항에 대해 신변잡기 식의 자유로운 답변을 모아 놓았다. 외국문학의 소개를 자임한 사람들의 가벼운 잡기에 가깝지만 그러나 여기에는 192~30년대 '외국문학'의 경험과 조선에 외국문학을 도입한다는 것에 대한 입장 차이가 미묘하게 뒤엉키고 있다. 이 코너의 대다수를 차지하고 있는 영문학의 경우, 전공자 대부분이 東京 유학을 통해 서양문학을 경험하며, 외국문학 가운데 "영문학이 遍布的인 것만

---

[44] 김광섭, 이효석, 임학수, 양주동, 이양하, 김환태(이상 영문학), 서항석, 김진섭(이상 독문학), 이원조(불문학), 최창규, 김태준, 정래동(이상 지나문학)이다.

큼 조선에서도 영문학의 수입이 외국문학 중 가장 큰 부문"이라는 입장을 견지하고 있다.[45] 서양문학이 조선에 수입되어야 할 외국문학으로 논의되는 것에 반해, 그러나 지나문학 전공자들의 외국문학의 감각은 영문학 전공자들이 갖고 있는 이러한 낙관과는 거리가 멀다. 경성제국대학 지나문학과 출신 崔昌圭(1회), 金台俊(3회)과 중국 유학 경험의 丁來東에게 있어 외국문학으로서의 지나문학의 감각은 영문학처럼 보편적인 실세이거나 번역·소개를 낙관할 수 있는 그런 것이 아니다. 특히 조선문학과 관련하여 지나문학을 '번역·소개'하기 위해서는 명백한 비판적 시각을 견지해야 했다.

애초 "지나문학은 과거에 우리에게 외국문학이라는 느낌을 주지 않았다"[46]는 정래동의 말은 경성제대 지나문학과 출신 최창규, 김태준[47]도 마찬가지다. 김태준의 경우 지나문학과 지원 당시 처음에 "문학이란 漢文學, 특히 支那의 古文"이라고 알았던 것을 놓고 보면, 지나문학 입학 당시 지나문학은 곧 대학제도 안의 한문학이나 다름이 없었다.[48]

---

45 이효석, 「외국문학 전공의 변 : 새로운 방법과 계시를」, 『동아일보』, 1939.10.29.

46 정래동, 「외국문학 전공의 변 : 지나문학, 詞와 紅樓夢을 번역」, 『동아일보』, 1939.11.16.

47 『경성제국대학일람』 41년판을 전거로 졸업생을 살펴보면 다음과 같다. 진한 색은 조선인졸업생 가운데 45년 이전 저널, 학문, 문단 등에 종사한 사람이다.

이름	출신	졸업연도	이름	출신	졸업연도
岡正	宮城	1929.3	井上勝	大分	1936.3
崔昌圭	황해	1929.3	**車相轅**	황해	1936.3
中澤希男	宮城	1929.3	全昌龍	평남	1936.3
難波康二郎	廣島	1929.3	大西亘	愛媛	1937.3
戸次高麗生	大分	1930.3	金永均	충북	1937.3
金台俊	평북	1931.3	宮田正義	雄本	1937.3
淵上雄道	福岡	1931.3	李敏成	경기	1937.3
播勇	大阪	1932.3	**裵澔**	경북	1938.3
渡邊一二三	岡山	1932.3	**李明善**	충북	1940.3
金田義三	栃木	1934.3	石原美樹雄	山梨	1941.3

48 김태준, 「외국문학전공의 변 : 신문학의 번역소개」, 『동아일보』, 1939.11.10.

그러나 카라시마의 부임 이후 "별반 신기할 것도 없는 시경, 당송시문"
을 벗어나 "선배 최창규 군이 元曲選을 독파하고 있는 것"을 보고 "원명
청 시대의 순문학의 개론적 지식을 얻을 겸『명청희곡소사』같은 것을
써보려고 했다"는 상황에 이르면, 한문학과 지나문학은 같은 것이 아
니라 범주를 달리하게 된다. 한문학과 외국문학으로서의 지나문학이
라는 범주로 구분되고 있는 것이다.

1929년 시오노야 온의 제자 카라시마 다케시의 부임과 연관해서 보
면, 1회 최창규의 元曲 연구[49]는 元曲을 비롯하여 明淸戲曲과 小說을 지
나문학 연구의 축으로 삼은 동경제국대학 지나문학과의 고전 지나 연
구의 확산이기도 하다. 특히 시오노야 온의 소설·원곡·詞의 연구가
세계문학에 손색이 없는 "진정한 국민문학의 의미"를 지닌 중국문학의
발견[50]이란 측면에서 시도되고 있었던 점을 감안해 보면, 지나문학은
국민문학의 하나로서 이해되게 된다. 漢文學과 국민문학으로서의 支那
文學이라는 구분이 생겨나는 것이기도 하다. 카라시마의 부임 이후, 경
성제대 지나문학과 조선인학생들의 지나문학 연구가 소설, 원곡 등까
지를 범주에 넣기 시작할 때, 거기에는 고전 지나를 체계화하고 타자화
해 나갔던 일본 제국 아카데미즘의 지나문학의 문제가 개입한다.

古典支那를 현대적인 연구 방법으로 독해한다는 것, 그것은 1회 졸
업생 최창규의 문제의식[51]이기도 하지만 「외국문학 전공의 변」에 지
나문학을 소개했던 김태준, 정래동에게도 마찬가지였다. 새로운 古典
支那의 연구는 익숙한 漢文學의 습관에서는 다루기 어려웠던 소설, 희
곡, 사를 학문의 범주로 확장한다. 특히 김태준의 경우 지나문학의 연

---

49   최창규, 「元曲揳子考」, 『신흥』 제2호, 1929.12.07.
50   塩谷溫, 『中國文學槪論』, 講談社, 1983; 藤井省三, 「塩谷溫」, 江上波夫編, 『東洋學
      の系譜』, 大修館書店, 1992, 101쪽 재인용.
51   최창규, 「외국문학전공의 변 : 현대적 연구의 필요」, 『동아일보』, 1939.11.01.

구는 "중국 민족의 정신적 유동을 볼 수 있는"[52] 역사를 가진 외국문학 연구이자 지나문학은 새로운 연구방법으로 개척해야 하는 연구대상이 되고 있다. 고전 지나는 민족정신의 유동을 읽어낼 수 있는, 즉 역사화할 수 있는 하나의 국민문학으로서의 외국문학인 것이다. 그러나 이들이 보여주는 외국문학으로서의 지나문학의 감각에는 시오노야 온으로부터 확장된 제국대학의 고전 지나 연구 외에도 또 다른 계기가 흘러들어 오고 있다. '문자혁명'을 시도하고 있는 동시대 '현대 중국'의 문화운동의 발견이 바로 그 계기인데, 그것은 고전 지나라는 연구대상을 얻었을 때보다 훨씬 강렬한 충격으로 사유의 전환을 가져오고 있다.

특히 "중국문학 연구의 사명은 건설 도상에 있는 신문학의 수입·소개·번역이 아니면 안 된다"[53]고 하는 김태준의 문제의식은 사실 이 시기 조선의 '외국문학으로서의 支那文學'의 핵심적인 감각이다. 지나문학이 하나의 외국문학이 되는 것은 고전 지나에서 현대 중국에 이르는 '생의 유동'이 흐르는 역사를 파악할 수 있기 때문이다. 이 민족 정신의 유동은 현대 중국의 문예운동에서 포착할 수 있는데, 그러한 인식은 "중국과 영구히 연락·부조·제휴하지 않으면 안 된다"[54]는 확신으로도 나타난다. 물론 김태준의 현대 중국 문예혁명에 대한 해석은 "문언체 문학에서 백화문학으로"라는, 즉 구어체 문학으로의 진전이라는 식의 간단한 후스식 문학사 정리에 근거한 논리가 많다. 후쓰의 백화문학론을 비롯하여 김태준이 직접 영향관계를 언급했던 궈뭐뤄(郭沫若)의 『중국고대사회연구』 등, 5·4 이후 중국의 근대 아카데미즘의 학술성과들이 대표적이다. 게다가 김태준이 남긴 단편적인 중국 관련 글들은 이와 같은 현대 중국의 학술·문화론에 대해 "나에게 충격을 준 것"

---

52   김태준, 「서론」, 『조선한문학사』, 시인사, 1997, 19쪽.
53   김태준, 「외국문학전공의 변 : 신문학의 번역소개」, 『동아일보』, 1939.11.10.
54   김태준, 「결론」, 『조선한문학사』, 시인사, 1997, 255쪽.

이라는 식의 간단한 기록 정도로 멈추기 때문에 구체적으로 어떻게 사유의 균열을 일으키는지는 직접 드러나지 않는다.

그러나 고전 지나에서 현대 중국까지를 시야에 넣고 있는, 바로 '외국문학으로서의 지나문학'이란 태도 그 자체를 1930년 전후 식민지 조선의 맥락에 놓고 볼 필요가 있다. '지나문학' 전공자 김태준의 경우, "구미 혹은 일본문화의 흡취"와 관계 속에서 서양문학만을 외국문학으로 사고했던 것과는 다른 각도에서 외국문학과 조선문학을 사고하고 있었다. 지나문학이 외국문학이 될 때, 외국문학은 조선문학이 결여한 것, 즉 수입해야 할 것으로서의 외국문학이 아니라 이미 있는 것을 반추하는 계기로서의 외국문학이 된다. "과거 수천 년 동안 끊임없이 수입하던 한·당·송·명의 문화"는 고전 지나와 관련된 한문학의 문제이자 '조선의 한문학'이란 문제로 대상화되는 것이다. 물론 한문학과 관련한 고전 지나는 "조선의 문화사상에 준 공죄가 참으로 큰 것"이다.[55] 이러한 평가는 "조선문자(한글)로 향토 고유의 사상·감정을 기록하는" "조선문학"이란 기준을 고수할 때 더욱 그렇다. 김태준의 「조선한문학사」가 과도한 한문학의 청산주의로 비춰질 수 있는 여지는 충분하다.[56] 그러나 조선의 한문학을 史的으로 구조화하는 시각은 고전 지나에서 현대 중국의 문화론으로 흐르는 각종 연속과 불연속을 파악하려는 가운데 형성되고 있음을 기억할 필요가 있다. 현대 중국에서 벌어지는 "漢(文)學"의 재배치는 식민지 아카데미즘의 지나문학과 출신 김태준의 1930년대 "현대 중국"의 발견 속에서 의미가 재구성되고 있는 것이다. '中華'와 '支那' 사이에서 동요하고 있던 '漢(文)學'은 김태준의 "현대 중국" 속에서 다시 문제적 범주로 환기되는 것이다. 『조선한

---

55 김태준, 「외국문학 전공의 변 : 신문학의 번역소개」, 『동아일보』, 1939.11.10.
56 박희병, 「천태산인의 국문학 연구 : 그 경로와 방법」 상·하, 『민족문학사연구』, 1993.

문학사』는 "과거 수 천 년 한·당·송·명 문화를 수입하는" 조선 한문학의 계보를 확인하는 작업이지만, 한편으로는 현대 중국의 문학혁명 등을 통해 현재 조선에 남아 있는 한문학자들이 정해진 문장 규범을 모방하는 데만 머무는 '漢文學 태도'를 비판했다. 그것은 외국문학으로서의 지나문학의 연구는 일종의 권력으로 여전히 존재하는 식민지 조선의 漢文學 문제를 반추하는 것이기도 하다.

식민지 조선의 '외국문학으로서의 支那文學'은 지나를 타자화한 제국의 아카데미즘과 무관하지 않다. 그러나 이 타자화 과정은 제국의 아카데미즘과는 다른 경로의 운동을 만들어 냈다. 고전 지나를 문학사의 방법으로 구조화함과 동시에 현대 중국의 문학 운동을 발견하는 것, 그것은 '支那'를 재발견하고 '현대 중국'을 명명해 가는 과정이기자, 동시에 『조선한문학사』, 『조선소설사』(김태준), 『조선문학사』(이명선) 등처럼 조선문학을 역사적으로 구조화하는 과정이기도 했다. 특히 1933~34년 한국 근현대 학술사의 기원으로 간주되는 시점을 전후로 정인보, 안재홍 등의 민간의 '조선학운동'이 본격화 될 때, 김태준이 '중국'의 문제의식을 통해 길러낸 논리는 '과학적 조선연구'[57]라는 방법을 통해 보다 본격화된다. '과학'을 강조하는 문맥은 민간학술과 대립하는 아카데미즘의 속성을 드러내는 것이자,[58] 지나를 타자화하는 제국의 지나문학과의 영향을 받는 것이기도 하다. 1936년 「정인보론」에서 김

---

[57] 백남운, 신남철, 김태준, 홍기문 등으로 계급주의 성향이 강한 극단적 마르크스주의자들과 달리 민족의식과 민족적 주체성을 강조하는 인식기반을 가지고 있다. 그러나 '과학적' 입장을 견지하여 조선의 독자성을 신비화하거나 조선의 과거만을 다루거나 초월적 존재를 신앙대상으로 하며 관념화되는 것을 반대한다. 정종현, 「신남철과 '대학' 제도의 안과 밖」, 『한국어문학연구』 제54집, 2010 참조.

[58] 정종현은 경성제대 출신들의 경우 아카데미즘의 '과학적 조선 연구'를 근거로 조선인 민간 학술과 자신들을 구별함과 동시에 일본어에 의해 주변화된 조선어학술의 독립을 추구하는 이율배반의 정체성을 가졌다고 한다. 이에 대하여 정종현, 「신남철과 '대학' 제도의 안과 밖」, 『한국어문학연구』 제54집, 2010 참조.

태준이 "한학자" 정인보에 대해 "과학"에 기반 하여 "중국 고대문학"
"중국, 조선, 동양문학의 구별"을 요청했던 것도 같은 문맥에서이다.[59]
그러나 스스로 한학자의 정체성을 강조한 정인보에게 "과학"의 태도와
"중국, 조선, 동양"의 구분을 요청할 때는 보다 복잡하고 묘한 긴장이
놓여있다. 김태준이 보기에 조선의 한학자가 "과학"을 등한시 할 때 그
는 "중국, 조선, 동양문학" "중국 고대문학"의 관념을 혼동하게 된다.
"한학자"를 자처한 민간의 조선학자가 이것을 혼동할 경우, 이 한학자
는 현대 중국의 漢學의 재배치, 일본의 동양학과 지나학의 아카데미즘
등 근대 아카데미즘의 문제를 어떻게 감당하고 성찰하는가라고 하는
문제의식을 놓쳐버리게 된다는 우려인 셈이다. 과연 정인보 식의 조선
의 "漢學"은 那珂通世, 內藤湖南과 같은 제국 아카데미즘의 동양학을
감당할 수 있는가(혹은 나아가 대결할 수 있는가).[60] 김태준의 문학사 의식
은 조선문학을 체계화하는 논리였지만, 한편 '중국'의 발견을 통해 조
선의 한문화의 문제를 사고하며 漢文化의 근대성이라는 문제를 노출
시키는 것이기도 했다. 하지만 이러한 문제의식은 논쟁되지 않고 봉합
된다. 그것은 漢文學의 문제가 표기문자로서의 '漢字'의 문제로 제한되
면서 더욱 그러했다. 이것은 김태준 자신이 문학사 서술에서 드러내는
한계이기도 하다. '한자'의 문제는 이후 '한문화'의 구조를 반추하는 사
고로 확장되는 것이 아니라 표기문자의 차원에만 머물게 되며, 이후
한문학은 옹호와 청산의 극단을 오가게 되면서도 철저한 성찰은 봉쇄
된 채 전개된다. 여기서 또 다른 문학사가이자 경성제대 지나문학과 12
회 졸업생인 이명선의 다음과 같은 지적은 매우 적합하다. "중국에서

---

59   김태준, 「정인보론」, 『조선중앙일보』, 1936.05.17.
60   「정인보론」에서의 '과학'은 사회주의자 김태준의 논리 외에 지나문학과 출신에 경
       학원과도 관련이 있는 김태준의 학술 언어로 본격화되지 못한 불만이 담겨 있는 것
       이기도 하다.

    동아시아한국학의 형성, 근대성과 식민성의 착종

는 문학혁명은 철저히 수행하여 문자혁명에까지 이르렀지만" "조선에서는 漢字라는 무서운 유산 대신 한글이라는 고마운 유산의 덕택으로 문자혁명은 거의 처음부터 문제되지 않았다." 이 판단은 이후 전개된 조선의 漢文學의 근대적 전개가 철저한 성찰 없이 고립되어 감을 의미한다.[61] 식민지 조선의 문학사가 — 경성제대 지나문학과 출신의 문학사가들이 중국과 조선을 동시에 사고하는 가운데 발견하는 "절대로 뛰어 넘어갈 수도 없고 돌아 갈 수 도 없는 정면으로 부딪혀 돌파하지 않으면 안 될" 漢字文化의 철저한 혁명은 여전히 문제 제기의 차원에 놓여 있는 셈이다.

2) '北京'의 체험과 표상 - 『인문평론』의 배호의 경우

(1) 식민지 조선의 아카데미즘에서 '현대 중국'의 문제는 경성제국대학 지나문학과에 부임하는 젊은 지나학자 카라시마 다케시를 비켜가기 어렵다. 29년 경성제대 부임 이후, 특히 식민지 조선의 매체의 각종 글에서 카라시마는 자신은 현대 지나의 새로운 '문예' 연구자임을 자임하고 있었다. 어떤 의미에서는 카라시마의 조선 체류는 일본 제국대학 내에서 시도하지 못했던 '현대 중국연구'의 '실험'(그것은 싸움이 아니다)이기도 하다. 이러한 카라시마 연구는 경성제대 조선인의 현대 중국을 향한 관심에 일종의 계기를 부여한다. 1회 졸업생 최창규를 비롯하여 3회 졸업생 김태준이 "원곡선을 독파하거나" "명청희곡소사를 써 보겠

---

61 이명선, 「中國의 新文學革命의 敎訓」, 『文學』創刊號, 朝鮮文學家同盟 中央委員會 書記局, 1946.07. 문자혁명의 지적은 구추백과 루쉰의 대중어문학운동에 대한 해석 가운데에서 나온다. 이 시기 이명선이 루쉰의 잡문시대와 구추백-루쉰의 문화운동을 주목하고 있는 것은 재해석되어야 할 흥미로운 지점이다.

다는" 의지로 나아가게 된 것은 분명 코지마 겐키치로가 아닌 카라시마로부터의 계기가 있다. 또한 '앞으로 누구의 작품을 번역 수입하겠는가'라는 인터뷰 질문에 현대 중국의 신문학 작품을 "양백화, 최창규, 정래동, 馬堯(辛島驍) 씨와 함께 손을 잡고 한 사람이 한 작가의 것을 하나씩 번역해 보았으면"[62] 한다는 생각 속에는 카라시마가 경성제대 지나문학과에 현대 중국을 끌고 들어온 영향의 흔적이 보인다. 카라시마의 조교였으며 카라시마의 수업에 열심이었던 이명선[63]의 모습이나, 카라시마가 일본으로 돌아갈 때 그의 자료를 이명선에게 주었다는 기록들에도 경성제대교수 카라시마의 흔적은 존재한다.

'현대 중국'을 발견한다는 점에서 경성제대 지나문학과는 분명 일본 제국대학의 아카데미즘과는 다른 장을 만들고 있다. 그러나 카라시마와 제대 조선인들이 '현대 중국'을 대면해 가는 과정은 결코 동일하지 않다. 지나의 현지를 체험하거나 지나인을 만나고 현대 지나의 글을 접해가는 과정에서 보이는 차이들은 支那를 대면하는 '태도'의 차이를 만들고 있다. '北京'이란 장소의 표상은 이러한 태도의 차이가 적나라하게 드러난다.

나는 이 風塵 속을 거닐며 앞에서 뒤에서, 머리 위로 발 아래로 춤을 추며 미친 듯 스쳐가는 먼지 하나하나의 미립자가 오천년 이 古國의 역사 하루하루를 상징하지 않는가 하는 생각이 들었다. 北平의 먼지는 北平의 상징이며 동시에 그것은 이 동양 古國의 깨지지 않는 모습처럼 지금도 생각된다.[64]

62　김태준, 「외국문학전공의 변 : 신문학의 번역소개」, 『동아일보』, 1939.11.10.
63　김성칠, 『역사 앞에서 : 한 사학자의 6 · 25일기』, 창작과비평사, 1993, 1950년 7월 10일 일기; 김준형, 「길과 희망 : 이명선의 삶과 학문세계」 상 · 하, 『민족문학사연구』 28 · 29.
64　辛島驍, 「北平印象記」, 『朝鮮及滿洲』, 1933.06.01.

33년 카라시마의 북경은 황토만장으로 가득 찬 낡은 동양 문명의 장소이다. 황토만장이라는 이 표현은 북경을 비롯한 중국의 장소를 묘사하는 대표적 언어였다. 1930년대 만주, 상해, 북경 등 '支那'의 장소가 각종 기행문과 소설, 그리고 여행상품광고의 배경문구들이 되어 갈 때, 대륙의 '황토먼지'는 개발되지 않은 낡은 제국을 표현하는 상징처럼 곳곳에서 사용되고 있었다. 카라시마도 마찬가지다. 미친 듯 날리는 황토 먼지는 평평한 오래된 중화 제국의 계획도시 北京이 결코 변화가 없는 '깨지지 않는' 정체된 공간임을 각인시키는 존재이다. 먼지조차도 오천년인 이 도시는 上海나 만주의 新京처럼 "현대문화도시의 수준을 보여주는 고층건물"도 "도로의 개수, 가로수 정리"도 전혀 없는 공간, 즉 근대화를 거부하는 공간이다. 뿐만 아니라 그러한 장소의 北平人도 마찬가지여서 "과학을 쓰느니" "인간을 쓰는 게" 나아서 인력거를 타고 다니며, '오래된 것'을 좋아하는 "국수주의자들이기 때문에" 치엔먼 바깥 민간 연희장에서조차 "취미조차도 오래된 것"을 선호한다. 카라시마가 발견하는 北京은 오천년 먼지가 가득한 정체된 古都이다. 외부와의 접촉과 근대화를 거부하는 이 장소는 滿洲의 新京이나 上海와의 대비 속에서 부각되며, 또한 그것은 이곳의 支那人의 삶의 감각까지도 마찬가지의 논리로 재배치한다. 마치 풍경화처럼 그려지는 정체된 古都로서의 북경은 근대화된 일상의 자리를 조금도 의심하지 않는 카라시마에 의해 발견되는 장소이다.

일종의 풍경화로 정제되어 버린 北京과 카라시마 사이에는 거리가 존재한다. 北京을 풍경으로 포착하는 카라시마는 北京이라는 장소 안에 '거주'하지 못한다. 33년 카라시마의 시선은 北京(支那)의 외부에 있다. 그것은 "支那에 가기 전에 알고 있는 것을 支那에 갔다 와서 써 버리는"[65] 것이나 다름이 없기 때문에, 支那의 체험은 글쓰기에 어떠한 균열도 일으키지 않는다. 支那를 가지 않고 쓰거나 갔다 와서 쓰거나 전혀 다를 바 없다면 과연 그것은 文學者가 할 일인가. 이러한 실문은 1930년대 우후죽순으로 생겨나는 "支那紀行"에 대한 다케우치 요시미의 불만 속에서 존재하는 것이기도 했다. 다케우치의 불만은 간단했다. 아베 도모지(阿部智二)의 『北京』를 비롯하여 30년대 후반 많은 소설가들이 支那를 쓰는 가운데, 그들은 "인간의 얼굴을 보지 않고 '支那人'만 보는" "약한 시력"으로 문학자를 자처했다.[66] 다케우치에게 문학은 "부정되기 위해서 추구되는 지식"으로서 존재하고, 그럴 때에 支那는 쓰여질 수 있다. 支那는 자기보존의 논리로 쓰여질 수 있는 것이 아니다. 문학의 태도를 가진 사람은 支那의 바깥에서 윤리적 성찰과 동요 없이 관찰할 수 없다. 문학이 되기 위해서는 오히려 支那를 경험하는 가운데 자기 부정을 경험해야만 한다. 다케우치에게 나와 같은 인간이라는 고통의 공감이 없는 '支那'의 발견은 문학이 아닌 것이다.

(2)

　"얼마 전 나는 上田廣의 『地, 熱ゆ』라는 소설의 독후소감을 쓰는데서 이를 이른바 대륙을 취재하는 작가들은 중국인을 제 성미에 맞는 侏儒로서 조고맣고 아담하게 왜소화하는데 의해서만 자기의 것을 창작한다는 의미의 말을 쓴 일이 있소. 실로 여기에 이 **소설의 치졸성**이 있는 것이요. 또 **우리들의 불만**이 있는 것이요

　이와는 좀 동떨어진 말인듯 하나 얼마 전 조선의 신문에서 작가로 하여금 삼주 간 만주여행을 시키고 대륙문학을 쓰라고 한 일이 있었소. 또 그것

65　竹內好, 「支那をかくこと」, 『中國文學』, 第80號, 1941.12.
66　위의 글. 다케우치는 이 글에서 아베 토모지의 『북경』, 41년 아쿠카와상 수상의 타다 유우케이(多田 裕計)의 『長江デルタ』, 키무라 키의 『支那紀行』 등 당시 대륙문학 유행을 비판한다. 다케우치의 입장에서 일본인이 支那를 쓴 '작품'은 깃타 이키(北一輝)의 『支那革命外史』와 미야자키 도텐의 『三十三年の夢』이다.

을 往古未聞의 대서특필로 紙上에 발표하고 그 실제 작품을 뒤이어 실은 것도 사실이오. 그러나 나는 여기서 그 작품의 성과를 말하랴는 것은 아니요. 다만 그 시키는 사람이나 그대로 하는 사람이나 또는 그 사람들의 鄰人인 우리들의 성격이 대륙이라는 것을 의식하고 호흡하고 파악하기가 어렵다는 것을 말하면 그만이요."[67]

1930년대 후반에 이르면 支那를 쓰는 것은 일종의 동아시아의 유행이 되고 있다. 문학자들은 국책으로 장려된 시찰여행을 떠나거나, 혹은 전향자의 순결을 증명하기 위해 떠나거나, 혹은 "支那를 쓰지 않으면 팔리지 않기 때문에" 먹고 살기 위해 썼다. 그것은 제국 일본 만의 문제가 아니다. 北京에 거주하며 「북경통신」을 쓰는 한설야의 불만을 보면, 일본의 "대륙을 취재하며 쓰는 작가"들은 "제 성미에 맞는 대로" 지나인을 꾸며내는 "치졸한 소설쓰기"를 거듭하는데 그것이 "조선 신문의 만주여행의 장려"에서도 마찬가지로 반복되고 있었다. 어찌되었건 北京의 한설야의 시선에서 보면 문학자들에게 생겨나는 支那를 쓰는 붐, 이른바 대륙문학의 유행 속에는 "대륙이라는 것을 의식하고 호흡하고 파악하는" 작가의 눈이 없다.

"시키는 사람이나 그대로 하는 사람이나" 대륙을 보고 호흡하고 파악하지 못한다. 특히 30년대 후반 중일전쟁 이후 식민지 조선인이 '만주'로 갈 때는 더욱 그렇다. 중일전쟁은 일본 파시즘의 폭력에 대한 공포와 함께 일본 제국의 힘과 이데올로기에 대한 동의를 추동하는 결정적 사건이다. 중일전쟁 이후 종종 '만주', '북지'로 가는 조선인들은 마치 스스로가 대륙을 정복하는 의사제국주의자가 되어 식민주체의 욕망을 드러내기도 하기 때문이다. 이러한 대륙문학의 글쓰기에 대해 한설야는 불만을

---

67   한설야, 「天壇 : 北京通信」, 『인문평론』, 1940.09.

토로하는데 그것이 '北京'이라는 공간에서 생겨나고 있음을 주목할 필요가 있다. '北京'이라는 장소는 만주나 상해와는 다른 중국의 인식을 만들어내며, 그것은 또한 조선의 현실을 감각하는 또 다른 변이를 만들어낼 수도 있다. 39년 지나문학과를 갓 졸업한 배호[68]가 "聖地를 향하는 敎徒에 비교될만한 희열"을 품고 북경행 아세아 열차를 탔을 때도 마찬가지다. 北京은 30년 김태준이 현대 중국을 발견했던 그 공간이기도 하다. 그러나 불과 몇 년의 간극이지만 중일전쟁 이후 30년대 후반 배호의 北京은 김태준의 北京과는 다른 장소로 경험된다. 30년 초 北京의 거리에서 현대 중국을 발견한 김태준은 왕신칠이라는 '인력거꾼'과 저녁마다 대화하면서 "그의 풍부한 반항성을 비상히 격양하며" 支那는 "아Q의 시대는 분명 지나갔다"고 단언했다.[69] 이야기꾼에다가 반항성이 풍부한 인력거꾼, 무심코 일본어를 사용하는 김태준을 욕하는 소학교 어린아이들을 통해, 김태준은 확신에 찬 분명한 태도로 '현대 중국'의 '사람들'을 발견하며 동시에 조선의 현실로 개입해 들어간다. 하지만 39년 北京에 서 있는 배호의 눈은 김태준처럼 분명한 확신의 자리에 서 있지 않다.

경성에서 출발하는 북경행 열차를 타며 "아세아의 역사적 구축이 이

---

68 裵澔(1915~?)의 추적은 쉽지 않다. 간단하게 관보에 근거하여 이력을 정리해보면 33년 경성제대 예과 입학, 35년 본과 입학, 38년 졸업을 하며 38년 경성제대 대학원에 입학한다. 연구주제는 四大奇書이다. 45년 조선문화건설중앙협의회의 조직 당시, 조선문학건설본부의 외국문학부 위원을 담당했다. 45년 12월 조선문학가동맹의 외국문학위원회 위원이었으며, 46년 조선문학가동맹 서울시지부 결성준비위원이다. 월북문학대표작가 50인선에 이름이 올라 있는 것으로 보아 월북으로 추정되지만, 그 이후의 행적을 규명하기 어렵다. 39년 『인문평론』을 비롯하여 『춘추』 등에 글을 실었는데, 『인문평론』의 '동양문화특집'의 경우 "국문학(일본문학)의 서두수, 조선문학의 김태준, 지나문학의 배호"라는 편집기획을 참고해 볼 때, 배호의 경우 '지나문학전공자'의 정체성으로 평론 및 저널 활동을 하고 있었다.

69 김태준, 「문학혁명후의 중국문예관 : 과거 십사년간」, 『동아일보』, 1930.11.12. 이 글은 1930.11.12~12.08까지 연재되었다. 현대 중국문학을 소개하는 이 글은 김태준이 밝혔지만 瀨川씨의 大中國大系(오기로 보이며 본래는 瀨沼三郎, 「支那の現代文藝」, 『大支那大系』 第12卷으로 보인다)의 내용과 겹치고 있다.

열차와 함께 회전"한다는 말로 시작하는 배호의 기행문에는 39년 이후 제국의 '국민'과 식민지 '조선인' 사이의 동요가 끊임없이 드러난다. 奉天을 지나 山海關을 지나 天津을 지나면서 "天津 역두에 성대에과 배속장교 故 丸山大佐의 전사비 앞에서 감개무량을 이기지 못하는" '나'는 분명 39년 의사제국주의자 식민지 조선인이다.[70] 北京에 입성하자마자 달려드는 인력거꾼과 걸인들 틈에서, 아이 둘을 데리고 "땡비같이 떨어지지 않고 돈을 달라는" "백계 러시아인 여자"가 일본어로 구걸할 때 "조금도 깨닫지 못하는" '나'도 분명 그러하다. 하지만 중국대학생과 함께 萬壽山에 가다가 西直門 부근에서 검문을 당할 때, 중국 순포로부터 "서양인 동등의 대우"를 받으며 "惡性의 優越感"을 갖는 '나'를 씁쓸하게 드러내는 것은 문제적이다. 39년 배호는 김태준과 달리 北京의 공간에서 '의사제국주의자'와 '조선인'을 오가는 자기 자신을 드러내야 했다. 이 동요는 사실 복잡하다. 北京에 사는 여러 중국인을 만난다는 것, 그 과정은 자신을 일본인으로 대하는 중국인들을 만나는 것이고 한편으로는 그러한 대우를 '惡性의 우월감'으로 받아들이는 자기 자신을 발견하는 과정이다.

　배호의 '北京'은 식민지 조선인의 이중적 시선이 환기되는 장소다. 하지만 그것은 만주라는 근대화의 실험 공간과는 다른 내용을 환기시킨다. 카라시마가 사용한 황토먼지라는 표현들은 北京을 개발이 되지 않은 정체된 '문명'의 古都로 만드는 대표적 언어들이었다. 오래된 문명을 순식간에 근대에 뒤떨어진 낙후된 이미지로 바꾸어내는 언어의 교란은 '중국은 불결하다'는 오래된 상투어 속에서 반복되고 있었다.

70　배호, 「留燕二十日」, 『인문평론』 1집, 1939.10. 배호의 이 글은 월북작가 대표문학선에 「憧憬의 古都」라는 제목으로 실리는데 여기에는 애초 발표 당시와 달리 삭제되고 있는 문장들이 있다. 예를 들면 전사비 앞에서 감개무량하다는 대목이나, 만주국 부의나 북경의 임시정부 행정원장 왕극민을 비꼬는 대목처럼 중일전쟁시기와 관련된 대목들은 삭제되어 있다.

황토먼지는 배호의 눈앞에도 미친 듯 날리며 '불결이 중국의 현실이라'
는 선배 S씨의 말을 떠올리게 만든다. 그러나 이 먼지는 '崇文門 중국인
거리'라는 현실을 발견하게 한다. 지나가는 사람의 심령을 서늘하게
할 정도로 청결한 영사관이 밀집한 東交民巷의 거리와 숭무문 중국인
거리, 이 두 장소의 분명한 대조를 놓치지 않기 때문이다. 식민지 조선
인의 눈은 정체된 문명의 속성을 찾아내기 보다는 北京의 황토먼지 속
에서 중국인거리와 열강 외국인거리의 공간대치 속에서 현실을 찾아
낸다. 또한 이 황토먼지의 현실 속에서도 여전한 오래된 것들(결코 낡은
것이 아닌)을 발견해낸다.

> "**北京의 윤택은 무엇보다도 樹木에 있다.** 鐵路沿線에서 보던 楊柳는 이화
> 원이나 각 공원 외에 보기 드물고 주로 **槐花나무**가 많다. 가가호호에 한 나
> 무씩은 꼭 있는 것 같고 **京山이나 北海公園에서 展望할 때에는 人家의 수도가**
> **아니고 樹木의 수도인 것을 깊이 느낀다.** 가로수도 반드시 오십년 이상의 槐
> 花나무가 **수공을 받지 않은 채**로 蓬髮한 자태가 조선의 밤숲(栗林)을 연상
> 케 하며 광활한 도로 가운데를 二條로 늘어선 경치는 朝鮮에서 享生한 사람
> 은 도저히 상상할 바가 아니다. 더욱이 공원이나 저택지등에는 수 백년의
> 老槐가 많아서 濕氣기 많은 이곳의 **老槐樹** 그늘에는 **大小無數의 달팽이(蝸**
> **牛)**가 樹幹으로 태평한 蠕動하고 있는 광경은 도저히 名狀하기 어렵다. **아**
> **이들**이 이 달팽이를 잡아다 놀고 있는 옆에 가서 你幾歲(몇 살이야?)하고 물
> 은즉 我四歲, 我五歲, 我六歲 맑은 목소리로 차례차례 대답한다."[71]

北京을 채우는 것은 수 백 년 오래된 회화나무(槐樹)들이다. 도시는 周
代 三公의 자리를 표시한다는 문(文)을 상징하는 이 나무로 뒤덮여 있다.

---

[71]　배호, 「留燕二十日」, 『인문평론』 1집, 1939. 10.

미친 듯 날아다는 먼지를 뚫고 발견하는 것은 습기(濕氣)를 품고 오래 뿌리를 내린 회화나무와 거기에 붙어 있는 태평한 달팽이의 연동과 아이들이다. 카라시가 오천년 황토먼지 속 가로수들이 정돈되지 않은 즉 근대화되지 못하는 北京으로 문명의 속성을 읽었던 것과 달리, 배호의 눈에 잡힌 습기를 품고 뿌리를 내린 도시의 나무들은 낡은 것이 아니라 '오래된' '살아있는' 것들이다. 게다가 나무줄기를 휘감고 도는 느릿느릿 태평한 달팽이와 아이들은 빠른 속도의 아세아의 열차를 타고 北京을 통과하는 청년으로 하여금 표현이 불가능한 풍경으로 포착되고 있다.

온 도시가 숲이라는 이 감각은 자금성 뒤의 京山에 올라선 뒤에 조망하며 들어온 것들이다. 시선이란 문제에서 보면 이것은 흥미롭다. 북경에 도착한 배호는 北京의 공간을 응시하는 가운데 오히려 자신을 식민자로 보는 北京 사람들의 응시를 알게 되기 때문이다. '나'는 피식민자이지만 식민자로 대해지며 '악성의 우월감'을 느끼면서도, 곧 "앞에서 끌고 있는 인력거꾼만이 重量으로 인식하는" 왜소한 현실 존재가된다. 배호의 기행문은 의사-제국주의자가 된 식민지 조선인이 자신을 식민자로 보는 북경사람들의 시선을 당연하게 받아들이지 못하고 불편해 하는 '나'를 불쑥불쑥 드러낸다. 글쓰기 가운데 나타나는 이 동요는 京山 위에서 오래된 樹木의 도시를 조망하여 발견할 때까지 北京의 거리를 돌아다니는 내내 발생한다. 특히 길거리에서 자신과 비슷한 "삼십 대 청년을 살피는 한 가지 재미(滋味)"를 얻을 때는 더욱 그렇다. "관자(觀者)"를 자처했던 식민지 조선인은 이 관찰의 재미에서 "나의 중국의 可憎者"를 발견하고 있다.

何時代이나 中國의 유행의 한 종류는 안경인가 한다. 왜 그러냐하면 칠팔년 전에 滿洲國 黃帝신 傅儀 폐하의 안경이 일시를 풍미한 일이 있었다. 그것이 최근으로는 임시정부위원장 王克敏 씨의 黑眼鏡이 또 이것이다.

지금 北京에서 대유행인 것은 사실이다. 애용계급은 삼십년 전후의 청년 남녀가 주요부원이다. 나는 하루 흑색안경을 끼고 羊車를 탄 삼십년대의 중국 청년을 따라 그의 행동을 살폈다. 그는 사람 모르게 沈默하고 思考하고 窺探하는 것 같이 보이며 羊車에 흔들여 가더니 갑자기 꾸벅꾸벅 졸고 말았다. 앗! 불상 흑색안경은 午睡의 장막이었다. 이런 일이 再三 있었다. 이 羊車의 흑색안경당이야말로 「**亞細亞의 午睡黨**」이라고 하겠다. 너희들은 아직도 午睡를 탐하느냐? 그리고 소학교 시대부터 世紀 潮水에 세례를 받은 너희들이 아니냐? 이 흑색안경당이 나의 중국의 可憎者의 하나이다.

사실 배호의 北京行은 "事變 후 신문단 탄생의 동정을 살핀다"는 데 있었다.[72] 北京이라는 문화공간이 중일전쟁 이후 내지 확장의 공간이 되어간다는 것. 滿洲國의 출현에서 北京에 王克敏의 정권이 서기까지, 北京의 문화공간은 "속임 없이 實直하게 쓰기에는 더욱 곤란한 현단계"였으며 취미 小品文이나 抒情 文章이 文學의 생산을 자임하며 견뎌야 하는 그런 곳이다. 39년 북경 문단의 "솔직하게 쓸 수 없는" 글쓰기의 조건은 중일전쟁 이후 '일본 제국의 힘에 대한 공포와 이데올로기의 동의'에 처한 조선 문인의 글쓰기의 상황과 겹쳐지는 것이기도 하다. 이러한 배호의 눈에 "일본신간서적이 조선보다도 더 많이 가 있지 않은가 의심될 만치 많이 수입되어 있고" "배일항일의 내용과 좌익사상 이외의 것이면 자유"라서 공부하기가 퍽 편리한 北京이라는 문화공간은 5·4 신문화운동 이후 "금후 雜種的 新文學이 발생"할 공간으로 바뀌고 있다.[73] 물론 이 언설 역시 "솔직하게 쓸 수 없는" 글쓰기 조건에 처한 식민지 조선인의 말임을 염두에 둘 필요가 있다. 5·4의 신문학

72　배호, 「북경신문단의 태동」, 『인문평론』 2집, 1939.11.
73　배호, 「북경신문단의 태동」, 『인문평론』 2집, 1939.11.

발생지가 일본 제국의 공간이 되었을 때 생겨날 "잡종적 신문학"이라
는 배호의 언설은 北京에 있으면서 의사제국주의자와 조선인 사이의
분열을 드러내야 했던 배호와 겹쳐서 읽어 볼 필요가 있는 것이다. 항
일과 좌익이 아니면 '자유'로운 공간, 하지만 "솔직하게 쓸 수 없는", 문
학이 빈곤한 북경의 공간에서 생겨날 잡종성. 그러나 북경의 청년들의
문화 공간에서 본 모습들은 "침묵하고 사고하고 탐규하는 것"처럼 보
이지만 실상은 "아세아의 오수당"이 되어버린 채 선글라스로 '눈'을 가
린 청년이다. 이들을 관찰하는 배호의 시선은 '눈'을 가린 채 평화로운
일상에 함몰된 북경 청년의 문화공간을 '증오'하고 있다. '잡종의 신문
학 공간'의 미래성은 이 순간 암울하다.

京山에 올라 '조망'하여 얻은 대륙의 '문명'의 정체는 이러한 시선의
동요를 겪은 뒤 .발견되는 것이다. 식민지 조선인의 시선이 동요하는
가운데 포착되는(한편으로는 동요를 유발하는) 北京은 다양한 계기를 품은
장소로 표상되고 있다. 아세아 열차를 타고 온 어찌 보면 중국의 몇 십
년 미래처럼 보이는 식민지 조선인은 시선의 변화를 겪으면서, '일본제
국-식민지조선-北京'을 '미래-현재-과거'처럼 여겼던 시공간 인식의
파열을 겪는다. 오래된, 살아있는 樹木의 도시 北京을 조망했다는 것
은 이 당연할 것만 같은 시간의 순서가 혹 뒤집어질지도 모른다는 막연
한 계기를 품는 것이기도 하다. 물론 경성의 플랫폼에서 전차를 타고
돌아가는 모던 계급의 조선인으로 돌아오는 순간, "北京의 幻影의 惰
性"이 겨우 사라진다. 그러나 留燕 20일 동안 현대 중국을 발견, 증오,
공감하는 과정은 '지나'를 쓴다는 것을 불완전하지만 사유하는 과정이
기도 하다. 그것은 곧 39년 식민지조선의 '나'를 부정하는 계기를 찾는
문학의 과정이기도 하다.

4. 나오며

경성제대 지나문학과의 조선인들이 지나를 타자화하는 과정은 192~
30년대 일본 제국대학의 지나학으로부터 차감되고 있다. 그러나 식민
지 조선에서 형성되고 있는 지나의 타자화는 제국의 지나학의 재생산
이 아니라 또 다른 균열을 만들고 있다. 김태준처럼 '현대 중국'을 발견
하면서 古典支那와 現代中國으로 흐르는 생의 유동을 파악하는 역사에
주목할 경우, 지나를 마주하는 학자는 지나를 과거의 시공간만으로 떼
어내어 체계화하는 작업에만 머무를 수가 없다. 古典支那와 現代中國
이 동시에 개입하는 식민지 조선의 지나문학은 한문학의 현실을 문제
삼으면서, 지나의 타자화 과정은 동시에 조선을 역사적으로 파악하는
과정이기도 하다. 때로는 중일전쟁 이후 배호의 평론처럼 현대 중국의
대면은 지나의 외부에 선다는 것, 그 의미를 끊임없이 문제 삼으면서 외
부에 선 식민지 조선인의 '나'의 근거를 의심하기도 한다. 식민지 조선
의 지나문학은 제국 지나학의 복제와 확장에 머물지 않고 균열을 일으
키며 다른 방향의 사건을 발생시키기도 한다.

하지만 45년 이후 냉전체제를 거치면서, 이러한 식민지 경성제국대
학의 지나문학과의 문제들은 사실 학적으로 대결해 볼 기회를 얻지 못
했다. 김태준을 비롯하여 이명선, 배호와 같은 지나문학 출신들의 40
년대 정치적 입장 때문이기도 하겠지만, '지나'가 '신중국'으로 호칭이
변화하고 '신중국'과 대치한 새로운 학문 구조가 생겨나면서 식민지 조
선의 아카데미즘은 담론의 수면 위로 떠오르지 못하고 은폐된다. 새로
운 학문 구조는 사실 미국에 의한 아시아의 지역학 재편과정이기도 한
데, 타이완, 일본, 남한 등지에서 시도된 아시아인에게 아시아를 연구
하도록 하는 미국의 지역학과 전통문화연구는 종종 45년 이전 일본 제

국대학의 지나학의 방법 — 즉 '순수하고 객관적 학문태도'로 연구대상
의 외부에 서서 연구하는 방법을 강화했다. 이러한 학문 구조 안에서
아시아인이 아시아를 연구하며 아시아를 반추할 계기라는 것은 사실
봉쇄되어 버린다. 이 봉쇄된 학문구조와 냉전에 의한 이데올로기 문제
는 경성제국대학 지나문학과(1929~1945) 속에 잠겨진 식민지 조선의 아
카데미즘 문제를 학적으로 대결할 공간을 봉쇄해 버리기도 했다. 물론
50년 이후 김태준, 이명선, 배호 등의 생존 자체가 불투명하기 때문에
그렇기도 하겠지만, 그것은 남한의 아카데미즘이 냉전체제를 어떤 방
식으로 통과하는가를 보여주는 한 단면이기도 하다. 그러나 1930~40
년대 식민지 조선의 '지나문학과'의 다양한 균열이 보여준 '支那'의 문
제, 특히 '현대 중국'을 대면하며 만들어나간 인식들은 사실 더 확장되
어 포착될 수 있다. 그것은 아카데미즘과 저널, 민간학술과 관학, 조선
어와 일본어 등 다양한 식민지 조선의 긴장 속에서 움직이고 있다. 이
글은 잠겨있는 해방 이전 조선인의 중국학의 문맥을 읽기 위한 디딤돌
의 하나이다.

동아시아한국학의 안과 밖

내재적 발전론과 트랜스내셔널리즘

이영호_ '내재적 발전론' 역사인식의 궤적과 전망

장세진_ 트랜스내셔널리즘의 (불)가능성과 재일조선인이라는 예외상태
: 한국전쟁 관련 텍스트를 중심으로

'내재적 발전론' 역사인식의 궤적과 전망[*]

이영호

1. 머리말

'내재적 발전론'은 1960~70년대 남북한 및 일본에서 진행된 한국역사 연구의 새로운 방법 또는 역사인식을 가리킨다. 식민주의사학에 의해 구성된 한국역사의 체계를, '국민국가'의 수립과정에서 일국사적 관점으로 재구성하기 위한 역사인식으로 등장했다. 1980년대 이후에도 내재적 발전론은 다양한 방식으로 계승되었지만, 사회주의권의 해체와 포스트모더니즘의 수용에 의하여 민족주의사학의 퇴조가 현실화되면서 그에 대한 비판은 갈수록 강도를 높이고 있다. 현재의 논점을 요

---

[*] 이 글은 『한국사연구』 152집(한국사연구회, 2011)에 수록된 것이다.

약한다면, 내재적 발전론이 지닌 일국사적, 민족주의적 역사인식의 편협성을 지적하면서 경계가 무너진 오늘날에는 폐기해야 마땅하다는 주장도 있고, 동아시아 역사분쟁이 지속되고 있는 상황에서 내재적 발전론의 기본목적을 포기할 수 없다는 주장도 있고, 양자를 잘 조화시켜 보려는 노력도 있다고 느낀다. 이처럼 견해가 엇갈리는 것은 첫째 내재적 발전론의 개념에 대한 이해에 편차가 존재하고 그로부터 다양한 해석과 진단이 나오기 때문이고, 둘째로는 비판론자, 계승론자, 절충론자 모두 내재적 발전론의 이후에 대한 준비가 부족하여 대안담론을 명확하게 제시하지 못하고 있기 때문이다.

내재적 발전론의 개념에 대한 기왕의 이해는 크게 두 가지로 나뉘는 것으로 정리할 수 있다. 하나는 광의의 내재적 발전론이라 할 수 있는데, 식민주의사학의 타율성론, 정체성론에 대한 反비판으로서 타율이 아닌 내적 능력, 정체가 아닌 발전을 내용으로 한국역사를 재구성하려한, 1960~70년대의 민족주의사학을 가리킨다. '한국사의 (과학적) 체계화'를 목표로 하였다고 할 수 있다. 다른 하나는 조선 후기 이래 사회경제의 내적 변화에서 자생적 근대화의 가능성을 전망하는 경향이다. 여기서 '자본주의맹아론'이 등장한다. 전자는 시기적으로 한국역사 전체에 걸치고, 정치 · 경제 · 사회 · 사상 · 문화 등 전 영역의 주제에 미치는 반면, 후자는 조선 후기 이후 근대와 현대를 중심으로 사회경제적 변화를 중시하며, 일본학계에서는 사회주의적 전망을 노출하였지만 한국학계에서는 그것이 내면화되었다.

내재적 발전론의 형성과 전개과정에 대하여는 이미 상당히 자세하게 정리 · 비판되었지만,[1] 이 글에서는 해방 후 한국의 현실을 배경으

---

1   내재적발전론에 대하여 논급한 글은 매우 많은데, 그중 사학사적으로 주제를 직접 문제 삼고 내재적 발전론의 형성과정과 문제점 및 대안을 제시한 글은 다음과 같다. 김인걸, 「1960 · 70년대 '내재적 발전론'과 한국사학」, 『한국사 인식과 역사이론』(김용

로 내재적 발전론이 형성, 분화, 진화한 궤적을 추적하고 대안을 모색한 최근의 평가를 점검하기로 한다. 내재적 발전론의 개념을 두 가지로 구분하고, 그에 따라 내재적 발전론이 형성된 계열을 '한국사의 (과학적) 체계화'와 '자본주의맹아론'으로 구분하여 정리한다.[2] 계승과 비판, 평가의 대안도 두 방향으로 나타났다고 본다. 두 갈래가 기반하고 있는 역사인식의 공통성과 차별성에도 주목한다. 중국과 북한의 논의를 수용하면서 내재적 발전론의 문제를 제기하고 또 한국학계와 교감을 가졌던 일본학계의 동향에 대하여는 관련지어 논의하지만, 민족주의사학과 내재적 발전론을 근대화론의 시각에서 비판하는 미국학계의 견해는[3] 비판의 기반이 상이하므로 논의를 생략한다.

<hr>

섭교수정년기념논총 1), 지식산업사, 1997; 이헌창, 「한국사 파악에서 내재적 발전론의 문제점」, 『한국사 시민강좌』 40, 일조각, 2007; 박찬승, 「한국학 연구 패러다임을 둘러싼 논의 : 내재적 발전론을 중심으로」, 『한국학논집』 35, 계명대 한국학연구원, 2007; 김정인, 「내재적 발전론과 민족주의」, 『역사와 현실』 77, 한국역사연구회, 2010.

2 필자는 이전 연구에서 1960~70년대 민족주의사학의 내용을 구별하여 식민주의사학의 타율성론을 비판한 민족문화론, 정체성론을 비판한 내재적 발전론으로 나누고, 내재적 발전론에 유물사관적 경향과 근대화론적 경향이 있는 것으로 정리했는데(「해방 후 남한 사학계의 한국사인식」, 『한국사』 23, 한길사, 1994), 여기서는 형성의 계열에 초점을 맞추어 한국사의 체계화와 자본주의맹아론을 포괄하는 것으로 내재적 발전론의 개념을 확장하여 사용하고자 한다.

3 미국학계의 견해는 정두희, 『미국에서의 한국사 연구』, 국학자료원, 1999; 정두희, 『유교·전통·변용 : 미국의 역사학자들이 보는 한국사의 흐름』, 국학자료원, 2005; 신기욱·마이클신, *Colonial Modernity in Korea* (도면회 역, 『한국의 식민지 근대성 : 내재적 발전론과 식민지 근대화론을 넘어』, 삼인, 2006), 2001 참조.

2. 기원과 배경

'내재적 발전론'의 기원은 식민주의사학의 정체성론을 본격 비판한
1930년대 마르크스주의 역사학자 백남운에게서 볼 수 있다. 마르크스
주의의 유물사관이 기본적으로 내재적 발전론이면서도 아시아사회를
정체된 사회로 규정한 두 얼굴을 지니고 있는데, 백남운은 유물사관의
내재적 발전론을 한국역사에 적용함으로써 마르크스의 아시아사회
정체론을 비판하였다. 그는 조선경제사의 내용을 다음과 같이 파악하
였다.

> 조선경제사는 조선민족의 사회적 존재를 규정하는 각 시대에 있어서 경
> 제조직의 내면적 관련, 내재적 모순의 발전 및 거기서 일어나는 생산관계
> 의 계기적 교대의 법칙성과 불가피성을 과학적으로 논증하는 것이다.[4]

각 시대의 생산관계와 '내재적 모순의 발전'에 의하여 계기적 교대의
법칙성이 관철되는 역사가 조선경제사에서도 발견된다는 것이다. 그
는 조선경제사의 방법으로 "사회적으로 역사적으로 어떻게 발전했는
가의 내면적 법칙화"를 제시하였다.[5] 내면적 법칙화의 내용은 고대 노
예제사회와 중세 아시아적 봉건사회에 대한 실증적 연구와, 조선 후기
자본주의맹아의 발생가능성, 식민지 이식자본주의의 발달에 대한 전
망을 통해 그 윤곽이 드러나 있다. 그는 내재적 발전론에 입각한 한국
사의 체계를 완성하지는 못했지만, 한국사에서 '내재적발전론'의 문제

---

4 白南雲, 『朝鮮社會經濟史』, 東京 : 改造社, 1933, 10~11쪽.
5 백남운, 「조선경제사의 방법」, 『신동아』 3-2, 1933.12.

를 처음으로 제기했다고 할 수 있다.[6]

내재적 발전론의 긍정적 기원으로서 백남운 사학과는 달리 부정적 배경으로서는 四方博로 대표될 수 있는 식민주의사학을 거론해야 한다. 四方博는 한국역사의 특징을 두 가지 측면에서 정리하였다. 하나는 반도적 성격, 사대사상, 정체성, 당쟁, 봉건제 결여, 유교주의의 폐해 등 한국역사에서 어두운 측면이라고 판단되는 부분을 모두 드러내어 한국역사의 특징이라 한 것이다.[7] 그가 거론한 한국역사의 어두운 측면은 후에 他律性論, 停滯性論으로 정리되었는데,[8] 자연환경과 지리적 조건에서 시작하여 한국역사 전 부분에 걸쳐 부정적으로 그려졌다.

다른 하나는 한국은 자생적으로 근대화를 달성하는 것이 불가능하다는 주장이다. 핵심적인 주장은 잘 알려져 있듯이 다음과 같다.

개항 당시의 조선에는 자본의 축적도 없고 기업적 정신에 충만한 계급도 없고 대규모 생산을 담당할 기계도, 기술도 없었다. 아니, 그러한 것들의 존재를 희망하는 사정도, 필연화할 조건도 구비하고 있지 않았다. 거기에 존재하는 것은 단순한 米麥의 생산자인 농민과, 여가노동에 가까운 수공업자와, 잉여생산물 및 쓸데없는 물건의 교통자인 상인과, 그들의 위에 서서 모든 권리를 향유하고 모든 잉여를 흡수하는 관리양반이 있었던 것이

---

6   백남운의 역사인식과 내재적 발전론의 양상에 대하여는 방기중, 『한국근현대사상
     사연구 : 1930~40년대 백남운의 학문과 정치경제사상』 제2장 일제하 역사사상과
     정치경제사상, 역사비평사, 1992 참조.
7   四方博, 「舊來の朝鮮社會の歷史的性格について」, 『朝鮮學報』 1・2・3, 朝鮮學會,
     1951・1952. 이 논문은 한국전쟁이 발발한 이후 학회지에 발표된 모습을 취하였지
     만, 그 이전에 이미 일본정부 대장성에서 식민지시대를 일본인의 입장에서 긍정적
     으로 총결산한, 비공개 자료인 『日本人の海外活動に關する歷史的調査』 제2권 朝
     鮮篇(1947)에 「舊來朝鮮の政治經濟社會文化の性格」이라는 제목으로 수록되었다.
     이 사실은 이 논문의 정치성을 명확하게 드러낸다.
8   김용섭, 「일제관학자들의 한국사관 : 일본인은 한국사를 어떻게 보아 왔는가?」, 『사
     상계』 1963년 2월호.

다. 자본주의 생성의 조건과는 대체로 정반대인 요소만으로 평가하는 것 외에는 없을 것이다.[9]

四方博는 개항 당시 조선에는 자본주의를 일으킬만한 요소는 전무하고 그것을 저해하는 요소만이 존재한다고 보았다. 일본의 자본과 기술의 주도로 한국에 자본주의가 성립되는 길밖에는 다른 길이 없다고 결론지었다. 1980년대에 등장한 '식민지근대화론'의 기원이라 할만하다.

그는 역사는 '복선'이고 '연속'하며, 민족의 정신은 '부활'하거나 '衣裝'을 바꾸어 출현한다고 하면서, 한국역사 상의 단점이 다시 발현 육성되는가, 극복 재생의 양식이 되는가는 스스로의 현재적 책임이라고 하였다.[10] 남북의 분열과 전쟁의 발발을 목격하면서 다시 발현된 역사적 업보로 인하여 필연적으로 한국의 국민국가 형성이 난관에 봉착할 것이라고 지적한 것이다.

四方博가 식민주의사학 총결산 작업을 통해서 보여준 한국역사와 한국인의 운명에 대한 '애정'은 일본학계의 旗田巍와 梶村秀樹에 의하여 신랄하게 비판되고 그들의 비판적 학문활동은 한국학계와 내재적 발전론의 형성에 적지 않은 영향을 미쳤다.[11]

---

9 四方博, 「朝鮮に於ける近代資本主義の成立過程」, 『朝鮮社會經濟史研究』(京城帝大法文學會第一部論集第六冊), '序說', 1933, 4쪽. 이 구절은 1947년의 「舊來朝鮮の政治經濟社會文化の性格」과 1952년의 「舊來の朝鮮社會の歷史的性格について」, 모두의 결론으로 반복되었다. 서설과 결론이 일본식민지를 통한 조선근대화의 필연성을 지적하는 한 방향을 지향한다.

10 四方博, 「舊來の朝鮮社會の歷史的性格について」, 『朝鮮學報』 1, 1951, 194쪽.

11 洪宗郁, 「內在的發展論の臨界 : 梶村秀樹と安秉珆の歷史學」, 『朝鮮史研究會論文集』 48, 2010, 99~103쪽.

3. 내재적 발전론 형성의 두 계열

1) 한국사의 (과학적) 체계화

1950년대 말 이후 특히 1960년 4·19학생의거를 계기로 제국주의 시대의 역사관을 비판하고 그 대안을 발전론적 시각에서 모색하려는 시도가 본격화되었다. 식민주의사학을 비판하고 민족주의사학을 계승하려는 움직임이 활발해졌다. 그 흐름은 크게 두 가지로 나눌 수 있다. 하나는 한국사의 체계화를 추구하는 광범한 흐름이고, 다른 하나는 근대이행을 중심으로 한 논의다.

한국사의 체계화는 식민주의사학에 대한 총체적 비판의 대안으로서 한국사의 각 시대와 각 분야에서 거대하게 일어났다. 이기백은 『국사신론』(1961)에서 자신이 처음으로 식민주의사학을 정면으로 비판했다고 자평했다.[12] 당시 학계의 상황을 그는 다음과 같이 묘사하였다.

> 1961년이면 해방이 된지 이미 15년이 지난 뒤였다. 그러나 식민주의사관에 대하여 이렇다 할 이론적인 비판이 행해지지 않고 있었다. 비분강개한 감정을 노출시키거나, 아니면 언급을 회피하거나, 혹은 불행하게도 표현만 바꾸어 그 이론을 되풀이하거나 하는 일이 행해지고 있었다. 그렇기 때문에 말로는 민족의 자주독립을 내세웠으나, 이러한 주장을 역사적으로 뒷받침해 줄 근거는 찾지를 못하는 실정이었다. 따라서 우리의 과거를 말할 때에는 민족적인 자조심리가 표면화되기 일쑤였으며, 그것이 바로 식민주의사관이 파놓은 함정임을 미처 깨닫지 못하고들 있었다.[13]

12　이기백, 『한국사상의 재구성』, 일조각, 1991, 8쪽; 「식민주의적 한국사관 비판」, 『민족과 역사』, 일조각, 1971.

이기백은 『국사신론』의 緖論에서 반도적 성격, 사대주의, 당파성, 문화적 모방성, 정체성 등 四方博가 거론한 한국역사의 어두운 측면들에 대해 심혈을 기울여 비판하였다.[14] 식민지배를 위해 조직된 논리에 대한 비판은 새로운 한국사학을 구축하기 위한 출발점이 되었다. 그의 한국사회 발전사관은 "우리 민족의 역사를 인류의 보편성을 토대로 하여 이해"하되 "그 보편성은 일원적인 법칙에 근거를 둔 것이 아니라 다원적인 법칙에 근거를 둔 것이며, 민족마다 그 역사가 보편성과 동시에 특수성을 지니게 되는" 것이라고 하였다.[15] 그는 한국사의 체계화를 위한 대안으로 '사회적 지배세력의 변천'을 기준으로 시대를 구분하고 그 성쇠를 발전론적 입장에서 전개하였다.[16] 그의 이러한 관점을 '민족주의와 내재적 발전론의 조화'라고 평가한다면,[17] 내재적 발전론 개념의 진폭은 아주 큰 것이라 하지 않을 수 없다.

식민주의사학 비판에 앞장서고 그 대안을 본격적으로 모색한 역사학자는 김용섭이었다. 그는 일본 관학자들이 구축한 식민주의사학을 타율성이론, 정체성이론으로 요약하고, 이를 대치할 새로운 한국사관은 "한국사로서의 개별성을 살려가면서 세계사의 발전과정을 일반화시킬 수 있는 이론으로 체계화시켜야 하는 것"이라고 하였다.[18]

김용섭은 1955년경부터 19세기 후반의 농민층 동태와 '동학란'을 검

---

13 이기백, 「나의 책 『한국사신론』을 말한다」, 『研史隨錄』, 일조각, 1994, 253쪽.
14 이기백의 식민주의사학에 대한 비판은 계속되어 『민족과 역사』(1971, 일조각)의 사론집으로 묶이고, 대안으로서의 한국사관은 『한국사학의 방향』(1978, 일조각)에서 제시되었다.
15 이기백, 「학문적 고투의 연속」, 『研史隨錄』, 1994, 245쪽.
16 이기백, 「한국사회발전사론」, 『한국사학의 방향』, 일조각, 1978.
17 정두희, 「이기백, 『한국사신론』 : 민족주의와 내재적 발전론의 조화」, 『하나의 역사, 두 개의 역사학』, 소나무, 2001, 86~102쪽.
18 김용섭, 「일제관학자들의 한국사관 : 일본인은 한국사를 어떻게 보아 왔는가?」, 『사상계』 1963년 2월호; 「일본 · 한국에 있어서의 한국사서술」, 『역사학보』 31, 1966.

토하기 시작하고, 이를 위해 조선 후기 농업사연구를 기축으로 삼아 한국역사의 기본체계를 세우고자 하였다. "중세사회의 해체과정을 농업, 농촌, 농민에 관해서 그 內的 發展過程의 입장에서 해명"함으로써 다시 말하면 "농촌사회에서 주체적인 입장에서의 중세사회 해체과정이 밝혀진다면, 정체성이론이나 타율성이론을 극복"할 수 있다는 생각을 가졌다.[19] 그는 훗날 농업사연구의 체계를 세우기 위하여, "우선 자료의 선정 이용에 신중하고 실증적인 작업을 통해서 우리의 역사를 사실대로 파악하되, 이를 통해서 그 역사의 발전과정과 체계를 새로이 재구성하지 않으면 안 된다. (…중략…) 우리의 역사를 內在的 發展的으로 연구하지 않으면 아니 된다"고 하였다. 그러한 구도 위에서 17세기 이래 개항과 식민지를 거쳐 남북한의 농업개혁에 이르기까지 농업사의 체계를 구축하였다. 현대한국의 비극적인 체제분단전쟁을 농업사 측면에서 파악하고 체계화하려는 것이었다.[20] 그의 연구는 "한국사에서의 내재적 발전의 끈질긴 추적"이라고 평가되기도 하였지만,[21] 그는 자본주의맹아론이나 내재적발전론의 개념과 용어를 사용하지 않고, 단지 '내적 발전과정'이나 '내재적', '발전적', '주체적'이라는 용어를 채택하였다.

이기백은 개설서의 집필을 통해서, 김용섭은 조선 후기 이래의 농업사연구를 통해서 식민주의사학을 대신할 한국사 체계화의 先鞭을 잡았다. 모두 보편성과 특수성의 조화를 인정하였지만 이기백은 다원적 보편성을 전제로 특수성을 강조하였고, 김용섭은 개별성을 전제로 보편성에 기울어 있었다고 볼 수 있다.

한국사의 체계화는 1967~68년 한국사 시대구분 토론회에서 적극적

---

19 김용섭, 『조선 후기농업사연구(1)』, 일조각, 1970, 序 3~4쪽.
20 김용섭, 「나의 농업사연구」, 『역사학보』 180, 2003; 「농업사로 진로를 정하기까지」, 『역사가의 탄생』(국제역사학 한국위원회 · 일본위원회 편), 지식산업사, 2008.
21 정창렬, 「跋文」, 『한국 근현대의 민족문제와 신국가건설』(김용섭교수정년기념한국사학논총 3), 지식산업사, 1997, 763,780쪽.

으로 추구되었다. 토론사회자인 경제사학자 김영호는 "종래의 소위 한
국인 부재의 한국사관 내지 발전부재의 역사관(정체론)을 극복하고 한
국사를 주체적, 발전적으로 재구성하고자 하는 각도에서 연구가 진행
됨에 따라 새로운 시대구분론이 불가피하게 요청되었던 것"이라고 시
대구분 논의의 배경을 설명하였다.[22] 이 토론회에 참석한 사람들은 각
자 이론적 기반이 상이한 다양한 기준의 시대구분 방법을 제시하여 논
의가 모아지지 않았지만, 한국역사를 대상으로 시대구분을 시도한 것
자체를 한국의 역사적 발전과정을 체계화하려는 의지로 읽을 수 있다.

　1967년 12월 한국사연구회가 결성되면서 한국사의 체계화를 위한
연구는 본격화되었다. 한국사연구회는 발기취지문에서 "한국사를 과
학적으로 연구하고 이를 더욱 발전시킴으로써 한국사의 올바른 체계
를 세우고, 아울러 한국사로 하여금 세계사의 일환으로서 그 정당한
위치를 차지하게끔 한다는 일"을 임무로 삼는다고 하였다. 회칙에서도
"한국사를 과학적으로 연구하고 체계화함으로써 민족문화 발전에 기
여할 것을 목적으로 한다"고 하였다.[23] 과학적 방법으로 한국사의 체계
를 수립하여 세계사적 보편성을 구현할 것을 목적으로 하였다고 해석
할 수 있다. 한국사연구회의 방향은 '한국사의 과학적 체계화'라고 표
현할 수 있을 듯한데 '과학'에 대한 이해는 학자마다 차이가 없을 수 없
었다. 단지 실증적 연구를 지칭하는 경우도 있고 사회주의적 전망을
내면화한 경우도 있었다.

　식민주의사학을 비판한지 불과 10년의 연구성과를 가지고 한국사
의 체계화를 시도할 정도로 당시 한국역사학계는 큰 자부심을 느끼고
있었다. 그것은 1969년 말 한우근 · 이기백 · 이우성 · 김용섭이 "2세 국

22　한국경제사학회 편, 『한국사시대구분론』, 을유문화사, 1970, 307쪽.
23　『한국사연구』 제1집, '회보', 1968; 이태진, 「학회소개, 한국사연구회」, 『이화사학연
　　구』 13 · 14합집, 1983.

민들에게 민족주체의식을 배양시키기 위하여 올바른 국사교육에 필요
한 새로운 국사교과서 편찬의 시안"을 공동연구하고, 그것을 『중고등
학교 국사교육 개선을 위한 기본방향』으로 발표한 데서 보인다.[24] 이
것은 새로운 연구성과를 수용하여 당시 검인정 국사교과서의 요목을
집약적으로 제시한 것인데, '시안작성의 기본원칙'으로 다음의 다섯 가
지를 제시하였다.

> 첫째 국사의 전 기간을 통하여 민족의 주체성을 살린다.
> 둘째 민족사의 각 시대의 성격을 세계사적 시야에서 제시한다.
> 셋째 민족사의 전 과정을 내재적 발전방향으로 파악한다.
> 넷째 제도사적 나열을 피하고 인간 중심으로 생동하는 역사를 서술한다.
> 다섯째 각 시대에 있어서의 민중의 활동과 참여를 부각시킨다.

이 원칙을 구현하기 위하여 각 시대의 구체적 史實을 새롭게 해석하
고 시대구분 및 각 시대의 새로운 성격부여에 노력하였다고 한다. 네
사람의 의견이 여러 가지 방식으로 반영되었겠지만 요약한다면 "민족
사를 주체적 입장에서 발전적으로, 세계사의 보편성을 고려하면서 체
계화한다는 것이었다."[25] 한국역사학계가 식민주의사학 비판의 성과
를 토대로 국민국가의 자국사 체계를 구축하고 이를 국민교육의 표준
으로 삼고자 한 것이다.

이러한 방향은 국사편찬위원회의 『한국사』 편찬계획으로 발전하여
1979년까지 전 25권의 『한국사』가 간행되었다. '한국사편찬요강'은 위

24　이우성, 「국사연구의 회고와 전망, 1969~70년도」, 『한국의 역사상』, 창작과비평사,
　　1982, 371~372쪽.

25　김인걸, 「1960·70년대 '내재적 발전론'과 한국사학」, 『한국사 인식과 역사이론』,
　　138쪽.

에서 언급한 국사교과서 '시안작성의 기본원칙'과 유사한 점이 많았다.[26] 주체성, 내재적 발전방향, 민중의 활동 부각은 동일하였다. 민족적, 주체적, 발전적 관점의 한국사 체계는 이후 국정 고등학교 국사교과서 편찬의 기본방향이 되었다.

1960~70년대 한국사의 체계화를 위한 연구성과는 일단 한국사연구회에서 간행한 『한국사연구입문』으로 종합되었다. 이 책에서는 '한국사의 체계화'를 최우선 과제로 제시하면서 시대구분에 각별한 관심을 표하였다. '사회발전단계에 의한 시대구분'을 긍정적으로 수용하여 '민족사의 주체적인 발전과정'을 원시사회, 고대사회, 중세사회 I, 중세사회 II, 근대사회로 구분하였다.[27] 본격적인 시대구분론을 제시한 것은 아니지만 왕조사관이나 정체성론을 벗어나 독자적인 시대구분과 시대성격의 기본 틀을 마련한데 의의가 있다. 한국사의 체계적 발전의 양상은 때로 '내재적 발전의 논리'라고 표현되었지만 '내재적 발전론'이라고 명명되지는 않았다.

'내재적발전론'이라는 명시적인 명명과 평가는 1980년대에 들어 일본학계에서 먼저 이루어졌다. 1960년대 후반 이후 한국을 일본의 침략

---

26   국사편찬위원회, 『한국사』 1, '序', 1973.
    '한국사편찬요강'은 다음과 같다.
    (1) 올바른 史觀을 확립하여 民族文化를 체계적으로 集大成한 韓國史를 편찬한다.
    (2) 民族主體性에 입각한 韓國史를 편찬한다.
    (3) 民族의 歷史와 文化의 성장 발달을 중심으로 한 韓國史를 편찬한다.
    (4) 民族의 內在的 發展方向을 인식한 韓國史를 편찬한다.
    (5) 각 時代에 있어서의 民衆의 활동을 부각시키는 韓國史를 편찬한다.
    '한국사간행취지'에 소개된 한국사 편찬의 목표는 다음과 같다.
    (1) 民族의 歷史와 文化의 성장 발달을 바탕으로 한 韓國史를 편찬한다.
    (2) 民族主體性에 입각하여 내재적 발전을 부각시키는 韓國史를 편찬한다.
    (3) 모든 研究成果를 종합하고 체계화하며, 새로운 韓國史를 편찬한다.
27   한국사연구회편, 『한국사연구입문』, 지식산업사, 1981. 각 단원 첫머리에 수록한 무기명의 두쪽짜리 안내 글에 한국사의 발전적 체계화를 지향하면서 시대를 구분한 의미와 각 시대의 특징 등 기획의도가 잘 드러나 있다.

대상으로 고찰하지 않고 한국인의 입장에서 내재적으로 분석하려는 일본에서의 연구를 '내재적발전론'이라고 명명한 것이다.[28] 한국에서 내재적 발전론의 개념이 인지되고 확산된 계기는 일본 조선사학계의 연구성과를 소개하는 과정에서였다.[29] 그러나 처음에는 수사로서 언급되기는 했으나 사학사적 개념으로 성립되지 못하다가[30] 1980년대 말에 이르러 수용되었다. 1960~70년대 '내재적 발전론'에 의한 연구성과는 다음과 같이 정리되었다.

> 식민사관의 제논리, 특히 타율성론과 정체성론이 집중 비판되어 한국사의 주체적, 발전적 성격이 부각되었다. 구석기, 청동기시대의 확인, 전근대사회에서의 토지국유론 비판, 조선 후기 봉건제해체론과 자본주의맹아론, 실학연구, 한국사 시대구분론 등은 이러한 사학사적인 반성 위에서 구체화된 성과였다. 이 성과들은 식민사관을 극복하고 나아가 발전적인 한국사인식을 대중화하는데 크게 기여하였다. 이와 같이 한국사의 주체적 발전과정을 중시하고 이를 밝히려는 연구경향은 이후 '내재적 발전론'이라 하여 이 시기 선진적 한국사인식의 일반적 방법론으로 평가되었다.[31]

1960~70년대 한국역사학계의 성과는 독자적으로 진행되었다고만 볼 수는 없다. 고려사 전공자인 일본의 旗田巍는 일찍이 한국사의 주체

28　中塚明, 「內在的發展論と帝國主義硏究」, 『新朝鮮史入門』(朝鮮史硏究會編, 旗田巍監修), 東京：龍溪書舍, 1981.

29　방기중, 「내재적 발전론의 전진을 위한 방법론적 고찰 : 일본의 한국사연구 수용과 관련하여」, 『봉건사회 해체기의 사회경제구조 : 최근 일본에 있어서 한국사연구의 성과』, 청아출판사, 1982, 9~16쪽.

30　정창렬·정석종·조광, 「토론, 조선 후기의 사회변동」, 『한국사회연구』 2, 한길사, 1984.2, 436쪽.

31　방기중, 「한국사인식의 방법과 과제」, 『한국사강의』(한국역사연구회 편), 한울아카데미, 1989.2, 38~39쪽.

적 발전을 강조하였다. 식민주의사학이 횡행하던 1950~60년대 일본학계에서는 파격적인 인식이었다. 그는 식민주의사학의 문제는 "외적인 힘에 의하여 조선사를 설명하고 조선의 內在的 發展을 무시한 것에 문제"가 있다고 진단하고, "조선사 연구의 과제는 조선인의 主體的 發展의 역사를 아는데 있다"고 하였다. 그렇지만 조선사의 내측에서만 보아서는 안 되고 조선사의 주체적 입장에서 외압이나 외래문화도 인식해야 한다고 하여 내재적 주체적 발전의 일방성을 경계하였다. 또한 "조선사는 독자성을 가짐과 동시에 세계사적 보편성을 가지는 것이다. 그 보편과 특수의 관계의 구명에 의하여 조선사의 독자성이 명확하게 된다"고도 하였다. 그는 '조선사의 主體的·內在的 發展'에 기초한 시대구분을 통해 조선사의 체계적 인식에 도달하는 것이 필요하다고 보았다.[32] 그의 관점은 '한국사의 (과학적) 체계화'를 통해 발전사관을 추구하던 당시 한국역사학계의 관점과 거의 상통하며, 상호 영향을 미쳤다.[33]

2) 자본주의맹아론

1960~70년대 한국사의 내재적 발전에 관한 논의는 앞에서 논의한 것처럼 한국사의 (과학적) 체계화에 있었다. 그 가운데 관심이 집중된 것은 근대이행 문제였다.

1958년 창립되어 사회경제사에 관한 논문들을 게재하면서 새로운 사학을 모색하던 한국사학회에서는[34] 1963년 6월 '조선 후기에 있어서의 사회적 변동'을 주제로 학술토론대회를 개최하여, 조선 후기 신분제

---

32 旗田巍, 「朝鮮史研究の課題」, 『朝鮮史入門』(朝鮮史研究會編), 東京 : 太平出版社, 1970.
33 旗田巍, 「朝鮮史像の諸問題」, 『新朝鮮史入門』, 1981 참조.
34 강만길, 『역사가의 시간』, 창비, 2010, 166~167쪽.

도, 경제, 사상 및 실학의 분야에서 근대를 향한 변동의 양상을 거론하였다.[35] 이 학술대회에서 주목되는 것은 경제적인 측면에서 조선 후기의 변동을 역동적으로 그리고, 그것을 조선사회 내부에서 일어난 발전양상으로 포착하고 있다는 점이다. 그 가운데 김용섭은 양안과 호적의 분석을 통해, 양반층의 증가현상은 경제력의 향상을 기반으로 한 것이라는 점, 자소작농 가운데 차경지의 경영을 통해 부를 축적한 '경영형 부농'이 등장한다는 점 등의 연구결과를 제시하였다. 그러나 사회변동은 발전적인 측면과 그 한계성이 동시에 존재하며 반발과 조화의 과정을 거쳐 전진한다고 하여 직선적인 발전론을 경계하였다.[36]

당시 천관우는 "과연 우리 자체 내에서 중세적인 요소가 해체되어가면서 근대적인 요소가 싹트고 있었는가, 혹은 우리 자체 내의 조건과 관계없이 밖으로부터 근대적 요소가 밀어닥쳐왔는가"의 해명을 과제로 제시했다.[37] 근대에 대한 전망, 이행의 문제가 화두가 되고 있었던 것이다.

이러한 논의를 '자본주의맹아론'으로[38] 우리 학계에 적극 제시한 것은 경제사학자 김영호였다. 이미 1950년대부터 중국과 북한에서는 사회주의사회 건설을 위한 역사 재구성 작업이 진행되고 그 결과 시대구분론과 자본주의맹아론 논쟁이 활발하게 일어났다. 그리고 그러한 사정은 일본학계에 널리 소개되었다.[39] 일본학계를 통해 자본주의맹아

---

35 한국사학회, 『사학연구』 16, 1963.12.

36 김용섭, 「조선 후기에 있어서의 사회적 변동 : 경제 – 농촌경제」, 『사학연구』 16, 1963.

37 천관우, 「내가 보는 한국사의 문제점들 : 사관과 고증 및 시대구분」, 『사상계』 1963.2.

38 동아시아에서 자본주의맹아론이 등장하고 전개된 사정에 대하여는 오성, 「자본주의맹아론의 연구사적 검토 : 초기의 연구를 중심으로」, 『한국사 시민강좌』 9, 일조각, 1991; 박기수, 「한국과 중국의 자본주의맹아론」, 『사림』 28, 수선사학회, 2007; 이헌창, 「조선 후기 자본주의맹아론과 그 대안」, 『한국사학사학보』 17, 한국사학사학회, 2008 참조.

39 權寧旭, 「朝鮮における資本主義萌芽論爭 : 北朝鮮歷史學會の動向を中心に」, 『思

론을 이해하게 된 김영호는, "한국경세사의 정체성은 헤겔이나 윗트포겔의 동양적 (전제)論이나 마르크스의 아시아적 생산양식론이나 혹은 웨버의 이론까지 원용되면서 여러 경제사학자들에 의하여 집요하게 추구되어 사태는 일층 절망적으로 고정화"되었다고 당시의 학계를 비판적으로 진단하였다.[40] 그는 "한국 자본주의의 성립과정 문제에 관한 연구의 관건은 조선 후기의 경제적 변화과정에서 자본주의의 맹아의 발생을 규명하는 데에 있는 것 같다"고 하면서, 18세기 수공업, 광업에서 자본주의적 요소가 발생했다고 주장하였다.[41] 1967~68년 한국사 시대구분 토론회에서 김영호는 "개항 전에 자본주의맹아 혹은 자력적인 근대화의 움직임이 있었음을 인정하고 이를 이론적으로나 실증적으로 심화하고자 하는 노력"이 근대이행 논의에서 등장했다고 평가하여, 역사학계의 논의를 자본주의맹아론으로 유도하였다.[42] 일본인의 정체성론은 봉건제의 결여와 자생적 자본주의의 불가능성에 놓여 있기 때문에 자본주의맹아론을 통해 정체성을 극복할 수 있고, 나아가 '발전적이고 내면적인 면'에서 '한국사의 체계적 재구성'을 위한 시대구분의 문제도 해결할 수 있다고 보았던 것이다.[43] 한국사의 과학적 체계화를 목표로 한 조선 후기 사회경제에 대한 연구가 김영호를 통해 '자본주의맹

想』510호, 東京 : 岩波書店, 1966; 梶村秀樹, 「資本主義萌芽の問題と封建末期農民鬪爭」, 『朝鮮史入門』, 1970. 북한의 자본주의맹아 연구는 조선 후기에 자본주의적 관계가 발생, 발전하고, 개항기에 좌절되는 과정으로 정식화되었다. 대표적 연구성과는 허종호의 『조선봉건말기의 소작제연구』(평양 : 사회과학출판사, 1965), 전석담·허종호·홍희유의 『조선에서 자본주의적 관계의 발생』(평양 : 사회과학출판사, 1970), 김광진·정영술·손전후의 『조선에서 자본주의적 관계의 발전』(평양 : 사회과학출판사, 1973)이다.

40 　김영호, 「자본주의성립과정은 어떠했는가?」, 『신동아』 1966년 8월호, 181쪽(「한국자본주의의 형성문제」, 『한국사의 반성』(역사학회 편), 신구문화사, 1973 재수록)

41 　김영호, 「자본주의성립과정은 어떠했는가?」, 『신동아』 1966년 8월호, 183쪽.

42 　『한국사시대구분론』, 315쪽.

43 　김영호, 「한국사 정체성론의 극복의 방향 : 시대구분과 자본주의 맹아의 문제」, 『아세아』 1969년 3월호, 89~91쪽.

아론'으로 견인되었다고 판단된다.

실학연구자인 이우성도 일본학계를 견문한 뒤[44] 자본주의맹아론을 적극 거론하였다. 그는 김영호와 마찬가지로, "아시아 사회의 특질은 정체적 성격을 가진 곳에 있다고 말하면서 아시아의 사회경제와 문화에 관한 연구는 정체적 성격 그것의 구조와 필연성을 이론화시키는 것이 목적처럼 되어 있었"던 해방 후 좌우파 학자들을 비판하였다.[45] 이를 극복하기 위한 연구의 일환으로 그는 1969년 말, 19세기 전반기의 한국사회에 대한 공동연구를 기획하였다. "연구목표는 개항 이전의 우리사회가 어떤 처지, 어떤 단계에 도달해 있었던가, 그리고 우리사회 내부에 자본주의적 요소가 어느만큼 이루어져 있었던가를 밝히는데" 두었다. 연구는 농업분야, 수공업 · 광업분야, 상업분야, 사회 · 신분관계, 사상관계로 나누어 매월 토론을 하면서 공동연구로 진행되었다.[46] 이우성은 이때의 연구를 "아시아 지역에 있어서 봉건사회의 태내에서 이미 자본주의 맹아가 자생적으로 있어 왔다는 것은 내재적 역사발전 법칙을 밝히는 학문의 문제에 그치지 않고 오늘의 아시아 여러 민족의 주체적 자각과 세계와의 대응에 있어서 커다란 정신적 자원이 될 수 있는 것"이라고 회고하였다.[47] 공동연구의 성과를 출간하면서 이우성은 자본주의맹아론 연구에 대하여 다음과 같이 평가하였다.

44　대담 : 정재정, 「안병직 : 민족주의에서 경제성장주의로」, 『역사비평』 59, 2002년 여름, 213쪽; 김용섭 외, 『19세기의 한국사회』, 성균관대 대동문화연구원, '책 머리에', 1972.

45　이우성, 「동아시아 지역과 자본주의맹아론」, 『實是學舍散藁』, 창작과비평사, 1995, 451쪽.

46　김용섭 외, 『19세기의 한국사회』, 1972. 수록된 공동연구의 결과는 김용섭의 「18 · 19세기 농업실정과 새로운 농업경영론」, 김영호의 「조선 후기 수공업의 발전과 새로운 경영형태」, 강만길의 「도고상업체제의 형성과 해체」, 정석종의 「조선 후기 사회신분제의 붕괴」이다. 이우성은 실학문제를 다룰 예정이었지만 수록되지 않았다.

47　이우성, 「동아시아 지역과 자본주의맹아론」, 『實是學舍散藁』, 1992, 453쪽.

지금까지의 식민지사관의 지나친 부정적 조작에 대한 반대공작으로 우리는 우리 역사의 긍정적인 면을 부각하기에 노력하였다. 이 책은 곧 그러한 노력의 일 표현이다. 물론 우리의 이러한 노력은 결코 오늘의 현실에 대한 安價한 해석과 낙관론의 견지에 선 것이 아니며 또한 자본주의맹아론 그것만으로 한국 역사의 방향의 주류를 파악하려는 것도 아니다. 그러나 이러한 노력이 한국 역사의 내재적 발전법칙을 밝히는 데에 커다란 기여를 할 수 있다는 점은 贅言을 요치 않을 것이다.[48]

이우성은 식민주의사학을 비판하기 위해 의도적으로 긍정적인 면을 부각했다는 점을 솔직하게 고백하였고, 또 자본주의맹아론을 내재적 발전법칙의 해명에 핵심적인 과제로 부각시켰다. 이때의 작업이 한국 역사학계에서 이루어진 자본주의맹아론 연구의 절정에 해당하는 것으로 판단된다. 특히 김용섭은 '자본주의맹아'의 개념을 사용하지 않았지만 자본가적 차지농에 비견되는 '경영형부농' 개념을 주창함으로써 조선 후기 농업에서의 변화를 과도하게 근대적인 것으로 설명하였다는 비판도 받았지만,[49] "자본주의맹아론을 실증적으로 추구"한 대표적인 성과를 학계에 제시한 것으로 평가받았다.[50] 자본주의맹아론 연구에 적극 참여한 강만길은 후대의 회고록에서, "자본주의맹아론적 연구는 일제강점기의 역사학방법론 중 순수실증주의 역사학을 넘어선 반식민사학으로서의 민족주의사학이나 사회경제사학적 방법론을 계승하되 한걸음 더 나아가 식민사학이 우리 역사에 덧씌운 정체후진성론이나

---

48   김용섭외, 『19세기의 한국사회』, '책 머리에'.

49   안병직, 「농업사 연구의 문제점」, 『창작과 비평』, 1976년 여름.

50   근대사연구회, 「한국근대역사학과 조선 후기사 연구」, 『한국 중세사회 해체기의 제 문제』상, 한울, 1987, 41쪽. 다만 조선 후기에서 개항과 식민지 시기를 거쳐 남북의 농업정책 문제까지 다룬 김용섭의 농업사 체계를 자본주의맹아론으로 제한하여 평가하기는 어렵다고 하겠다.

타율성론을 극복하는데 목적이 있었다"고 명확하게 언급하였다.[51]

이처럼 자본주의맹아론의 역사적 의의를 적극 평가하고 실증적 연구를 통해 검증하려는 노력의 한편에서, 당시에 이미 신중론이 제기되고 있었다. 상인물주에 의한 수공업생산의 先貸制的 지배를 연구한 송찬식은 수공업생산의 변화를 곧바로 자본주의맹아의 발생으로 보는 것에 신중하였다.

> 자본주의적 맹아의 논증에 급급한 나머지 지나치게 자본주의적 요소의 성장을 과장하고 미화하는 반면에 이와 반대되는 측면이 외면됨은 어찌할 수 없는 논리적 귀결이었다. 정체성이론을 비판하고 극복해야 한다는 당위성에 대하여서는 의문의 여지가 없지만 자본주의적 요소를 지나치게 과장 미화함은 식민지사학에서 이조 후기사회를 지나치게 정체적인 것으로 묘사하였음과 마찬가지로 矯角殺牛의 愚를 범할 위험성이 있다. 우리 학계는 모르는 사이에 이조 후기사회를 이미 자본주의시대의 문턱 안에 들어선 것처럼 착각하는 부허한 습속이 생겨났다. 이러한 들뜬 학풍은 일제의 식민지사학과 마찬가지로 우리의 역사를 왜곡시킬 위험성을 내포하고 있다.[52]

자본주의맹아론이 식민주의사학의 정체성론을 비판 극복하는 유효한 무기가 된다는 점을 인정하면서도 그것을 과장하는 것을 아주 예민하게 경계하고 있다. 자본주의맹아론이 역사적 사실과 괴리된 채 선험적으로 정체성론의 反面이 될 것을 우려한 것이다.

자본주의맹아론에 대한 한국역사학계의 평가도 매우 신중한 편이었다. 1960~70년대 연구성과를 종합한 한국사연구회의 평가는 다음과 같다.

---

51   『역사가의 시간』, 172쪽.
52   송찬식,『이조 후기 수공업에 관한 연구』, 서울대학교 한국문화연구소, 1973, 4쪽.

한동안 식민사학의 극복이라는 발상 아래, 18세기쯤 하여 힌지히 진행하는 이같은 사실들을 곧 자본주의적 양식의 맹아 현상으로 연결시켜 파악하는 시각, 혹은 이 시기 전체의 역사 사실을 고찰함에 있어서도 그러한 현상이야말로 필연적인 경과점인 것으로 미리 전제해 놓고 나서는 시각이 더러 유행하였다. 그러나, 이후로도 길이 만연하는 국가적인 것의 강인한 침식작용, 지배체제의 중층적인 구조에서 생겨나 이제는 극대화의 길로 치닫고 있던 사회적 모순의 중층성 그래서 중세 말기 한국에 있어서 역사 운동의 본질적인 측면은 그러한 맹아 현상에서보다도 오히려 민란의 성격에서 찾아야 하지는 않을 것인가.[53]

식민주의사학의 정체성론을 비판한다는 관점에서 조선 후기 사회경제적 변동을 자본주의맹아로 평가한 것은 분명 적지 않은 의미를 지녔지만 그것을 근대사회의 성립으로 연결지어 이해하는 데에는 문제가 있다는 평가다. 그 공백을 메우기 위해 근대사회를 주도할 새로운 역사주체로서 민중의 등장을 배려하고 있는 것같다. 근대로의 이행을 전체적으로 시야에 넣을 때, 한국근대사의 주조는 "자율적, 자본주의적 국민경제권으로서의 자기를 확립"할 수 있는 것도 아니고, "왜래 자본주의의 침략에 대응하는 한국의 주체적 움직임"과 "그러한 대응을 내재적 발전의 논리로서 체계"지움으로써 해결되는 것이 아니라, "민중을 핵심 주체로 하는 민족으로서의 결집과정, 민족형성과정으로 귀결"되는 것이라고 하였다.[54] 여기서 1980년대에 등장할 '민중사학론'과의 연결지점을 확인할 수 있다.

---

53 한국사연구회편, 『한국사연구입문』, 1981, 261쪽. 물론 이것은 한국사연구회의 공식평가는 아니다.

54 한국사연구회 편, 『한국사연구입문』, 1981, 396~397쪽.

4. 진화와 전환

1) 비판적 계승

1960~70년대 민족주의사학을 배경으로 한 내재적 발전론은 한국사의 체계화를 구축하는 한편 근대화의 내재적 과정을 실증적으로 확인하고자 하였다. 상당한 성과를 거두었으나 문제도 없지 않았다. 내재적 발전론에 대한 평가는 다양하지만, 그 안에 근대화론적 경향과 사회구성사적 경향이 혼재되어 있었던 점은 대체로 인정되고 있다.[55] 근대화론적 경향은 박정희 정권의 근대화론과 영합하여 지배이념으로 기능하였다고 비판되었다. 내재적 발전론의 한계는 첫째 식민지의 민족적 위기를 역사학적으로 해결하려는 문제의식은 분출했으나 분단시대의 민족적 위기에 대처하지 못하고 있다는 점, 조선 후기 사회경제적 변동의 진폭이 매우 크다는 사실을 밝혀낼 수 있었으나 자본주의맹아의 존부를 다투고 있을 뿐 근대로의 전망을 제시할 수 없었다는 점이었다.

특히 자본주의맹아론에 대한 비판은 1980년대 이후에도 활발하였다. 실증적인 측면에서는 "자본주의 맹아의 발생을 이야기하면서도 자본-임노동관계의 사례만을 들기에 급급할 뿐, 자본의 규모, 생산기술의 수준에 대해서는 거의 언급이 없었다"는 것이다. 이론적 측면에서는 "그것은 봉건사회의 구조 속에서 그것을 해체시키면서 나타나기 때

---

55 이세영, 「현대한국사학의 동향과 과제」, 『80년대 한국인문사회과학의 현단계와 전망』, 역사비평사, 1988; 한국역사연구회, 「근현대 역사학의 발전」, 『한국역사』, 역사비평사, 1992; 박찬승, 「분단시대 남한의 한국사학」, 『한국의 역사가와 역사학』, 창작과비평사, 1994; 이영호, 「해방후 남한사학계의 한국사 인식」, 『한국사』 23, 한길사, 1994.

문에 봉건사회구조의 해명이 전제되어야만 그 실상을 정확히 파악할 수 있는 것이다. 그런데 이 시기 자본주의맹아 연구의 경우 이 문제를 그다지 염두에 두지 않았던 것이다. 자본주의맹아 연구는 서구의 봉건 말기 자본주의 맹아의 발생과정을 조선 후기사에 대입시켜보는 형식으로 진행되었고, 이에 따라 우리나라 봉건제 해체과정에서 나타나는 특수성은 무시되고 말았다"는 비판이 나왔다.[56]

자본주의맹아론의 한계로 인하여 근대적 전망은 19세기 이래 변혁주체의 설정을 통해 운동론적으로 근현대사를 설명하는 방향으로 나아갔다. 1970년대에 나온 민중론이 활성화되고 1980년 광주민주화운동 이후 민중의 사회적 진출이 분명하여지면서 이를 학문적 사상적으로 수용하기 위한 사회구성체논쟁이나 변혁론논쟁, 통일논의 등이 활발하게 전개되었다. 역사학계에서는 민중사학을 제창하였다. 민중사학은 민족적 계급적 현실을 극복하기 위한 변혁주체를 민중으로 인식하고, 변혁주체로서의 민중의 형성과정과 역할을 역사적으로 조명하는 민중사 체계를 모색하였다.[57] 내재적 발전론이 한국사의 체계적 발전상의 구축에 치중하였다면, 민중사학은 그 내적 역량의 역동성을 민중의 주체성에서 찾는 발상이었다. 1960년대 말 이후 국민국가의 자국사 체계를 마련하면서 민중의 활동을 부각시킨다는 지침이 있었는데 그때의 '민중'이 1980년대 변혁주체로서의 민중으로 어떻게 계승되었는지 경로는 모호하지만, 역사학계에 민중론이 쉽게 수용된 것과 전혀 무관한 것은 아니었을 것이다. 근대형성의 주체로서의 민중은 민족통일의 역량으로까지 간주되었다.

---

56 근대사연구회, 「한국 근대역사학과 조선 후기사 연구」, 『한국중세사회 해체기의 제문제』 상, 24,41,44~48쪽.

57 정창렬, 「한국에서 민중사학의 성립·전개과정」, 『한국민중론의 현단계』, 돌베개, 1989 참조.

민중사학은 식민주의사학 극복을 통한 한국사의 (과학적) 체계화를 추구한 내재적 발전론, 그 가운데서도 사회구성사적 내재적 발전론과 결합하여 과학적 실천적 역사학의 수립을 제창하는 데로 진전되었다. '과학적 실천적 역사학'은 근대화론적 내재적 발전론을 비판하고 사회구성사적 내재적 발전론을 계승하여 과학적 역사학을 추구하고, 민중사학의 실천성을 수용하여 현재적 문제에 실천적으로 개입하고자 하였다.[58] 역사의 대중화, 민중사학, 과학적 실천적 역사학은 각각 1980년대 후반 창립된 역사문제연구소, 구로역사연구소, 한국역사연구회가 중심이 되어 이끌고 나갔다.[59]

한편 1980년대 한국에서 일어난 민중론에 공감하고 실천적인 운동을 적극 전개한 이는 梶村秀樹였다. 그는 1960년대부터 내재적 발전의 논리를 제창하고 이를 개념화하여 사학사적 운동을 전개하였다.[60] 그는 "내재적 발전론이란 일국사를 정체적, 타율적인 것으로 보지 않고 국내적인 계기의 법칙적 전개에 즉하여 발전하여 온 것으로서 취급하려는 방법론이라고 정의"하였다. 내재적 발전이란 항상 내부에 모순을 품고 있는 것이고 모순의 주체적 심화, 추전과정을 의미하는 모순의 내재적 발전이라고 하였다.[61] 그는 조선사 연구에서 일관되게 내재적 발전론을 주장했으나, 1960년대까지는 자본주의 전개과정을 중심으로 사회경제사를 연구하였고, 1970년대 중반 이후 역사발전의 원동력

---

58 (방기중), 「한국사인식의 방법과 과제」, 『한국사강의』, 42쪽 및 김정인, 앞의 글 참조.
59 박찬승, 앞의 글, 350~355쪽; 이세영, 「1980·90년대 민주화문제와 역사학」, 『한국사인식과 역사이론』, 지식산업사, 1997, 152~162쪽; 조동걸, 『현대한국사학사』, 나남, 1998, 439~447쪽.
60 梶村秀樹, 「排外主義克服のための朝鮮史」(1970), 『朝鮮史と日本人』, 梶村秀樹著作集 1, 東京 : 明石書店, 1992, 51~60쪽.
61 梶村秀樹, 「朝鮮近代史の若干の問題」, 1964; 「朝鮮社會における移行法則」, 1976; 「東アジア地域における帝國主義體制への移行」, 1981; 「朝鮮近代史研究における內在的發展の視覺」, 1986(『朝鮮史の方法』, 梶村秀樹著作集 2, 1993 수록) 참조.

인 민중의 동향과 의식의 발전과정을 연구하였다. 그래서 1980년대 한국의 민중적 민족주의 개념에 주목하고, 한국사의 목표를 "수천년 동안의 조선민중의 내재적 발전"을 해명하는데 있다고 결론지었다.[62] 梶村秀樹의 견해는 한국역사학계에서 내재적 발전론을 민중사학과 연결지은 경향과 맞닿아 있다.

2) 문제틀의 전환

자본주의맹아론의 한계를 문제틀의 전환을 통해 극복하고자 한 흐름도 있었다. 경제사학계가 중심이 되었는데, 일본학계의 동향과 밀접한 관련 하에 진행되었다. 경제사에서는 근현대 자본주의의 성립, 경제성장의 문제를 중심으로 사고하였다.

자본주의맹아론에 대하여 경제사학자 안병직은 "조선 후기 자본주의 맹아의 발생에 관한 문제는 한국사에 있어서 봉건사회로부터 자본주의사회로의 이행에 관한 문제이다. 그러므로 이 문제의식의 배후에는 개항 전 한국사회는 자본주의의 침략이 없었더라면 조만간 스스로 자본주의사회에로 이행하였을 것이라는 역사의식이 깔려 있다"고 하였다.[63] 자본주의맹아론 연구 당시 이미 신중론이 등장해 있었음에도 불구하고, 이러한 도식적 역사적 가정을 통한 단죄는 자본주의맹아론

---

62 아오야기 준이치, 「가지무라 히데키의 학문과 사상」, 『역사비평』 58, 2002년 봄. 橋谷弘는 내재적 발전론을 두 가지 흐름으로 나눈다. 하나는 자본주의맹아론을 비롯한 근대지향적인 이론틀로서 구미를 모델로 하면서 동일한 역사적 과정을 한국사에서 찾아 발전을 주장하는 것이고, 다른 하나는 梶村秀樹가 제창한 것으로 일국사적 내재적 발전을 영세농민을 중심으로 한 식민지 민중의 비서구적 지향에서 찾는 것이라고 하였다(橋谷弘, 「韓國史에 있어서 近代와 反近代」, 『歷史評論』 500, 1991.12(이해주·최성일 편역, 『한국근대사회경제사의 제문제』, 부산대 출판부, 1995 수록)).

63 안병직, 「조선 후기 자본주의 맹아의 발생」, 『한국학연구입문』, 지식산업사, 1981, 345쪽.

이나 내재적 발전론을 비판할 때 언제나 등장하였다.[64]

안병직은 내재적 발전론과 자본주의맹아론을 동일한 것으로 보는데, 사회주의적 전망을 내포한 것으로 파악한다. 이영훈도 "맹아론의 시대성은 후진제국의 민족해방과 사회주의 건설이라는 시대적 진보성을 바탕으로 하고 있으며, 이론적으론 '세계사의 기본법칙'이 토대가 되고 있다"고 하였다.[65] 그러므로 사회주의권의 붕괴 또는 개혁개방으로의 전환은 곧 "내재적 발전이 불가능하다는 일종의 선언"이라고 해석되며, "밖으로부터 발전의 기동력을 도입하지 않고서는 발전이 불가능하다는 것이 세계사적 차원에서 입증된 것"이라고[66] 보게 된 것이다. 이러한 관점은 일본학계와도 밀접하게 통한다.

1980년대 이후 일본학계의 내재적 발전론 비판은 혹독한 것이었다. 내재적 발전론의 개념을 "일본역사학계가 보편적인 발전단계설에 기초하여 일본의 선진과 한국의 정체·후진을 주장한 것과 같은 틀에서, 또한 그것을 뒤집어 놓은 형태에서 정체를 발전으로 고쳐 읽은 것"이라고 규정한 것이 대표적이다.[67] 그런데 일본학계에서 내재적 발전론을 비판하면서 등장한 논리의 모순성이 주목된다. 즉 한편에서는 내재적 발전론의 사회주의적 전망이 한계에 봉착했으므로 폐기되어야 한다는 비판이고, 다른 한편에서는 내재적 발전론이 식민지적 종속적 자본주의화의 길을 긍정하는 근대주의적 논리로 귀결되었기 때문에 폐기해야 한다는 비판이었다.[68] 내재적 발전론의 논리를 어떻게 파악하는가

64　이영훈, 「조선 후기 '자본주의맹아 성립론' 비판」, 『대학』 창간호, 1985, 419쪽; 吉野誠, 「朝鮮史における內在的發展論」, 『東海大學文學部紀要』 47, 1987.

65　이영훈, 「한국자본주의의 맹아문제에 대하여」, 『한국의 사회경제사』 5, 한길사, 1987, 51쪽.

66　대담 : 정재정, 「안병직 : 민족주의에서 경제성장주의로」, 『역사비평』 59, 2002 여름, 220~231쪽.

67　竝木眞人, 「戰後日本에서의 조선근대사 연구의 현단계 : 內在的 發展論 再考」, 『歷史評論』 482, 1990.6(『한국근대사회경제사의 제문제』, 37쪽).

에 따라 비판의 관점도 달라지는 것은 일본학계에서도 마찬가지였음을 알 수 있다. 어느 쪽이든 내재적 발전론에 파산선고를 내리고 있다.

일본에서 내재적 발전론에 파산선고를 내리게 된 것은 1980년대 이후 아시아 후진국의 경제성장 및 사회주의권의 몰락과 깊은 관련이 있다. 1980년대 이후 한국을 비롯한 대만, 홍콩, 싱가포르의 고도경제성장을 목도하면서 사회주의적 전망을 품고 있는 내재적 발전론을 의심하고 대신 일본의 식민통치 경험을 발전의 기초로 재해석하기 시작한 것이다.[69] 1960년대 일본에서 제기한 내재적 발전론은 일본을 제외한 아시아 국가를 후진적, 정체적인 시각에서 본 제국주의적 역사인식을 반성하고, 사회주의적 전망을 보이는 중국, 베트남, 북한을 주목하면서 개발된 논리였다. 사회주의적 전망이 내재적 자본주의적 발전이라는 역사연구로 소급된 것이다.[70] 1980년대의 상황은 그러한 가설의 역전을 가져왔다.[71] 식민지를 경험한 후진국이 근대화될 수 있는 유일한 길로서 근대화론이 수용되기 시작하였다. '식민지근대화론—경제성장론'의 가설이 나오고, 식민지 근대화 이전 전통사회의 경제를 어떻게 보아야 할 것인가의 문제가 다시 등장하였다.

자본주의맹아론을 비판하면서 그 대안의 하나로 등장한 것은 동아시아 소농사회론이다.[72] 동아시아 전근대사회의 성격을 소농사회로 보고,

---

68 이영호, 「내재적 발전론을 둘러싼 논의」, 『한국 전근대사의 주요쟁점』, 역사비평사, 2002, 341~343쪽.

69 宮嶋博史, 「方法としての東アジア」, 『歷史評論』 412, 歷史科學協議會, 1984.8.

70 中塚明, 「內在的發展論と帝國主義硏究」, 『新朝鮮史入門』, 1981.

71 橋谷弘는 일본에서는 아시아에서 모델을 찾다가 부정하는 일을 되풀이 한다고 일본학계의 풍토를 비판한다. 1990년대 후반 당시 "지금도 NIEs라는 모델에 대한 기대나 아시아 사회주의라는 모델에 대한 환멸이 시대적 풍조가 되어 있다"고 지적하고, "모델이 세계사 속에서 가지는 보편성의 검토와 그 모델을 성립하고 있는 국제적 계기의 검토"가 중요하다고 하였다(橋谷弘, 「일본에서 한국근대사연구의 새로운 조류」, 『제24회 동양학 학술회의 : 한·미·로·중·일의 한국 근·현대사 연구현황』, 성균관대학교 대동문화연구원, 1996.9.20, 148쪽).

소농사회의 근대적 적응방식에 따라 동아시아 삼국의 근대로의 이행경
로가 달라졌다고 본다. 소농사회론은 한국경제사에도 적용되었는데,
이영훈은 조선 후기에서 농민층의 양극분해를 실증할 수 없고 그에 따
라 농촌공업도 성립되지 못하였으며, 농촌장시를 단위로 한 시장경제는
근대적인 것이라기보다는 오히려 소농경제의 성숙을 위한 조건이 되었
다고 주장하였다.[73] 안병직과 이영훈은 한국의 경제발전단계를 '소농사
회의 발전 – 식민지근대화 – 해방 후 경제발전'이라는 문제틀로 전환하
고자 하였다.[74] 이러한 소농사회론은 국가의 범주에 머물지 않고 동아
시아 지역을 대상으로 입론되어 일국사적 한계를 돌파한 것처럼 보이지
만, 서구라는 외적 계기보다는 동아시아 지역의 내적 계기를 중시한 점
에서 '동아시아 내재적 발전론'이라고 규정할 수 있다면, 내재적 발전론
은 일국사의 안과 밖에서도 여전히 문제되는 국면을 맞게 된다.

---

72 소농사회론은 일본학계의 中村哲, 宮嶋博史 등이 제안한 이론이다. 중촌철(정안기
    역),『동아시아 역사상의 재구성』, 혜안, 2005; 宮嶋博史,「東アジア小農社會の形成」,
    『アジアから考える』6 長期社會變動, 東京 : 東京大學出版會, 1994; 宮嶋博史,「동아
    시아의 근대화, 식민지화를 어떻게 이해할 것인가?」,『국사의 신화를 넘어서』(비판
    과 연대를 위한 동아시아 역사포럼 기획), 휴머니스트, 2004 참조.
73 이영훈,「한국사에 있어서 근대로의 이행과 특질」,『경제사학』21, 1996, 78~85쪽.
    조선 후기 사회상을 소농사회로 볼 것인가, 중세사회 해체기로 볼 것인가에 대하여
    는 이영훈,「조선 후기 이래 소농사회의 전개와 의의」; 최윤오,「조선 후기 사회경제
    사 연구와 근대」,『역사와 현실』45, 2002 참조.
74 이헌창,「한국사 파악에서 내재적 발전론의 문제점」,『한국사 시민강좌』40, 2007, 12쪽.

5. 평가와 전망

일본에서 내재적 발전론의 제기가 아시아 사회주의의 진전과 관련되어 있는 반면, 한국의 내재적 발전론은 처음부터 사회주의적 전망을 지니지 않았거나 내면화되었고, 자본주의맹아론은 역사적 관념에 머물고 실천적 전망과 연결되지 못했다. 물론 1980년대 이후에는 사회주의적 전망에 대하여 논쟁이 있었지만, 민주화에 대한 일치된 지향과는 달리 그 이후의 전망은 관념적일 뿐 아니라 지향점도 다기하였다. 한국에서 1960~70년대에 등장한 내재적 발전론은 국민국가에 적합한 한국사의 체계화를 목표로 하여 제기된 특징을 지닌다. 그것은 분단국가에서 민족주의사학의 일환으로 등장하였지만 제국주의의 식민주의사학을 비판대상으로 삼으면서 남북 모두 국민국가 형성의 과제를 수행하는 방법론으로 기능하였다.[75]

내재적 발전론은 1980년대에 비판적으로 계승되었지만 1990년대 들어 사회주의권이 붕괴하고 새로운 역사학의 조류로서 포스트모더니즘이 수용되면서 1960~70년대에 형성된 내재적 발전론의 원형은 그대로

---

[75] 내재적 발전론이 일국사적 논리이며, 제국주의의 식민지에서 독립한 나라가 국민국가를 수립하면서 자국사 체계를 재구성하려는 논리임은 분명하다. 그런 점에서 김용섭의 학문을 "역사적 유물론의 도식에 입각한 조응론과 이행론에 바탕을 둔 것으로서 강력한 일국적 발전론"이라고 비판하면서, 동시에 네이션 빌딩을 위한 역사학이라는 점에서 박정희정권과 민족주의와 발전론을 공유하여 그 이데올로기적 기반 조성에 봉사하였다고 평가한 논리(윤해동, 「'숨은 신'을 비판할 수 있는가? : 김용섭의 '내재적 발전론'」, 『한국사학사학보』 14, 2006)를 수용하기는 어렵다(김용섭의 내재적 발전론을 둘러싼 토론은 김용흠, 「역사와 학문에 '건너뛰기'란 없다」, 『내일을 여는 역사』 36, 2009.9; 도면회, 「'건너뛰기'가 아니라 '다시보기'이다」, 『내일을 여는 역사』 38, 2010.3 참조). 김용섭은 최근 문명사적 측면에서 인류사 속의 한국사를 검토하면서 외적 계기를 경시하지 않고 있음을 드러낸 바 있다(김용섭, 『동아시아 역사 속의 한국문명의 전환 : 충격, 대응, 통합의 문명으로』, 지식산업사, 2008).

유지하기 어렵게 되었다. 내재적 발전론의 대안담론과 관련하여 그 두 계열인 한국사의 (과학적) 체계화와 자본주의맹아론을 어떻게 취급해야 할 것인가, 내재적 발전론의 기본명제를 어떻게 문제삼아야 할 것인가의 문제에 대해 몇가지 대표적인 견해를 검토해 보기로 한다.

한국사의 체계화와 관련하여 김인걸은 새로운 한국사의 방향을 과학적 역사학으로 잡았다. 실증사학, 민족주의사학, 사회경제사학은 모두 '과학적' 방법이나 관점을 주장하였고, 역사학회, 한국사연구회, 한국역사연구회도 모두 과학을 제시하고 있다고 판단하였다. "우리가 완성시켜 나아가야 할 과학적 역사학은 한국사 전반에 대한 구체적이고도 풍부한 실증적 연구에 기반하여 각 시대의 사회운영원리를 밝히는 것을 목표로 하면서도 각 시대 내부의 재생산 매커니즘, 나아가 시대 간 사회변동의 계기나 동력까지 설명할 수 있는 것이 되어야할 것"이라고 주장하였다. 여기서 '과학'의 의미는 실증적 방법에서부터 이론, 사회과학에 이르기까지 열려 있다. 기존의 여러 이론을 충분히 소화한 위에서 '한국사 발전의 새로운 패러다임'을 제시함으로써 한국사의 체계화를 완성할 수 있을 것으로 보았다.[76] 김인걸은 한국 근대역사학의 여러 계열의 갈등과 차이보다는 과학적 체계화라는 측면에서 공통점을 절충하여 발전시켜 나가자는 입장을 지닌다. 내재적 발전론의 비판적 계승을 추구한 것이다.

자본주의맹아론과 관련하여 이헌창은 조선 후기에서 자생적 근대화의 가능성을 찾기 보다는 근대적 경제성장의 선행조건을 탐구하는 방향으로 자본주의맹아론 연구를 전환할 것을 주문하였다. 그는 사실상 문제틀의 전환을 선언하였지만 절충적인 입장에서 전통경제의 변

---

[76] 김인걸, 「현대 한국사학의 과제」, 『20세기 역사학, 21세기 역사학』(한국역사연구회 편), 역사비평사, 2000, 55쪽.

화와 발전을 연구할 것을 강조하였다.[77] 내재적 발전론은 정체론을 극복한 점에서 그 역사적 사명을 다했다고 진단하고, 대신에 발전의 존재보다는 발전의 특성과 요인을 규명하고, 내재적 발전론에서 소홀했던 국제교류사, 문화사, 생활사 연구로 다변화하고, 그 성과를 종합하는 방향으로 한국사 학풍을 모색해야 한다고 하였다. 그는 내재적 발전론, 제국주의 비판론, 식민지 근대화론의 변증법적 종합을 추구하였다.[78] 자본주의맹아론은 청산을 주장하면서 다원적 방법으로 한국사의 학풍을 모색할 것을 제안하였다.

박찬승은 내재적 발전론을 환골탈태하자고 주장하였다. 이를 위해 첫째 "외재적 계기와 내재적 계기를 동시에 고려하는 새로운 역사발전이론으로 탈바꿈"하고, 둘째 "서구의 역사발전과정을 모델로 삼는 데에서 벗어나 '복수의 발전경로'라는 새로운 패러다임으로 전환", 즉 "일원론적인 역사관에서 벗어나 다원론적인 역사관으로 전환"하고, 이를 위해 "한국사의 개별성을 먼저 확인하고 이를 다른 지역의 역사들과 비교하면서 세계사적인 보편성을 그려보는 것이 더 적절한 순서"라고 하였다.[79] 내재적 발전론의 단점을 극복하고자 하는 것이지만 개념적 해체로 귀결될 가능성도 없지 않다.

이러한 대안들은 한국사 체계화를 위해 실증, 이론의 측면에서 과학적 작업의 확대, 근대적 경제성장의 선행조건으로서 전통경제의 조건 해명, 서구모델을 벗어난 다원적 역사발전론 모색 등을 제안한 것으로 절충적 성격을 지닌다. 내재적 발전론의 역사적 역할을 인정하면서 21세기 새로운 한국역사상의 구축을 위한 대안으로 제시한 것이다. 그렇

---

77 이헌창, 「조선 후기 자본주의맹아론과 그 대안」, 『한국사학사학보』 17, 2008.
78 이헌창, 「한국사 파악에서 내재적 발전론의 문제점」, 『한국사 시민강좌』 40, 2007.
79 박찬승, 「한국학 연구 패러다임을 둘러싼 논의 : 내재적 발전론을 중심으로」, 『한국학논집』 35, 계명대한국학연구원, 2007, 112~113쪽.

지만 내재적 발전론의 대안담론으로서 충분한 것은 아니다. 포스트모더 니즘은 내재적 발전론이 일국사적 관점, 민족주의적 주관성, 서구주의 의 보편성을 지향하는 특징을 지닌다고 비판한다. 대신에 미시사, 문화 사, 일상생활사 등을 제안한다. 그것들은 방법론적으로도 의미가 있고 국가·민족사에 집중된 한국역사학의 외연을 넓히는데도 유익하다. 그 렇다면 포스트모더니즘이 내재적 발전론의 이후를 감당할 수 있을까?

내재적 발전론은 제국주의의 식민주의사학에 의해 구축된 한국역 사상을 수정하기 위해 제안되었다. 그것은 제2차 세계대전 이후 국민 국가의 수립이라는 과제를 수행하는데 필요한 한국역사학계의 현안이 었다. 그러면 21세기 들어 한국역사학계의 현안은 무엇인가? 세계사적 으로 진행되고 있는 민족 및 문명충돌, 동아시아 국가 사이의 역사분 쟁, 남북의 갈등과 대립, 세계화의 조류 속에 심화되고 있는 사회양극 화 현상 등은 현재진행형이다. 이러한 국가적, 민족적, 사회적 위기는 국가·민족·민중의 거대담론을 내버리고 마냥 포스트모더니즘이 지 향하는 개인이나 부분에 경도되는 것을 허용하지 않는 조건이 되고 있 다. 일본과는 달리 내재적 발전론이 한국에서 유효한 역사인식 및 방 법으로서 일정하게 기능하고 있는 이유가 여기에 있을 것이다.

내재적 발전론의 유효성에도 불구하고 다시, 그것이 21세기의 사학 사적 과제를 해결하는데 얼마나 유효한지는 검토가 필요하다. 21세기 의 사학사적 과제는 국가·민족사에 한정할 수 없다. 여기서, 필자가 내재적 발전론의 대안담론을 명확하게 제시할 수는 없고 앞으로의 과 제로 삼아야겠지만, 우선 국가·민족사의 무게를 줄이고 인간과 그 삶 의 가치를 존중하는 역사학을 확산할 수 있는 방법으로 '地域史'를 제 안하고자 한다. '地域'은 인간생활의 공간이라는 의미에서 국가의 경계 안팎에서 다양한 층위의 공간으로 설정될 수 있다. 즉 지역은 혈연공 동체인 가족과 문중을 넘어서 촌락, 동리, 面, 군현, 道, 국가, 동아시아 등 광협의 공간적 탄력성을 지니고 있는 역사와 문화, 생활의 공간을 의미하는 개념으로 규정할 수 있다. 이 경우 국민국가의 엄격한 경계가 약화되고 광협의 각 지역은 대등한 가치를 지닌 공간으로 독자성을 지니면서 상호관련성을 지닐 수 있을 것이다.[80] 박찬승도 국가사, 민족사 중심에서 벗어나 "역사연구의 단위 혹은 시야는 마을-지방-국가-지역권-세계 등으로 다양하게 설정되어야 하고, 또 그 단위들 간의 상호연관을 중시하는 방향으로 나아가야 한다"고 주장한 바 있다.[81] 국가와 민족의 경계를 넘는다는 차원이 아니라 국가와 민족을 포함하여 다층적 공동체에서 역사의 가치를 인정하는 것이 필요하다. 국민국가 형성기의 국가·민족사는 이제 다층적 역사서술에 의해 역사의 일부가 되어야 할 것이다. 개인과 가족, 마을과 지방, 국가와 민족, 동아시아와 세계 등 층위를 달리하는 역사서술의 확대는 일국사적 민족주의적 역사서술의 한계를 보충할 것이다. 이로써 국민국가 형성시기 일국사적 역사서술의 방법으로 등장한 내재적 발전론은 무거운 역사적 소임을 덜고 새로운 개념과 내용으로 재탄생할 수 있을 것이다.

---

80 이영호, 「지방사에서 지역사로 : 인천을 사례로 하여」, 『한국학연구』 23, 인하대학교 한국학연구소, 2010 참조.
81 박찬승, 「20세기 한국사학의 성과와 반성」, 『한국사학사학보』 1, 2000, 199쪽.

트랜스내셔널리즘의 (불)가능성과 재일조선인이라는 예외상태[*]

한국전쟁 관련 텍스트를 중심으로

장세진

칸코쿠(韓國) 칸－코쿠/ 못 세 개/ 엄청 기다란 놈을 갖다 세우고/ 단숨에 땅땅/ 두드린다!/ 툭하면/ 집어넣는/ 창살감옥을/두들긴다!

김시종, 「노래 또 하나」 중에서

---

[*] 이 글은 『동방학지』(157집, 2012)에 수록된 것이다.

1. '전시/평화'의 담론 분할, 그리고 재일조선인

1951년 3월 28일, 도쿄대학 총장 난바라 시게루(南原繁)는 4년간의 대학 생활을 마치고 이제 사회로 나가려는 젊은 학생들을 향해 긴 연설을 했다. 일본을 대표하는 지성의 자격으로 미래의 동량들에게 건넨 이 졸업 축사는 「평화냐 전쟁이냐 平和か戰爭か」라는 제목으로 이후 더 유명해지게 될, 일종의 시국 연설이었다.[1] 실제로 이 연설의 타이밍은 매우 절묘한 것이었는데, 한 달 전인 1951년 2월에는 한반도에서의 긴박한 전시 양상으로 다급해진 미국 정부가 덜레스(John. Foster Dulles)를 특사로 보내 일본의 재무장을 촉구한 바 있었다. 태평양전쟁 패전 이후, 영구 전쟁포기를 선언한 소위 평화헌법이 시행된 지 채 4년이 지나지 않은 시점의 일이었다. 뿐만이 아니었다. 곧 다가올 5월에는 지난 6년 간의 미군 점령 통치를 종식하게 될 역사적인 강화(講和) 회의가 샌프란시스코에서 열릴 예정이었다. 전쟁 상태에 있던 나라들끼리 평화에 관한 합의와 약속을 체결하는 것이 강화의 정확한 정의라면, 일본의 재무장 여부는 강화 및 향후 독립 일본의 모양새와도 직결되는 문제일 터였다. 실제로 난바라는 이 연설을 통해, 경제적 관점에서 재군비의 비용을 우려하던 당시 요시다(吉田茂) 내각의 주류 입장과 분명한 선을 그었다. 그는 신헌법의 의의를 재차 강조했고 재무장 반대, 나아가 공산진영을 포함한 과거 교전국들과의 전면강화 원칙을 고수했다. 난바라에 의하면, 현재 일본의 재군비는 "단지 경제 문제로서가 아닌", 근원적인 "국민 정신생활의 근저에 가로놓인 문제"로 접근해야 할 성질의 것이었다. 무엇보다 교육자인 그가 우려했던 것은 사태의 변전에

---

1   南原繁, 『平和の宣言』, 東京大學 出版會, 1951.

따른 원칙의 폐기가 일본의 젊은 세대에 미칠 "도덕적, 지적 동요와 붕괴"에 관해서였다.[2]

그러나 난바라 시게루 식의 일관되고 성실한 평화론[3]이 갖는 의의를 일본 열도의 지평이 아닌, 동아시아 광역의 사건이었던 한국전쟁이라는 컨텍스트 속에서 평가하기란 쉬운 일이 아니다. 물론 당시 정령 325호 등의 취체 법규로 인해 미(美) 점령당국(GHQ)을 "무서워하거나 눈치를 보면서 밖에 말할 수 없"[4]었던 일본 내 언론 상황을 고려해 본다면, 이 평화주의적 발언이 그야말로 힘겹게 이루어진 윤리적 결단이라는 점만큼은 분명하다. 전쟁을 할 수 있는 '보통국가'의 군사적 자위권(自衛權)이라는 명분 하에 전전 군국주의의 부활을 남몰래 꿈꾸던 일본 정치권 일각의 노스탤지어를 단호히 거절하고 있다는 점에서라면 더욱 그러하다. 그러나 다른 한편으로 이러한 언설은 평화(일본)냐 전쟁이냐(한반도)라는 식으로 뚜렷한 분할선을 확정하는 가운데, 진행 중인 전쟁의 현실을 담론 차원에서 삭제하여 그 결과 한반도와 한반도에 대한 인식이 소거되어 공백으로 처리되고 말았다는 비판을 피하기 어려워 보인다. 아니, 보다 더 큰 문제는 이러한 삭제가 단지 한반도에 그치는 일

---

2   난바라의 이러한 평화주의적 입장은, 그의 애제자이며 전후 일본 사상계 및 학계의 '덴노(天皇)'로 불리웠던 마루야마 마사오에게도 이어지는 것이었다. 주지하다시피, 마루야마는 '평화문제담화회'라는 이름으로 모인 전후 일본 지식인 그룹 가운데서도 가장 비중 있는 역할을 담당한 측에 속했다. 마루야마는 현해탄 건너의 전쟁을 강하게 의식할 수밖에 없는 시점에서 발표된 '담화회'의 제3차 성명 「세 번 다시 평화에 대하여」의 1, 2장을 집필한 장본인이기도 했다. '담화회'의 논의가 갖는 의의와 그 한계에 대해서는 남기정, 「일본 '전후 평화주의자'들의 조선 경험과 아시아 인식」, 『전후 일본, 그리고 낯선 동아시아』, 박문사, 2011.

3   Nambara Shigeru, (edited and translated by) Richard H. Minear, *War and Conscience in Japan; Nambara Shigeru and the Asia−Pacific War*, Rowman & Littlefield Publishers, 2010. 전후 일본 사상 및 교육계에서의 난바라의 위치와 이에 대한 긍정적인 평가에 대해서는 Translator's Introduction을 참조.

4   마루야마 마사오, 「'현실'주의의 함정」, 『현대정치의 사상과 행동』, 한길그레이트북스, 2003, 229쪽.

이 아니라는 데 있었다. 실상 전쟁의 형세는 대륙 중국과 타이완, 나아가 미군 점령 오키나와까지 동아시아 일대를 이미 돌이킬 수 없이 덮친 상태였다. 결과적으로 전후 양심적 평화주의자들의 바램은 전운이 잔뜩 드리운 동아시아를 괄호 속에 넣는 한이 있더라도, 일본 열도만큼은 이를테면 "태평양의 스위스"[5]와 같은 곳으로 만들자는 일념에 가까운 것이었다.

그러나 일본 열도가 결국 동아시아의 "스위스"가 될 수 없었던 것, 혹은 되지 않았던 것은 실제 역사의 진행을 통해 판명된 바다. 마루야마 마사오(丸山眞男)의 표현대로라면, "발 소리 안 나게 살그머니 걷는 식"의 요시다 내각의 재군비는 한국전쟁 발발 초기부터 이미 일본 내부에서 착착 진행되는 중이었다. "군대를 군대라고, 전차를 전차라고 부르는 것조차 금기시"될 정도로 일제히 약속이나 한 듯한 미디어들의 과묵 속에서, 일본 정부는 1950년 7월 창건된 군대의 명칭을 '경찰예비대'로 결정했다. 군수용 전차는 '특차'라는 유례없이 새로운 조어로 불리웠다.[6] 이 고요 속의 재무장은 요시다 내각이 미국 정부의 재군비 요구를 제한적으로 승낙하면서도 공식적으로는 부정한, 대(對) 국민 전략의 산물이었다. 미점령당국과 전후 일본 정부의 최대 합작품이 천황제라는 국체(國体)의 보전이었다면,[7] 한국전쟁으로 격발된 일본의 재군비와

---

5   南原繁, 앞의 책, 1951.

6   미국 정부는 일본 지도자들에게 30만에서 35만의 일본군을 창설할 것을 비밀리에 요청했다. 당시 수상이었던 요시다는 갑작스런 재무장이 경제적 압박과 왜곡을 초래할 것임은 물론, 과거 오랫동안 전쟁에 시달린 일본 국민들, 일본이 일으킨 전쟁을 선명하게 기억하고 있는 아시아 민중들을 자극하게 되는 상황을 우려했다. "결국 점령이 끝날 때까지 요시다 정권 아래에서 일본 경찰 예비대 정원은 7만 5천명으로 그대로 유지되었다" 존 다워, 최은석 역, 『패배를 껴안고』, 민음사, 716쪽.

7   상징천황제와 전쟁 포기는 분리해서 생각할 수 없는 하나의 구조이다. 즉, 이 체제는 천황제를 그대로 존속시키려는 일본 지도자들과 천황의 전쟁 책임 처벌을 당연한 것으로 생각하던 국제 여론을 의식한 미국 사이의 타협점이었던 셈이다. 이노우에 히사시(井上ひさし), 「전쟁과 헌법」, 『일본비평』 1, 2009.

시민사회의 대조적인 '평화' 무드는 미국과 일본 정부의 분업 작품인 셈이었다.

그러나 이 "냉전 반공국가의 비닐 온실"[8] 속 평화가 매우 아슬아슬한 것이었다는 점은 물론 의심의 여지가 없었다. 재군비의 실상을 얄팍하게 덮고 있는 이 한 겹 '의사(疑似) 평화'를 전복하고 균열하는 계기들은 비단 '외부' 뿐만 아니라 일본 사회 '내부'에서 역시 존재했다. 특히, '외부'이면서 '내부'인 일본 내 조선인들의 존재와 이들을 둘러싼 움직임은 미·일 합작 권력 양자 모두를 긴장하게 만드는 것이었다. 우선, 이들 조선인 사회는 전전 제국-식민지 체제의 결과로서, 당시 상징천황제를 중심으로 재편 중인 일본 국민의 경계 외곽으로 설정된 집단이었다.[9] 아울러 일본 내 조선인 주류 사회가 전후 아시아의 구(舊) 식민지 전역에서 불길처럼 번져가는 혁명적 내셔널리즘의 세례를 받았다는 것, 아시아의 전후 내셔널리즘이 발생 초기부터 반제(反帝)·반식민(反植民)을 모토로 한 공산주의와 친연성이 매우 높았다는 것 역시 주지의 사실이다. 요컨대 조선인들은 제국의 근(近) 과거와 관련해서든 혹은 냉전이 무르익어 가는 1950년대 당대와 관련해서든, 열도 내에서 담론의 수면 위로 좀처럼 떠오르지 못한 (동)아시아라는 지평을 강력하게 환기하는 존재들이었다. 따라서 당시 일본 내 조선인들과 그들의 한국전쟁 관련 경험을 재구성하는 작업은 당시 새롭게 구획되고 있던 역내 네이션 체제의 성립과 관련, 이 프레임 밖으로 누락되거나 망각된 국가 간 월경의 제 현상들을 포착하고 그 의의를 재조명할 수 있는 계기가 될 것이다. 물론 한국전쟁 자체가 국민국가 단위를 초과하는 권역

8　김예림, 「흐르는 별은 어떻게 살았나 : 제국폐색, 냉전협로, 영토적 안태」, 국제한국 문학문화학회(INAKOS) 2011년 학술대회, 『레짐의 文/法』 자료집.

9　박진우, 「패전 직후 천황제 존속과 재일조선인」, 『패전 전후 일본의 마이너리티와 냉전』(김광열·박진우·윤명숙·임성모·허광무 著), 제이앤씨, 2006.

차원의 사건인 것은 틀림없지만, 이 글에서 주목하고자 하는 현상들은 기존의 국제정치사(International Relationship)나 전쟁사적 분석의 대상과는 조금 다른 층위에 놓여 있다. 그것은 특정 시대의 공기가 개인이나 집단적 다중이라는 **주체**의 문제 혹은 **삶**의 문제로 파급되는, 좀 더 '미시적인' 루트에 놓인 현상들이다. 이러한 현상들의 면면은 의외로 다양한 편인데, 일단 이 글에서 주목하고자 하는 역내 월경의 국면들은 인류(人流)[10]라고 부를 수 있는 일본과 한국 사이 단순한 국경 이동에서부터 시작해서 네이션과 에스닉의 경계를 넘어 성립된 인민들 사이의 민제적(民際的) 연대,[11] 나아가 동아시아 각국 정부 차원의 합종연횡의 움직임에 연루되었던 개인적, 집합적 삶의 다양한 양태까지를 모두 포괄한다. 이 현상들은 이제 자명한 기원이 되어버린 국민국가의 풍경 너머로 삭제 혹은 변형되어, 네이션 단위로 확정된 아카이브 속에서는 좀처럼 그 흔적과 의미를 찾을 수 없도록 구조적으로 망실된 어떤 것들, 현재 네이션 체제의 관점에서는 온전히 명명되기 어려운 '경계'와 '사이'의 사건들이다.

이러한 문제의식 하에, 이 글에서 다룰 대상은 일본 내 조선인 사회

---

10 인류(人流)라는 용어 사용에 관해서는 高和政, 「密航, 民族, ジェンダ : 在日朝鮮人文學にみる人流」, 『継續する植民地主義』, 岩崎稔・大川正彦・中野敏男・李孝德, 東京 : 靑弓社, 2005.

11 데이비드 헬드에 의하면, 지구적 정치와 지구적 공치의 제도화는 정부 및 국가 활동의 국제화에만 국한되지 않고, 그에 상응하는 경제, 시민사회 등의 초국화를 수반한다. 새로운 초국적 조직 형태들이 정치・문화・경제・기술・사회적 목적으로 국경선을 넘나들며 인민들을 조직하고 자원과 정보와 사회적 권력의 소재지를 서로 조정하면서 대두하였다. 데이비드 헬드 외, 조효제 역, 『전지구적 변환』, 창작과비평사, 2002, 99쪽 한편, Luis Eduardo Guarnizo와 Michael Peter Smith는 "transnationalism below"(아래로부터의 트랜스내셔널리즘)이라는 개념을 제안한다. 이는 이주와 비즈니스 행위, 문화적인 신념과 정치적 에이전시(agency)들의 재생산을 가능하게 하는 아래로부터의 사회적 네트워크가 공간적으로 확장되는 것을 뜻한다. *Transnationalism from Below*, Edited by Michael Peter Smith・Luis Eduardo Guarnizo, Comparative Urban and Community Research, vol.6, p.24.

의 전쟁 관련 경험을 기록한 다양한 종류의 한국어·일본어 텍스트들
―소설, 기사, 수기, 르포, 역사서 등―이 될 것이다. 텍스트들 간의
이질성은 이제부터 우리가 다루려고 하는 역내 월경 현상들이 개별 네
이션 및 네이션 내의 안정된 미학적 장르 감각 속에서 그간 산발적으로
조망되어온 상황을 암시하는 것이기도 하다. 이 이질적인 텍스트의 집
합을 그렇다면 어떻게 다시 헤쳐 모을 것인가. 이 글에서는 일단 '해방'
직후부터 비교적 선명했던 조선인 사회의 '이념적' 분할 선을 따라 '조
련계(재일본조선인연맹)'와 '거류민단계(재일본조선거류민단)'의 텍스트로
나누어 살펴보고자 한다. 이념적 분할 선을 기준으로 삼은 이유는 무
엇보다 한국전쟁을 둘러싼 당시 월경의 동선들이 바로 이 축을 중심으
로 집결하고 이산했으며, 네이션 체제 성립 이후에는 또한 급속히 희
미해져갔기 때문이다. 짐작컨대, 이러한 현상은 전지구적 냉전 서사와
결부된 동아시아 국민국가 시스템의 고유한 특성을 선명하게 반영하
는 대목일 터이다.

　이후 자세히 이야기하겠지만, 일본공산당과도 밀접한 네트워크를
형성했던 전자(조련계)의 경우 일본 열도 내부의 잠잠한 평화 무드를 깨
뜨리며 강력한 '반전(反戰)'의 자장을 형성한 바 있다. 우선, 이 글에서는
이처럼 인민들 사이의 민제적 '공동전선'의 경험을 직, 간접적 기반으
로 하여 생산된 텍스트들을 살펴보고자 한다. 대표적으로는 조련과 밀
접한 관련을 맺고『민주조선民主朝鮮』을 창간하는 한편, '신일본문학
회(新日本文學會)'의 일본인 프로문학 인사들과 활발히 교류했던 김달수
의 텍스트들이 여기에 포함된다. 또한 이 범주에는 동일한 반전 연대
의 동선 하에 움직였던 고바야시 마사루(小林勝)와 같은, 오랜 조선 거
주 경력을 가진 작가의 관련 텍스트도 포함된다. 소설 텍스트 이외에
도 재일조선인과 일본공산당들 사이의 '공투'를 회고하거나 은폐되어
온 투쟁 현장의 실상을 조명한, 다큐멘터리적 에세이의 성격이 강한

대중 역사서들 역시 부분적으로 언급될 것이다. 한편, '거류민단계'의 연루 양상은 주로 점령당국이라는 루트를 통한 참전(參戰)이라는 형식으로 나타났다. 이들의 참전 역시 한국전쟁 시기 발생한 역내 월경의 중요한 국면중 하나인데, 이 부류의 텍스트로는 고국 전장에서의 전투체험을 전면화한 수기(手記) 혹은 세간에 알려지지 않은 참전의 실상을 조사한 르포 장르가 지배적이다.[12]

이 글에서 다루게 될 텍스트의 시기적 성격과 관련하여 덧붙이자면 회고와 진상 규명의 성격이 강한 텍스트들은 한국전쟁 이후 비균질적으로, 그리고 보다 넓은 시간대에 걸쳐 산포되어 있다. 물론 시기적으로 가장 앞선 텍스트들 중에는 한국전쟁 이전에 발표된 경우도 있는데, 이는 '해방'과 분단 그리고 한국전쟁으로 이어지는 일련의 사태를 1945년 8월 이후 동아시아 체제의 재편이라는 일관된 흐름으로 이해하는 맥락에서 선택된 것임을 밝혀둔다. 분석 대상으로 선택된 텍스트들은 예컨대, 수기와 같이 텍스트의 표층에서 전쟁을 전면적으로 다루는 경우도 있지만, 미구(未久)에 다가올 한국전쟁을 암시하거나 혹은 때때로

---

12 장혁주(野口赫宙)의 경우는 군이 분류하자면 거류민단 계열이겠지만, 1952년 귀화를 통해 법적으로 일본인의 지위를 획득했다는 점에서 그는 '재일(在日)'의 또다른 존재 방식을 보여준다. 장혁주의 한국전쟁 관련 텍스트 역시 동아시아 패러다임 전환과 관련하여 매우 의미심장한 면모를 보여주고 있지만, 대립하는 조선인 두 단체를 중심으로 진행되는 이 글에서는 본격적인 논의 대상으로 포함시키지 않기로 한다. 장혁주에 관해서는 지면을 달리하여 다루는 것이 효과적이라고 판단된다. 참고로, '참전/반전'이라는 현저한 대립 구도가 일본 내 조선인 두 단체 사이에 성립되었다면, 장혁주는 '관전(觀戰)'이라는 새로운 스탠스를 여기에 추가한 셈이었다. 장혁주는 한국전쟁에 관해 『아, 조선 嗚呼朝鮮』(1952)과 『무궁화 無窮花』(1953)와 같은 본격적인 장편 픽션 이외에도 「부락의 남북전 部落の南北戰」, 「부산의 여간첩釜山の女間諜」과 같은 단편들, 그리고 「신음하는 한국喘ぐ朝鮮」, 「조국 조선으로 날아가다 祖國朝鮮に飛ぶ」등의 현지르포를 다수 남겼다. 한국전쟁에 관한 픽션이면서도 르포적 성격을 가미한 장혁주의 일본어 장편소설 『아, 조선』에 대한 분석으로는 장세진, 「귀화의 에스닉 정치와 알리바이로서의 미국 : 해방 이후 장혁주의 선택과 『아, 조선(嗚呼朝鮮)』(1952)」, 『현대문학의 연구』 45. 2011.

진행 중인 전쟁을 축소하고 삭제된 형태를 취하는 사례도 없지 않다. 텍스트들 간의 고르지 않은, 전쟁에 대한 이 재현의 편차는 당시 점령 당국의 검열과 같은 직접적인 요인 이외에도 발표 시기의 컨텍스트 정황이나 해당 서사의 내적 진행 논리에 기인한 것이기도 하다.

일본 내 조선인들의 한국전쟁 관련 서사들을 위와 같은 분류에 의거하여 배치하는 가운데 이 글에서 살펴보고 싶은 것은 두 가지다. 일차적으로는 전쟁과 함께 국경을 넘나든 이들의 복수(複數)의 경험들을 재구성하는 것, 궁극적으로는 그 경험들이 역내 국민국가 패러다임의 구축이라는 지평에서 어떤 의미를 가지는지 반성적으로 평가하는 것이다. 한 논자의 지적대로, 초(超) 국가적 트랜스내셔널리즘에 어떤 유의미한 가능성이 존재한다면, 그것은 국가와 국가를 그저 공간적으로 횡단 이동하는 것이 아니라 그 원천과 기원을 다루는 사유 속에서 모습을 드러낼 터이다.[13] 개별국가의 지평에서는 기대하기 어려운 은폐된 국민국가 시스템의 기원과 모순을 환기할 가능성, 즉 구(舊) 제국의 잔여 및 전 지구적 냉전서사와 뿌리깊이 얽히며 성립된 현 동아시아 패러다임의 근원을 사유한다는 바로 그러한 의미에서, 급진적인(radical) 트랜스내셔널리즘의 문제 제기로 이어질 가능성이 바로 그것이다.

---

13 황호덕, 「트랜스내셔널리즘과 전쟁, 백치와 돼지의 기억·말·정치 : 전후라는 지금, 사카구치 안고(坂口安吾)를 읽는다」,『자음과모음』, 2008 겨울.

2. 반전(反戰)의 전사(前史) 혹은 연대의 기원

한국전쟁이 발발하기 9개월 전인 1949년 9월 11일, 『서울신문』에는 사흘 전 GHQ의 지휘 하에 벌어진 일본 내 조련(1945.10 창단) 해산에 대한 입장을 표명하는 두 개의 기사가 실린다.[14] 하나는 대한민국 수립 1주년을 맞아 경축사절단 자격으로 서울에 와 있던 거류민단(1946.10 창단) 단장 김광남 개인의 소회 피력이고, 다른 하나는 도쿄 발(發) 교도통신(共同通信)이 보도하는 거류민단 중앙총본부의 공식 성명이었다. 두 견해는 대동소이한데, "민족 문제로 볼 때는 외국에 대하여 부끄러운 일"이라는 표현에서 알 수 있듯이, GHQ의 해산 명령은 어디까지나 조련 측의 폭력 성향에 근거한 것이라는 판단이 거류민단의 기본 전제였다. 따라서 해산 명령은 조련 "스스로 초래한" 결과이자 "정당한 조치"로까지 받아들여지는 것은 물론, 민단 측은 오히려 이 사건이 재일조선인 사회에서 약세였던 자신들의 입지를 강화하는 계기가 될 것을 공공연히 환영하는 분위기였다.[15] 물론, '거류민단'이 결성 초기부터 '조련'과 극심하게 대립했던 것이라고 말하기 어려운 대목이 있는 것은 사실이다. 민단 측은 창립 초기 '반일투사'의 경력을 가진 박열을 단장으

---

14 「재일대한민국거류민단, 재일조선인연맹 등에 대한 해산조치는 정당한 것이라는 성명을 발표」, 『서울신문』, 1949.9.11(자료대한민국사, http://db.history.go.kr).

15 김찬정의 『재일한국인 백년사』(박성태 · 서태순 역, 제이앤씨, 2010, 180쪽)에는 1949년 9월 8일 조련 해산 명령에 좌파인 '조련' 뿐만 아니라 '조련'과 경쟁했던 '건청'과 '민단' 등 모든 재일조선인 사회가 일제히 반발했다는 기술이 나온다. 이 책에 의하면, 1949년 12월에는 민단 측에서 「일본 정부의 반성을 촉구한다」라는 성명이 발표되기에 이르는데, 김찬정도 지적하고 있듯이 이는 당시 민단 내부에서도 해산 명령에 대한 다양한 의견 층이 존재하던 상황을 반영하는 것이라고 추정된다. 그러나 해산 직후인 9월 초에서 12월 사이 '민단'의 공식 입장 변화를 언급하는 자료를 현재로선 입수하지 못했음을 밝혀둔다.

로 내세워 민족주의 칼라를 강조했으며, 조련과의 관계도 비교적 우호적인 편이었다. 실제로 박열은 1947년 3월 21자 민단신문에 "거류민단은 조련을 반동단체로 규정한 것은 아니다 (…중략…) 조련의 전체 운동에 대해서는 경의를 표하며 조국동포를 위한 그 정신은 인정하고 싶다"는 요지의 담화문을 발표하기도 했다. 그러나 두 단체의 반목이 극심해진 것은 역시 남북한 정부 수립 이후였으며, 이들의 갈등은 일본사회 내에서 급기야 유혈 사태로까지 번지게 된다. 요컨대, 한반도에서와 마찬가지로 '해방' 이후 일본 내 조선인 사회의 아이덴티티티 형성 축이 '민족'의 동질성으로부터 '국가이념'의 동일성으로 급격하게 교체되어 간 정황을 확인할 수 있는 대목이다.[16]

이러한 맥락에서 보자면, 일본 내 조선인 사회의 압도적인 지지를 받고 있던 조련이 민족이라는 울타리를 넘어 일본공산당과 이념적으로 연계될 기반은 해방 직후부터 이미 충분한 가능성의 형태로 마련되어 있었다. 가령, 일본공산당 중앙위원이 된 김천해(조선인부 부장)는 조련 결성대회에서 이미 조선인 문제가 일본 내에서는 하나의 '민족 문제'이지만, 동시에 "천황제 타도"나 일본 내 "민주주의 정부의 수립"이라는 당면 과제와 직접 결부된 이슈라고 연설한 바 있다.[17] 물론 조련과 일본공산당의 결합은 "하나의 국가에 하나의 공산당"이라는, 전전 코민테른의 이른바 일국일당(一國一党)의 원칙이 전후에도 그대로 이어진 결과 탄생한 구조적 차원의 것이기도 했다. 이 원칙에 따라 당시 일본 내 조선인들에 관한 문제는 일본공산당 내부의 '민족대책부(民代)' 산하에서

---

16   일본 내 조선인 사회의 다양한 단체 결성 과정과 이들 내부의 이념적 성향의 스펙트럼, '조련'과 '민단'으로 결국 정리되는 대립 구도의 전개 과정에 관해서는 이화정, 「제2차 세계대전 종전 직후 재일조선인연맹에 관한 연구 : 민족문제에 대한 인식과 GHQ와의 관계를 중심으로」, 한국학중앙연구원 정치학과 석사논문, 2006, II장, V장 참조.
17   윤건차, 박진우 외역, 『교착된 사상의 현대사 : 1945년 이후의 한국·일본·재일조선인』, 창비, 2009, 172쪽.

다루어지도록 되어 있었다. 그러나 조직 차원에서 내려진 위로부터의 결정과는 별도로, 일본공산당과의 연대가 보다 광범위한 조선인 사회 내부로 좀 더 깊숙이 뿌리를 내린 것은 주지하다시피 1948년 4월 한신(阪神)교육투쟁을 거치면서부터였다. '재일조선인' 2세이며 조련을 기반으로 적극적으로 창작과 실천 양자를 병행한 작가 김달수는 한신교육투쟁 이후였던 자신의 공산당 입당을 다음과 같이 회상한다.[18]

확실히 1949년 5월인가 6월, 나는 일본공산당에 입당했다. 이 시기에 이르러 나는, 이라기보다는 나마저도 일공에 입당하게 된 것은 약간의 설명이 필요한 것 같다. 왜냐하면, 일공에 입당하는 것이라면 그 이전에도 얼마든지 기회가 있었기 때문이다. 당시 조련의 활동가는 거의가 전부 일공 당원이었다. 요컨대, 거칠게 말하면 개나 소나 모두 일공당원이 되었을 무렵으로, 실상을 말하면 그 점이 아직 젊었던 그 시절의 나에게는 마음에 들지 않는 부분이었다. **1948년부터 1949년 무렵이 되면 정세가 점점 변화되어 갔다.** 사회주의혁명은커녕 민주혁명이라는 것조차 수상한 조짐을 보이고 있었다. 나는 그때까지의 민족주의적인 청년에서 사회주의자가 되기로 결심하고, 스스로 일공에 입당했다.[19]

---

18 정확히 말하면 1920년 경남 창원에서 출생한 김달수는 재일조선인 1.5세라고 보아야 할 것이다. 가계가 몰락하자 양친이 형과 함께 먼저 일본으로 도항했고, 부친이 얼마 안 가 일본에서 사망했다. 10세 때 자신을 데리러 온 형을 따라 도일(渡日), 전구 염색 공장, 건전지 공장, 공중목욕탕 불 때기 등 도쿄 일대의 고된 임시 노동직을 전전했다. 그 가운데서도 와세다대학의 강의록으로 독학, 1939년 日本大學專門部藝術科에 입학하면서 문학과 관계된 활동을 시작한다. 김달수가 조련의 원조를 받아 요코스카에서 잡지 『민주조선』을 창간한 것은 1946년의 일이며, 新日本文學會의 회원이 된 것도 이 시기의 일이다. 이상 김달수의 연보에 대해서는 김학동, 『재일조선인문학과 민족 : 김사량, 김달수, 김석범의 작품세계』, 국학자료원, 2009, 326~359쪽 참조.
19 金達壽, 『わが文學と生活』, 靑丘文化社, 1998, 159~160쪽.

김달수 자신 역시 도쿄 조선고교의 일본어 교사로서 GHQ의 민족학교 폐쇄 조치와 직접적으로 결부되기도 했지만, 이 교육투쟁사건은 일본 내 조선인 주류 사회가 향후 어떤 주체화의 길을 걸을 것인지를 결정하는 하나의 선명한 분기점이었다. 이 사건은 소위 역(逆) 코스라 불리우는 GHQ의 정책 전환을 구체적으로 실감하지 못하던 일본 내 조선인들로 하여금 자신들이 더 이상 '해방된' 인민이 아니며, GHQ 역시 해방군이 아니라는 사실을 깨닫게 한 결정적인 계기가 되었다. 랑시에르(Rancière)에 의하면, '통치'와 '평등에 대한 요구'라는 이질적인 두 과정이 충돌하여 주체화가 이루어지는 공간이 바로 정치의 영역이다. '통치'의 과정이 사람들을 공동체로 조직하고 그 안에서 자리와 기능을 위계적으로 분배하는 일종의 치안(police) 행위라면, '평등'은 분배의 과정에서 경계의 바깥으로 내쫓긴(outcast) 자들 혹은 '몫 없는 자들'의 해방에 대한 정당한 요구이자 실천이다. 그리고 이 두 이질적인 힘이 만나는 자리에서 주체화는 이루어진다.[20] 귀국의 가능성은 점차 희미해지는 반면, 일본 정주(定住)의 확률은 무섭도록 현실화되던 이 시기, 저항의 현장에서 조우한 일본공산당원들의 존재는 조선인들이 '내쫓긴 자'로서의 자신들이 일본 내에서 과연 누구와 연대를 이루어야할지 직시하도록 만드는 일대 전환점이었다.

실제로 한신교육투쟁에 참여했던 일본공산당 당원과 노동조합 노조원들은 재일조선인 지도자와 함께 검거되었고, 고베에서만 해도 1,732명의 일본인이 검거되었다.[21] 물론 참여한 일본공산당의 입장에서 보자면, 그들 자신은 교육투쟁에 참가할 만큼 절실한 동기를 가진 조선인이 아니었다. 그러나 그렇다고 해서 그들은 GHQ가 민족학교

20　자크 랑시에르, 양창렬 역, 『정치적인 것의 가장자리에서』, 길, 2008(Jacues Rancière, *Aux Boards du Politique*, La Fablique Editions, Paris, 1998), 133~147쪽 참조.
21　이화정, 앞의 글, 2006, 31쪽.

폐쇄 명령을 내리고, 점령 이후 유례없는 '비상사태'를 선언하며 고베 시 내 모든 조선인들을 잠재적 폭력분자로 규정하였을 때, 여기에 조력한 일본 정부 혹은 일본 국민의 이름에 스스로를 쉽게 동일시할 수 없는 이들이었다. 일본인도, 그렇다고 해서 자치의 영역을 갖는 외국인도 아닌 처지에 놓여 있던 조선인들,[22] 그리고 적어도 교육투쟁의 현장에 참여했던 일본공산당원들은 양자 모두 어떤 하나의 내셔널한 정체성에 머무르지 않았으며(혹은 못했거나), 다시 한 번 랑시에르의 표현을 빌리자면, 정체성들 사이의 **틈새**에서 혹은 균열의 순간에 **함께** 하나(un)의 관계를 형성하며, 평등을 요구하는 정치적 주체로 행동한 셈이었다.[23] 물론, 이 상황에서 현장 참여 당원들과 일본공산당 지도부의 생각이 많이 달랐던 것은 엄연한 사실이다. GHQ와 정면 충돌하는 것을 두려워했던 1948년 당시의 공산당 지도부는 특히 고베에서 일어난 사건을 전적으로 조선인들만의 폭동으로 규정했고, 그리고 엄격하게 이를 비판했다. 뒤에서 다시 언급하겠지만, 일본인과 조선인들의 공투(共鬪) 현장을 바라보는 일반 당원들과 당 지도부 사이의 갭(gap)은 결코 작지 않은 것이었다.

김달수에게로 다시 돌아와 보면, 실제로 입당 이후 발표된 그의 텍스트들에는 일본공산당에 대한 관심이 부쩍 높아져있음을 확인할 수 있

22　1946년 12월 15일 귀환 종료를 1개월 앞둔 1946년 11월 5일 SCAP은 조선인의 법적 지위에 관한 방침을 발표했다. 『본국에 돌아가기를 거절하는 자는 정당하게 설립된 조선 정부가 그들을 조선국민으로서 승인하는 날까지 그 일본 국적을 보유하는 것으로 간주된다』라는 내용이었다. 여기서 일본국적을 보유하고 있는 자로 간주한다는 것은 조선인을 일본 정부의 지배하에 두는 것을 의미한다. 일본 거주 조선인을 관리할 수 있게 된 일본 정부는 1947년 5월 2일부로 칙령 제207호 『외국인등록령』을 발표했다. 이 두 규정 사이의 명백한 모순에 대해서는 テッサ・モーリス スズキ, 「占領軍へ有害な行動 : 敗戰後日本における移民管理と在日朝鮮人」, 『現代思想』, 2003.9.

23　김태기가 실증적으로 조사한 G2 자료에 의하면, 공산당 서기장 도쿠다 류이치는 조선학교 폐쇄에 관한 당원들의 항의를 어디까지나 「간사이 지방 공산당」이 아닌, 「조선인」 단독에 의한 것으로서 처리하고자 했다고 기록되어 있다.

다. 특히, 일본 내 조선인 사회의 주체화라는 관점에서 흥미로운 텍스트로, 「대한민국에서 온 남자大韓民國から來た男」[24](『新日本文學』, 1949.11)를 들 수 있다. 중심인물들이 조국의 독립과 혁명을 열망하며 투쟁을 위해 남한으로 출발하는 '떠남'의 모티브를 다룬다는 점에서, 이 텍스트는 공산당 입당 이후 김달수의 변화를 처음 보여준 것으로 평가되는 전작 「반란군叛亂軍」과도 구조적으로 유사하다. 그러나 전작과 달리 이 텍스트에서 눈여겨 볼 지점은 이 텍스트가 '떠남'의 모티브 못지않게 남아있는 이들의 선택에 관해 분명한 메시지를 보내고 있다는 점이다. 예컨대 텍스트 표층에서는 부차적인 인물로 등장하는 주인공 아버지의 태도 변화가 대표적이다. 재일조선인 사회에서는 보기 드물게 자영업자로 탄탄한 기반을 잡는 데 성공한 주인공의 아버지는 서사 초반에는 아들 "이용"의 남한 행 결심에 한사코 반대하는 인물로 그려져 있다. 독립된 이후에 남한으로 돌아가자는 아버지와 "무슨 낯짝으로", "당신네들이 피를 흘리고 목숨까지 잃으면서 싸워 독립을 이루어 준 덕택으로 이제 돌아왔습니다"라고 말할 수 있느냐는 아들의 언쟁은 서사 속에서 계속 평행선을 달린다.

그러나 결말 부분에서 이 텍스트는 일종의 반전을 준비한다. 투쟁의 현장으로부터 막 도망쳐 나온, 대한민국에서 온 남자 "신태원"은 조국에서 벌어지는 가열찬 투쟁의 양상을 독자들에게 생생하게 전하고 있으며, 그가 자신의 도일(渡日) 경위를 고백하는 서사의 클라이막스, 텍스트는 마침내 아들의 남한 행을 받아들이게 된 아버지의 심정 변화를 극적으로 함께 제시한다. 이 텍스트가 전작 「반란군」의 구조와 달라지는 지점 역시 바로 이 부분이다. "아아, 아버님. 오늘은 정말 대단하십니다. 이제 **공산당에 입당하시기만 하면**, 더 바랄 것이 없겠습니다"는 마을 연

24　　김달수,『박달의 재판』, 연구사, 1989.

맹원들의 말에 "나도 이제부터는 **공산당이 되겠네**, 자네가 많이 가르쳐주게"라는 아버지의 회심(回心)은 비록 자식에 대한 부모의 정리(情理)에서 출발한 것이라고는 해도, 어느모로 보나 명백한 정치적 선택임에는 틀림없다. 텍스트는 비단 조련의 간부나 젊은 열혈 당원 층뿐만 아니라 주인공의 아버지와 같은, 일본 사회에서 나름의 안정된 '몫을 가진' 계급조차도 '뿌리뽑힌 자'로서의 조선인이라는 정체성, 예외상태로 규정된 한갓된 '벌거벗은 생명'으로 스스로를 동일시하게 되는 순간을 결말로 제시한다. 요컨대, 이 텍스트는 일본 내 여러 경쟁하는 조선인 단체들 가운데서도 '조련'에 대한 확고한 지지와 더불어 일본공산당과의 연대로 이어지는 주체화의 유력한 한 방향을 분명하게 가리키고 있다.

향후 주체화를 둘러싸고 재일조선인 사회 저변에 흐르는 이 에토스(ethos)의 기류를 감안한다면, 1949년 조련 해산 이후 대한민국 정부가 보인 공식 반응이 다수의 조선인들에게 어떻게 비추어졌을까 짐작하기란 어렵지 않다. 특사를 파견한 이승만 정부의 반응은 일단 해산 조치의 정당성을 의심하는 데서부터 시작하고 있기는 하다. 그러나 궁극적으로 이 레토릭은 "조련·민청 등의 해산에 따른 일본 정부의 재산 몰수는 불법이며 이를 대한민국 정부에 반환할 것을 맥(McArthur) 원수에게 제의"[25]하기 위한, 일종의 준비된 포석이었다. 다시 말해, 대다수 재일조선인들의 입장을 고려한 것이었다기보다는 조련의 재산을 국고로 환수하기 위한 조치에 지나지 않았던 셈이다. 이로써 재일조선인 주류 사회와 남한 정부 사이의 갈등의 골은 이후 점점 더 깊어질 터였다. 물론, 당시 주류 재일조선인 사회의 적대 라인이 이승만 반공 정부만을 상대로 형성된 것은 아니었다.[26] 1948년 유례없이 혹독했던 한신

---

25 「정환범 주일 특사, 대일강화조약 문제와 재일조선인연맹 해산 문제 등에 대해 언급」, 『서울신문』, 1949.9.2.

26 이승만 정권과 재일조선인 주류 사회와의 갈등에 관한 보다 자세한 논의에 관해서

교육투쟁을 계기로, 일본 정부와 미 점령당국 GHQ를 향한 조선인들
의 집단적 저항은 이제 일본공산당원들과의 연대 속에 '반(反)제국주의'
와 '반미(反美)'의 모토로 집결될 수 있을 정도로 앙양되어 갔다.

3. "조선에 평화를!"―반전·반미의 논리와 '불가능한 동일시'

주지하다시피 일본공산당 지도부가 GHQ의 점령정책에 대해 노선을
변경한 시점은 코민포름 기관지에 「일본의 정세에 관하여」(1950.1.6)라
는 글이 게재된 이후의 일이었다. 국제공산당이 제기한 주된 비판은 노
사카 산조(野坂參三)가 지휘하는 당시 일본공산당의 '판단 착오'에 관해
서였다. 미군정 점령 하에서도 평화혁명이 가능하다는 그릇된 인식 하
에 아메리카 제국주의를 미화하고 있다는 것이 국제적 비판의 핵심이
었다. '정세'를 둘러싼 일본공산당 지도부 내의 의견 충돌과 분열이 상당
했다는 것, 이후 1951년 2월 당 지도부가 이제까지의 평화노선을 버리고
반미무장투쟁 방침으로 선회하였다는 것은 널리 알려진 사실이다.[27]
일본공산당의 노선 변경을 추동했던 힘 중에는 중국대륙의 혁명 성공
과 한반도에서 전개된 긴박한 전황(戰況)이라는 외부 정세 역시 컸지만,
당내 파벌 정치라는 내부적 요인의 비중은 실상 지대한 것이었다. 당 지
도부는 극심한 내부 진통 끝에 결국 무장투쟁이라는 이른바 새로운 국
제 노선으로 갈아탔지만, 이전투구(泥田鬪狗)식 계파 다툼 직후 현장에

는　崔德孝, 「「反革命」秩序の形成と在日朝鮮人」, 『継續する植民地主義』, 岩崎
　　稔·大川正彦·中野敏男·李孝德, 東京 : 靑弓社, 2005, 95~114쪽.

27　Peter Berton, 노수영 역, 「전후 일본공산당의 변천사」, 『일본연구논총』, 1989.12.

서의 투쟁을 본격적으로 조직할 여력도 의지도 제대로 남아 있지 않은 것이 사실이었다. 일괄적으로 이야기하기 어려운 부분도 있기는 하지만, 결국 당의 주력 부문이 무력투쟁을 조직하고 담당했다기보다는 당시 점령당국의 레드퍼지(レッド・パージ)로 숙청되어 대량 해고된 일본인 노동자들과 젊은 학생들로 이루어진 평(平) 당원들, 재일조선인 활동가들이 주력이 되어 이른바 삼반(三反) 투쟁의 현장에 나서게 된다. '반미, 반요시다, 반이승만'의 모토가 바로 그것이었다.[28]

실제로 한국전쟁 2주기를 전후로 해서는 일본 각지에서 재일조선인 – 일본공산당원 – 학생 – 노동자의 민제적 연대 하에 격렬한 반전시위가 열렸다. 1952년, 천황궁 뜰 앞에서 노동자들이 "미국은 물러가라"는 구호를 일제히 외친 이른바 '피의 메이데이'를 필두로, 6월 26일 신주쿠(新宿) 역 앞에서는 데모대들이 경찰과 물리적인 충돌을 벌였고, 당시 일본의 신문들은 사제(私製) 피스톨과 화염병이 난무하는 대형 사진을 연일 게재하며 역 앞 '광장은 **마치 전쟁**과 같았다廣場はまるで戰爭'[29]는 식의 머리기사를 뽑아냈다. 도쿄뿐만이 아니었다. 조선인 밀집 구역이기도 한 오사카의 중공업 공장 일대에서는 후일 쓰이타(吹田) 사건이라든가 히라카타(枚方) 사건 등의 이름으로 불리우게 될 조직적인 반전데모와 한반도로 보내는 군수물자 수송을 저지하는 강경 투쟁이 연이어 일어나는 중이었다. 일련의 '소요' 사건들은 일견 평화로워 보이는 일본 사회의 일상이 아메리카의 군사 기지로서 전쟁에 이미 깊숙이 관여하는 가운데 위태롭게 지탱되고 있는 것임을 '폭로'하고 '입증'하는, 문자 그대로의 전쟁 '실연(實演, demonstration)'이었다.

---

28 무장투쟁 노선을 둘러싼 일본공산당 내 계파 간 분열과 무력투쟁의 주력에 관한 보다 자세한 설명에 대해서는 脇田憲一, 『朝鮮戰爭と吹田・枚方事件』, 東京 : 明石書房, 2004, 271~298쪽.

29 「新宿驛で衝突 : 飛ぶ催淚筒, 火焰ビンの雨」, 『朝日新聞』, 1952.6.26.

　　그런데 홍미로운 것은 일본 내 반전·반미의 움직임에 대한 일본 정부와 거류민단 양측의 반응이었다. 요시다 내각은 일련의 사태의 원인을 '난폭한' 재일조선인들의 성향으로 돌렸던 반면, 민단 측은 이 모든 것이 "**일본의 반미 사상의 폭발임에도 불구하고** 요시다 수상은 이를 은폐하기 위하여 **한국인에게 그 책임을 전가** (…중략…) 과거 히틀러가 모든 악을 유대인에게 전가시키려는 것과 동일한 방법"[30]이라며 강력한 유감을 표시했다. 말하자면, 일본공산당과 재일조선인이 모처럼 구축한 민제적 연대는 다시금 (연대) '외부'의 입장에서 각각의 네이션 축으로 해체되어 재해석되는 상황이었다. 그렇다면 이쯤에서 우리는 한 가지 질문을 제기하지 않을 수 없다. (연대) '외부'의 관점이 아닌, 재일조선인-일본공산당원들의 (연대) '내부'에서는 이 '불가능한 동일시'를 둘러싸고 구체적으로 어떠한 견해와 정치적 비전들이 오고갔을까. 이들 '내부'에서는 자신들의 결합을 어떠한 방식으로 상상하고 재현하였을까.

　　아닌 게 아니라 그들의 연대란 일본 사회 내 오랜 차별의 기호인 '민족'을 가로질러 이루어진 것이었던 만큼, 불안정과 동요를 태생적으로 수반하게 마련이었다. 1949년 해산된 조련 내부에서도 '본국 지향'이냐 '일본의 민주화 지향'이냐를 두고 끊임없는 논쟁이 일어난 것도 분명한 사실이었다. 이들의 민제적 연대와 네이션 축 사이의 갈등에 관한 유사한 사례는 실은 얼마든지 있었다. 예를 들어, 1950년 12월, 김달수가 발표한 단편 「눈빛眼の色」(『新日本文學』)은 재일조선인을 위시한 일본 내 피(被) 차별부락의 제(諸) 문제 역시 현재로서는 일본공산당이라는 상위 루트 속에서 해결되어야 한다는 견해를 시사한 바 있다. 아니나 다를까, 곧이어 차별 부락 측에서의 문제 제기로 격한 논쟁의 국면이 조성되었던 일은 그 전형적인 예들 중 하나다. 오사카의 히라카타나

30　「재일거류민단, 일본 정부 왜곡 선전 반박」, 『서울신문』, 1952. 5. 18.

스이타 사건 등에 연루되었던 혈기왕성한 재일조선인 청년들이 '반미 무장투쟁'이라는 일본공산당 지도부의 당면한 아젠다 달성에 결국 '이용당하고' 만 것이 아니었냐는, 후대 일본의 양심적 지성들의 목소리 역시 납득할 만한 것이기도 하다.[31] 실제로 스이타 사건 당시 체포된 시위대 250여명 가운데 111명이 소요죄와 공무방해죄로 일본 검찰에 기소됐고, 그 가운데 40%가 조선인이었다. 조선인들에게 유독 혹독했던 일본 사법부의 재판은 19년에 걸쳐 진행되어, 이는 함께 기소되었던 일본인들에 대한 처우와는 비교할 수 없을 정도였다.[32] 일본공산당 중앙 지도부가 이 과정에서 보였던 철저한 무관심과 무능 역시 잘 알려져 있는 사실이다.

그럼에도 불구하고, 공산당 지도부가 아닌 재일조선인 활동가와 현장에서의 평당원들 사이에 이루어졌던 이 '불가능한 동일시'[33]의 내부 구조가 어떠했는지 상상할 수 있는 단서를 제공해주는 모범적인 레퍼런스로서 고바야시 마사루(小林勝)의 텍스트를 거론해볼 수 있다. '불가능한 동일시'란 앞서 언급한 랑시에르가 사용한 개념으로, 1961년 10월 파리 경찰국장이 내린 야간통행 금지 명령에 항의하기 위해 모인 수백여 명의 알제리인들이 무차별 학살된 사건을 경험하며 이 개념을 추출해낸다. 비록 알제리인은 아니지만, 이들을 죽음으로 몰고 간 프랑스 국민이라는 이름을 자발적으로 거부한 현장의 프랑스인들과 알제리인들과의 '불가능한 동일시'는 이렇게 등장했다. 이 시기의 경험으로부터 자신의 정치 이론의 토대를 마련한 랑시에르는 "내가 속한 세대에게 정치란 하나의 불가능한 동일시에 바탕을 두"고 있음을 밝힌다. 물론

31 　尹健次,『日本國民論 近代日本のアイデンティティ』, 東京 : 筑摩書房, 1997; 西村 秀樹,『大阪で鬪った朝鮮戰爭 : 吹田枚方事件の靑春群像』, 東京 : 岩波書店, 2006 역시 쓰이타사건 등을 바라보는 양심적 일본 지식인의 관점을 대표한다.

32 　「일본공산당의 조선인을 기억하라」,『한겨레신문』, 2005.8.5.

33 　자크 랑시에르, 앞의 책, 2008, 142쪽.

프랑스와 알제리, 일본과 한국 사이의 경험이 완전히 동일한 것은 아닐 테지만, 전후 구 제국인과 식민지인들 사이에서 이루어졌던 정치적 합의의 역사적 순간과 통치 권력에 대한 저항의 양상은 분명 공약 가능한 측면을 제시해준다.

'불가능한 동일시'라는 개념에 유의하면서 다시 고바야시에게로 돌아와보면, 그 자신 재조(在朝) 일본인 2세로 경남 진주에서 태어나 유·소년기를 대구에서 보낸 고바야시는 전전과 전후를 관통하여 일본과 한반도를 오갔던 월경의 경험을 창작의 출발점으로 삼고 있는 이채로운 경력의 소유자다. 특히 「가교架橋」(『文學界』, 1960.7)는 1952년 공산당원의 신분으로 도쿄 시내의 반전투쟁에 직접 가담했던 작가 자신의 경험과도 깊은 관련이 있다. 한반도에 보내기 위해 수리 중인 미군 지프차, 트럭, 전차 등을 파괴하고자 화염병 임시 조(組)가 된 일본 소년과 조선 청년 두 사람에 관한 이 이야기는 실제 오사카의 스이타나 나고야의 오스 등지에서 일어났을 법한 공산당원들의 비밀스런 집산과 기획의 장면들을 생생하게 환기해낸다. 그러나 당시 반전운동의 열기를 배경으로 한 「가교」라는 텍스트가 보다 주력했던 문제는 투쟁 현장의 사실적인 디테일들을 반영하는 것이라기보다는 제국과 식민지의 불행한 과거를 가진 두 민족이 냉전과 신식민이라는 새로운 '공동투쟁'의 국면에서 과연 **어떠한 표정으로 서로 마주할 수 있을까** 하는 보다 역사적인 차원의 문제였다.

하나의 지령 아래 조직된, 상대방을 전혀 모르는 열아홉 살의 소년과 조선인 청년, 그것은 무수한 인간관계 가운데 하나에 불과하지만 얼마나 기묘한 것일까, 라고 아사오는 생각하고, 그러나 하나의 지령 아래 같은 위험을 무릅쓰려고 하는 공통된 상황에서 인간적이고 친근감 있는 시선을 보냈다. 그것은 이쪽에서 친근감을 표현함과 동시에, 상대로부터 확실한 반응을 유도해내어 하나의 실로 서로 묶기를 바라는 시선이었다. 하지만, 아사오를 보는 **청년의 시선은 의외로 냉담했다** (…중략…) 아사오는 귓속에서 무엇인가가 우는 느낌을 받았다. **거부되었다**, 거부되었다고 그는 마음속으로 되풀이해서 되뇌었다. 이 자식은 내 미소도, 친근감을 표시한 내 마음도 거부했다. **도대체 이게 무슨 일인가.**[34]

이후 작가 스스로 다른 지면을 통해 밝혔듯이, 「가교」라는 텍스트는 두 민족의 연대에 관해 "아무런 근거도 없는 낙천적이고 공허한 희망에 몸을 맡기는"[35] 식의 입장과는 분명히 거리를 둔다. 비록 현재 반전(反戰)이라는 동일한 목표 하에 서로의 손을 잡았다 하더라도, 일본인과 조선인의 입장은 전혀 다를 수밖에 없다는 사실, 그 역사의 무게와 불편함이 이 텍스트에서는 쉽게 해소되지 않고 응어리진 채 남아 있다. 그도 그럴 것이 일본 청년 아사오에게 반전운동이란, 조선 땅에서 소련군에게 무참히 살해된 특고(特高) 경찰 아버지의 죽음을 언제부터인가 이념적으로 납득하게 되어버린 스스로에 대한, 어떤 가시적인 입증 행위이기 때문이다. 반면, 조선 청년에게 일본인 아사오가 토로하는 참가의 변(辯)이란, 비하할 생각은 결코 아니지만 그렇다고 그리 대단할 것도 아닌 당시 수많은 사연들 중의 하나다. 아니, 조선인 청년에게 아사오의 이야기는 오히려 "일본인에게 살해된 중국인과 조선인은 몇천만 명이나 있다는 사실"을 환기하는 하나의 예로서 보다 의미 있다. 주목할 것은 그렇다고 해서 「가교」의 저변에 흐르는 정서적 기류가 두 민족의 불편한 연대에 대한 전형적인 비관으로 쉽게 환원되지 않는다는 것, 역사의 하중에도 불구하고 한 조로 행동 가능했던 양 민족의 '불

---

34 「가교」에 관한 선행연구로는 신승모, 「고바야시 마사루小林勝 문학의 '가교'로서의 가능성」, 『일본제국주의 시대 문학과 문화의 혼효성』, 지금여기, 2011.
35 남종영, 「조선인이냐 공산당이냐」, 『한겨레신문』, 2005.8.5.

가능한 동일시'에 대한 비젼을 힘겹게 제시해준다는 점이다.

그렇다면 「가교」라는 텍스트가 보여준 이 민제적 연대의 감각을 트랜스내셔널리즘의 관점에서 어떻게 평가해야 할까. 알려진 바대로, 현실의 일본공산당은 1955년 이른바 육전협(日本共産黨第六回全國協議會)에서 기존의 무장투쟁 노선을 일체 부정하고 이를 극좌모험주의로 규정하는 등 혹독한 자기비판을 수행하였다. 이 과정에서 재일조선인들이 활약했던 무장투쟁 역시 공식 기억으로부터 삭제된다. 투쟁의 선봉에 나섰던 조선인 당원들은 개인 별로 공산당 탈당을 요구받거나 혹은 조용히 집단 탈당한 바 있다. 1955년, 일본공산당으로 활동하던 또 다른 재일 작가 고사명은 "조선인을 그만둘 텐가, 공산당을 그만둘 텐가?"라며 당의 윗선으로부터 선택 아닌 선택을 요구받게 된다. 일본공산당이 암묵적으로 이른바 순혈의 에스닉 정치를 표방하기 시작한 무렵의 일이었다. 실제로, 2003년 1월 공산당 중앙상임위가 펴낸 공식 역사서인 『일본공산당 80년 日本共産党の八十年－1922~2002』역시 1950년대 초반 조선인들의 투쟁사에 대해서는 일절 함구하고 있다.[36] 그러므로 이러한 정황들을 감안해본다면, 재일조선인과 투쟁 현장 속의 일본공산당원들 사이에 이루어졌던 민제적 연대에 관한 이후 개별적인 역사적 사실들은 일본과 조선 두 네이션 사이의 전통적 권력 관계로 받아들여지고 있는 '이용하다/이용되다'라는 도식을 확고부동한 것으로 재차 굳히는 것이었다.

그럼에도 불구하고, 고바야시 마사루나 김달수의 당시 행적 자체나 그들의 텍스트에는 분명 이 스테레오 타입의 도식[37]으로는 온전히 설

---

36 위의 글.
37 고영란은 김달수의 「눈빛眼の色」을 둘러싼 논쟁 분석을 당시 일본 문단의 복합적인 컨텍스트 속에 배치함으로써, 재일조선인과 일본공산당의 관계를 '이용하다/이용되다'의 관점에서 파악하는 방식이 지나치게 단선적인 이해임을 보여주었다. 그에 의하면, 적어도 조선인 당원이 일본공산당을 떠나게 되는 1955년에 이르기까지 「조선」

명할 수 없고, 이를 초과하는 어떤 여분의 정념(passsion)으로 미만해 있다는 점을 덧붙이지 않을 수 없다. 거기에는 분명 "국가(민족)가 보고, 말하고, 셈한 인민과는 다른"[38] 종류의 인민들이 만나, 각자에게 부여된 사회적 이름들을 자발적으로 기각하고 그 자체로 또 다른 공간을 산출했던 '불가능한 순간'이 재현되어 있다. 가령, 1952년 9월 고스게(小菅)의 도쿄 구치소 담장 안으로 시간을 되돌려보자. 거기에는 한국전쟁·파괴활동방지법안 반대 데모를 하다 체포된 24세의 젊은 고바야시 마사루가 서 있다. "5년 만에 출옥해서도 여전히 단지 조선인이라는 이유로 수갑을 풀지 못하고, 매사에 간수와 충돌하던" 조선인 리 쇼 게이와 "단지 조선인이라는 이유로 죽음이 확실하게 기다리고 있는" 조국으로 송환된 조선인 소우 자이 인을, 그는 하염없이 애도하는 중이다. "담장 밖에서도 안에서도 그대들에게 아무 것도 해줄 수 없던 우리 일본공산주의자들"이라는 주어진 이름을 부끄러워하며.[39] 고바야시 마사루 뿐만이 아니다. 반전 공투의 현장에 참가했던 또 한 사람의 일본인 문학자 구리하라 유키오(栗原幸夫)의 경우는 어떤가. 그는 「그 시절의 동지여」[40]라는 글에서, 자신의 막역한 친구들이었던 재일조선인 활동가들을 안타깝게 추억한다. 국가나 당과 같은 권위적 지도부가 아닌 현장의 민중, 그것도 추상적인 집합 명사로서의 민중이 아니라 선명하게 얼굴을 떠올릴 수 있는 한 사람 한 사람의 구체적인 인간과의 연대, 그

표상은 계급과 민족을 둘러싼 언설과 복합적으로 교착하고 있는 형국이었다. 오히려 이 논쟁에 대한 시선을 통해 재발견할 수 있는 것은 오늘날 연구자들이 (무)의식적으로 가진 '일본민족' 대 '조선민족'이라는 에스닉 아이덴티티에 의거한 선긋기의 욕망이라는 것이다. 이 글은 위 관점에 시사, 계발(啓發) 받은 바 적지 않음을 밝혀둔다. 고영란, 「占領とアイデンテイテイーの表象をめぐる抗爭－金達壽」, 「眼の色」を中心に」, 『일본어문학』 28, 2006.

38 자크 랑시에르, 앞의 책, 2008, 215~229쪽.

39 고바야시 마사루, 이원희 역, 「나의 조선」, 『쪽발이』, 소화, 2007, 308~309쪽.

40 栗原幸夫, 「あの日々の同士よ」, 『インパクション』, vol 137, 2003.

것이 "나의 연대의 원점"이라고 그는 고백한다. 이후 아시아·아프리카 작가회의의 국제 서기국장을 역임하게 될 구리하라는 덧붙인다. 자신이 일본인이라는 이름을 마음 놓고 "승인"할 수 있는 때는 오직 공통의 목표 하에 아시아의 여러 친구들과 함께 행동할 수 있을 때라고.

고바야시나 구리하라가 반전 공투의 경험을 토대로 자신에게 실정적으로 할당된 일본인이라는 이름 너머를 상상했다면, 또 다른 재일작가 김시종(金時鐘)은 조선(Korea)이라는 민족적·역사적 기표로서의 네이션 너머를 응시한다. 일본공산당 민족대책부 산하 조국방위위 기관지 『마루세(マルセ)』의 기자   자격으로 현장에서 스이타 사건을 지켜본 그는 1971년 한 번도 만나 본 적 없는 고바야시가 사망하자 그의 죽음을 깊이 애도한다. 그는 "상대방의 변화만을 연대의 증거로 보는" 재일조선인들의 오래된, 이제는 일종의 습관이 되어버린 자세를 비판했다. "쪽발이 등 일제 하의 풍화된 원한의 소리를 뭔가 주저없이, 그것이 자기 자각의 척도인 양 거리낌없이 입에 담는 재일조선인의 전승(傳承)을 나는 혐오한다."[41]

돌이켜보면, '이용하다/이용되다'라는 도식은 제국–식민지 간의 일반적인 관계 양상을 총괄하는 간명한 진리를 포함하고 있기는 하지만, 전후 역사에서 여전히 적용 가능한가는 다시 생각해보아야 할 문제이다. 역내 친미 반공국가로서 한국과 일본 정부가 불편한 속내를 끝내 감추면서도 공조했던 양상이라든지 혹은 미국과의 관계를 놓고 경쟁을 벌인 복잡한 국면들을 포괄하기에 이 도식은 지나치게 단선적인 측면이 있는 것이 사실이기 때문이다. 이후 서술에서 좀 더 분명히 드러나겠지만, 재일조선인을 이용한 주체가 있다면, 그것은 일본 정부 뿐

---

41 정병욱, 「일본인이 겪은 한국전쟁 : 참전에서 반전까지」, 『역사비평』, 2010 여름에서 재인용.

아니라 남북한 정부 모두가 해당될 터이다. 따라서 이러한 기존의 명명 방식이 가지는 가장 큰 문제는 내셔널한 구획으로 나누어져 있는 까닭에, "타자가 고정해놓은 정체성을 거부"하거나 혹은 "변조"·"단절"하는 가운데 이루어진, 양국에서의 보기 드문 민제적 "정치적 주체화"의 순간 자체에 관해서, 어쩌면 여전히 각각의 내셔널한 방식으로 침묵하고 있는 형태일지 모른다는 점이다.

4. 참전 혹은 배반으로서의 네이션

일본 내 조선인 사회가 한반도에서 벌어지고 있는 수준의 이념적 반목과 대립 양상을 고스란히 재현해 보였다는 것은 한국전쟁을 둘러싼 대응에서도 여실히 확인되는 바다. 조련계열이 반미·반전의 데모나 군수물자 수송 저지를 위한 무장투쟁의 노선을 선택했던 것과는 정반대로, 민단계열은 한국전쟁 발발 직후부터 참전이라는 형태로 우파 단체들의 공론을 집결시켰다. 물론 전쟁 소식을 최초로 접했을 당시 발표된 민단중앙본부의 담화란 매우 낙관적이고 여유만만한 것이었다. "한국은 동족상잔의 전쟁을 피해왔던 까닭에 은인자중(隱忍自重) 해왔다. 그럴 마음만 먹는다면, 한국군은 일주일이면 평양을 점령할 것이다." 그러나 대전으로 피신한 이승만이 서울을 사수하겠다는 허위 라디오 방송을 내보내던 6월 27일, 민단본부 산하의 재일본한국한생동맹(韓學同)에서는 불리한 전황 정보를 입수한 조선 청년들이 모여 "청년들이여, 총궐기하여 참전하자"라는 내용의 혈서를 쓰기 시작했다.[42]

한국전 참전의 경험을 수록한 자서전적 수기와 『재일동포 6.25전쟁 참전사』(재일학도의용군동지회, 2002)에 실린 다양한 인터뷰 기록들에는 당시 젊은이들의 참전 결단을 둘러싼 극적 정황들이 자세히 묘사되어 있다. 그 가운데는 이활남의 전쟁 수기『혈혼의 전선』(재일교포학도의용군자립동지회, 1958, 계문사)에서와 같이, "착잡한 표정으로 잠시 심각하게 생각하시더니 조금 후 나의 출정(出征)을 승낙해주었고, 몇 마디의 주의(注意) 말씀도 해주었다"는 식의 비교적 차분한 부자(父子) 대면도 물론 있었다. 그러나 대부분의 참전은 부모와 형제, 심지어는 갓 결혼한 아내의 만류 가운데 설득에 설득을 거듭하는 눈물의 드라마였다. 혹은 끝내 야음을 틈타 집을 빠져나와 도시를 옮겨가며 몰래 입영하는 일종의 서스펜스 극이기도 했다. 심지어 오사카 지부의 재일학도의용군 지원병들 사이에서는 정상적인 군사 행정의 절차를 기다리고 있을 여유가 없으니, 밀항선을 이용해 현해탄을 건너 참전하자는 대담한 계획이 세워지기도 했다. 비록 실행에 옮겨지지는 못했지만, 개중에는 일본 경비정에게 체포되면 항복하는 척하면서 일본 경비정까지 나포해간다는 실로 무모한 계획조차 있었다.[43]

『참전사』를 비롯한 수기나 르포 텍스트에서 밝혀진 이들의 기본적인 지원 동기는 두말할 것 없이 조국애였다. 죽음이 두렵지 않을 정도의 혈기왕성한 젊음 때문이기도 했지만, 그들에게는 참전이라는 자신들의 실천이 "죽기 일보 직전의 조국부터 살려 놓"기 위해 "가장 먼저 해야 할 일"(조영진, 당시 메이지대학 1학년, 123쪽)로 다가왔다. 참전이 이처럼 의무로 자각되는 이상, 그것의 불이행은 따라서 양심의 가책을 동반하게 마련이었다. 청년들은 "이 못된 놈아, 너는 무엇을 하고 있느냐"는 호통을 꿈속에서조차 들었고, "지금 싸우지 않고 여기서 편안하게

42　金贊汀,『在日義勇兵歸還せず：朝鮮戰爭秘史』, 東京：岩波書店, 2007, 10쪽.
43　『재일동포 6.25전쟁 참전사』(김교인 발행), 재일학도의용군동지회, 2002, 128쪽.

지냈다면 아마 나중에 평생 가슴에 후회가 남을 것이다"(강대윤, 당시 일본병원 근무, 130쪽)라는 논리로 가족과 친지는 물론 일본에서의 학업이나 궤도에 오른 사회생활에 미련이 남아 있는 자기 자신마저도 끈질기게 설득해야 했다.

가라타니 고진(柄谷行人)이 근대 네이션을 일종의 교환 양식으로 취급해야 한다고 했을 때, 그것은 전통적인 의미의 공동체와는 다르지만 그럼에도 불구하고 여전히 부모와 자식 사이의 관계와 같은 호혜적(reciprocal) 교환, 즉 모든 교환양식의 기초라는 성격을 강하게 갖는다. 자신의 의지로 태어난 것이 아니라는 것을 깨달았을 때, 자식은 이미 부모로부터 삶을 증여받았고 이를 갚지 않으면 안 된다. 설령 갚지 않는다 하더라도 부채감을 오롯이 짊어지는 구조인 셈이다. "호혜적 교환은 의무적이어서 교환의 의무를 다하지 못하는 자는 낮은 위치에 놓인다 (…중략…) 지배-피지배는 폭력에 의해서만이 아니라, 오히려 아낌없음에서 생기는 것이다. 전자가 권력이라면 후자는 권위이다. **권위란 갚는 것이 불가능한 증여를 받았다고 느끼게 만드는 것**"이다.[44] 태평양전쟁 종전 직전 가미카제(神風)가 되어 출동 명령을 받았다가 기적 같은 소집 해제를 맞이한 젊은이는 이후 자신의 삶을, 민족을 위해 일하라는 일종의 '덤'으로 증여받았다고 느끼기 쉬웠다(당시 게이오대학 기계공학과 재학, 양옥룡, 129쪽). 요컨대, 우파 계열의 조선인 청년들은 궁극적으로 귀속되리라 믿어 의심치 않은 네이션의 권위에 자발적으로 혹은 열광적으로 복종한 셈이었고, 그들의 월경은 적어도 심정 차원에서는 철저하게 내셔널한 호혜적 지평 위에서 이루어졌다.

물론 국경을 초월한 민제적 반공 연대의 움직임이 민단계열에서도 전혀 존재하지 않았던 것은 아니다. 애초부터 그들의 조국애에는 분명

44　가라타니 고진, 조영일 역, 『네이션과 미학』, 도서출판b, 2009, 15쪽.

히 반공이라는 제한된 수식어가 붙어 있었는데, 일본의 식민 지배로부터 해방된 지 불과 5년, 한반도가 다시 소련의 식민지가 될 것을 민단계열의 조선인들은 간절히 우려했다. 해방 직후부터 "좌익과의 싸움에 앞장선 터라 공산당이라면 이가 갈린"(조용갑, 재일대한청년단 오사카 본부 활동가, 128쪽)다는 이유에서 지원한 이들이 대부분이었다. 그런데 뜻밖에도, 여기에 일본인들이 가세한 것이었다. 재일의용군의 실상을 파헤친 김찬정의『재일의용병은 귀환하지 못하고在日義勇兵歸還せず』(岩波書店, 2007)에 의하면, 1950년 7월 4일 현재 일본 전국 각지에서 모인 의용병 지원자 총 797명 중 150명은 일본인이었다. 가고시마(鹿兒島)현의 경우, 64명의 지원자 가운데 63명이 일본인이었다.

그렇다면, 이 일본인들은 대체 누구인가. 조련과 현장의 이름없는 일본공산당원들의 연대가 그랬듯, 우파 버전의 자생적인 민제적 연대 역시 존재했던 것일까. 1950년 6월 30일자『마이니찌 신문(每日新聞)』은 일본인 지원자들이 조선으로부터 갓 귀환했던 20~30대 청년들로, 이들은 반소 · 반공을 외치며 자신이 구(舊) 특공부대 소속이었다든가 항공관계 등의 특수 기술 소지자였음을 내세우는 허름한 옷차림의 사람들이었다고 보도했다.[45] 실상, 그들은 참전의 보수가 점령당국으로부터 달러(dollar)로 지급될 것임을 기대하고 지원한, 패전 이후 일본 도처에 가득했던 일종의 실업자 군(群)에 가까웠다. 그렇다면, 민단중앙본부나 한국 측의 반응은 어땠을까. 민단 측은 고심 끝에 일본인 지원자들을 정중하게 거절한 것으로 알려져 있다. 시간차는 있지만, 당시 대한민국의 여론은 이 일본인 파병 이슈에 대해 통일되지 않았던 것으로 보인다. 재무장이나 파병을 "구(舊) 일본으로 돌아가 아시아에 다시금

---

45 『每日新聞』, 1950.6.30; 김찬정,『재일의용병은 귀환하지 못하고 在日義勇兵歸還せず』, 岩波書店, 2007, 13쪽에서 재인용.

군림할 것을 꿈꾸"[46]는 전후 일본의 노림수로 받아들인 측도 있었던 반면, 전황의 전개 상 "민주주의의 공유공존(共有共享)"을 위해 관계국들과의 "현명한 노력이 필요할 것"이라는 타협안도 만만치 않았기 때문이다.[47] 그러나 중요한 사실은, 결국 반공이라는 기치 하에서 자발적인 밑으로부터의 민제적 연대는 그 모호한 동기는 차치하고서라도 신생 네이션의 경계의 벽에 가로막혀 실행되지 못했다는 점이다. 이 벽이 제국-피식민자로서의 역사적 경험으로부터, 그러나 아직 어제 일처럼 생생한 현재적 기억으로부터 유래한 것임은 물론이다.

물론 우파계열의 국가 간 월경의 움직임이 밑에서 부터가 아니라 위에서부터 아래로, 소위 참전 연합국들의 이름으로 수행되었다는 것은 반드시 환기되어야 하는 대목이다. 이와 관련하여 흥미로운 것은 이 상명하달식 합종연횡의 흐름이 재일의용군으로 대표되는 내셔널한 호혜 메카니즘과 도처에서 충돌하면서 초기부터 삐그덕거리고 있었다는 점이다. 가령, 민단본부가 주일대표부를 통해 각지에서 몰려든 비분강개한 젊은이들의 참전 의사를 한국 정부에 전달했을 때, 이승만의 첫 반응은 경계 섞인 무관심이었다. 이른바 갚을 길 없는 증여에 대한 변제가 거부되는 상황. 재일조선인 사회에 대한 이 같은 이승만의 냉담은 비상상황인 전시(戰時)라는 요인도 있었지만, 일단 이들의 대부분이 조련 계열일 것이라는 데서 오는 본능적 '직관'에 가까운 경계였다. 실제로 한국정부는 일본 내 참전 청년들 가운데 조선민주주의인민공화국의 첩보원이 섞여 있을 것을 우려했으며, 결국 참전을 요청하는 주일대표부공사에게 이승만은 점령당국에게 가부를 문의하라고 통보하게 된다. 그러나 아이러니한 것은, 참전을 놓고 신경전을 벌이던 상황

---

46 「사설 : 일본 재무장이 올바른 일일까?」, 『부산일보』, 1951.2.1.
47 「사설 : 일본 강화에 대한 우리의 태도」, 『동아일보』, 1951.1.22.

이 미 점령당국인 SCAP의 인가(認可)로 인해 가뿐히 종료되었다는 점이다.[48] 인천상륙작전으로 턱없이 모자라게 된 미군 병력에 대한 보충분의 의미로 재일조선인들의 참전이 인가된 것이었다. 미국이라는 대타자의 승인이 없다면, 네이션에 대한 의무의 자발적 변제조차 불가능했던 정황은 '해방' 이후 한국 내셔널리즘의 구조가 어떠한 것이었나를 다시금 되돌아보게 하는 대목일 수밖에 없다. 이러한 사태를 여실히 반영하듯, 의용병 수기의 구체적 각론은 대부분 인천상륙작전으로부터 시작된다. 인천상륙 자체가 극비리에 수행된 미군의 전략이었던 탓에, 수기 속의 말단 의용병들은 최소한의 군사 훈련도 받지 않고 급작스레 일본을 떠난 자신들이 대체 어디를 향해 가고 있는지 전혀 짐작도 하지 못한 채였다.

> 아침이 되어 허연 안개 속에서 겨우 보일 정도로 섬이 나타났으나 거기에 무엇이 있는지 도저히 육안으로 판단할 수 없었다. 그러나 점심 때에 바닷물을 보니 색이 맑지 않아 동해는 아니고, 또 흐려있는 것으로 보아 큰 도회지의 항구 앞 바다는 틀림없었으며 이 많은 병력과 보급품을 적재한 것을 **미루어 보면 인천항은 틀림없다**는 확신을 가졌다. 밤이 되어 미군 대위가 와서 "현재 서울 영등포 일각에서 적군의 맹렬한 저항으로 치열한 전투가 전개되고 있지만, 서울 탈환은 시간문제"라고 전황을 말해주어 인천항이란 것을 확실히 알았다.[49]

조선 청년 642명의 참전은 시작부터 그들 자신이 원했던 바대로의 호혜적 교환의 양식은 결코 아니었다. 오히려 그것은 그때그때의 전황

48　애초에 점령당국은 민단계열 조선인의 참전이 조련계열을 자극하여 대대적인 좌파측의 참전으로 확장되는 상황을 우려하였다.

49　이활남, 『혈혼의 전선』, 재일교포학도의용군자립동지회, 1958, 계문사.

에 의거한 미국의 임시 판단으로 이루어진, 기능적인 군사 행정 조치에 보다 가까웠다. 일반적으로, 전쟁수기 양식의 서사 내 갈등이란 전장에서 마주치는 적(敵)과의 대립 구도와 생생한 전투의 현장감에서 발원하게 마련이다. 그러나 재일의용병들의 전쟁 수기에서 공통적으로 두드러지는 것은 이 어긋난 증여와 변제의 내셔널 형식에 관한 끝모를 당혹감과 깊은 탄식이었다. "異邦數千里에서 조국의 役軍으로 自願하여 온 우리들에게 어색하고 이렇게 서막한 괴로움을 준다는 것은 차마 견딜 수 없었다."[50]

　게다가 불행히도 이 어긋남의 구조는 참전 초기에서 전투·소집 해제 및 이들의 귀환 절차까지를 모두 결정할 터였다. 특히 귀환의 경우가 문제적이었다는 점은 르포 종류의 텍스트들이 가장 주력하여 밝히는 부분이기도 하다. 물론 미군 부대에 배속받은 조선인들의 경우, 미군과 함께 일본으로 돌아가 자의든 타의든 무사히 소집해제를 맞이한 편이었다. 그러나 국군 측으로 편입되어 한국 땅에서 제대한 청년들의 경우, 놀랍게도 가족과 일터가 있는 삶의 기반인 일본으로 돌아갈 길이 이미 막혀 있었다. 이들이 현해탄을 다시 건너지 못한 요인은 일반적으로 샌프란시스코 조약 이후 '국가주권'을 회복한 일본이 네이션 체제의 관문인 입국관리법을 정비하고 편의적으로 이를 해석했기 때문이라고 알려져 있다. 그러나 그들을 인천으로 부랴부랴 투입했던 미국이나 어찌되었든 이들을 병력으로 맞이했던 한국 정부 역시 이들의 거취에 관해 수수방관하기는 마찬가지였다. 절망적이고 필사적인 그들을 향한 한국과 일본 정부의 고정된 대응 레파토리는 양국 간의 외교 관계가 아직 정식으로 수립되지 않은 상태라는 것이었다. 그러나 국교 수립 여부는 어쩌면 명목상의 구실에 불과할 뿐, 이들 의용병들은 냉

50　　위의 책, 28쪽.

전을 주조음으로 전후 아시아에서 이루어진 네이션 패러다임의 연착륙(soft landing) 알리바이를 위해 처음부터 그런 존재들은 없었다는 듯 구조적으로 침묵되어야 했던 것은 아닐까.

1952년 11월, 어느 한국신문은 부산의 소림사(小林寺)에서 자신들의 삶의 기반인 일본으로 돌아가기를 막연히 기다리며 군집 생활을 하고 있는 의용병들의 삶을 짤막하게 소개했다. 기사의 내용을 추려보자면, 그들은 해방 후 즉시 일본으로 돌아가지 못하고 한반도에 머물며 소림사에서 거처하던 잔류 일본인들과 '난민'으로서의 동병상련을 나누는 중이었다.[51] 일본어로 의사소통하는 그들은 생각보다 쉽게 친해져 서로를 의지하며 지낼 수 있었다. 왕년의 식민자와 피식민자 사이의 이 기묘한 '우정'은 그러나 전전 식민 아시아 체제와 전후 반공 네이션의 패러다임이 교착되는 지점에서 뜻하지 않게 빚어진, 일종의 지체된 시차(時差) 즉, 타임래그(timelag)였다. 참고로 한국전쟁이 끝나고서도 일본으로 돌아가지 못한 재일의용병은 총 지원자 642명 중 전사자 135명을 제외하고도 242명이었다.

5. 결론—국민국가의 경계 바깥에서 : '재일(在日)'의 탄생

3년 동안의 한국전쟁은 이 사건에 연루된 일본 내 조선인들의 경험에서 보자면, 식민지 시기 이래로부터의 염원인 국민국가로부터 분명 배제되는 경험이었다. 좌파들의 반전·반미 투쟁이 남한에서 받아들

여지거나 기억되지 않으리라는 것은 물론 예측 가능한 일이었지만, 북한에서 역시 사정은 크게 다르지 않았다. 실제로 1948년 정권 수립 이래 북한 정부는 재일조선인들과 어떠한 공식적인 연대도 표명하지 않았고, 조총련과 북한이 밀접한 관계를 갖게 되는 것은 일본공산당의 재일조선인 당원 축출이 대거 이루어진 1955년 이후, 그러니까 이들이 자신의 조국으로 북한 체제를 선택하여 변치 않는 철저한 충성을 맹세한 이후의 일이었다. 우파의 참전 경험 역시 남한의 공식 기억으로부터 삭제되어 왔다는 것은 참전의 실상을 다룬 텍스트들이 한결같이 강조하는 대목이기도 하다.

그렇다면 의용군의 전후 처리 문제나 재일조선인들의 일본 내 처우 문제와 관련하여 계속 쟁점이 되어왔던 한일 국교 수립 여부는 이들 조선인들에게 어떠한 영향을 미쳤을까. 한국전쟁이 휴전협정으로 일단락된 지 12년째 되던 해인 1965년, 한국과 일본 정부는 한일조약을 체결해 식민지 시대 이래로 단절되었던 국교를 드디어 재개하기 이른다. 이 조약이 한국 정부 측에 일정한 배상금을 제공하는 대신, 일본의 과거 식민 지배의 역사를 일체 인정하지 않는 조건으로 이루어진 것이라는 사실은 널리 알려져 있다. 식민 지배의 역사로 인해 일본 땅에 흘러들어 오게 된 재일조선인들에게 한일조약은, 말하자면 애초부터 자신들의 존재를 부인한 위에 성립된 조약인 셈이었다. 그러나 이 조약은 그 외에도 당장 현실적인 곤경을 초래한다. 이제까지 남북한 중 오직한 개의 배타적인 국민국가 선택을 거부하고, 다만 민족적 귀속을 의미할 뿐인 '조선 적(籍)'을 유지해왔던 재일조선인들이 한일조약으로 인해 법적으로 매우 불리하고 불안정한 상황에 놓이게 된 점은 상대적으로 잘 알려져 있지 않은 부분이기도 하다. 실제로 한일조약을 기점으로 많은 재일조선인들이 상황이 주는 이런저런 불리함으로 인해, 조선적에서 한국적으로 국적을 기재 변경하기 시작한다. 일본 내 조선인을 나타낼 때는 반드시 재일한국인·재일조선인이라는 식으로 강박적으로 두 경우를 모두 병기하게 된 것도 한일조약을 기점으로 하면서부터였다.

일본 내 조선인들 중에는 그럼에도 불구하고, 무국적 난민과 다를 바 없는 상징적인 조선 적을 계속 유지하는 이들도 없지 않았는데 앞서 언급한 작가 김시종 역시 그러한 경우 중 하나였다. 그에게 재일(在日)이란 고유명사이면서 동시에 동사로, 그것은 "정치 신조의 차이가 반드시 동떨어진 서식 장소, 따로 떨어져 살아야 하는 장소를 필요로 하지 않는 한 곳의 필연을 살고 있다는 의미이다. 현재의 조선에서 남북이 동거할 수 있는 단 하나의 장소로 '재일'이 있음"은 따라서 거듭 중요한 의미를 가질 수밖에 없다. 흥미로운 것은 이때 그의 '재일'이 문학, 특히 일본어 시들을 통해 비로소 온전히 구현되는 것이라는 점이다. "과중한 규제를 받으며 습득한 일본어를, 일본인을 향한 최대의 무기로서 나는 구사하고 싶다"는 김시종의 일본어 문학은 따라서 조선(Korea)과 일본 어느 쪽으로도 귀속되지 않는, 혹은 두 네이션의 한복판에서 식민지와 분단 이후의 근(近) 과거를 고스란히 환기하는, '불가능'에 가까운 기획으로서의 시제(tense)이다. "5천 년 역사에도 없는 것을 조선에 끌어들일" 미래의 가능성마저 꿈꾼다는 점에서는 더욱 더 그러하다. 아감벤 식으로 이야기하자면, 그것은 국민 주체를 생산하는 기제인 '장치(dispositif)'에 포섭되지 않으면서도 '장치'에 의해 재주체화되지 않으려는, 고도로 의식적인 탈주체화의 기획에 근접한 셈이다.

그러나 그런 김시종을 가장 깊이 절망하게 했던 사건 중의 하나는 재일 2세로 한국에 유학 중이던 서승, 서준식 형제가 1971년 한국정부에 의해 남파 간첩 혐의로 기소되어 각각 사형과 징역 15년형을 선고받았을 때의 일이었다. 그것은 대학가에 가득했던 한국 내 대학생들의 교련 반대 시위를 잠재우고, 다가올 대통령 선거에서 압도적인 지지

여론을 형성하기 위해 재일교포들이 한국 정부에 의해 정치적으로 이용된 가장 불행한 사건 중의 하나였다.

> 일본의 양식있는 친구들이 그런 희생자들을 돕고자, 그야말로 심신을 소모하여 오랫동안 구제활동을 계속해오고 있습니다. 다른 나라 사람인 일본인이 성심성의를 다하고 있는데도 조선인인 저는 여기에 가담할 수가 없습니다. 제가 거기에 가담하는 것은 서씨 형제를 구하기는커녕, 그들이 '빨갱이'와 연관되어 있음을 증명하는 일조차 될 위험을 안고 있습니다.[52]

동족끼리 허다하게 반목하고 있는 이 상황 하에서, 본래 하나였던 네이션이 반드시 조선/한국으로 병기되지 않으면 안 되는 작금의 조건 하에서 재일조선인들이 일본 사회를 향해 일상적으로 발화하게 되는 민족 차별이라든지 혹은 거꾸로 "연대의 문제連帯ということについて"가 과연 어떤 형태가 될 수 있을지 김시종은 애도와 우울 속에서 자문한다. 촘촘한 국민국가 체제로 구획된 현재의 전 지구적 패러다임, 특히 동아시아 역내에서 발본적인 의미의 트랜스내셔널리즘이 더욱 지난하고 불가능했던 것은 두 말할 것 없이 이 지역 국가들의 기원이 갖는 냉전적 특수성에서 비롯하는 것일 터이다. 과연, 대한민국(ROK)과 조선민주주의 공화국(DPRK)이라는 독립된 네이션 명칭에서 냉전은 기술적으로, 그리고 전략적으로 제거되어 있다. 각각의 네이션을 살아가는 이들은 어느새 주어진 한정된 네이션 명(名)만으로도 어렵지 않게 한반도 전체를 상상하도록 잘 훈육된 '국민적' 주체가 되었다. 그러나 외관상 말끔한 이 네이션 명칭에서는 좀처럼 드러나지 않는 과거 역내 역사의 흔적들은 동아시아 네이션 체제의 가장 약한 고리인 '재일(在日)'에

52　金時鐘, 「在日のはざまで」, 『〈在日〉文學全集 5 金時種』, 東京 : 勉誠出版, 2006.

서, 다시 말해 '조선'과 '한국'이라는 수식어를 반드시 수반하고 나타나야만 하는 '재일'에 이르러 결코 숨길 수 없는 적나라한 현재적 증상(症狀)으로, 갑자기 되살아난다. 회피할 수 없이 선명한 이 증상은 그러나 오히려 "고유의 문화권에서 벗어난 '재일'을 산다는 것"이 "어떤 부채나 마이너스가 아니라 **조선에 없는 것을 키우며 살아가는 방식**"이라는 시인의 '불가능한' 기획을 탄생시킨 역설적인 기원이기도 하다. 실제로 일본 내 조선 사회에서는 오랜 세월 동안 무국적을 유지하며 하나의 국가와 하나의 민족으로서의 네이션을 지향해 온 '재일(在日)'들이 1985년 이래 27년째 "원 코리아 페스티벌"을 개최해왔다. 김시종 시인 역시 이 페스티벌의 설립준비위원이기도 했다.[53]

그러나 왕성한 창작과 실천에도 불구하고, 간헐적으로 시인은 그의 '재일(在日)'을 가능케하는 일본어 시를 통해 자신의 심경을 가감없이, 그리고 직설적으로 고백한다. "내가 무슨 말을 하면/ 모두들 금방 웃어제긴다/ 꿈같은 얘기 그만해/ 나마저 그런가 싶어"[54]진다고. 자조(自嘲)의 뉘앙스가 섞인 이 고백은 아마도 그가 꿈꾸는, 국민국가 너머의 '재일'이라는 이 '불가능한 시제'의 존재 방식이 '대한민국'과 '조선민주주의인민공화국', 그리고 '일본국'이라는 그들을 둘러싼 실정적인 3개의 네이션 모두에 대한 가장 힘겹고 래디컬한 질문과 회의(懷疑)의 방식 중 하나이기 때문일 것이다.

---

53   물론 이들 중에는 최근 한국 국적과 일본 국적을 취득한 이들이 가장 많다. 가령, 축제실행위원장인 정갑수씨는 2009년 한국 국적을 신청했다, 김시종의 경우 지난 1998년 유·소년기의 고향인 제주도를 처음 방문했고 2004년에는 한국 국적을 취득했다. http://news.naver.com/main/read02803461 참조.

54   김시종, 유숙자 역, 『경계의 시』, 소화, 2008, 15쪽.

| 참고 문헌 |

제1부_ 중화 체제의 해체와 근대 이행 : 동아시아한국학의 등장 배경

학안(學案)의 사상론 : 명유학안의 양명학관(陽明學觀) ———————— 윤상수

黃宗羲, 『黃宗羲全集』(增訂版), 浙江古籍出版社, 2005.
『南雷文案』附外集·吾悔集·撰杖集·詩曆, 四部叢刊本.
『南雷文定』, 四部備要本.
『明儒學案』(修訂本), 中華書局, 2008.
呂留良, 『呂晚村文集』, 商務印書館, 1973.
黃百家, 『學箕初稿』, 四部叢刊本.
全祖望, 『鮚埼亭集』, 『全祖望集彙校集注』本, 上海古籍出版社, 2000.
顧炎武, 『日知錄』, 黃汝成『日知錄集釋』本, 上海古籍出版社, 2006.
黃炳垕, 『黃宗羲年譜(原題, 黃梨洲先生年譜)』, 中華書局, 1993.
徐定宝 主編, 『黃宗羲年譜』, 華東師範大學出版社, 1995.

山井湧, 「明儒學案の四庫提要をめぐって」, 『明淸思想史の硏究』, 東京大學出版會, 1980.
小島毅, 「地域からの思想史」, 溝口雄三 等編, 『交錯するアジア』, 東京大學出版會, 1993.
伊東貴之, 『思想としての中國近世』, 東京大學出版會, 2005.

학안에서 철학사로 ——————————————————————— 김태년
조선유학사 서술의 관점과 방식

『伊洛淵源錄』;『宋元學案』;『明儒學案』;『宋史』;『華島淵源錄』;『溪山淵源錄』;『道學源流纂言』;『東儒師友錄』;『南塘集』;『退溪集』;『四七辨證』;『四七附說』;『四七續

編』;『四七新編』;『東儒性理說』;『頤齋遺稿』;『湖洛問答』;『十二辨』;『湖洛事實』;『泉門俟百錄』;『湖洛源委』;『理學綜要』;『동아일보』;『한국일보』

高橋亨, 조남호 역,『조선의 유학』, 소나무, 1999.
______,「朝鮮儒學大觀」,『朝鮮史講座特別講義』, 朝鮮史學會, 1927.
______,「李朝儒學史に於ける主理派主氣派の發達」,『朝鮮支那文化の硏究』, 京城帝國 大學 法文學會, 1929.
______,「最も忠實なる退溪祖述者 權淸臺の學說」,『小田先生頌壽記念朝鮮論集』, 1934.
______,「朝鮮學者の土地平分說と共産說」,『服部先生古稀記念論文集』, 富山房, 1936.
고영진,「한글로 쓴 최초의 한국유학통사―조선유학사」,『역사와 현실』14, 한국역 사연구회, 1994.
근대사연구회,「한국근대역사학과 조선 후기사 연구」,『한국중세사회 해체기의 제문 제 상』, 한울, 1987.
김기주,「다카하시 도오루의 조선 유학관에 대한 비판과 대안적 논의」,『오늘의 동양 사상』13, 예문서원, 2005.9.
김병채,「서평 : 이상은선생전집(예문서원, 1998), 유가철학의 시대적 사명은 어디에 있는가?」,『철학』59, 한국철학회, 1999.
김태년,「남당 한원진의 '정학' 형성에 대한 연구」, 고려대 박사논문, 2006.
김현영,「'실학' 연구의 반성과 전망」,『한국중세사회 해체기의 제문제 상』, 한울, 1987.
노관범,「대한제국기 박은식과 장지연의 자강사상 연구」, 서울대 박사논문, 2007.
박성순,「高橋亨의 조선유학사 연구와 그 반응에 대한 검토」,『한국사학사학보』6, 한 국사학사학회, 2002.9.
박종홍,「최한기의 경험주의」,『아세아연구』20, 1965.
박충석,「조선조 후기에 있어서의 정치사상의 전개―특히 근대실학파의 사유방법을 중심으로」1~6,『현상과 인식』2-1~3-3.
박홍식,「일제강점기 신문을 통해 본 실학 연구동향」,『동북아문화연구』14, 동북아 시아문화학회, 2008.
신용하,「19세기말 장지연의 다산 정약용의 발굴」,『한국학보』29, 일지사, 2003.
와타나베 히로시, 박홍규 역,『주자학과 근세일본사회』, 예문서원, 2007.
윤사순,「실학사상의 철학적 성격」,『아세아연구』56, 1976.
______,「『동유사우록』해제」,『동유사우록』,『한국교회사연구소 자료』제6집, 불함 문화사, 1977.

______, 「근대(조선말) 유학에 관한 연구」, 『동양학』 12, 단국대 동양학연구소, 1982.

이동희, 「조선조 주자학사에 있어서의 주리・주기 용어 사용의 문제점에 대하여」, 『동양철학연구』 12, 동양철학연구회, 1991.

이봉규, 「21세기 실학 연구의 문법」, 『한국실학사상연구』 1, 혜안, 2006.

이상은, 「한국에 있어서의 유교의 공죄론―현상윤선생의 '유교공죄론'에 대한 재평가」, 『아세아연구』 24, 고려대 아세아문제연구소, 1966.12.

이승률, 「일제시기 '한국유학사상사' 저술사에 관한 일고찰」, 『동양철학연구』 37, 동양철학연구회, 2004.

이을호, 『다산경학사상연구』, 을유문화사, 1966.

이종우, 「한국유학사 분류방법으로서의 주리・주기 개념에 관한 비판적 연구―이진상학파와 전우학파의 논쟁에 관련하여」, 『동양철학연구』 36, 동양철학연구회, 2004.

이형성, 「다카하시 도오루의 조선 유학사 연구의 영향과 그 극복」, 『한국사상사학』 14, 한국사상사학회, 2000.

장지연, 조수익 역, 『조선유교연원』 1-2, 솔, 1998.

정성철, 『실학파의 정치사상과 사회정치적 견해』, 평양 : 사회과학출판사, 1974.

______, 『조선철학사―이조편』, 평양 : 과학백과사전출판사, 1987(좋은책, 1988).

정욱재, 「한말・일제하 유림연구―일제협력유림을 중심으로」, 한국학중앙연구원 박사논문, 2008.

정창렬, 「실학」, 『한국학연구입문』, 지식산업사, 1981.

陳金生, 「點校前言」, 『宋元學案』, 中華書局, 1986.

천관우, 「한국실학사상사」, 『한국문화사대계』 6, 고려대 민족문화연구소, 1970.

최봉익, 『조선철학사개요―주체사상에 의한 『조선철학사』(1962)의 지양』, 평양 : 사회과학출판사, 1986(한마당, 1989).

최선웅, 「1910~20년대 현상윤의 자본주의 근대문명론과 개조」, 『역사문제연구』 21, 역사문제연구소, 2009.

최영성, 「장지연의 유교관과 『조선유교연원』」, 『조선유교연원』 1, 솔, 1998.

______, 「다카하시 도오루의 한국 유학관 비판」, 『오늘의 동양사상』 13, 예문서원, 2005.9.

______, 「한국의 현대 신유가, 경로 이상은」, 『오늘의 동양사상』 21, 예문동양사상연구원, 2010.

최영진, 「조선조 유학사상사의 분류 방식과 문제점―'주리', '주기'의 문제를 중심으로」, 『조선조 유학사상사의 양상』, 성균관대 출판부, 2005.

최재목・이효진, 「장지연과 高橋亨의 '지상논쟁'에 대하여」, 『일본문화연구』 32, 동아시아일본학회, 2009.

馮友蘭, 『중국철학사』, 商務印書館, 1947(박성규 역, 까치글방, 1999).

하겸진 편, 박상리 외역주, 『경세·수도·청은의 유학자들』, 『증보 동유학안』1, 나남, 2008.

한영우, 「'실학' 연구의 어제와 오늘」, 『다시, 실학이란 무엇인가』, 푸른역사, 2007.

현상윤, 이형성 교주, 『조선유학사』, 『기당현상윤전집』2, 나남, 2008.

홍원식, 「장지연과 다카하시 도오루의 '유자·유학자 불이·불일' 논쟁」, 『오늘의 동양사상』13, 예문서원, 2005.9.

丸山眞男, 김석근 역, 『일본정치사상사연구』, 통나무, 1998.

戴揚本, 「伊洛淵源錄 校點說明」, 『朱子全書』12, 上海古籍出版社.

山室信一, 「日本學問の持續と轉回」, 『學問と知識人』, 『日本近代思想大系』10, 岩波書店, 1988.

石塚正英·柴田隆行 監修, 『哲學·思想飜譯語事典』, 論創社, 2003.

松本三之介, 「新しい 學問の形成と知識人」, 『學問と知識人』, 『日本近代思想大系』10, 岩波書店, 1988.

한국 근대 불교학의 등장과 불교사 서술 ——————————— 김영진

민족사 편, 『한국근현대불교자료전집』, 민족사, 1996.

강종원 역, 『현대불교학 연구사』, 동국대 출판부, 2004.

길희성, 「한국불교사와 개혁운동」, 『동아연구』제11, 서강대 동아연구소, 1987.

______, 「열암 철학에서의 한국 불교사상 연구」, 『철학연구』제33, 철학연구회, 1993.

김광식, 「최남선의 『조선불교』와 범태평양불교도대회」, 『백련불교논집』11, 2001.12.

김상현, 「김법린과 한국 근대불교」, 『한국불교학』53집, 한국불교학회, 2009.

김영진, 「근대 한국불교의 형이상학 수용과 진여연기론의 역할」, 『불교학연구』21호, 불교학연구회, 2008.

김용태, 「근대불교학의 수용과 불교전통의 재인식」, 『아시아 근대불교의 다양성과 정체성(Ⅱ)』, 동국대 불교문화연구원 중간발표회 발표자료집, 2010.6.4.

류시현, 「일제하 최남선의 불교인식과 '조선불교'의 탐구」, 『아세아연구』 통권 14호, 아세아문제연구소, 2005.

심재관, 『탈식민시대 우리의 불교학』, 책세상, 2001.

______, 「선택과 배제 : 한국불교학 속의 서양불교학의 위상」, 『불교학형성과 오리엔탈리즘』, 한국종교문화연구소 2005년상반기 심포지엄 자료집, 2005.6.25.

심재룡, 「서구에서 불교연구 200년 약사」, 『동아문화』 18집, 서울대 동아연구소, 1981.

______, 「한국불교의 오늘과 내일 : 한국불교학의 연구현황을 중심으로」, 『철학사상』 제11호, 서울대 철학사상연구소, 2000.

______, 「한국불교 연구의 한 반성 ― 한국불교는 회통적인가?」, 『동양의 지혜와 선』, 세계사, 2005.

안성두, 「독일의 불교학 연구경향」, 『오늘의 동양사상』 제8호, 예문동양사상연구원, 2003.3.

이민용, 「불교학 연구의 문화배경에 대한 성찰」, 『종교연구』 19, 한국종교학회, 2000.

이봉춘, 「한국불교사 연구의 현황과 과제」, 불교문화연구원 편, 『한국의 불교학 연구, 그 회고와 전망』, 동국대 출판부, 1994.

______, 「한국불교지성의 연구활동과 근대불교학의 정립」, 『근대동아시아의 불교』, 동국대 출판부, 2008.

이재헌, 「권상로 불교학의 근대적 성격」, 『불교학연구』 제4호, 2002.6.

조남호, 「다카하시 토오루의 조선불교연구」, 『한국사상과 문화』 제20집.

조명제, 「근대불교의 지향과 굴절」, 『불교학연구』 제13호.

조성택, 「근대불교학과 한국 근대불교」, 『민족문화연구』 제45호, 고려대 민족문화연구원, 2006.

조승미, 「일본의 근대불교학 형성과 대승 비불설 문제」, 『불교연구』 30, 한국불교연구원, 2009.

John Jorgenson, "Korean Buddhist Historiography : Lesson from the Past for the Future"(「한국불교의 역사쓰기 ― 미래를 위한 과거의 교훈」), 『불교연구』 14, 한국불교연구원, 1997.

芹川博通, 『近代化の佛教思想』, 東京 : 大東出版社, 1989.

末木文美士, 『明治思想家論』, 東京 : トランスビュー, 2004.

櫻部建, 「解說」, 南條文雄, 『懷舊錄 ― サンスクリット事始め』 부록, 東京 : 平凡社, 1979.

李四龍, 『歐美佛敎學術史』, 北京 : 北京大學出版社, 2009.

馮友蘭, 박성규 역, 『中國哲學史』上, 까치, 2005.

陳寅恪, 「王靜安先生遺書序」, 『金明館叢稿二編』, 北京 : 三聯書店, 2001.

陳繼東, 『淸末佛敎の硏究』, 東京 : 山喜房佛書林, 2003.

J.W.De Jong, *A Brief History of Buddhist Studies in Europe and America*, Tokyo : Kōsei
       Publishing Co., 1997.

유럽의 한국 인식 ——————————————————— 이영미
쿠랑의 한국사론과 동아시아

김기태, 「고려 직지심경의 존속 경위」, 『국회도서관보』 135, 대한민국 국회도서관,
       1978.

모리스 쿠랑, 김수경 역, 『조선문화사서설』, 개척사, 1947.

__________, 파스칼 그러트 · 조은미 역, 『프랑스 문헌학자 모리스 쿠랑이 본 한국의
       역사와 문화』, 살림, 2009.

서길수, 「유럽 학계의 광개토대왕비 조사와 연구」, 『고구려연구』 21, 고구려연구회,
       2005.

엄숙경, 「19세기 말 재한 프랑스 외교관 모리스 꾸랑의 ≪한국서지≫에 대한 고찰」,
       경성대 석사논문, 1999.

유영익, 「서양인에 의한 한국학의 효시」, 『한국사시민강좌』 34, 일조각, 2004.

이기원, 「Les travaux sur Maurice Courant en Corée」, 『서지학연구』 40, 서지학회, 2008.

이영미, 「조-미 수교 이전 서양인들의 한국 역사 서술」, 『한국사연구』 148, 한국사연
       구회, 2010.

______, 「19세기 후반 조선을 바라본 서양인의 두 시선 : 로스(John Ross)와 그리피스
       (William Elliot Griffis)」, 『2010 동아시아한국학 국제학술회의 : 동아시아 '국
       제주의'의 복원을 위하여』, 인하대 HK한국학연구소 외, 2010.

이진명, 「쿠랑 : 유럽 한국학의 선구자」, 『한국사시민강좌』 34, 일조각, 2004.

이희재, 「모리스 · 꾸랑과 한국서지에 관한 고찰」, 『논문집』, 숙명여자대학교, 1988.

조윤수, 「모리스 꾸랑의 ≪한국서지≫」에 대한 서지학적 고찰」, 이화여대 석사논문,
       1989.

조현범, 「19세기 중엽 프랑스 천주교 선교사의 조선 인식 : 다블뤼 주교를 중심으로」, 『종교연구』 27, 한국종교학회, 2002.
프레데릭 불레스텍스, 이향·김정연 역, 『착한 미개인 동양의 현자』, 청년사, 2001.
D. 부세, 「한국학의 선구자 모리스 꾸랑 (上)」, 『동방학지』 51, 연세대 국학연구원, 1986.
＿＿＿＿, 「한국학의 선구자 모리스 꾸랑 (下)」, 『동방학지』 52, 연세대 국학연구원, 1986.

Collège de France ed., *Études coréennes de Maurice Courant*, Paris : Éditions du Léopard d'or, 1983.
Courant, Maurice, *Bibliographie coréenne : Tableau littéraire de la Corée* vols. 1~3, Paris : L'école des Langues orientales vivantes, 1895.
Dallet, Claude-Charles ed., *Histoire de l'Église de Corée*, Paris : V. Palmé, 1874.
Griffis, William Elliot, *Corea. The Hermit Nation*, New York : Charles Scribner's Sons, 1907.
Ross, John, *History of Corea. Ancient and Modern*, London : Elliot Stock, 1891.

제2부_ 한국학과 식민성 : 식민지 시기 한국학의 동아시아적 교차

황도불교 ——————————————————————————— 김영진
식민지 조선 불교와 공(空)의 정치학

Pak Noja, Violent Buddhism—Korean Buddhists and the Pacific War, 1937~1945, 집담회자료집, 성공회대학교 동아시아연구소, 2009.
高橋哲哉, 이목 역, 『국가와 희생』, 책과함께, 2008.
구마라집 역, 『금강반야바라밀경』, 대정신수대장경 권3.
김영미 역, 『무량수경』, 『아미타경·무량수경·관무량수경』, 시공사, 2000.
나카무라 미츠오·니시타니 게이지 외, 이경훈 외역, 『태평양전쟁의 사상』, 이매진, 2007.

동국대불교문화연구원 편, 『근대동아시아의 불교학』, 동국대 출판부, 2008.
末木文美士, 이태승·권서용 역, 『근대일본과 불교』, 그린비, 2009.
민족사편, 『한국근현대불교자료전집』, 민족사, 1996.
비슈와나스 프라사드 바르마, 김형준 역, 『불교와 인도사상』, 예문서원, 1996.
西谷啓治, 정병조 역, 『종교란 무엇인가』, 대원정사, 1993.
松本史郎, 혜원 역, 『연기와 공』, 운주사, 1998.
오오누키 에미코, 이향철 역, 『사쿠라가 지다 젊음도 지다』, 모멘토, 2004.

大谷榮一, 「日蓮主義·天皇·アジア」, 『思想』 2002,11, 岩波書店, 2002.
大谷榮一, 『近代日本の日蓮主義運動』, 法藏館, 2001.
寺田彌吉, 『日本總力戰の哲學』, 二見書房, 1943.
竹村牧男, 『西田幾多郞と佛敎』, 大東出版社, 2002.
Brian Victoria, エイミー·ルイーズ·ツジモト 譯, 『禪·戰爭』, 光人社, 2001.

제국 - 식민지 이론연쇄와 전향 ——————————————— 김인수
인정식(印貞植)의 경제론을 중심으로

印貞植全集刊行委員會 編, 『印貞植全集』 第1~3卷, 한울, 1992.
印貞植, 『朝鮮の農業機構分析』, 東京 : 白陽社, 1937.
印貞植, 『朝鮮の農業機構』(2판), 東京 : 白陽社, 1939.
印貞植, 『朝鮮の農業機構』(3판/增補版), 東京 : 白陽社, 1940.
印貞植, 「マルクス主義の亜細亜に於ける不適應性」, 『治刑』, 1938.12.

김대환·백영서 공편, 『중국사회성격논쟁』, 창작과비평사, 1988.
노용필, 「森谷克己의 植民主義 社會經齊史學 批判」, 한국사학사학회, 『한국사학사학
　　　보』 제22호, 2010.
동녘편집부 편, 『코민테른 자료선집 : 통일전선/민족식민지문제』, 동녘, 1989.
朴文圭, 「農村社會分化の起點としての土地調査事業に就て」(京城帝國大學法文學
　　　會 第一部論纂第六輯 『朝鮮社會經濟史研究』 : 오미일 編(1991), 『식민지시대
　　　사회성격과 농업문제』, 풀빛, 1933.

朴文秉, 「조선농업의 구조적 특질 : 조선 농촌의 성격규정에 대한 기본적 고찰」, 『批判』1936.10 : 오미일 編(1991), 『식민지시대 사회성격과 농업문제』, 풀빛, 1936.
서정익, 「일본자본주의사연구와 '강좌파' 이론」, 『산업과 경영』vol. 7 no.1, 1986.
신용하 편, 『아시아적 생산양식론』, 까치, 1986.
오미일, 「해제 : 1930년대 사회주의자들의 사회성격논쟁」, 『식민지시대 사회성격과 농업문제』, 풀빛, 1991.
윤해동, 『식민지 근대의 패러독스』, 휴머니스트, 2007.
林和, 『조선일보』(1938.11.17~20) : 최원식·백영서 편, 『동아시아인의 '동양'인식』, 문학과지성사, 1997.
이경훈, 『이광수의 친일문학 연구』, 태학사, 1998.
이수일, 「고전서평 : 맑스주의 농업경제학을 위하여─印貞植, 『朝鮮の農業機構分析』, 東京 : 白揚社(1937)」, 『역사와 현실』18호, 1995.
장용경, 「일제 식민지기 인정식의 전향론 : 내선일체론을 통한 식민적 관계의 형성과 농업재편성론」, 『한국사론』49권, 2003.
조관자, 「민족의 힘을 욕망한 〈친일내셔널리스트〉 이광수」, 『당대비평』특별호 : 기억과 역사의 투쟁, 삼인, 2002.
최규진, 「〈12월테제〉 : 조선 사회주의자들의 나침반, 시대의 강령」, 『명문으로 보는 우리역사』, 2007.

岡部牧夫, 최혜주 역, 『만주국의 탄생과 유산 : 제국 일본의 교두보』, 어문학사, 2009.
駒込武, 오성철·이명실·권경희 역, 『식민지제국 일본의 문화통합』, 역사비평사, 2008.
Liu, Lydia He., 민정기 역, 『언어횡단적 실천』, 소명출판, 2005.
McDermott, Kevin and Agnew, Jeremy, 황동하 역, 『코민테른 : 레닌에서 스탈린까지, 국제 공산주의 운동의 역사』, 서해문집, 2009.
米谷匡史, 조은미 역, 『아시아/일본』, 그린비, 2010.
Brook, Timothy, 박영철 역, 『근대 중국의 친일합작』, 한울아카데미, 2008.
Sakai Naoki, 후지이 다케시 역, 『번역과 주체』, 이산, 2005.
小森陽一, 송태욱 역, 『포스트콜로니얼 : 식민지적 무의식과 식민주의적 의식』, 삼인, 2002.
Weber, Max, 전성우 역, 『직업으로서의 정치』, 나남, 2007.
子安宣邦, 이승연 역, 『동아, 대동아, 동아시아』, 역사비평사, 2005.
酒井哲哉, 장인성 역, 『근대 일본의 국제질서론』, 연암서가, 2010.

中野敏雄, 서민교·정애영 역,『오쓰카 히사오와 마루야마 마사오 : 일본의 총력전체제와 전후민주주의 사상』, 삼인, 2005.

湯浅赳男, 임채성 역,『문명 속의 물』, 푸른길, 2011.

Hoston, Germaine A., 김영호·류장수 역,『일본자본주의논쟁 : 마르크스주의와 일본경제의 위기』, 지식산업사, 1991.

丸山眞男, 김석근 역,『일본정치사상사연구』, 통나무, 1995.

旗田巍編,『シンポジウム日本と朝鮮』, 勁草書房, 1969.

武藤秀太郎,「覆された'小農'の範疇 : 山田盛太郎の日中農業比較研究」,『近代日本の社会科学と東アジア』, 藤原書店, 2009.

山室信一,『思想課題としてのアジア : 基軸·連鎖·投企』, 岩波書店, 2001.

山田盛太郎,『日本資本主義分析 : 日本資本主義における再生産過程把握』, 東京 : 岩波書店, 1977.(* 原著는 1934년판)

森谷克己,「社會民主主義者の民族理論斷片」,『朝鮮經濟の研究』, 1929.

________,『アジア的生産様式論』, 育生社, 1937.

________,「アジア的生産様式論」,『アジア問題講座(6) : 経済産業篇(3)』, 東京 : 創元社, 1939.

________,「東亞農業に於ける朝鮮農業の地位」,『朝鮮及滿洲』(1939.5), 1939.

________,『東洋的生活圏』, 育生社弘道閣, 1942.

石井知章,『K. A. ウィットフォーゲルの東洋的社会論』, 社会評論社, 2008.

松本武祝,『朝鮮農村の'植民地近代'経験』, 社会評論社, 2005.

鈴木武雄,「兵站基地としての朝鮮」,『大東亞戰爭と半島』, 京城 : 人文社, 1942.

酒井直樹,「否定性と歴史主義の時間」, 磯前順一, ハリー・D・ハルトゥーニアン 編,『マルクス主義という経験 : 1930~40年代日本の歴史学』, 青木書店, 2008.

洪宗郁,『戰時期朝鮮の転向者たち』, 東京 : 有志舎, 2011.

Wittfogel, Karl A., *Oriental Despotism : A Comparative Study of Total Power*, New Haven : Yale University Press, 1957.

『朝鮮及滿洲』;『文敎の朝鮮』;『中國文學月報』;『인문평론』;『신흥』;『동아일보』
加加美光行,『鏡の中の日本と中国』, 日本評論社, 2007.
家永三郎,『日本の近代史學』, 日本評論社, 1957.
江上波夫編,『東洋学の系譜』, 大修館書店, 1992.
京城帝國大學,『京城帝國大學一覽』, 1926~37, 1941~42.

고야스 노부쿠니, 이승연 역,『동아 · 대동아 · 동아시아』, 역사비평사, 2005.
김성칠,『역사 앞에서 ─ 한 사학자의 6 · 25일기』, 창작과 비평사, 1993.
김시준,「魯迅이 만난 한국인」,『중국현대문학』제13호.
김용직,『김태준평전』, 일지사, 2007.
김준형,「길과 희망 ─ 이명선의 삶과 학문세계」상 · 하,『민족문학사연구』28.29.
김준형 편,『이명선전집』1-4, 보고사, 2007.
김태준, 최영성 역주,『조선한문학사』, 시인사, 1997.
류준필,「19C말 일본 대학의 학과 편제와 國學 · 漢學 · 東洋學의 위상」,『코기토』65, 2009.2.
______,『형성기 국문학연구의 전개양상과 특성 : 趙潤濟 · 金台俊 · 李秉岐를 중심으
     로』, 서울대 박사논문, 1998.
박광현,「경성제대 '조선어학조선문학'강좌연구」,『한국어문학연구』제41집, 2003.8.
______,「조선문인협회와 '내지인 반도작가'」,『현대소설연구』43, 2010.
박희병,「천태산인의 국문학 연구 ─ 그 경로와 방법」상 · 하,『민족문학사연구』, 1993.
백영서,「'동양사학'의 탄생과 쇠퇴 ─ 동아시아에서의 학술제도의 전파와 변형」,『창
     작과비평』, 2004.12.
성공회대 동아시아 연구소편,『냉전 아시아의 문화풍경 ─ 1940~1950년대』1, 현실문
     화, 2008.
스테판 다나카, 박영재 외 역,『일본 동양학의 구조』, 문학과지성사, 2004.
쑨꺼, 윤여일 역,『다케우치 요시미라는 물음』, 그린비, 2007.
윤영도,「2차세계대전 이후 남한과 대만의 국립대학의 초기 형성 연구」,『중국현대문
     학』40호, 2007.
윤해동 · 천정환 · 허수 · 황병주 · 이용기 · 윤대석 편,『근대를 다시 읽는다』, 역사비
     평사, 2006.

이충우, 『경성제국대학』, 다락원, 1980.

정선이, 『경성제국대학연구』, 문음사, 2002.

정종현, 「신남철과 ‘대학’ 제도의 안과 밖」, 『한국어문학연구』 제54집, 2010.

狩野直喜, 『支那學文藪』みすず書房, 1973.

辛島驍, 「金聖歎の生涯と文藝批評」, 『朝鮮支那文化の硏究』, 京城帝國大學法文學會 第二部論纂第一輯, 1929.

辛島驍, 『中國現代文學の硏究』, 汲古書院, 1983.

呂順長 編, 『晩淸中國人日本考察記集成・敎育考察記』上冊.

제3부 동아시아한국학의 안과 밖 : 내재적 발전론과 트랜스내셔널리즘

‘내재적 발전론’ 역사인식의 궤적과 전망 ──────────────── 이영호

白南雲, 『朝鮮社會經濟史』, 東京 : 改造社, 1933.

梶村秀樹, 『朝鮮史と日本人』(梶村秀樹著作集 1), 東京 : 明石書店, 1992; 『朝鮮史の 方法』, 梶村秀樹著作集 2, 1993.

한국경제사학회편, 『한국사시대구분론』, 을유문화사, 1970.

朝鮮史硏究會編, 『朝鮮史入門』, 東京 : 太平出版社, 1970.

강만길, 『역사가의 시간』, 창비, 2010.

橋谷弘, 「韓國史에 있어서 近代와 反近代」, 『歷史評論』500(『한국근대사회경제사의 제문제』 수록), 1991.12.

근대사연구회, 『한국중세사회 해체기의 제문제』, 한울, 1987.

김영호, 「자본주의성립과정은 어떠했는가?」, 『신동아』 1966년 8월호.

김용섭, 「일제관학자들의 한국사관 ─ 일본인은 한국사를 어떻게 보아 왔는가?」, 『사 상계』 1963년 2월호.

______, 「일본・한국에 있어서의 한국사서술」, 『역사학보』 31, 1966.

______, 「조선 후기에 있어서의 사회적 변동; 경제-농촌경제」, 『사학연구』 16, 1963.
______, 「나의 농업사연구」, 『역사학보』 180, 2003.

______, 『동아시아 역사 속의 한국문명의 전환-충격, 대응, 통합의 문명으로』, 지식산
    업사, 2008.
김용섭 외, 『19세기의 한국사회』, 성균관대 대동문화연구원, 1972.
김인걸, 「1960·70년대 '내재적 발전론'과 한국사학」, 『한국사 인식과 역사이론』(김
    용섭교수정년기념논총 1), 지식산업사, 1997.
김정인, 「내재적 발전론과 민족주의」, 『역사와 현실』 77, 2010.
박찬승, 「분단시대 남한의 한국사학」, 『한국의 역사가와 역사학』, 창작과비평사, 1994.
______, 「20세기 한국사학의 성과와 반성」, 『한국사학사학보』 1, 2000.
______, 「한국학 연구 패러다임을 둘러싼 논의-내재적 발전론을 중심으로」, 『한국학
    논집』 35, 계명대 한국학연구원, 2007.
방기중, 『한국근현대사상사연구-1930~40년대 백남운의 학문과 정치경제사상』,
    역사비평사, 1992.
송찬식, 『이조 후기 수공업에 관한 연구』, 서울대 한국문화연구소, 1973.
아오야기 준이치, 「가지무라 히데키의 학문과 사상」, 『역사비평』 58, 2002년 봄.
안병직, 「조선 후기 자본주의 맹아의 발생」, 『한국학연구입문』, 지식산업사, 1981.
윤해동, 「'숨은 신'을 비판할 수 있는가?-김용섭의 '내재적 발전론'」, 『한국사학사학
    보』 14, 2006.
이기백, 『한국사학의 방향』, 일조각, 1978.
______, 『硏史隨錄』, 일조각, 1994.
이세영, 「1980·90년대 민주화문제와 역사학」, 『한국사 인식과 역사이론』, 지식산업
    사, 1997.
이세영, 「현대한국사학의 동향과 과제」, 『80년대 한국인문사회과학의 현단계와 전
    망』, 역사비평사, 1988.
이영호, 「해방후 남한사학계의 한국사 인식」, 『한국사』 23, 한길사, 1994.
______, 「내재적 발전론을 둘러싼 논의」, 『한국 전근대사의 주요쟁점』, 역사비평사, 2002.
______, 「지방사에서 지역사로-인천을 사례로 하여」, 『한국학연구』 23, 인하대 한
    국학연구소, 2010.
이영훈, 「한국자본주의의 맹아문제에 대하여」, 『한국의 사회경제사』 5, 한길사, 1987.
______, 「한국사에 있어서 근대로의 이행과 특질」, 『경제사학』 21, 1996.

이우성, 「동아시아 지역과 자본주의 맹아론」(1992), 『實是學舍散藁』, 창작과비평사, 1995.

이헌창, 「한국사 파악에서 내재적 발전론의 문제점」, 『한국사 시민강좌』 40, 일조각, 2007.

______, 「조선 후기 자본주의맹아론과 그 대안」, 『한국사학사학보』 17, 한국사학사학회, 2008.

정창렬, 「한국에서 민중사학의 성립·전개과정」, 『한국민중론의 현단계』, 돌베개, 1989.

조동걸, 『현대한국사학사』, 나남, 1998.

천관우, 「내가 보는 한국사의 문제점들─사관과 고증 및 시대구분」, 『사상계』 1963년 2월호.

한국사연구회 편, 『한국사연구입문』, 지식산업사, 1981.

한국역사연구회 편, 『20세기 역사학, 21세기 역사학』, 역사비평사, 2000.

宮嶋博史, 「東アジア小農社會の形成」, 『アジアから考える』 6 長期社會變動, 東京: 東京大學出版會, 1994.

宮嶋博史, 「方法としての東アジア」, 『歷史評論』 412, 歷史科學協議會, 1984.8.

吉野誠, 「朝鮮史における內在的發展論」, 『東海大學文學部紀要』 47, 1987.

竝木眞人, 「戰後日本에서의 조선근대사 연구의 현단계─內在的 發展論 再考」, 『歷史評論』 482, 1990.6(이해주·최성일편역, 『한국근대사회경제사의 제문제』, 부산대 출판부 수록, 1995).

四方博, 「朝鮮に於ける近代資本主義の成立過程」, 『朝鮮社會經濟史硏究』(京城帝大法文學會第一部論集第六冊), 1933.

______, 「舊來の朝鮮社會の歷史的性格について」, 『朝鮮學報』 1·2·3, 朝鮮學會, 1951·1952.

朝鮮史硏究會 編, 『新朝鮮史入門』, 東京: 龍溪書舍, 1981.

洪宗郁, 「內在的發展論の臨界─梶村秀樹と安秉珆の歷史學」, 『朝鮮史硏究會論文集』 48, 2010.

고바야시 마사루, 이원희 역, 『쪽발이』(한림신서 일본현대문학대표작선), 소화, 2007.
金贊汀, 『在日義勇兵歸還せず : 朝鮮戰爭秘史』, 東京 : 岩波書店, 2007.
김교인 발행, 『재일동포 6.25전쟁 참전사』, 재일학도의용군동지회, 2002.
金達寿, 『わが文学と生活』, 靑丘文化社, 1998.
金時鐘, 『〈在日〉文学全集 5 金時種』, 東京 : 勉誠出版, 2006.
南原繁, 『平和の宣言』, 東京大學 出版會, 1951.
이활남, 『혈혼의 전선』, 재일교포학도의용군자립동지회, 1958, 계문사.

고영란, 「占領とアイデンテイテイーの表象をめぐる抗爭－金達壽」, 「眼の色」を中
　　　心に」, 『일본어문학』 28, 2006.
김광열·박진우·윤명숙·임성모·허광무, 『패전 전후 일본의 마이너리티와 냉전』,
　　　제이앤씨, 2006
김예림, 「흐르는 별은 어떻게 살았나 : 제국폐색, 냉전협로, 영토적 안태」, 국제한국
　　　문학문화학회(INAKOS) 2011년 학술대회 '레짐의 文/法' 자료집.
남기정, 「일본 '전후 평화주의자'들의 조선 경험과 아시아 인식」, 『전후 일본, 그리고
　　　낯선 동아시아』, 박문사, 2011.
이노우에 히사시(井上ひさし), 「전쟁과 헌법」, 『일본비평』 1, 2009.
신승모, 「고바야시 마사루小林勝 문학의 '가교'로서의 가능성」, 『일본제국주의 시대
　　　문학과 문화의 혼효성』, 지금여기, 2011.
이화정, 「제2차 세계대전 종전 직후 재일조선인연맹에 관한 연구－민족문제에 대한 인
　　　식과 GHQ와의 관계를 중심으로」, 한국학 중앙연구원 정치학과 석사논문, 2006.
장세진, 「귀화의 에스닉 정치와 알리바이로서의 미국－해방 이후 장혁주의 선택과
　　　『아, 조선(嗚呼朝鮮)』(1952)」, 『현대문학의 연구』 45, 2011.
정병욱, 「일본인이 겪은 한국전쟁－참전에서 반전까지」, 『역사비평』, 2010.
황호덕, 「트랜스내셔널리즘과 전쟁, 백치와 돼지의 기억·말·정치 : 전후라는 지금,
　　　사카구치 안고(坂口安吾)를 읽는다」, 『자음과모음』, 2008 겨울.

가라타니 고진, 조영일 역, 『네이션과 미학』, 도서출판b, 2009(柄谷行人, ネーション
　　　と美学, 東京 : 岩波書店, 2004).

김달수, 임규찬 역, 『박달의 재판』, 연구사, 1989.

김시종, 유숙자 역, 『경계의 시』, 소화, 2008.

김학동, 『재일조선인문학과 민족 : 김사량, 김달수, 김석범의 작품세』, 국학자료원, 2009.

김찬정, 박성태·서태순 역, 『재일한국인 백년사』, 제이앤씨, 2010.

데이비드 헬드, 조효제 역, 『전지구적 변환』, 창작과비평사, 2002(David Held, *Global transformations* : politics, economics and culture, Stanford, Calif. : Stanford University Press, 1999.

마루야마 마사오, 김석근 역, 『현대정치의 사상과 행동』, 한길그레이트북스, 2003.

윤건차, 박진우 외역, 『교착된 사상의 현대사 : 1945년 이후의 한국·일본·재일조선인』, 창비, 2009.

자크 랑시에르, 양창렬 역, 『정치적인 것의 가장자리에서』, 길, 2008(Jacues Rancière, *Aux Boards du Politique*, La Fablique Editions, Paris, 1998).

존 다워, 최은석 역, 『패배를 껴안고』, 민음사, 2009.

Peter Berton, 노수영 역, 「전후 일본공산당의 변천사」, 『일본연구논총』, 1989.12.

高和政, 「密航, 民族, ジェンダー在日朝鮮人文学にみる人流」, 『継続する植民地主義』, 岩崎稔·大川正彦·中野敏男·李孝徳, 東京 : 靑弓社, 2005.

西村秀樹, 『大阪で闘った朝鮮戦争 : 吹田枚方事件の青春群像』, 東京 : 岩波書店, 2006.

尹健次, 『日本國民論 近代日本のアイデンティテイ』, 東京 : 筑摩書房, 1997.

栗原幸夫, 「あの日々の同士よ」, 『インパクション』vol 137, 東京 : インパクト 出版會, 2003.

崔德孝, 「「反革命」秩序の形成と在日朝鮮人」, 『継続する植民地主義』, 岩崎稔·大川正彦·中野敏男·李孝徳, 東京 : 靑弓社, 2005.

脇田憲一, 『朝鮮戦爭と吹田·枚方事件』, 東京 : 明石書房, 2004.

テッサ·モーリス スズキ, 「占領軍へ有害な行動 : 敗戦後日本における移民管理と在日朝鮮人」, 『現代思想』, 2003.9.

Nambara Shigeru, (edited and translated by) Richard H. Minear, *War and Conscience in Japan; Nambara Shigeru and the Asia-Pacific War*, Rowman & Littlefield Publishers, 2010.

Michael Peter Smith·Luis Eduardo Guarnizo (ed), *Transnationalism from Below*, Comparative Urban and Community Research, vol.6.

| **필자 소개** | 집필순

류준필은 인하대학교 한국학연구소 HK교수로 재직하고 있으며, 전공은 한국문학사이다. 주요 논저로『근대계몽기 지식개념의 수용과 그 변용』(공저),『동아시아 인식지평과 실천공간』(공저),『아시아라는 사유공간』(공역) 등이 있다.

김종준은 인하대학교 한국학연구소 HK연구교수로 재직하고 있으며, 전공은 한국근대사, 사회사이다. 주요 논저로『일진회의 문명화론과 친일 활동』(신구문화사, 2010),「한말 '민권' 용례와 분기 양상」(『역사교육』121, 2012),「일제 시기 '역사의 과학화' 논쟁과 역사학계 '관학아카데미즘'의 문제」(『한국사학보』49, 2012) 등이 있다.

윤상수는 인하대학교 한국학연구소 HK연구교수로 재직하고 있으며, 중국유학, 명말청초 학술사를 전공하고 있다. 주요 논저로「擧業을 통해 본 明末의 科擧와 學問」(『양명학』29, 2011),「청대 고증학의 개조 황종회 : 科擧之學 비판과 經學 제창을 중심으로」(『양명학』32, 2012) 등이 있다.

김태년은 한국고전번역원 선임연구원으로 재직하고 있으며, 동양철학을 전공하고 있다. 주요 논저로「조선 유학의 개념들」(예문서원, 2002, 공저),「중국 없는 중화」(경인문화사, 2009, 공저),「한원진과 홍대용의 정학이단론」(『정신문화연구』32, 2009) 등이 있다.

김영진은 동국대학교 불교학술원 HK연구교수로 재직하고 있으며, 중국 근대사상과 불교학을 전공하고 있다. 주요 논저로『중국근대사상과 불교』(2007),『공(空)이란 무엇인가』(2009),『근대 중국의 고승』(2010),『불교와 무(無)의 근대』(2012) 등이 있다.

이영미는 인하대학교 한국학연구소 연구원으로 재직하고 있으며, 한국근대사를 전공하고 있다. 주요 논저로「조―미 수교 이전 서양인들의 한국 역사 서술」(『한국사연구』148, 한국사연구회, 2010),「19세기 후반 조선을 바라본 서양인의 두 시선 : 로스(John Ross)와 그리퍼스(William Elliot Griffis)」(『2010 동아시아한국학 국제학술회의 : 동아시아 '국제주의'의 복원을 위하여』, 인하대학교 HK한국학연구소 외, 2010) 등이 있다.

우경섭은 인하대학교 한국학연구소 HK교수로 재직하고 있으며, 조선 후기 정치사상 사를 전공하고 있다. 주요 논저로 「宋時烈의 華夷論과 朝鮮中華主義의 성립」(『진단학 보』101, 2006), 「17세기 전반 滿洲로 歸附한 조선인들 : 八旗滿洲氏族通譜를 중심으 로」(『조선시대사학보』48, 2009), 「조선 후기 귀화 한인(漢人)과 황조유민(皇朝遺民) 의식」(『한국학연구』27, 2012) 등이 있다.

강해수는 일본 국제기독교대학 아시아문화연구소에서 재직하고 있으며, 근대한일비교 사상사를 전공하고 있다. 주요 논저로 「한일 '융화' 표상의 요구와 이퇴계」(『역사비평』 84, 역사비평사, 2008년 가을호), 『横井小楠 : 公共の政を首唱した開國の志士』(공저, 東 京大學出版會, 2010), 『內藤湖南とアジア認識』(공저, 勉誠出版, 2013) 등이 있다.

김인수는 서울대 사회학과 대학원 박사과정을 수료했으며, 사회사 / 역사사회학, 지 식사회학을 전공하고 있다. 주요 논저로 「1930년대 후반 조선주둔 일본군의 대(對)소 련, 대(對)조선 정보사상전」(『한국문학연구』32, 2007), 「'植民地の知識國家'論 : 1930 年代の朝鮮における社會性格論爭再考」(『思想』第1067號, 日本 : 岩波書店, 2013) 등 이 있다.

천　진은 서울대학교 중어중문학과 강사로 재직하고 있으며, 근대 중국사상사를 전공 하고 있다. 주요 논저로『20世紀初 中國의 智·德 담론과 '文'의 경계』, 「新聞, 風聞을 넘나드는 동아시아 근대지 :『新民叢報』(1902~1907) 서적 소개를 통해 본 지식 담론의 재편」, 『근대중국의 풍경』(공저) 등이 있다.

이영호는 인하대학교 인문학부 사학전공 교수, 한국학연구소장으로 재직하고 있으며, 한국근대사를 전공하고 있다. 주요논저로 『한국 근대 지세제도와 농민운동』(서울대 출판부, 2001), 『동학과 농민전쟁』(혜안, 2004), 『대한제국의 토지제도와 근대』(공저, 혜안, 2010), 「지방사에서 지역사로－인천을 사례로 하여」(『한국학연구』23, 2010) 등 이 있다.

장세진은 한림대학교 한림과학원 HK교수로 재직하고 있으며, 해방 이후 한국문학, 문 화를 전공하고 있다. 주요 논저로『냉전문화론』(2010, 너머북스, 역서), 『상상된 아메 리카』(2012, 푸른역사), 『슬픈 아시아』(2012, 푸른역사), 『냉전과 혁명의 시대, 그리고 사상계』(소명출판, 2012, 공저) 등이 있다.